佐高信 評伝選 7

志操を貫いた医師と官僚と牧師夫人

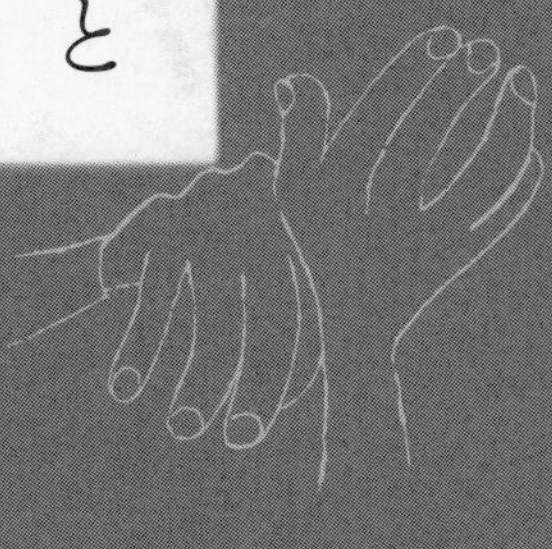

❶ 歩く日本国憲法、**中村哲** ❷ **原田正純**の道

❸ 官僚たちの志と死（**山内豊徳**、**田辺俊彦**、**川原英之**、**伊東正義**）

❹「官僚たちの夏」の**佐橋滋** ❺ ある牧師の妻の昭和史 **斎藤たまい**

旬報社

佐高信評伝選7　志操を貫いた医師と官僚と牧師夫人

目次

中村哲（なかむら・てつ）

一九四六年福岡県福岡市生まれ。七三年九州大学医学部卒業。国内の病院勤務を経て、八三年ペシャワール会設立、

八四年パキスタンの州都ペシャワールのミッション病院ハンセン病棟に赴任しパキスタン人やアフガン難民のハンセン病治療を始める。

八九年よりアフガニスタン国内へ活動を拡げ、山岳部医療過疎地でハンセン病や結核など貧困層に多い疾患の診療を開始。

二〇〇〇年から、旱魃が厳しくなったアフガニスタンで飲料水・灌漑用井戸事業を始め、

二〇〇三年から農村復興のため大がかりな水利事業に携わる。

二〇一九年一二月四日、アフガニスタンのジャララーバードにて武装勢力に銃撃され死去。

歩く日本国憲法、

中村哲

『週刊金曜日』の対談で中村と会ったのは二〇〇二年の春だった。アフガニスタンから一時帰国した中村とのそれは同誌の五月十七日号に載っている。

一眼《ひとめ》見て魯迅に似ていると思ったので、そう言ったら、中村は、

「うわあ、それは光栄だな」

と目を細めた。

その中村が二〇〇五年元旦の『高知新聞』で鶴見俊輔《つるみしゅんすけ》と対談していた。

小さいころから論語の素読をさせられ、割と保守的な中村は、昆虫が好きで、虫の宝庫の山に登るようになり、アフガンへも最初、山岳隊員として行った。

そして、昔の日本と同じじゃないかと思い、ホッとした。中村はクリスチャンだが、儒教をベースにした儒教クリスチャンである。

鶴見との対談で中村は「国際貢献」という言葉が嫌いだ、と告白している。強いて言えば、自分たちのやっていることは「地域協力」だというのである。そこには平和憲法を改変しようとしている国家、つまり日本への不信感がある。

二〇〇一年に中村は国会のテロ対策委員会に参考人として呼ばれ、自衛隊派遣は有害無益だと断じて、自民党議員らからの強烈なブーイングを受けた。しかし、悠揚迫らずといった感じで、そのときのことをこう語る。

「テロ特措法で、バター味（米国）がしょうゆに入ってきて、バターの側の敵までしょうゆが引き受けてしまったということでしょうね。日本というと、やっぱりアジア諸国の人にとっては大きな心の支えだと

いうのは現地の人の通念だと思うんですよね。ところが、米国支援で、いろんな敵をつくってしまった」。

私は中村のことを〝歩く日本国憲法〟と言っているが、日本人の世界観は欧米からの借用だと語る中村は、それを次のように解説する。

「私たちがメディアで見聞きするアフガン像には、貧者の姿は映されていません。貧富のうち、富の声だけが届いている。富者のほうは英語を流暢《りゅうちょう》に喋り、国連職員に雇われ、NGOで幅をきかす。九九・九九％を占める貧しい人たちは、依然として病や死と隣あわせにあるわけです」

言うまでもなく、これはアフガンに限らない。

中村たちは、国連もNGOも行かない山間辺境の無医地区に足を運ぶ。

「皆がわっと行くところならば行かない。だれかが行くところは、だれかにまかせておけばいい。それよりだれもが行きたがらないところ、だれもやりたがらないことをする。これが私たちの一貫した基本方針です」

しかし、はじめから使命感をもって途上国に関わらなくても、物見遊山《ものみゆさん》でもいいという中村の、力まない姿勢がいい。

そう言ったら、自分も最初はそうだったから、と中村は笑った。

『花と龍』で有名な玉井金五郎の孫である。その侠客に抱かれて育った。

「映画館のチケットを買うのに殺到する群衆の中には入りたくないですね。流行に乗るのはどことなく軽薄な感じがして、どうもついていけない」

〝歩く日本国憲法〟の魅力紹介に、つい、ペンが先走ったが、二〇〇七年に共同通信の依頼で書いた中村の『医者、用水路を拓く』（石風社）の書評を、重複を恐れずに引こう。憲法は〝危険地帯〟でこそ光を放っているのである。

〈「外国人によってアフガニスタンが荒らされた」という思いは、官民を問わず、党派を超えてアフガニスタンに広がっているという。そんな中で、井戸を掘り、用水路を拓く著者の試みは、例外的に支持を受けている。それはなぜなのか？　まさにいま問題になっているテロ対策特別措置法が国会で審議されていた時、参考人として招かれた著者は、

「現地の対日感情は非常にいいのに、自衛隊が派遣されると、これまで築いた信頼関係が崩れる」

と強調し、自衛隊派遣は有害無益で飢餓状態の解消こそが最大の課題だと訴えた。

しかし、この発言に議場は騒然となり、司会役の自民党の代議士は取り消しを要求する始末だった。時計の針を六年前の著者の発言時点に戻せば、日本はどこでまちがったかが明らかになる。

その意味でも、この本は実に「タイムリー」な本である。

自衛隊派遣は著者たちのようなNGOの活動を危険に陥れるだけであり、まさに「有害無益」なのだ。「給油活動」なるものもその延長線上でしか捉えられないことは言うまでもない。

評者は著者を〝歩く日本国憲法〟と言っているが、平和憲法の下でこそ、「どんな山奥に行っても、日本人であることは一つの安全保障であった」という著者の指摘は成り立つのである。

喜ばれないものを派遣して、喜ばれているものを危うくすることが「国際協力」であるはずがない。医師である著者が「百の診療所よりも一本の用水路」を合言葉に現地で奮闘する姿は、これこそが国境を越えた協力の姿だということを示す。

一つひとつ地に足が着いた言葉で綴《つづ》られる「報告」に読者は粛然とさせられると思うが、著者が病気で次男を喪《うしな》う場面には、思わず、神はどうしてそんな試練を著者に与えるのかと叫ばずにはいられなかった。幼い子を亡くして著者は、空爆と飢餓で犠牲になった子の親たちの気持ちがいっそう分かるようになったという〉

人材育成コンサルタントの辛淑玉は、『日本国憲法の逆襲』（岩波書店）所収の私との対談で、日本国憲法が求めた人間像に、ペルーの日本大使公邸人質事件の時の国際赤十字のミニグを挙げ、

「あのとき、ほんとうに人質の命を助けたのはミニグさんです。権力の銃口とゲリラの銃口の間をバギーバッグひとつひきずって何度も往復して、人質を励まして、医者を連れていき、食糧を与え、しかも飄々《ひょうひょう》と威張ることもなく、〝赤十字〟というゼッケン一枚つけて、あの紛争のなかを入っていったのです。国際紛争のなかに、日本国憲法というゼッケンひとつつけて日本は一度として入っていったことがあるのか」

と問うているが、中村こそ、まさにその人だろう。

残念ながら、二〇〇〇年の時点で、辛の視野に中村は入っていなかった。憲法についての辛の次の解説も鮮やかである。

「弱い男ほど暴力を使うでしょ。戦争というのは口できちんと対応できない男たちのなれの果てだと思うんですよ。日本国憲法というのは、つまり、巧みな外交によって国際社会を啓蒙し、口だけで国を守れといったわけ」

なぜ、中村のような医者がアフガニスタンで井戸を掘っているのか？

「とにかく生きておれ！　病気は後で治す」

中村はこう言って井戸を掘ってきた。

中村を立派な人と讃《たた》える声は充ち満ちているが、私は、中村が賽の河原の石積みにも似た医療と井戸掘りをやりながら、

「訳もなく哀しかった」

と述懐する場面に共感した。

『医者　井戸を掘る』（石風社）によれば、その日が中村の五十四歳の誕生日だったというのである。

「こんなところでウロウロしている自分は何者だ。……ままよ、バカはバカなりの生き方があろうて。終わりの時こそ、人間の真価が試されるんだ……」

と中村は思った。

もちろん中村は立派な、頭の下がる人間だが、それ以上に深い魅力を湛えた人間である。医学から出発して、人間の暮らしそのものを考えるようになったという点で、魯迅に似ている。同じような経歴をたどったチェーホフにも似て、独特の静かさとユーモアを体得しているのである。

「思うに、希望とは、もともとあるものだともいえぬし、ないものだともいえない。それは地上の道のようなものである。もともと地上には、道はない。歩く人が多くなれば、それが道になるのだ」

この魯迅の言葉を、中村も幾度か口ずさんだことがあるに違いない。

あるいは、魯迅が後に妻となる許広平《きょこうへい》に宛てた手紙の次の一節も……。

「あなたの反抗は、光明の到来を望むからではありませんか？　そうにちがいないと思います。だが私

ろう。

魯迅が好きだという中村は、孔子と老子が出会う場面を描いた魯迅の「出関」も印象深く憶えているだろう。

私は竹内好《たけうちよしみ》他訳の『魯迅選集』（岩波書店）に拠《よ》りながら、『魯迅烈読』（岩波現代文庫）を書いた。中村は生き方において魯迅を実践していると言える。

の反抗は、暗黒ともみ合うだけです」

老子が別れぎわにつぶやく。

「同じ一足の靴であろうとも、わしのは、流沙を踏むもの、彼のは、朝廷へ登るものだ」

なぜ、中村は中村になったのかを知りたくて、私は一つ年下の中村に、

「どんな学生時代だったんですか」

と尋ねた。

「佐高さんと同じで、大学紛争。佐世保港が近くて、入学した翌年にエンタープライズ号が来て、九州大学の教養部が基地になったりして、それからゴタゴタに巻き込まれたりした。たまたま自治会の役員をしていたので、お巡りさんの厄介になったり。一時は、大学をやめたりしました」

やめた時は肉体労働をしていたが、一生これをやるのはと思って大学に戻ったら、まだ籍があった。

こう語る中村の気質の根本には儒教がある。

「うちの父は戦前の筋金入りの左翼でしたけど、メンタリティは右翼以上に封建的でしたね」

と笑う中村は、学生活動家になじめなかった。

「私の道徳感覚からいって、自分たちの先生を集団暴行でつるしあげるのは大嫌いだった。自分の恩師

がつるしあげられているのを助けに行ったこともある。そんなこともあって、こんな人たちと一緒にいると命が縮むという消極的な理由で、実のない政治思想から離れました」

ペシャワール会にサポートされてアフガンに行っている中村は彼《か》の地で撃たれそうになったこともある。

「実際、現場に立たされると案外そっけないものです。丁半で決められるようなもんですから。生死はわれわれが決定するものでもないというか。生きるものは生きるという妙に楽観的な気持ちが湧いてくるものです」

私はその死生観をただ聞くだけである。

「死ぬときは立派に死ねばいいですね。だめだと観念するときは、時間が非常に長く感じます。実際は数秒間でしょうけど。まず連れ合いのことを考えたり、生命保険であとの家族が暮らせるかとか。恐怖心とは違いますね」

反米親日だったアフガンの人たちの空気も、これだけ日本がアメリカの属国化してくると、変わってくる。中村によれば、しかし、一時はこんな〝誤解〟があった。

「あれはお人好《ひとよ》しの日本人がアメリカにだまされているんだ。かわいそうだ」

日本人としては苦笑いするしかない〝誤解〟だろう。

それにしても、いわゆる治安の悪いアフガンで「地域協力」をしている中村が、平和憲法こそが大事と強調するのは説得力がある。

「あれだけの犠牲を払った上でつくられたものだから、一つの成果じゃないかと思います。それを守らずして、国を守るもないですよね。だから、それこそ憲法というのは国の掟《おきて》、法の親玉みたいなもんじゃないですか。憲法をあやふやにして国家をどうのこうのというのはおかしい。それで靖国の英霊がどうのこうのというのは、結局彼らをテロリストにしちゃうんですよね。日本国憲法というのは、本当は戦争の犠牲の上にできたものですよ。それを改憲を言う人はコケにしたんだ。道徳的な心棒もそれでなくなっていく。非常に悪いですよね」

平和憲法は世界中の人が憧れている理想だから守る努力をしなければという中村は、

「ブッシュは（九・一一を）第二のパールハーバーだと言っていますからね。小泉（純一郎）は靖国をテロリストの墓地にしてしまった」

と慨嘆する。アフガン爆撃もそうだが、その後のイラク空爆を真っ先に支持した小泉を批判した中村は、

「職業軍人だからと言って彼らを悪いとは思いません。彼らは彼らで国に尽くしたわけで、職業軍人と一般国民の犠牲の上に平和憲法ができた。決してアメリカが押しつけたのではなくて、日本国民がそれを受け入れた。それが戦後の原動力だった。それを壊すようなことをしたら、日本の国はどうなるのかというのが私の率直な感想です」

と語る。

「とにかく軍隊を持てば次には戦争をしたくなるわけです」

と私が言うと、中村はこう答えた。

「指導者はね。軍隊が一つの利権団体でもあることは、どの国でもあります。それは医療でもそうだし、あらゆる分野がそうだと思いますね。一つの確立した組織があると、かならず利権がある。経済的な動機と大義名分がごっちゃになってしまうのは、世界中そうじゃなかろうか。医者が患者を助けるのが何が悪

いと、過剰な診療をやる。大義名分としては反対できない。けどそういう形で薬品会社、医療機械産業の利害が関わってくる。経済的動機と大義名分が一体化するとこわいですよね。軍隊は特にそれが起きるとおそろしい」

この中村の何か役に立ちたいと考えたのが作家の澤地久枝だった。それで澤地が聞き手となった中村との共著『人は愛するに足り、真心は信ずるに足る』（岩波書店）が生まれる。

「はじめに」に澤地は書く。

「ホテルの一室でやっとお目にかかれたのは、二〇〇八年八月十一日の午後。

小柄な、やわらかい物腰、静かな声でゆっくり話す人であった」

澤地が連絡をとってから二年後だった。

「そんな無理をつづけていたら、いのちが危いじゃないか」

と澤地が本気で思うきびしいスケジュールで中村は動いていた。

澤地の掘り起こしたいろいろな逸話がある。

アフガンにも、けっこう若い人が助っ人に来る。彼らは、ボランティアの意義だとか、国際問題だとか、いろいろ言う。

「それはあとで話そう。ともかく明日は、あそこの溝を掘ってくれ」

と中村が言うと、

「はあ」

と答えてツルハシを持つが、使い方もわからない。そこで「役に立たない自分」というのを発見する。

しかし、一ヵ月もすると、

「先生、あそこの岩盤は硬いけど、発破作業でやりますか。ツルハシで起こしますか」

と具体的に聞いてくる。

「先生、水が出ました」

そんな喜びも味わって、理念の空中戦はなくなり、たくましくなっていくという。

アフガニスタンの首都カブールには、銀座顔負けのきらびやかなアーケードができている一方で、凍死する人がゴロゴロいる。国外からの援助で政治家や商売人が潤っている一方で、餓死者が出ているのである。

「片や、大金持ちが庶民では生涯できないほどの贅沢をして、それを外国軍が守るという、この構図。これが崩れないわけがない。そのなかで、テロ特措法だのなんだの、むこうで聞いてると、トンチンカンなものを議論しているという気がしてならないです。みんなまだ、食っていくのに一生懸命なんだ」

ペシャワール会についての澤地の解説を引く。ハンセン病患者の治療に始まって、水路建設の土木工事の指揮者になる中村を支えてきたのがペシャワール会である。

「六年間キリスト教系の派遣医師としてペシャワールで医療にあたったとき、この会の方針にしたがって自らを支える後援組織を作った。数すくない友人知己が発起人となって、中村医師の現地での事業を支えるためにペシャワール会が生まれる。このNGOには、若者をふくむ多くの日本人がボランティアとして、中村医師とともに働いてきた。

記録映像を見ると、水路建設の作業をする人々の頭上に何機もの低空飛行する米軍ヘリコプターの姿がある。機銃掃射の標的にされて攻撃され、外務省を通じて米軍に抗議をし、非を認めさせたということもあった。

一触即発の大地で、丸腰こそが事業達成の最大前提であると、ゆるぎない意志を語るが、その声が激することはない。全国で『中村哲先生報告講演会』がもたれ、ペシャワール会会員の会費と寄付によって、十六億円の水路建設費用はまかなわれている。日本人はこの事実を誇りにしていいと思う。カネが万能の退廃した社会にあって、ペシャワール会のサポーターとなった日本人の『善意』を」

終章で、また澤地は書いている。

「危険けめいて日の丸を車のボディに描いてきた中村医師たちは、日の丸が危険防止の方法たり得ない状況に立ちいたったとき、日の丸とＪＡＰＡＮの文字を消す。自衛隊のアフガン介入の予測によって、日本人ボランティアの安全性はいちじるしくおびやかされるに至ったのだ」

世界において平和憲法を掲げる日本こそが尊敬され、親しまれているのである。それを改めることは、まさに日本を壊すことになる。中村はそれを日々の暮らし、生き方において教えている。

二〇一三年六月六日付の『毎日新聞』夕刊でも、中村はこう言っている。

「憲法は我々の理想です。理想は守るものじゃない。実行すべきものです。この国は憲法を常にないがしろにしてきた」

憲法九条が変えられたら、自分はもう日本国籍なんかいらないという中村は、九条の現実性を次のように強調する。

「アフガニスタンにいると『軍事力があれば我が身を守れる』というのが迷信だと分かる。敵を作らず、平和な信頼関係を築くことが一番の安全保障だと肌身に感じる。単に日本人だから命拾いしたことが何度もあった。憲法9条は日本に暮らす人々が思っている以上に、リアルで大きな力で、僕たちを守ってくれているんです」

［**初出について**］
本稿は二〇一三年九月に光文社から刊行された『この人たちの日本国憲法　宮澤喜一から吉永小百合まで』所収の「アフガンを歩く日本国憲法、中村哲」を底本とした。

［解題］

中村哲を紙幣の顔に

拙著『反戦川柳人　鶴彬の獄死』（集英社新書）にも書いたが、フランス出身の日本文学研究家、マブソン青眼と対談して、フランスでは『星の王子さま』で知られる詩人のサン＝テグジュペリが50フラン札になったと言われてハッとなった。彼の国では戦争に反対して逮捕された人たちは戦後、石碑を建てられたり、学校の名前になったりして称えられているという話の続きで、マブソンはそう言ったのである。そして、「渡邊白泉の顔を千円札の顔にすれば、どれだけ国際的に日本が評価されるか」と続けた。

「戦争が廊下の奥に立ってゐた」という句をつくった白泉の名を知っている人は、残念ながら多くはない。千円札の顔にと言っても賛成する人はほとんどいないだろう。

しかし、中村哲を紙幣の顔にと言ったら、確かな人は賛成するのではないか。そして、もし実現したら、どれだけ日本が国際的に評価されるかわからない。

中村が亡くなった時、求められて私は『西日本新聞』に追悼文を書いた。二〇一九年十二月二日付の同紙に載ったそれを、まず掲げよう。

希望とは、もともと希《まれ》なる望みだが、その具体的肖像を私は中村に見てきた。一歳下の彼の存在に私はどれだけ励まされたかわからない。会ったのはただ一度。『週刊金曜日』二〇〇二年五月十七日号掲載の対談でだったが、まったく構えない自然体の印象は強烈で、『反―憲法改正論』（角川新書）という拙著の護憲派列伝の一人に描かせてもらった。

「中村さんって、風貌とか中国の魯迅に似ているなぁ」

会うなり、私がこう切り出すと、中村は、

「うわぁ、それは光栄だな」

と言い、魯迅も最初は医学志望だったから、そういう眼で見てくれるのではという期待はあるのだが、医者と思われたことはないと笑った。たいていは「百姓」か、「土建屋のおっさん」と見られるらしい。

辺幅を飾らずというが、カッコをつけるといった感じは微塵《みじん》もない。『花と龍』の玉井金五郎の孫だから、侠客《きょうかく》の血が流れているのだろう。その祖父が中村が幼稚園児のころまで生きていて、膝に抱かれて育った。

「かわいかったでしょうね、そのころの私は。今は憎たらしいでしょうけど」

とも言って笑っていたが、いま、天国で祖父と孫はどんな会話をかわしているだろうか。

中村は国連もNGOも行かない山間辺境の無医地区に足を運んだ。

「皆がわっと行くところならば行かない。だれかが行くところは、だれかに任せておけばいい。それよりだれもが行きたがらないところ、だれもやりたがらないことをする。これが私たちの一貫した基本方針です」

中村は少しも力むことなく、静かにこう語った。二〇〇一年にテロ対策特別措置法が国会で審議されていた時、参考人として招かれた中村は、

「現地（アフガニスタン）の対日感情は非常にいいのに、自衛隊が派遣されると、これまで築いた信頼関係が崩れます」

と強調し、自衛隊派遣は有害無益で飢餓状態の解消こそが最大の課題だと訴えた。

この発言に議場は騒然となり、司会役の自民党の代議士は取り消しを要求したが、中村は動ずるところはなかった。覚悟の程が違うのである。

私は中村を〝歩く日本国憲法〟と言ってきたが、平和憲法の下でこそ、「どんな山奥に行っても、日本人であることは一つの安全保障だった」という中村の信念をくつがえすことはできない。何よりもそれは実践の厚みによって裏打ちされているからである。

私は、中村が撃たれたと知った時、日本国憲法が撃たれたのだ、と思った。現在の政権は憲法を改めるというより壊そうとしているが、中村が求めたように、

胸を張って憲法を世界に広める努力をしていれば、中村は撃たれなかったと私は思う。中村の死は日本国憲法の無力を意味しない。中村はその存在と行動によって憲法の理念を体現していたからだ。

そしてまた、二〇二〇年七月二十二日付の『西日本新聞』で中村を次のようにスケッチした。「忘れ得ぬ九州人」五十人を書く企画で、その一人に中村を取り上げたのである。

澤地久枝が「聞き手」を務めて中村が語った。『人は愛するに足り、真心は信ずるに足る』(岩波書店)という本がある。私は澤地から寄贈を受けたが、「私の一方的な思いの結果」こういう一冊にまとまったという澤地の手紙が入っていた。この本の印税を澤地はペシャワール会に寄付したはずである。

中村は「あとがき」で、改めて「ノンフィクション作家」の凄さを知った、とも書いている。「警察の取り調べもここまでは」と思えるほど参考資料を吟味した上で質問されたからである。

中村の父親の勉は早稲田に在学中に関東大震災に遭い、九州訛りが強いので朝鮮人と疑われて危うく殺されそうになった。運よく通りかかった下宿屋の人に助けられたのだが、以来、すっかり東京が嫌いになり、大学も中退している。

虫が好きでアフガニスタンに行った中村にとって、助っ人に来る若い人たちは理念の空中戦をやっているように見えた。ボランティアの意義とかをいろいろ語るからである。

「それはあとで話そう。ともかく明日は、あそこの溝を掘ってくれ」

と中村は言って、ツルハシを持たせると、使えない。

そこで「役に立たない自分」を発見し、彼らはだんだんたくましくなっていく。

二〇〇一年一〇月一三日の衆議院テロ対策特別措置法案の審議に参考人として呼ばれた中村は「自衛隊の派遣は有害無益」と発言して自民党議員のブーイングを浴びた。

しかし、現実的にいわゆる国際貢献をしてきたのは中村だろう。中村は日本国憲法が平和のパスポートであることを実感し、それを誇りに思ってきた。

澤地は「一触即発の大地で、丸腰こそが事業達成の最大前提であると、ゆるぎない意志を語るが、その声が激することはない」と指摘している。私が対談した時も、中村の飄々とした静かさが印象的だった。

『毎日新聞』記者の小国綾子は二〇一九年十二月十七日付の夕刊で、中村の講演を聴き、「憲法は守るのではない、実行すべきものだ」と語ったことが心に刺さった、と書いている。どんな山奥のアフガニスタン人も、広島・長崎の原爆投下を知っている。そして、「日本は一度の戦争もせずに戦後復興を成し遂げた」と語るという。中村は「平和憲法とは戦争で亡くなった約三百万人の『お位牌』だ」とも指摘している。

原田正純（はらだ・まさずみ）

一九三四年鹿児島県宮之城町（現さつま町）出身。五九年熊本大学医学部卒業。六四年同大学大学院医学研究科神経精神医学修了、精神神経科助手、先天性水俣病の研究で学位授与、七二年体質医学研究所助教授、九九年熊本学園大学社会福祉学部教授に就任、二〇〇五年同大に水俣学研究センターを設立（センター長）。八九年『水俣が映す世界』で大佛次郎賞、二〇〇一年吉川英治文化賞、一〇年朝日賞受賞。二〇一二年六月一一日逝去。

原田正純の道

原田正純の道

目次

はじめに

「赤信号、みんなで渡ればこわくない」

かつてビートたけしは、こんな〝標語〟をひねりだし、日本中の人たちを笑わせた。

もちろん、ジョークである。そのまま受け取ることはできない。だが、このことばは一面で、日本人のもつある種「こわい気質」をいい当てているところがある。

日本人には、それが悪いことであっても、力のあるだれかが「いい」といえば、大勢の人たちが「そうだ、そうだ」と流されて、たちまちにして多数派を形成していく傾向があるからだ。

自分たちでもそれがなんとなくわかっているから、みんな、ビートたけしのこのことばに、「うまいこと、いうなあ」と笑ったのではないだろうか。

しかし、原田正純という医師は、「信号が赤であれば、みんなで渡ってもいけないし、ひとりでも渡ってはいけない」と主張しつづけた人である。

どういうことか。話は五十年以上前にさかのぼる。

熊本県の南、不知火海に面した水俣市で「水俣病」が発生した。手足がしびれる、目に見える範囲が狭くなる、痛みを感じにくい、耳が聞こえにくい、ことばがはっきりしない、まっすぐ歩けないなど、いろいろな障害を引きおこす病気だ。なかには症状が重く、狂ったようになって、発病数十日で死んでしまう人もいた。

ただ、最初は原因がわからず、〝奇病〟とされた。熊本大学の研究班が事実究明に取り組み、推測される原因を発表したのは、発生から三年ほどたったころだ。

「チッソという会社の工場が海に流す廃液に含まれる有害物質――有機水銀が魚や貝を汚染し、それを毎日たくさん食べた人たちが水俣病になる」

原田さんは早くからそれを「曲げようのない事実」とし、水俣病の実態を解明するために、みずから現地におもむいて患者たちの診察を続けた。

その過程で、妊娠中にお母さんが汚染された魚をたくさん食べると、おなかのなかにいる赤ちゃんが水俣病になって生まれてくることも突きとめた。「胎児性水俣病」と呼ばれるものだ。

原田さんは、自分の主張は正しいと確信していた。だから、さっきの信号の話にたとえるなら、「赤だから、渡ってはいけない」といいつづけた。そして実際、原田さんの主張は正しかったのである。

それなのに、いろんな理屈を持ちだして、「水俣病の原因は工場廃液ではない」とし、「赤ではありませんよ」と、原田さんのいうことをはねつけた人たちがたくさんいた。

彼らの背後にいたのは、チッソという大きな会社であり、その意向にしたがって動く「国」だ。かんたんにいえば、両者は企業としての利益追求、国としての経済発展を重視した。そのために、水俣病における自分たちの非を認めて、患者救済のために尽くすという責任から逃れようとしたのだ。

日本という国は、いってみれば「会社国家」である。日本経済の根幹をなす会社がすごく強い力をもっていて、国といえども会社の意向にはなかなかさからえない。なぜなら、そこに企業と国が結託して利益を得ようとする「利権構造」があるからだ。これが非常に根深く強い。

加えて、医師や学者などの専門家のなかにも、チッソと国の意向を背負って、「水俣病は有機水銀が原因ではない」とか、明らかに水俣病である多くの患者に対して「それは水俣病ではない」などという人たちがたくさん出てきた。

しかも水俣という町は、いわば「チッソの城下町」のようなものだ。工場で働く市民やその家族がたくさんいて、経済的にも社会的にもチッソの影響を受けていた。つまり、町の発展と自分たちの生活を支えてくれるチッソに対して、はっきりとものをいえない部分があったのだ。

こういった現象がまさに、「赤信号、みんなで渡ればこわくない」という日本人気質を増長していったように思う。

そんななかで原田さんは少数派に追いやられながらも、工場廃液とともに有機水銀をたれ流したチッソと、水俣病をなかなか公害認定せず、患者の認定と救済におよびごしであった国を相手に、断乎として闘った。

終始、患者という弱者の側に立ち、チッソと国、さらには熊本県の責任を追及する訴訟をはじめ、さまざまな運動の力にもなった。

戦いは約五十年も続いた。

その間、チッソはしぶしぶ責任を認めた。水俣病認定患者に対する補償がなされるようにもなった。政府によって、患者と認定されずに何の補償も受けられなかった人を助ける最終解決策も決定した。最高裁判所が、国と熊本県にも責任があることを認めた。

それでも原田さんは、水俣病という治らない病気と闘う患者のもとへ通うことをやめなかった。「埋もれた患者はまだまだいる」という信念のもとで大規模検診をおこなうなど、患者の掘り起こしにつとめた。生涯、少数派の闘いの舞台からおりなかったのである。

さきごろ起きた福島第一原発の大事故も、構図は水俣病問題と同じだ。

東京電力と国はずっと「原発は安全だ」といいつづけた。あれほどの事故が起きたというのに、みずからの危機管理のあまさや事故対応のまずさを認めようとしなかった。当然、被災者救済にむけた取り組みは後手後手にまわる。

そのために放射能の被害が拡大し、被災者たちはいまも、いやこれからも続くであろう苦しみをしいられている。

そこに、京都大学の小出裕章助教ら少数派が切り込み、原田さんのように、東京電力と国という、とてつもなく強大な権威に果敢に立ち向かってがんばっている。

原発災害をもたらしたその利権構造を見たとき、おそらく原田さんはそこに水俣病問題を重ねたのではないだろうか。そして、「公害病と闘いつづけた自分の生涯は何だったのか」とくちびるをかみしめたにちがいない。

二〇一二年六月十一日、原田さんは「まだ水俣病は終わっていない」という思いをかかえたまま、黄泉の国に旅立った。さぞ無念であったろう。

少数派に追いやられてなお、自分の主張を曲げずに歩んでいった「原田正純の道」は困難の連続だった。でも原田さんは決してめげることなく、つねに笑顔で患者に寄り添い、患者のために闘った。

若い読者のみなさんにもぜひ、原田正純というりっぱな医師がいたことを知ってほしい。そして、「正義も真理も多数派にはない。少数派を大事にし、患者という不幸な弱者に深く身を寄せる者こそが真理を抱いている」

という原田さんが身をもって示してくれたこの原則を、日本人はいまこそ共有しなければならないと思うのである。

本書では、「原田正純が原田正純になった」理由をおいたちに探りながら、原田さんの水俣病との闘い——もっといえば、水俣病を引きおこした責任をとろうとしない企業と国という権力との闘いの歴史をたどり、正義や真理とは何なのかをみなさんといっしょに考えていきたい。

第1章　水俣病は病という名の殺人だ──水俣病との闘い、その序章

それは動物の異変から始まった

水俣病が公式に確認されたのは、一九五六年五月一日である。といっても、これはあくまでも「初めての水俣病患者が認定された日」を意味する。その患者は、それより三年前に発症し、亡くなっていた五歳十一か月の女の子だ。チッソ水俣工場付属病院の細川一院長が、その子を含む五例の患者を「原因不明の中枢神経疾患」として保健所に報告。「奇病発生」と発表されたのが、その日だったということである。

チッソが有機水銀を海に流しはじめたのは、水俣病発生より二十年以上も前の一九三二年のことだ。ビニールの原料になるアセトアルデヒドをつくるときに、強い毒性をもつ有機水銀が発生し、工場廃水にまじって海に流された。このころから、海の汚染は始まっていた、という見方ができる。

異変はまず、動物たちに現れた。それがどんなふうだったかを、原田さんは小学生向けの『水俣の赤い海』（フレーベル館）という本のなかにわかりやすく書いている。

たとえば、タヒバリ。この鳥は「石たたき」とも呼ばれるように、海岸の岩の上にのって、尻尾でちょんちょんと岩をたたくしぐさが特徴的だ。そのタヒバリが飛びたとうとしたとき、岩からころりところげ落ちた。

また、庭先で餌をつついていたカラスが、飛びあがろうとして、干してあった網に突っこむ、という現象

も見られた。

いまなら、鳥たちが海で汚染された魚や海藻、プランクトンなどを食べたことで、異常が発生したとわかるが、当初は「奇怪な現象」としか考えられない。大人たちはのんきにも、「鳥がぼけた」と笑っていたという。

鳥だけではない。次にネコがおかしくなって、海に飛びこんで死んでしまう〝事件〟が多発した。不知火海岸の漁村では、はじめのうちは「ネコが自殺するとばい」とふしぎに思っていたにすぎない。

ただ、ネコがたくさん死んでしまうと、ネズミがふえる。そのネズミが網をかじるので、漁師たちは困ってしまった。それで、市役所に「なんとかしてください」と電話した。そのあたりから、人びとは「水俣の海に何かよくないことが起きている」と気づきはじめたのである。

一九五〇年代前半の当時、チッソ工場の生産量がふえるにつれて、海の汚染は進んでいた。魚がたくさん、半分死んだようになって、海に浮かんでくる。貝は死んでしまうし、海藻も育たなくなった。

また漁師たちのあいだでは、「工場の排水口のところに船をつないでおくと、船底にフナムシがつかない」ことがうわさになった。それまでは年に一度、船底のフナムシを火で焼いて落とさなくてはならなかった。これは大変な作業で、しなくてすむのは楽かもしれないが、そう気楽にかまえてもいられない。フナムシを殺す毒物がそこにあるかもしれないからだ。

そういった異変がほどなく、人間、とくに子どもたちに現れた。

放射能もそうだが、環境を汚染する毒物は、大人よりも成長過程にある子どもたちに、悲劇として降りかかることが多い。体が小さく、体内に侵入する異物に対する抵抗力も弱いため、毒物の影響を受けやすいのだ。
　こうして不知火海岸沿岸・水俣湾周辺の地域で、高い濃度で汚染された魚を、そうとは知らずに毎日たくさん食べつづけた子どもたち、さらには大人たちが次々と水俣病になっていったのである。

イプセンの戯曲『民衆の敵』に医師のあるべき姿を重ねて

「水俣病は、水俣湾でとれた魚や貝を食べたことで起こる病気ではないか」

そんな疑いが強まり、熊本大学や水俣保健所が乗りだしたのは一九五六年のことである。患者を診察したり、飲み水や土などを調べたりする一方で、水俣湾でとれた魚や貝をネコに食べさせる実験をおこなった。

その結果、実験に使われたネコたちに、水俣湾やその周辺で狂い死にした多くのネコと同じような症状が現れることがわかった。疑いが疑いではなく、裏づけのある事実となったわけだ。

ただ、魚や貝にどんな毒があって、その毒は何によるものなのかは、なかなか特定できなかった。「チッソ工場の廃液ではないか」という疑いは、依然として疑いのまま残されたことになる。

そのために、一九五七年になって熊本県は「水俣湾の魚をとったり、食べたりしないように」と呼びかけたものの、チッソ工場の廃水を止めさせる対策はとられなかった。結局、それから十一年ものあいだ、工場廃水はたれ流されたのだ。

しかし本当は、一九五九年の時点で水俣病の原因が工場廃液にあることを、ほかならぬチッソ自身はわかっていた。チッソ水俣工場付属病院が独自にネコ実験をおこない、工場廃液が原因でネコが病気になることを突きとめていたのだ。

それなのに、チッソはその実験結果を隠して、有害な廃水を流しつづけたのである。

このときの病院長は細川一という医師である。彼はチッソに説得されて、実験結果を公表しないという苦渋の選択をしてしまった。

まえに述べたように、細川院長は水俣病の発生を公表した人だ。また、結果的には、のちになって隠していた事実を認めたし、そこにいたるまでに企業と患者のあいだで悩んだ。そういったことから、細川院長は、世間的には「誠実な医師」であるという評価を得ていた。

しかし後年、原田さんはその細川院長のことを痛烈な皮肉をこめて批判している。どれほど悩もうと、事実を知っていて隠したということが許せなかったのだ。

著書『この道は』（熊本日日新聞社刊）のなかで、演劇青年であった原田さんは、自身も一度演じてみたいと思っていたというイプセンの『民衆の敵(1)』という作品にからめて、次のように書いている。

「後で水俣病発見者となったチッソ付属病院の細川院長も『民衆の敵』を愛読されていたという。ご自身の姿を重ねて読んでおられたのだろうか」

このことばは、非常に厳しいものだ。私にはその裏にある原田さんの声が聞こえてくるような気がした。

「細川さん、あなたがもし『民衆の敵』のストックマンのように、勇気をもって、自分をしばる企業の壁を越えて事実を発表してくれたなら、その後、たくさんの患者が出てしまうことは防げたのではないですか」

イプセンのこの戯曲では、多数派の力が「大衆」に象徴されている。これを、水俣病をはじめとする公害病や近年の原発事故に当てはめると、多数派は「企業と国」に置き換えてとらえることができる。

原田さんはおそらく、『民衆の敵』をとおしてイプセンが提示した社会問題を水俣病問題と重ねあわせた。そして「多数派の力に安易に屈しない」ことが医師としての本分であると考えたのではないだろうか。どれほど強い権威・権力が立ちはだかろうと、許せないものは許せない。それが原田正純の信念なのである。

水俣病は青年の夢まで殺した

原田さんは水俣病による障害・症状だけを診たのではない。数多くの患者たちの人生と丸ごと関わってきた。だからこそ患者の気持ちがわかるし、水俣病患者の障害をもたらした企業や行政の加害行為に、いっそうの怒りをつのらせたのだ。

たとえば、料理が好きで「板前になりたい」という青年がいた。もちろん、親は反対する。水俣病になると、いつ痙攣を起こすかわからないから、刃物を持つのはあぶないのだ。その青年が原田さんにこう打ちあけた。

「一度は家を出ようとしたばってん、それもしきらんやった。刃物はあぶなかと、親は心配するとたいな」

彼のこのことばを聞いて、原田さんは、障害に苦しみながらも希望をうしなわない彼の姿に感じ入ると同時に思った。水俣病は青年の夢をも殺すのだと。

患者を人間として診ているがゆえに、患者のけなげな生き方を見てきたがゆえに、いっそう怒りをおぼえるのだ。

もちろん、医師なら誰もが人間を診ているし、患者の人間としての尊厳を大事にしている。ただ原田さんは、暮らしぶりや感情の動きなどをふくめた一人の人間として患者と向き合い診察している。だから、怒りが深いのである。

記録映画『不知火海』（一九七五年制作・土本典昭監督）には、原田さんと胎児性水俣病患者の少女が海辺で会話するシーンが収められている。

病に苦しみ、手術して治したいという少女に、原田さんはやさしく答える。

「頭の手術はできんの?」

「せんほうがええだろ。誰が教えたの?」

「自分で考えた」

「手術じゃなくて、訓練して上手にならなしょうがないな」

「自分のことがわからない」

「先のこと?」

「…………」

「泣かんでいいよ。将来のこと?」

「いま、何考えていいか、わからない」

ぽつりぽつりと語る二人の会話に心を打たれる。

このときの少女が、映画の発表から三十五年の時を経た二〇一〇年に、NHK・Eテレの特集番組『〝水俣病〟と生きる　医師・原田正純の50年』で、五十四歳の女性になって登場していた。そこに寄り添っていたのは原田さんだ。

彼女が原田さんに「先生、長生きしてください。むりしないようにしてください」という場面を見て、私は胸がつまった。

彼女にとって原田さんは、自分の体調を診てくれる医師であると同時に、かけがえのない相談相手なのだ。これほど長く患者と寄り添える医師は、そう多くはあるまい。

彼女だけではない。水俣に通いはじめてからずっと、原田さんは数多くの患者に寄り添ってきた。その深い愛情には頭が下がるばかりだ。

ところが自身は、「なにも患者の側に立つとか、力んでいるわけではない。患者の側に立つのが医者なのですから」とさらりという。そこがまた原田さんらしいところだ。どこまでも自然体なのである。

仕事ばよこせ！　人間として生きる道ばつくれ？

『水俣の赤い海』という本のまえがきで、原田さんは次のように書いている。

「私はこのような事件（水俣病問題）を起こし、放置しつづけた国や会社に対する怒りがある。しかし、私はこの本では、それをおさえにおさえたつもりです。子どもたちに怒りや恨みを伝えるより、懸命に障害を乗り越えようとしている若い患者たちのいることを知らせたほうが、ずっと科学的であると思ったからです」（旧版「まえがき」より）

原田さんは本当に深い笑顔の人だったと私は思うが、その笑顔に隠されたすさまじい怒りをおさえてでも子どもたちに伝えたかったこと。それが、懸命に生きる患者たちの姿であるという。

この一文に、患者に寄り添う医師としての原田像が浮かびあがるようだ。

この本に描かれた患者たちの姿のなかでも、とりわけ印象的なのは、胎児性水俣病の子どもたちの大半が参加して「若い患者の会」が結成されたときの声明文である。スローガンは、

「しごとばよこせ！　人間として生きるみちばつくれ？」

という強い調子のものだった。以下、『水俣の赤い海』から声明文を引用してみたい。

「はたらけないのに、生きてゆかなくてはならないつらさは、はたらいてしごとしてゆくときの苦しみより、ずっと苦しいんだよ。はたらけないことが、病気をわるくしてしまうんだ。

それは、自分でもようわかっとるばってん、いま、おれ、どこではたらけばいいの？

かねもらって幸せだといってもらいたくないよ。あそんどってくらしてよかねち、いってもらいたくないよ。

世のなかすべてかねじゃないよ。かねで人間のいのちかえるわけないじゃないか。まちがっているよ、かいしゃは。かねよか、からだがほしい。げんきな、ピンピンしたからだがね。

ひとからつめたい目でみられるのは、もう、イヤだよ、たえられないよ。

すきで、みなまたびょうになったわけじゃないのだ、おれたちは。

しごとさえしていたら、なんていわれたってしごとをしてるんだ、ひとりまえなんだっていえる。

しごとばみつけろ？　このまんま、なあんもせんで死んでおわるのはイヤだあ。しごとばよこせ？　かいしゃは」

みごとな文章である。

世の中の人びとは、ときとして非常に残酷だ。いちばんつらく苦しいのは患者であるという事実を脇にお

き、とかく「補償金がもらえて、働かなくてよくて、いい身分だなあ」というようなことをいいがちなのだ。もとより、水俣病患者は好きで病気になったわけでも、自分のせいで病気になったわけでもない。何も悪いことをしていないのだ。見当ちがいもはなはだしい。

この文章を読んでなお、「誰かが裏で子どもたちをあやつっているのではないか」「ある派閥の運動のにおいがする」などと陰口をたたく人もいたようだ。とんだ濡れぎぬである。子どもたちは二日も三日もかかって、自分たちでこの文章を書いたのだ。

水俣病の障害とたたかうこと自体が大変な苦痛なのに、そのうえそんな心ないことばを浴びせられる。私には、この文章から若い患者の悲鳴が聞こえてくるように思える。

この本では、「若い患者の会」の人たちが「自分たちの力で何かをしたい」と、同じ熊本県出身の歌手である石川さゆりさんのショーを開いたこと、また一九八四年に和紙づくりの「はぐれ雲工房」を開いたことなどが紹介されている。

「公害」ということばのまやかし

私は一九六七年に大学を卒業して、郷里・山形県の農業高校の教師になった。水俣病問題の年譜でいえば、原田さんの胎児性水俣病の論文が日本精神神経学会賞を受賞した二年後のことである。翌六八年九月には、政府がようやく水俣病を公害病(2)と認定している。

そんな時代背景から、私は社会科教師として、授業でたびたび水俣病問題を取りあげた。

ある日の授業で「水俣病は誰が悪いと思う?」と質問したことがある。すると、一人の生徒がこう答えた。

「水銀を食った魚が悪いと思います」

みんなが爆笑した。私も苦笑まじりに「答えになってないよ、それじゃあ」とあきれかえってしまったことを覚えている。

しかしあとになって、思い直した。

「公害ということばから受ける印象からすると、あの子の答えもあながち的はずれとはいえないなあ」と。

というのも、「公害」の「公」という漢字に、責任の所在をあいまいにする意図を感じるからだ。「公」とは何なのか。国家や社会、世間などを意味するが、実体がなんとなくぼんやりしている。そのために、害をもたらしたのは誰なのかが、じつにあいまいにされているような印象を受けたのである。

「害」ということばを使うなら、それをもたらした主体者を明確にすることばとして「企業害」、水俣病の場合なら「チッソ害」とするべきではないか。あるいは、環境汚染をまきちらす企業活動の後押しを続けたのは国なのだから、「国害」ともいえるのではないか。

もしかしたら、役人はわざと責任の所在をあいまいにするために、「公害」ということばをつくったのかもしれない。そこまで勘ぐりたくなる。

そう考えると、「公害」ということばは、「水銀を食った魚が悪い」といういい方と同じようなものだ。

そんな〝役人ことば〟が繰りだされた瞬間に、国民は本当は「なんてばかげた表現をするんだ」と怒らなければいけなかった。激怒して、もっと現実に即した表現に正すよう求めるべきだったのである。

その意味では「水俣病」という表現にも、同じにおいを感じる。なぜなら、水俣病は突きつめれば病気などではなく、企業が生産活動のなかで有機水銀という毒物をたれ流したことによって起きた殺人事件だからだ。

つまり、水俣で発生した病気だから水俣病と名づけたのは、被害の実態を小さく見せるための、ことばのまやかしでしかない。

原田さん自身、「水俣病は公害病ではない。殺人である」と考えていた。そこまで直接的な表現は使わないにしても、実際にそういう意味あいの発言もしてきた。ただ、とくに最初のうちは、原田さんの声は多数派によってかき消され、マスコミに取りあげられることもなかったのである。

だから、私は思う。原田さんは水俣病問題と闘った人ではあるけれど、同時に水俣病の実像・実態を公害病というまやかしのことばであいまいにしようとするものと闘ったのだと。

(1)『民衆の敵』は、温泉を観光の目玉にしようとした小さな町を舞台とする戯曲である。主人公はストックマンという医師。彼は、町の工場の流す廃液が浴場を汚染していることに気づき、兄である町長に源泉の使用中止を訴える。最初、多くの民衆の支持を得たものの、温泉の改善には数年もの閉鎖と莫大な資金が必要だと判明すると、味方であったはずの人びとが次々と考えを変えた。ストックマンは「民衆の愚鈍こそが世の中を堕落させる」と主張。民衆はそのことばに強い反感をおぼえて、彼を「民衆の敵」とみなした。
(2)一九五〇〜六〇年代の日本は、高度経済成長のまっただなか。工業がめざましく発展していく陰で、環境汚染が深刻化し、産業公害が多発した。一九六五年に新潟でも水俣病が発生したほか、富山県・神通川流域でイタイイタイ病、カネミ倉庫という会社がつくった米ぬか油を使った人たちに発症したカネミ油症、三重県四日市市の石油コンビナートの排煙による四日市ぜん息など、日本のあちこちで公害病が発生し、社会問題となった。

第2章　おいたちの記——原田正純はこうして原田正純になった

めげない少数派

日本ではよく「長いものには巻かれよ」ということばが使われる。権力のある人と争うよりも、黙ってしたがっているほうがトクだとする考え方である。

しかし原田さんの辞書には、そんなことばはない。物事の真理と自分の信念にしたがって、長いものと争った人だからだ。それは「少数派の闘い」であった。

少数派というのはどこかでめげるものだが、原田さんはめげなかった。たとえば一九七二年に熊本大学医学部の助教授になってのち、六十四歳で退任するまで、ついぞ教授になれなかった。たいていの人はここでめげるはずだ。

自分より年も若く、目立った業績をあげたわけでもない人が教授に出世していくのに、自分は万年助教授。しかも世間は、「助教授より教授のほうが偉い」という見方をする。だれだって、いい気持ちはしないではないか。

その原因が、水俣病に関わるさまざまな闘争の過程で、国にさからってきたことと無縁ではないとなれば、「ここは、長いものには巻かれよ、だな」と考えてもふしぎはない。

このことについて、原田さんは私と初めて会ったとき、「助教授だと、教授会に出なくていいからいいですよ」といって笑った。後年、それは本心だったのかと問い直すと、「いや、本当にそう思っていますよ」

といいながら、力みのない自然体でにこやかにこう語った。

「(教授になれなかった) 本当のところはよくわかりませんが、たしかにうわさはいろいろ聞いていましたよ。助教授になるときも『あんなやつを助教授にしたら、熊本大学が赤化する』といった人がいるとかね。それでも私の主任教授は、一生懸命に私を推してくれて、だから私は人にめぐまれたと思いますよ。だけど、教授になることが最高の目的で、助教授じゃかわいそうだとは私はぜんぜん思わない。価値観がちがうんですよね。主任教授は私を教授にできなかったことに最後まで責任を感じていらっしゃったようですが、私はいつも『いや、先生、私は助教授を楽しんでおります』といっていましたよ。

国から研究費をもらえないということにしても、もらうことにはメリットもデメリットもあるでしょうし、逆に、もらわないことにもそれはあると思うんです」

ちょっと補足で説明しておくと、「赤化する」というのは「共産主義もしくは社会主義になる」ことを意味する。

かんたんにいえば、「赤」と呼ばれた人たちは企業や国家などの権力と敵対する考え方をもつ、反体制派の人たちだ。だから当時は、弾圧の対象となることが多かった。そうなっては大変と、患者という反体制側について行動する原田さんに対する非難をこめて、「熊本大学が赤化する」という人たちがいたわけだ。

もとより、原田さんは患者のために闘ったのだから、それは中傷以外のなにものでもない。長いものに巻かれたい人たちにとって、原田さんは煙たい存在だった、という見方ができる。

また研究費については、助教授より教授のほうがたくさんもらえることが多い。研究を進めるうえで、お金はたくさんあるにこしたことはないだろう。ただ、研究費をもらったばかりに、それを支給してくれる国や企業に都合の悪い研究はできにくくなる部分がある。そういったことを原田さんは、メリット、デメリットといっている。

この発言からわかるのは、原田さんは真理・信念にもとづいて、患者に寄り添って行動することを第一義とし、そのために少数派でいつづけることを良しとしたことだ。私は彼がめげるどころか、「助教授を楽しんでおります」と笑いながらいったそのひとことに、大変な感動をおぼえる。

ともあれ、原田さんはどんな青少年期を送って、「めげない少数派」になっていったのか。原田正純が原田正純になった理由を、おいたちに探ってみたい。

社会の子

原田さんが生まれたのは一九三四年だ。日本はその三年後の三七年に日中戦争、四一年に太平洋戦争に突入しているので、少年時代のほとんどを戦時下で過ごしたことになる。

お父さんは原田さんが三歳のときに福岡県・久留米の陸軍病院に勤めはじめたが、そのすぐのち、日中戦争が始まったころに出征している。原田さん一家は父の帰りを待ったが、軍都である久留米への空襲がひどくなったため、母の郷里である熊本へ移り住んだ。そのために原田さんが父と再会できたのは約十年後だという。

日本の多くの家族がそうであったように、原田家は戦争で家族が引き裂かれた。原田さんは十代半ばまで、父親不在の家庭で育ったのである。

そんなこともあって、原田さんはお母さんの影響を非常に強く受けた。どんなお母さんだったのか。後年、

「母はしつけは厳しかったが、いま思うと自由主義者だった」とふりかえっているように、当時としてはめずらしい、リベラルで進歩的な女性だったようである。

そのことは、受けた教育からもうかがわれる。お母さんは九州女学院（現・ルーテル学院）というミッションスクールの第一回卒業生である。ここはマーサー・B・エカードというアメリカ人が一九二六年に熊本に創設した学校だ。建学の精神には、「これからの時代は女性も国際的に活躍しなければならないから、英語の読み書きを学ぶ必要がある」という思いが流れている。

お母さんはエカードさんにかわいがられていたのだろう。太平洋戦争が始まる直前、エカードさんが帰国しなければならなくなったとき、原田さんと弟を連れて久留米駅まで見送りに行っている。原田さんの著書『この道は』に、

「母はうれしそうに久しぶりに英語をしゃべった」

とあるが、これは大変なことだ。「敵性語」といって、太平洋戦争中、英語は敵国のことばとして排斥・追放しようとする動きが盛んだったのだ。

駅のような公共の場で、人前もはばからずに英語をしゃべれば、どうしたって非難の目を集めてしまう。実際、あとで憲兵が調べまわったそうだ。憲兵とは旧日本陸軍の軍事警察で、軍隊内部だけではなく一般社会でも規律違反を取り締まった人たちだ。

時代が時代だけに、お母さんの行動は勇気があるというべきか。いや、そもそも英語を禁止するということ自体が理不尽なのであって、そんな命令にしたがう必要はないと考えただけなのかもしれない。

また、お母さんは映画が好きで、外国映画の上映があったとき、原田さんを連れていったこともある。軍

国教育を受けていた原田さんが「その映画は学校が許可していない」と抵抗しても、「お母さんが許可する」といったそうだ。このエピソードにも、国の規制よりも自分の価値観を重視する姿勢が感じられる。

すこし深読みになるかもしれないが、原田さんのお母さんには、「社会の子を育てている」という意識があったのではないかと思う。

もちろん、子どもというのはみんな、「家の子」として生まれる。しかし、その子どもたちが長じて社会を形成していくという観点で見れば、どこの家の子も「社会の子」である。もっといえば、子どもは家の子のようでいて家の子ではない。よりよい社会をつくる子なんだ、という考え方だ。

いつだったか、歴史家の羽仁五郎さんが、「私生児といういい方は、子どもを家の子とする発想からきている」というようなことを書いていた。かつての日本では、父親のいない子どもたちは「私生児」と呼ばれ、世間から差別の目で見られることが多かったのだ。

ところがルネサンス期のイタリア・フィレンツェでは、捨て子などの私生児をイノチェンティ、つまり「罪なき子」と呼び、一定の年齢になるまで養育院などで育て、ひとり立ちさせたそうだ。

子どもとは、もちろん家の子として生まれるが、社会からみれば、私生児という理由で差別されるいわれはない。社会が子どもたちを育てるのだというある種の自由な教育の背景が、当時のイタリア社会にはあったのだ。

それと同じ発想で、原田さんのお母さんは自分の家の子を「社会の子」として育てたのではないか。だから原田さんは、幼いころから社会正義の心をもつことができたし、長じて常に「私」を超えたところにある「社会」というものを重んじて行動する大人になったように思う。

科学者になって敵を討つ

一九四五年七月、熊本の大空襲で、お母さんは三十三歳の若さで亡くなった。原田さんが十歳のときだった。

「空襲よ、早く用意して。今夜は敵も本気みたいよ」

お母さんの声で目がさめた原田さんは、いったん庭の防空壕に潜りこんだが、ほどなく爆撃の火の粉に襲われた。

「早く逃げなさい」

お母さんの叫び声がして、原田さんは弟といっしょに近くの立田山に向かって駆けだしたのだった。

「爆死」——原田さんはお母さんの死をそう表現している。防空壕から外に出ようとしたときに、焼夷弾の直撃を受けたそうだ。

母を亡くし、父は戦地に赴いたきり消息不明。両親がいなくなった原田兄弟は、鹿児島の祖父母に引きとられた。

近所の人とお別れをするとき、弟は「特攻隊に行って敵を討つ」といい、原田さんはつられて、

「科学者になって新兵器をつくって、敵を討つ」

と宣言したという。

この時代の子どもたちはみんな、軍国主義教育を受けた少年たちだった。原田さんもそうだ。小学校二年生のときに「日本は神の国で戦争に負けない」という詩を書いてほめられ、朝礼で発表したことを自慢にし

ていたくらいだ。

ところが、その約一か月後、日本は戦争に敗けた。

原田さんが転校した鹿児島県宮之城町（現・さつま町）の小学校では、子どもたちのあいだで敗戦をめぐってケンカが起きた。種子島から集団疎開してきた子が「戦争が終わった。家に帰れる」と喜んだことがきっかけだ。

地元の子たちがそれに腹をたて、「デマを飛ばすな」といって袋だたきにしたのだ。原田さんは、なぐった側に立つ子どもだった。

「その子の顔は鼻血で赤く染まった。八月十五日になると、あの赤い血が思い出されて胸が痛む」

原田さんが信じて疑わなかった「神の国・日本は絶対に負けない」ということが、じつは幻想にすぎなかった。なぐられた子の血の色は原田さんにとって、幻想が現実に打ち砕かれたことによって、原田さん自身の心が受けた傷でもあったのだ。

母の死と、その一か月後にむかえた日本の敗戦。たてつづけに二つのショックにみまわれたことは、幼い子どもにはきつすぎる試練である。でも、それを乗りこえなければ、その先の人生は開けない。人間は試練を乗りこえる過程でたくましくなるものだ。

原田さんは十歳にして、母を亡くして親からの自立という問題に直面した。また敗戦によって、国に対する信頼感が大きくゆらいだ。そのことが原田正純という人間の大きな転機になったことはまちがいない。

兵士の銃剣と墨塗り教科書

「戦争、正義、国家……子ども心に、自分が漠然と正しいと信じて疑わなかったことが、じつは確たる根拠のないあぶなっかしいもので、いつでもひっくりかえるんだ」

原田さんはまた、敗戦を機に世の中がガラリと変わっていくのを見て、初めて「自分が信じていること」にかすかな疑問をもつようになった。

その最初の出来事が、熊本の大空襲の日に弟とともに逃げた立田山で起こった。国民に抜き身の銃剣を向ける兵士の姿を見たのだ。

立田山は軍事基地となっていて、市民はふだんは立ち入ることのできない場所である。だとしても、空襲による火の手から逃れようと大勢の人たちが押しよせてきたときに、銃剣の刃を向けてまで追いかえすとはどういうことか。兵隊さんは国と国民を守る人たちではないのか。兵士たちのその姿に、原田さんは強烈な違和感をおぼえたのである。

国家権力の権化である兵士を前に、戦火にあらがいようもない弱い立場の人たちが黙って引きかえすしかないという現実。そこに、強大な権力と、それに押しつぶされる弱い人びとの構図を見た、といってもいい。その原体験を基軸に原田さんは、権力というものに対して疑問を投げかけ、闘うべきときは闘う姿勢を身につけていったのではないだろうか。

もう一つ、原田さんが後年、「トラウマになった」と語っている出来事がある。トラウマというのは「心的外傷」といって、後々まで影響が残るほどの心理的な大きな打撃を意味する。それほどの体験とは何なのか。

戦後の日本では、教育から軍事主義的なものが一掃された。それまで教師たちは、日本は神の国だとし、敵国のアメリカやイギリスを、鬼・畜生にも劣るとばかりに「鬼畜米英」とさげすんだ。そうして子どもたちに、国家主義をたたきこんできたのだ。

それが戦争に敗けたとたんに、「日本は民主主義になった。よき市民になりなさい」と教えたのだから、子どもたちは混乱する。

その混乱の最たるものが、「墨塗り教科書」である。

日本が民主主義に転換するうえで、教科書には不都合な箇所がたくさんあった。ただ、焦土と化した当時の日本には、新しい教科書をつくる余裕などなかった。そこで窮余《きゅうよ》の策として、教科書のなかで軍国主義的な記述がされている部分を、子どもたちに墨で塗りつぶさせることが考えだされたのである。

戦前・戦中と、子どもたちは「教科書は神聖なもの」と教えられてきた。授業が始まるときは、教科書に黙礼して、静かにページを開いていたほどである。その神聖な教科書を墨で塗りつぶすのだから、子どもたちは奇異に思っただろう。

しかし子どもには、抵抗する術はない。原田さんも教科書を墨で消した。たまたまその墨が薄く、乾くと字が読めた。それを検閲にきた教師が見て、「まじめにやれ」と原田さんを平手でなぐった。

「まえは教科書を汚すと、平手が飛んできた。それに、墨で塗りつぶせと命じられた部分は、教師たちが繰りかえし教えていたことではないか。どうして、墨が薄いというだけでなぐられなくてはいけないのか」

原田さんはこのとき、胸に大きな疑問がひろがり、「無性に悲しかった」という。

兵士の銃剣と墨塗り教科書。この二つの出来事が物語るのは、戦争がもたらした理不尽な悲劇ばかりではない。教育でいちばん大事なのは「疑う」ことである。そう教えているようにも思える。

つまり、原田さんはトラウマになるほどの衝撃を受けたが、一方で、強大な権威・権力のいうこと・やることはいつひっくりかえるかわからないと知った。ならば、疑って疑って疑いぬいて得た真実を信じる心——ひとことでいうなら「懐疑《かいぎ》の精神」を身につけたと思うのである。

忘れてはならないのは、疑うことの裏には「信じたい気持ち」があることだ。逆説的ないい方になるけれど、権威・権力が正しいと信じたいからこそ、簡単には信じない。国民のあいだにわずかな疑問も残らないように、みずからを正すのが権威・権力のあるべき姿だと考えていたのではないだろうか。

そういう意味で私は、「大日本帝国という巨大な権力が戦争で瓦解《がかい》して、原田正純という権力に屈しない人間が誕生した」というふうにもいえると思う。

大日本帝国という国家権力は、戦争という目に見えるかたちで道を踏みはずした。では、戦後の民主化された日本という国の国家権力はどうだろう？　正しい道を歩んでいるのだろうか。

そうは思えない。冒頭に述べたように、はっきりとは見えないかたちで、「赤信号、みんなで渡ればこわくない」的な権力を行使しているではないか。

懐疑の精神を身につけた原田さんには、そういう権威・権力との新たなる闘いが待っていたのである。

時代の主役が子どもになった

原田さんはけっこうやんちゃな少年だったようである。本人も、「いたずらの限りを尽くした」とふりかえっている。

著書『この道は』には、たとえば「夏になると、夜中にスイカを無断でもらいに行く」とある。ようするに盗んだわけだが、その〝もらってきたスイカ〟を川ぶちに隠しておいて、翌日の昼間にみんなで食べた。

また、ニワトリを鳴かせずに〝もらってくる〟ことにトライしたり、人がウナギやカニをとるために仕掛けたカゴを夜中にあげてまわったり、田んぼの水をぬいて魚をとったり。学校もよくさぼったという。

それでも、当時いっしょに暮らしていた祖父母は、そんな原田さんをしからなかった。「この子は母を亡くしてショックを受けているから、そっとしておいてやれ」といって、いたずらの後始末をしてくれた。

ただ、原田さんは本音では「しかられたかった」そうだ。しかってくれる親のいないさびしさもあったのだろう。

こういったエピソードを聞くと、私は戦争に敗れた当時の日本という国には、再出発しようというエネルギーが満ちていたと感じる。とくに若者や子どもたちが元気で、生き生きとしていた。

それはいいかえれば、大人が過去を全否定されて元気をうしなってしまうなかで、時代の主役が若者や子どもたちに移っていき、彼らが日本再生にむけて強烈なエネルギーを放っていたということである。

そういう時代の空気のなかで、原田さんは多感な少年期を過ごした。悪ガキの味方をするわけではないが、原田さんのいたずらも、あふれるようなエネルギーの一つの現れだったのではないだろうか。

中学生のストライキ

原田さんが中学に入学するすこし前、行方不明だったお父さんが突然帰ってきた。

お父さんの大事な役まわりの一つは、原田さんをしかることだった。勉強をしなくても、試験があれば満点ばかり。すこしいい気になっていた原田さんに、「ライバルは日本中の同級生なんだぞ」といって、高慢な鼻をへし折ってくれたのもお父さんである。

原田さんはしかってくれる親のいることがうれしく、すこしずつ落ち着きを取りもどしていったようだ。

とはいえ、中学三年生のときに、ストライキを先導するという〝事件〟を起こしている。校長先生が修学旅行の中止を発表したことに全校生徒が反発し、みんなを代表して原田さんら級長たちが団体交渉に臨んだのだ。

ところが、要求はなかなか受け入れられない。交渉に行っては、はねかえされることの連続だ。それでついに、三年生全員が朝礼のあとに校庭に残って、授業をボイコットするというかたちでストライキに突入したのだった。

中学生のストライキなど、前代未聞である。それも三、四日も続いたのだから、町中がびっくりする大変な騒ぎになった。結局、ＰＴＡが動いて騒ぎは鎮圧され、修学旅行にも行けなかった。

時代がちがえば、中学生のストライキなどすぐに弾圧されていただろう。でも一九五〇年前後の当時は、労働運動がまっ盛り。原田さんが乱を好む人だったのではなく、社会に巻きおこった一種の民主化運動の大きな波が、原田さんの通う中学校にまで押しよせたような感じだったと思う。

実際、原田さんは集団行動が苦手で、「修学旅行なんか行きたくもなかった」らしい。でも、同級生たちが「おまえは将来、東京に出ていくからいいが、農業を継ぐオレたちは一生、宮之城から出られんとぞ」と強く訴えてきて、その勢いに押されるように団体交渉に向かった。

このエピソードからは、原田さんがクラスメートの声に耳をかたむけ、彼らの思いに応える、頼れる級長であったことがうかがわれる。

個性尊重の教育との出会い

「ストライキを首謀した級長たちは、もう県立高校には入れないらしい」

そんなうわさが流れた。処分は軽かったが、県立高校に進学する道が断たれるというのはけっこうつらい。うわさの真偽はわからないが、原田さんは、ともかく県立高校のほかにすべり止めに私立高校を受けておこうと思った。それが幸いしたというべきか、原田さんは鹿児島市郊外に開校したばかりの、ラ・サール高校というすばらしい学校に通うことになった。

何がすばらしいかというと、髪も服装も喫茶店や映画館への出入りも、何もかもが一般の高校よりずっと自由だったのである。

原田さんはこのラ・サールで個性尊重の教育に出会った。それは、幼いころにお母さんから教えられた自由を尊ぶ精神にも通じるものだ。そういう意味では、

「みんなと同じでなくていい。人間には一人ひとり、さまざまな違いがある。その違いを尊重することが大事なんだ」

という価値観が、ラ・サールでもう一度、強められたのではないか。私はそう考える。

もっといえば、お母さんが「こういう子に育てたい」と思いながらなしえなかった部分を、ラ・サールで開花させたともいえる。少々強引だが、私は「お母さんが原田さんをラ・サールに行かせたのかもしれない」とさえ思う。

欧米では、自由と個性を尊ぶ教育が、あたりまえのようにおこなわれている。たとえばアメリカに〝子連

れ留学〟をした友人の話では、子どもの通う現地の学校で「アイム・ディファレント（I'm different）」というテーマで作文を書いてきなさいという宿題が出たそうだ。

「I'm different」とはつまり、「私はここが違う」ということである。その「different」には、髪の毛の色や皮膚の色が違うなどの身体上の特徴もあるだろうし、性格や能力、好みなどの違いもあるだろう。それを書きなさいというわけだ。

作文のテーマに「different」を選ぶところに、日本との教育の違いを感じる。

私はアメリカびいきではないが、残念ながら、日本の教育は「個性尊重」といいながら、実際には「みんなと同じことをやりなさい。違うことをすると、笑われるよ」と教えがちだ。そうして「different」をつぶしてしまう傾向がある。

そんな風潮のなかで、原田さんが水俣病問題で多数派に流されずに「different」を失わなかったのは、個人尊重の教育で身につけた精神によるものといえるだろう。

ところで、高校時代のエピソードに一つ、興味深いものがある。中学のときのストライキにも重なるが、原田さんはよく校長や寮の舎監と団体交渉をおこなったという。

ラ・サールは新設校で、学校行事も何もなかったためである。

たとえば、修学旅行を申し入れたときの校長との会話はこうだ。

「旅行に行かせてください」

「それはいい。若いときは大いに旅行をしなさい」

「学校が連れていくんですよ」

「なぜ学校が？　旅は各人が行ってこそ、いい旅ができるんです」

外国には日本のような修学旅行がないから、どうも会話がかみあわなかったようだ。結局、中学に引きつづいて高校でも修学旅行は断念したそうだから、原田さんはよくよく修学旅行に縁がない。

また「運動会をしたい」と申し入れたときも、校長は「それは何ですか？」と理解できず、交渉は難航したらしい。でもこちらは、校長ら外国人教師たちを近くの高校に連れていって、運動会とはこういうものですよと見せて、要求が通った。

日本では、学校だけではなく会社でも、旅行や運動会をやるのが半ば慣例となっている。ところが外国には、そんな文化がない。だから、たいていの外国人は驚いてしまうのだ。

こういったエピソードから、また日本にはない個性尊重の教育を実践していたことから、ラ・サールという学校は「日本のなかの異国」のようなところだったことがうかがえる。

ラ・サール高校はだから、原田正純という人間の個性を伸ばす、あるいは個性を固める、一つの培養器になったのだ。

演劇に育まれた資質

「きみの好きな演劇やれよ。チェーホフになれよ」

熊本大学理科乙類（医学進学課程）に進んだ最初の夏休み、久しぶりに集まった高校時代の友だちの一人が冗談でいったこのひとことが、原田さんの〝演劇心〟に火をつけた。

原田さんはラ・サール高校で、演劇部と新聞部に属していた。もっと時代をさかのぼれば、中学一年の文化祭で、当時人気の連続ラジオドラマを演劇に仕立てた『鐘の鳴る丘』で拍手喝采を浴びている。数人の友だちと脚本を手がけ、浮浪児のリーダー役で出演したそうだ。

ラ・サールの演劇部では三年生のときに「鹿児島県高校演劇コンクール」に参加し、木下順二の『彦市ばなし』で、初出場にして準優勝にかがやいた経験がある。友人はそれを思い出したのだろう。

夏休みが終わり、大学にもどった原田さんはさっそく仲間さがしを始め、「理乙演劇部」を創設した。加えて、「好きな演劇の勉強をもっとしたい」と、社会人を中心とする地域の演劇サークル「熊本演劇研究会」にも入れてもらった。医学部生でありながら、バリバリの演劇青年だったのである。

奥さんとも演劇が縁で結婚した。奥さんは熊本大学病院に勤務していて、原田さんとは知己の間柄。ただ奥さんが病院を辞めたあとは、音信不通だったらしい。ところが、あるとき二人はばったり再会した。それで原田さんは、自分が委員長をつとめる熊本労働者演劇協議会の事務員に奥さんをスカウトした。それが結婚のきっかけだったと聞いている。

医療と演劇のあいだには大きな隔たりがあるように思うかもしれないが、そんなことはない。「人間の精神（心）を見る」という部分では、共通の資質が求められるのではないだろうか。

結論を先にいえば、「演劇青年だったからこそ、原田正純は原田正純になった」と、私は考えている。そのあたりを、原田さんと演劇との関わりから読み解いてみよう。

そもそも原田さんはどうして、演劇にのめりこんでいったのだろうか。

一つには、中学生のころに文学に目覚めたことがある。

著書に、「お父さんが『トム・ソーヤの冒険』や『巌窟王』、『小公子』などの本を買ってくれて、むさぼるように読んだ」といった記述がある。つまり、演劇のおもしろさにも通じる、文学に親しむ下地があったということだ。

そこから派生してもう一つ、原田さんのなかに「変身願望」のようなものが芽生えたであろうことが考えられる。

物語を読むというのは、虚構の世界で登場人物になりきって遊ぶことでもある。演劇はまさに、その遊びの延長線上にあるもの。変身願望を満たすことができる。それがおもしろかったにちがいない。

そうして演劇に興味をもち、お客さんの前で演じる役者のほうに軸足が移っていったのだ。

ただ、演じるとなると、たんに一人でおもしろがっているだけではすまない。「いかにして役を演じるか」を考える必要が出てくる。

その過程で原田さんは自然と、演じている自分を客観的に見るための、ある種のトレーニングを重ねたと思うのだ。

原田さんはまじめで一途な人だけれど、どこかゆとりがある。闘う人にありがちな切羽つまったところが見られない。それはおそらく、演劇をやったからだろう。原田さんのゆとりは、闘う自分自身を客観的に見ることから生じたものなのだ。

人間の精神を見る

さきほど医療と演劇の共通項として「人間の精神を見る」ことにふれた。そのことについてもうすこし掘りさげて考えてみたい。

医療においては、人間を動物として見なければならない場合がある。とくに手術をするときは、患者の精神の問題はあまり考えられない。患部だけを見て、冷徹にメスを入れることが求められる。よく「医者は自分の子どもの手術はなかなかできない」といわれる。それは、どうしても子どもに感情移入してしまうからだろう。それでメスをためらうと、子どもの命を危険にさらさないともかぎらない。

そういう意味では、医者には人間を動物として見る、ある意味で冷徹な目が必要である。原田さんにももちろん、その〝医者的冷静さ〟が備わっていたと思う。

しかし、医者は冷静であればいいのかというと、そんなことはない。患者がいま、どういう思いでいるのかを受けとめ、体と心がすこしでも楽になるように手助けするのも医者のつとめである。

そのつとめを果たすためには、患者がどんな性格の人で、どういう人生を生きてきて、どういう暮らしをし、何に不安を感じ、何に希望を見いだしているのか、といったことを会話のなかから感じとっていくことが大切になってくる。

それが「人間の精神を見る」ということであり、患者に寄り添う医療の原点ではないか。

これが苦手な医師は少なくない。受験勉強ひとすじできたせいだろうか。患者一人ひとりの人生や生活にまで踏みこんで、さらに感情の動きを想像しながら対応していけるだけの、遊びを含めた人生修業を積んでいないのかもしれない。

でも原田さんは、「人間の精神を見る」目をもっていた。元来、人間に対する愛情の深い人であり、勉強だけではなく遊びのなかで豊富な〝人間経験〟を積んできた。加えて演劇がある。

演劇はいうまでもなく人間ドラマを描いたものだ。原田さんは役を演じるなかで、さまざまな人間関係を疑似体験したはずだ。人間の心の機微にふれる能力とでもいおうか。それが患者と対するときに生きたのではないかと思う。

もっといえば、演劇では善ばかりでなく悪を演じる場合もある。原田さんも、悪人を演じたことがあるかもしれない。

いってみれば原田さんは、「演劇のなかでは悪になったこともあるヒューマニスト」あるいは「演劇をとおして悪の魅力を知っていながら、現実には善をおこなった人」なのである。

『鬼平犯科帳』や『仕掛人・藤枝梅安』などで知られる作家の池波正太郎さんが、こんなことをいっている。

「人間というのは悪にひかれながら善をやる、善を望みながら悪をやる生き物だ」と。

演劇青年の原田さんは、演劇からそういうことも学んだのではないだろうか。

その意味で、企業や国におもねる多数派のもつ弱さを、演劇的には理解していたのだろう。自分自身は決して多数派につきはしないし、患者よりも自分たちの利益を追求するような人を許しはしない。けれども演劇的には、「気持ちはわかる」という感じだったように思うのだ。

そんなことを想像するにつけ、人間というのがどういうものかを考えるうえで、原田さんにとって演劇がいかに大きな影響をおよぼしたかがわかる。

ともあれ、水俣病という治らない病気に苦しむ患者さんは、絶望的な状況にあるといっていい。けれども医者はどんなに絶望的な状況にあっても、一人の命を救う、もしくは命を養うために全力をつくさなければならない。

絶望的な状況だけれど、絶望的なだけじゃないんだ――原田さんはそんな気持ちで、水俣病患者の一人ひとりに寄り添っていたのだろう。

その精神の強靱さは、医学修業と演劇を含む人間修業の両面で養われたものであるにちがいない。

チェーホフから学んだこと

演劇青年の原田さんはチェーホフ(1)が好きだったと聞いている。私も好きだ。かつて私はチェーホフに心酔し、心に響くセリフをノートに書き写した時期がある。

たとえば『ワーニャ伯父さん』から、「原田さんも好きだっただろうな」と思えるセリフを二つほど紹介しよう。「ワーニャ伯父さん』は、都会に出て大学教授になった、ワーニャ伯父さんの義弟が、定年でワーニャの暮らす郷里の農村にもどったことに端を発する物語だ。

一つは、ワーニャ伯父さんが有能と信じ、二十五年ものあいだ、援助を続けてきたその義弟が、じつは無能だったことに気づいたときの、このセリフである。

「二十五年のあいだ、あいつが喋ったり書いたりして来たことは、利口な人間にはとうの昔からわかりきったこと、ばかな人間にはクソ面白くもないことなんで、つまり二十五年という月日は、夢幻泡沫に等しかったわけなのさ」(神西清訳)

ここにあるのは、自分をおとしめる自虐的な笑いだ。苦しい生活のなかで金を貢いだ自分の二十五年は何だったのか。いくら悔やんでも時間を取りもどすことはできない。

状況はまったくちがうけれど、水俣病との五十年におよぶ闘いのあいだには、ときに原田さんも徒労を感じ、自分自身を笑ったことがあるかもしれない。

もう一つは、教授から領地を売りに出すことを提案されて絶望するワーニャ伯父さんを、ともに領地で働くソーニャ（教授と先妻との娘）がなぐさめる、幕切れのセリフである。

「生きていきましょうよ。長い、はてしないその日その日を、いつ明けるとも知れない夜また夜を、じっと生き通していきましょうね。……そして、やがてその時が来たら、素直に死んで行きましょうね。あの世へ行ったら、どんなに私たちが苦しかったか、どんなに涙を流したか、どんなにつらい一生を送って来たか、それを残らず（神様に）申し上げましょうね」（神西清訳）

美しいこのセリフのなかには、絶望に耐えて生きていこうという、かすかな希望の光が輝いている。医者でもあったチェーホフは、絶望のなかに命の火を見ていたのだろう。

チェーホフの書く戯曲は基本的に喜劇である。人間が人生でさまざまなことに悩む、その深刻さを笑うようなところに、私は魅力を感じる。

といっても、深刻に悩んでいる人をバカにして笑わせるわけではない。そんな下劣な笑いではなく、もっと高尚な笑いといいえばいいだろうか。

チェーホフはこよなく人間を愛していて、主人公はもとより、俗物・悪人を含めた登場人物のすべてを非常に温かい目で見ている。それがベースにあって、深刻な悩みをも笑いのなかに包みこむ、ある種のやさしさを感じるのだ。深刻に悩む人にとって、それは一種の救いである。

そこから思うのは、原田さんが五十年もの長きにわたって、水俣病という深刻な問題と向きあい、闘いつづけてこられた秘密の一端は、演劇青年であったことにあるのではないか、ということだ。

チェーホフに代表される喜劇を学んだり、演じたりするなかで、原田さんは、みずからの深刻さを笑いとばす術を身につけた。それが、ともすれば苦悩におおわれてしまう心の一種の安らぎになって、延々と続く闘いの舞台に立ちつづけることができたように思うのである。

正眼に構えて一気に攻める

大学時代、原田さんは剣道部にも所属していた。といっても、存亡の危機にあった剣道部がつぶれないよう、部員でいつづけたというのが本当のところらしい。

敗戦で一時期、米軍によって剣道が廃止され、剣道部には空白の時代があった。それで部員が激減していたのだ。

剣道部に入部したいきさつがおもしろい。原田さんは戦時中、剣道のまねごとをしていた。たまたま熊本大学生のたまり場となっていた屋台に行ったとき、剣道部の先輩に会って、その話になった。

一人でも多くの部員を獲得したい先輩たちにとっては、原田さんという剣道経験者との遭遇は渡りに船だったろう。話は盛りあがり、原田さんは酒を飲んだ勢いで、いきなり試合に出る約束をしてしまったのだ。

約束した以上はしょうがない。「ただじーっと立っておれ」といわれて試合に臨んだら、どういうわけか二人に勝ってしまった。それで剣道部をやめられなくなった。先輩たちが卒業後、高校剣道出身の猛者が入部するまで、ひたすら部をつぶさないために在籍したという。

「弱きを助ける」原田さんらしいエピソードである。

その後、熊本大学で教鞭をとるようになってから、原田さんはふたたび剣道部に関わる。十年以上ものあいだ、部長をつとめたのである。このころ、学生たちに語ったことばがまた、含蓄のあるものだ。

「私は苦しくて仕方がないとき、迷いが生じたとき、決して避けたり、逃げたりしません。面をつけたときのように正眼に構えて、一心に飛びこんでいきます。そこに何かが開けます」

難題に直面したとき、正面から壁を突破し、道を切り拓いていく。剣道がその後の原田さんの生き方の背骨をつくった、というふうにも読めることばである。

熊本で医者になる

こんなふうに、大学では演劇や剣道に打ちこんだ原田さんだが、入学した当初は新しい環境になじめずに苦しんだようだ。

ところで原田さんは、なぜ医学を志したのか。本当は東大の文科一類か早稲田の政経に進学したかったが、お父さんに「医学部に行け」といわれたのだという。

「むかしは、優秀な者は軍人になった。おれも軍人を目指したが、父親に医者になれといわれた。当時は反発したが、おまえたちが学校に行けるのは、おれが医者になったからだ。それに、おれは大学に残ってもっと医学を勉強したかったのに、戦争がその夢をぶちこわした。おまえにすこしでも夢を継いでもらいたいのだ」

それがお父さんのいい分である。

結局、原田さんは折れた。ただ、そのときの成績が百四十六人中百三十六番だったというのはおもしろい。

いまは学校でトップクラスの成績をとっていなければ、医学部に入れないというのが常識だが、それだけが医者になるための条件ではないのだと、つくづく思う。

そんないきさつがあって医学部に進んだからか、原田さんは入学早々、五月病にかかってしまう。五月病とは、四月に新しい環境に入った学生や会社員などに見られる、神経症的な状態である。人は環境が変わると、なかなか適応できない場合があるのだ。

原田さんのようなやんちゃな青年でも、先輩・友人が一人もいない熊本大学で孤独感に苦しんだのだろう。不眠に悩み、睡眠薬にたよる毎日。退学して東京でやりなおそうとまで思ったという。

そんなある日、熊本を大洪水(2)が襲った。一九五三年六月二十六日のことである。

原田さんはそのとき下宿にいて、「二年前の十月にあったルース台風はすごかった」という話をしていた。「ラ・サールの寮も被害を受けて、ぼくら寮生は連携プレイをとって懸命に、高潮から逃げる住民たちを救出した。ぼくも二人の幼児を抱いて、潮に足をとられながら避難したことを覚えている。あんな災害に二度と遭うことはないだろうね」

そのうち畳がぷかぷかと浮かびだしたそうだ。みるみる間に水かさは増し、原田さんは「このままだと家が壊れる」と、屋根にのぼって竿で流木を左右に払って防戦した。

また大雨が一過したあとも、下宿で毎日、泥をかき出す作業でくたくた。五月病どころではなくなったのだった。大きな困難に襲われると、日常のことで悩んでいるひまはないということだろう。

この大洪水で、大学は自然休校。原田さんは郷里の鹿児島に帰った。夏休みになると、東京の大学に進んだ友人たちも帰郷した。彼らと互いの近況を語りあううちに、原田さんは、「どこに行っても同じだな。ならば熊本でいいや」という気になったという。上京した友人たちも似たような悩みをかかえていたのだろう。

こうして、東京の大学に行きたい気持ちがあっただけに心にわだかまっていた後悔が、洪水とともに流れ去ったのである。

それは、原田さんが「熊本で医者になる」と腹をくくった瞬間でもあった。

（1）アントン・チェーホフ（一八六〇～一九〇四年）はロシアを代表する作家。医師を志し、モスクワ大学校で医学を学ぶかたわら、複数のペンネームを用いて雑誌にユーモア短編を寄稿した。その後、作家活動を本格化させ、小説に加えて多くの戯曲を手がける。戯曲の代表作に『ワーニャ伯父さん』『三人姉妹』『桜の園』などがある。

（2）このときの洪水は後に「六・二六水害」と呼ばれ、いまも語り継がれているほどの大水害をもたらした。熊本市では白川が氾濫し、市内のほぼ全域が浸水。一帯は泥土や流木、がれきで埋まった。死者・行方不明者は五百三十七人にのぼった。

第3章　患者の側に立つ「中立」——弱き者に寄り添って五十年

深い笑顔の人

私が初めて原田さんに会ったのは、一九九六年のことである。十二月に熊本県で開かれた「川辺川ダム(1)建設反対集会」に、ともに講師として招かれたのだった。

拳をふりあげて議論する人や、しかつめらしい顔をしている人が多いなかで、原田さんは場違いなほどににこにこしていた。

なんだかほっとして、いっぺんで原田さんが好きになった。

見知らぬ人をも包みこむような深い笑顔の人。私はすっかり原田さんの笑顔にひきつけられ、勝手に親近感を寄せていった。

その後しばらくして、私は『世界』という雑誌に連載した対談シリーズ「日本国憲法の逆襲」で、原田さんにゲストをお願いした。

最初、原田さんは「私は専門家ではないから」とためらったが、「いわゆる専門家だけでは憲法は護れません」と押し返して登場いただいた。その対談のなかでとくに印象に残っているのは、次の話である。

「私などは『おまえは患者側にひっつきすぎている』とよくいわれました。私に好意的な人でさえ、『あなたのデータは信用しているけれども、あまりに患者に近づきすぎているから、正しいデータでも偏ったデータだと思われるよ』というんです。好意で忠告してくれているんですけど。

でも、だったら会社にデータをよこせといいに行けば、会社が協力するかというとしないわけです。ヘンな世界ですよ」

こういう話をするとき、原田さんは口をとがらせる。

私は、人間には二種類あって、口をとがらせる人ととがらせない人がいると考えている。

口をとがらせない人の代表は官僚だ。彼らは感情がないのか、あっても出さないのか、とにかく口をとがらせるようなことがほとんどない。

一方、口をとがらせる人は怒りの人。自分の信じるところを熱く語る。

原田さんはもちろん、怒りの人である。そういう意味では、笑顔だけの人ではないといえる。

私は原田さんの笑顔が大好きだが、そのやわらかな笑顔の奥には不屈の抵抗の芯があることを知っている。

だから「深い笑顔」という表現を使ったのだ。

「つねに患者の側に立つ、それこそが中立である」

原田さんのこのことばがどういうことかを、水俣病問題との関わりと、患者との交流から考えていこう。

出会うべくして出会った師

「師は求める者にのみ、その姿を現す」

これは、私がかつて『師弟物語』という本に書いたことばである。

劇的な生涯を送った人たちはよく、「よい先生にめぐりあった」とか「よい師匠についた」といったいい方をする。たしかに、そのとおりだろう。

しかし、師弟のドラマを取材してみて、私は「師弟の出会いは偶然ではない」と考えるようになった。彼らは「たまたま」よい師に出会ったのではない。「本人が求めた」から、よい師に出会えたのだ。わかりやすくいえば、よい師に出会えるかどうかは、本人がよい師を求めるかどうかにかかっている、ということである。

原田さんの二人の師との幸せな出会いにも、私は同じことを感じた。

一人は、熊本大学大学院・神経精神科教室の宮川九平太教授である。一九五九年、熊本大学医学部を卒業して一年のインターン（実地研修）を終えた原田さんは、精神と神経の関係を勉強しようと、宮川教授の門をたたいた。つまり「出会うべくして出会った」といえる。

そのころ、熊本大学は水俣病の原因究明に取り組んでいて、有機水銀説で固まりつつあった。しかしチッソは、工場から海に捨てたのは、有機水銀ではなく、無害な無機水銀だと主張していた。宮川教授は、「捨てた無機水銀が有機水銀に変わるなんて常識では考えられない」とし、水銀以外の物質タリウムに原因を求めて、動物実験に力をそそいでいたのだ。

ネコ、ウサギ、ラット、ニワトリ、ドジョウなど、研究室はさながら動物園のようだったという。当然、原田さんは毎日毎日、動物実験をやらされた。しかも新米の役まわりは、餌やりと糞尿の始末ばかりだ。

そんな雑用に嫌気がさした彼はある夜、教授から指示された試薬づくりの途中で町に出た。そして、ちょっと焼酎を飲んで研究室に帰ると、そのままソファで眠りこんでしまった。

翌朝、目がさめて、青くなった。研究室一面に、動物の羽や毛、鮮血がちらばっていたのだ。どうやら、野犬が入ってきて、ほとんどの動物を食いちぎって殺してしまったらしい。そのあいだ、原田さんは泥のように眠っていたのだろう。

知らん顔して逃げるわけにもいかず、原田さんは正直に報告した。すると、宮川教授は烈火のごとく怒ると思いきや、こういったのだ。

「実験に失敗はつきものだ。やりなおすとよか」

そればかりか、その夜、野犬に仇討ちをしようと、毒物をしかけることまで手伝ってくれたそうだ。

大学病院というところは、実験で成果をあげて、出世階段を上がっていくことばかり考えている先生方が多い。宮川教授のような懐の深い先生は、なかなかいるものではない。

ただ不幸なことに、宮川教授は水俣病の原因究明のためにムリしたことがたたって、原田さんが研究室に入ったその年、一九六〇年の夏に亡くなってしまう。

「水俣病は最後までやれよ」

ということばを遺して。

原田さんは著書のなかで、「その後、教授の魂に導かれるように、私は水俣病に引き寄せられていく」と書いている。宮川教授の研究者魂をしっかり受け継いだのである。

ところで、宮川教授がタリウムにこだわりつづけた背景には、「無機水銀を捨てた」とするチッソのいい分をことばどおりに受けとめてしまったという悲劇がある。

なぜそれが悲劇かというと、じつは工場の製造過程で無機水銀が有機化していたのだ。つまり、チッソが捨てたのは、無機水銀ではなく有機水銀だったのである。

チッソがそれを隠さなければ、宮川教授も「捨てた無機水銀は有機水銀に変わらない」という前提で研究をする必要はなかった。原因究明が混乱するなかで自説に執念を燃やし、過労死してしまうような事態も避けられたかもしれない。

チッソは事実を隠したばかりか、自前の研究で有機水銀が疑わしいことを知っていながら、熊本大学の有機水銀説(2)に抵抗していたことになる。

患者の気持ちを感じる

原田さんが初めて水俣病患者を見たのは一九五九年、東京都教職員互助会の三楽病院でインターンをしていたときのことだ。

熊本大学医学部を卒業した原田さんは、「学生時代は遊びすぎた。このままでは本当にダメな医者になってしまう」という反省と焦りから、上京する。

当時の彼の毎日は、昼間は三楽病院で研修し、夕方六時から東横線・学芸大学駅のそばにある市川診療所を宿がわりにしながら診療の助手と、夜と日曜の〝万年当直〟をつとめるという過酷な日々だった。

このころ、診療所で当直をしていたときに、NHKのテレビで水俣病が映しだされた。とりわけ印象的だったのは、失明し、よだれをたらした少年が、ラジオにかじりついて相撲の栃光の勝負を聞いている姿だったという。

栃光という力士は、熊本県・天草諸島の南部に位置する牛深市（現・天草市深海町）の出身で、その年、関脇への昇進が期待されていた。彼は「水俣市で開催された相撲大会で春日野部屋から勧誘された」という来歴をもつ、いわば「郷土の星」だったのである。

病気に苦しみながらも、その少年は、同じ郷里の出身である栃光の活躍に喜びを求めようとしていたのだ。いかに優秀な医師であっても、本当の意味で患者と苦しみを共有することはできないだろう。しかし原田さんは、「感じる」ことができた。「大きな苦しみのなかにあって、ほんのわずかでも喜びを見いだしたい」という患者の気持ちを「感じる」ことができたのである。

そういう医師は意外に少ない。残念ながら、患者の苦しみに鈍感な医師のほうが多いといってもいいくらいだ。そんな医師が、苦しみのなかでも喜びを見いだそうとする患者のもがきに目を向けることもないだろう。

なにげないエピソードだが、私はそこに「どこまでも患者と寄り添う医師」としての原田さんの原点を見る思いがする。

患者のことばを聞く

また「郷土」という意味でもう一つ、印象深いエピソードがある。

原田さんが例によって診療所の当直をしていたある夜のこと、看護師さんに「酔っぱらいの韓国人が来ています」とたたき起こされた。出ていくと、その患者は韓国人ではなく、鹿児島弁を話しているとわかった。「ことばが通じないからといって、外国人と決めつけるのはどうかなあ」と思いながら、原田さんは自身も鹿児島弁を話し、手当てをしてやった。

そのときから、「あそこには鹿児島弁の医者がいる」と評判になり、原田さんが診療を担当する夕方以降、診療所の待合室は鹿児島弁でにぎわったという。

方言というのはふしぎなもので、人の心を開く力がある。

たとえば老人ホームなどで、認知症になって誰が話しかけても答えなかったおじいちゃんが、同郷の看護師が方言で話しかけたら、突然しゃべりはじめた、というような話を聞く。

ただ、原田さんのこのエピソードから私が思うのは、なにも鹿児島弁が〝通じる〟から患者が集まってきたのではないだろう、ということだ。その患者が東北弁とか関西弁とか、どんな方言をしゃべっても、原田さんはちゃんと話ができたはずだ。

なぜそんなことがいえるかというと、原田さんが水俣病患者と会話しているところを、私は実際に見たことがあるからだ。

水俣病の症状の一つに言語障害があって、私などは正直いって、彼らが何をしゃべっているのかがほとんどわからない。でも、原田さんは水俣病患者の不明瞭なことばを正確に聞き取ることができる。それで私は確信した。

「原田さんがどんな患者のことばも聞くことができるのは、医師も含めたふつうの人とは耳の傾け方がちがうからだ」と。

それは「原田さんが聞こうとするから、患者のことばが聞こえる」というのとも、ちょっとちがう。極端な話、誰が話しかけても何もいわないような患者でも、原田さんにだけは話す、という感じだ。

原田さんにはまちがいなく、患者に「自分のことばを、この人なら真剣に聞いてくれる」と思わせる雰囲気があるのだ。

このことは、石牟礼道子さん(3)という人が、原田さんの印象について語っている次のことばがよく表している。

「検診会場で原田さんをお見かけしたとき、彼はニコニコして、子どもたちと遊んでいました。水俣病の子も、そうでない子も、子どもたちみんなが原田さんになつくのです。その輪のなかでワーッと笑い声が起こったり、なかには原田さんの白衣の裾をつかんではなさない子がいたりして。

医師としての権威をふりかざすこともなく、だれにでも自然体で接しておられて、感心な若者だなあと思いました」

私自身は石牟礼さんがいうような光景を見たことはないが、彼女のことばから、子どもたちとじゃれあう原田さんの姿が目に見えるようだ。

子どもというのは、ひと目で人の本質を見抜くところがある。水俣の子どもたちもおそらく無意識のうちに原田さんを「偉そうにしているだけのニセモノの医者ではない。自分たちのために力をつくしてくれるホンモノの医者だ」と感じたのだろう。

よく「声なき声を聞く」という表現が使われるが、原田さんは「患者のことばにならないことばを聞く」医師であったと、私は思う。

それがなぜできるかといえば、のちにくわしく述べるように、原田さんがつねに「患者にひっついていた」からなのである。

初めて見た被害の実像

「水俣へ行こう」

宮川教授の後任である熊本大学大学院の立津政順教授のこのひとことで、原田さんは一九六一年、二十六歳の夏に初めて水俣を訪れた。

その立津教授こそ、原田さんが「出会うべくして出会った」もう一人の師である。研究室にこもって現場に足を運ばない研究者が多いなかで、立津教授もまたなかなかいないタイプの先生だったといえる。

原田さんは決して従順な弟子ではなかった。論文を書く過程で何度も衝突した。原稿は毎回、先生が朱筆を入れて、まっかっかになって返ってくる。何度も書き直しをさせられた。

また、その論文の発表を「待て」といわれたときは猛反発した。「大学院を辞める」といって、本当にしばらく大学に行かなかったこともある。

おそらく立津教授にとって原田さんは、やりにくい学生だっただろう。しかし、だからこそいい師弟関係が築かれたともいえる。

そんな二人の関係を考えるとき、私は馬場あき子さんという歌人のつくった短歌を思い出す。

おほかたの憎しみのなかに我は愛す　師を尊ばぬ子の潑らつさ

馬場さんは学校の教師をしておられた方だ。その経験から、先生のいうことをきかない子はにくたらしいけれど、非常にはつらつとしていることに気づいていたのだろう。原田さんはそういう青年だったと思う。

私が想像するに、原田さんは先生を尊敬する一方で、自分の意見や考え方とちがうところがあればつっかかっていくタイプだったのではないか。

さらに掘りさげて、なぜつっかかるかを考えると、自分のいい分が正しいかどうかを判定するのは先生ではないという思いがあったからではないか。

その思いが発展して、最後は「患者こそが自分の判定者である」というところにたどりついたように思えてならない。

それはいいかえれば、患者本位の医師になるということだ。その道筋を教えてくれたという意味でも、宮川・立津両教授は原田さんが出会うべくして出会った師である。

それはさておき、ではなぜ立津教授は水俣へ行こうと考えたのか。理由はおもに二つある。

一つは、それまでの報告例は死者や重症者のものばかりであったこと。それは氷山の一角であって、報告されていない軽症例がたくさんあるのではないかと考えた。

もう一つは、患者の症状があまりにも画一的であったこと。もっと多彩な神経症状があってもふしぎではない。いや、あるほうが自然だと思った。

水俣病はずっと原因究明のために重症例・典型例ばかりを重視してきた。立津教授はそこにメスを入れ、新たな仮説のもとに現場での調査を始めた。もっと広い視点から「水俣病像」を見直すきっかけをつくったのである。

原田さんは水俣病が一応の解決をみたとされたのちも、「水俣病と認定されていない患者が、まだまだいるはずだ」と、患者の掘り起こしを続けた。その姿勢の根本には、立津教授のこのときの考え方があったように思う。

さて、原田さんにとって初めての現地調査は、水俣市の湯堂でおこなわれた。水俣病患者の多発地区である。さぞ歓迎されたことだろう。だれもがそう思う。

ところが、住民たちは原田さんらの顔を見るなり、逃げだしたというのだ。なかには雨戸を閉めて、「帰れ！」とどなる人までいたという。原田さんも驚いた。

「先生たちがウロウロすると、また新聞やテレビがかぎつけて押しよせてくる。そうするとまた魚が売れなくなって、みんなに迷惑をかける」

「診察をしてもらって水俣病患者がふえると、チッソが水俣から逃げていきゃあせんだろうか。そうなると、たくさんの人たちが仕事をなくしてしまう」

まだ若かった原田さんは「その理屈が理解できなかった」という。後年、私にこう語っている。

「何も悪いことをしていないあなたたちが、どうしてそんなことに気をつかわなければならないのかといいたくなるぐらいだった」

住民たちのそういったことばの前に、原田さんは、「この病気を治せる医者がいないという現状(4)にあって、医者は何ができるのか」という難題をいきなり突きつけられた気がしたという。

患者の思いを正面から受けとめたのである。

病院で診るか、生活の場で診るか

水俣病には二種類ある。一つは、汚染された魚を食べて発病する「小児・成人水俣病」。もう一つは、妊娠中のお母さんが汚染された魚を食べて、おなかのなかの赤ちゃんが発病して生まれる「胎児性水俣病」だ。

原田さんは後者の胎児性水俣病の存在を証明したことでも知られている。

きっかけは、現地調査の過程で重症患者の診察に出向いた帰り道、たまたま隣の家の縁側で遊ぶ兄弟を見かけたことだった。彼らの動作がぎこちなく、同じような障害が見られたので、原田さんはお母さんにたずねた。

「二人とも水俣病ですか」

すると、お母さんから意外な答えが返ってきた。

「上の子は水俣病ばってん、下の子はちがいます」

原田さんは驚いて、思わず「どうして?」とたずねたという。お母さんにしてみれば、「なにをいってるんですか」という気持ちだっただろう。

なぜなら、「兄は魚を食べて病気になったから水俣病で、弟は魚を食べていないから脳性まひだ」と診断したのは、ほかならぬ医者だったからだ。

しかし、お母さんはその診断に納得していなかった。

「妊娠中に自分は魚をたくさん食べた。自分の症状が軽いのは、魚の毒がおなかのなかにいた子にいったからにちがいない」

というのだ。医者の常識では、そんなことは考えられなかった。「胎盤は毒物を通さない」というのが、それまでの通説だったからだ。

その通説は、まちがっていたわけではない。実際、胎盤は胎児をいろいろな細菌から守ってきた。

ところが現代社会は、そういう自然の摂理に当てはまらない物質を生みだしてしまった。人間の体にとって有機水銀は未知の毒であり、だから胎盤は有機水銀という毒を毒と認識できなかったのだろう。

原田さんも最初は、「毒が胎盤を通るなんて、そんなばかな」と思った。でも、お母さんがさらに「下の子が生まれた年には、同じような子が何人も生まれている。水俣病としか考えられない」というにいたって、ひらめくものがあった。

「胎盤か母乳を通じて発症した新しいタイプの水俣病ではないか」

そうして原田さんは、胎児性水俣病を博士論文のテーマに選んだのである。

診察は当初、患者を病院に集める、というかたちでおこなわれた。それまでの医学の常識をくつがえそうと熱心になるあまり、原田さんは患者をひんぱんに呼びだしたそうだ。ところが、母親たちからしかられてしまった。

「こん子たちは一人で来られんとです。大人が付き添って来にゃなりまっせん。それで一日の日当はパーになるですたい」

当時、土木工事の手伝いなどで得られる日当は、二百五十円くらい。子どもを市立病院に連れていく日は働けないから、その日当が得られない。それが家計にどれほどの重荷だったか。

漁師を中心とする患者やその家族は、魚をとっても売れなくなっていた。働き手が水俣病になって、日々の収入がなくなった人たちもいる。毎日の生活がとても苦しかったのだ。

患者家族のそんな実情までは思いいたらなかった原田さんは、深く反省した。自分たち医師にはどこかに「診てやる」という意識があったのかもしれないと。

それで、どうしたか。

原田さんは「病院で診るか、生活の場で診るか」という選択をせまられ、「生活の場で診る」ことに決めた。それは同時に、病院でふつうに診察する医者になる道をみずから断った、ということだ。

一九六〇年当時、病院から一歩も出ず、人によってはふんぞりかえって、患者を呼びよせて「診てやる」という態度の医者も多かったのではないか。

原田さんは生来、えらそうにする人ではない。だから、何のこだわりもなく、それがあたりまえのように、「じゃあ、自分が患者のところに出向いていこう」と腰を上げた。

そんなところにも、どこまでも患者に寄り添おうとする医師としての原田さんの姿勢が見てとれる。

患者宅をまわった原田さんは、患者の家庭が貧困のどん底に追いやられている現実に直面する。世は高度経済成長のまっただなか。日本人の生活はどんどん豊かになっていた。それにもかかわらず、患者家族の家はボロボロで、子どもたちはウンチとオシッコにまみれて寝かされていたのだ。

「差別が貧困を生む」

原田さんはのちに、そう語っている。

この「差別」ということばには、二つの意味あいがある。一つは水俣病に対する差別、もう一つは水俣という九州の漁村に対する差別だ。

前者は前に述べたとおり。後者についてはようするに、チッソや国に「水俣のような土地なら、工場廃液を流してもいいだろう。多少問題が起きても放っておけばいいだろう」という差別がなかったか、ということである。奇しくも原田さんが、のちに私との対談で、

「水俣病がもし東京湾で起こっていたら、社会の反応も行政の対応もちがっていたと思います」

と語っているが、私も同感だ。チッソの工場がなぜ水俣につくられたのかということも含めて、水俣病の

対応の遅れには厳然たる「地域差別」があったと思う。

水俣病がまだ認定されず、〝奇病〟と差別されていたころ、患者は加害者であるチッソや国から何の補償も得られないまま、すさまじいばかりの貧困にさらされた。原田さんはそのことを、患者宅を診察してまわることによって、身をもって知ったのである。

見えてきた水俣病の実像

患者の家を訪ねてまわると、それまでは見えなかったことが見えてくる。

じつは原田さんも最初のうちは、「べつにデータをとろうと思って患者の人たちとつきあったのではない」という。このころのことを私に、次のように明かしてくれた。

「患者の人たちとはごく自然にやりとりするようになっていった感じです。学者になろうなんて最初から思っていたわけでもないし、すばらしい研究をして偉くなろうと思っていたわけでもない。

ただその当時、どうしてこうなっちゃったんだろうという好奇心があったと思うんですよ。どうしてこの人たちがこんなにひどい目にあわなければいけないんだろうという。それがまずあって、彼らと実際につきあってみると、もうたしかに悲惨な暮らしなんだけど、地獄の底を見てきたたくましさというか、なにかホッとするぐらい楽天的なところもあって、人間的な魅力のある人が多かったですね」

しかし、患者の家を訪ねて「ぺちゃくちゃ世間話をしていた」原田さんも、患者の実態を知るにつけ、「だんだん腹がたってきた」。

たとえば、子どもだけが寝かされていた家を訪ねたときのこと。子どもと話をしながら、ふと「何を食ってるんだろうな」と思って台所に行って、鍋をあけてみると、魚の煮つけがあった。親が帰ってきたときに、「この魚はどこからとってきたの？　このへんの魚はあぶないよ」と言った。すると親は、「いや先生、大丈夫ですよ。ずっと向こうからとってきましたから」と答える。

原田さんには、ウソだとわかった。水俣湾の魚が汚染されているから食べてはいけないとわかっていても、貧しくて、ほかに食べるものがないから、その魚を食べざるをえない。それが患者家族の現実だったのだ。

そういう人たちに、どうして誰も何の応援もしないのか。そこが原田さんの怒りの発火点となった。やがて胎児性水俣病との出会いがあって、ますます深く水俣病患者と関わっていくことになったのである。

七十個以上のへその緒

原田さんが胎児性水俣病に関する論文を仕上げ、熊本医学総会で調査結果を発表することになったのは、一九六二年十一月のことである。

原田さんの研究は、脳性まひとされる十七名の小児患者を調査・診察し、彼らが同じ原因で同じ病気になったことを証明したものである。

具体的には、たとえば子どもたちはみな、首の傾き方や足の置き方など、細かい症状がどれも同じだ。そこから、「同じ症状だから、同じ病気だ」と診断した。

また、発生場所や時期が同じなら、母親が妊娠中に汚染された魚をたくさん食べていて、軽い水俣病の症状がある点も同じ。ほかにも、家族に水俣病患者がいるなど、多くの共通点が見いだされている。

そんなふうに状況証拠を重ねて、子どもたちがいずれも胎児期発病の水俣病であると結論づけた。

そんなおり、熊本大学研究班の武内忠雄教授が、脳性まひで死亡したとされる子どもの解剖所見をもとに、それが胎盤を経由したメチル水銀中毒であると確定し、その新聞発表をおこなった。

そして、原田さんの調査した十七人の子どもの一人が、武内教授の解剖した二例目の子であったことから、「一人の子が胎児性水俣病と確定されたのだから、ほかの十六人も胎児性水俣病である」と証明されたのである。

そこから事態は大きく動くかに思えたが(5)、現実には、問題解決は遠かった。水俣病患者が救済されるためには、認定審査会というところに水俣病であると認められなければならない。その認定審査会が、なかなか胎児性水俣病を認めようとしなかったのだ。

原田さんが認定審査の壁を突破できずにいたとき、夫妻に次女が誕生した。一九七〇年のことである。小さな桐の箱に入ったへその緒(臍帯)といっしょに、次女が病院から帰ってきたとき、原田さんはそれを見て「これだ!」と思った。

「へその緒に入っている有機水銀の量を調べれば、過去の汚染の状態がわかるのではないか」

とひらめいたのである。さっそく、胎児性水俣病にかかっていると思われる子どもたちの母親に電話をかけまくった。

そうして集めたへその緒は、なんと七十個以上!

それらを専門家に分析してもらったところ、有機水銀の値がきわめて高かった。時期的にみて、環境汚染と並行していることもわかった。

それは「環境汚染が子宮汚染に直結する」ことを示すおそろしいデータだ。と同時にそのデータは、年代をさかのぼって「二つの環境汚染による胎児性水俣病の発症」を裏づける有力な証拠となったのである。

原田さんの名著『水俣が映す世界』（日本評論社）の第十四章「胎児からのメッセージ」の「子宮は最初の環境」という節に書かれたくだりはあまりに切ない。ここに紹介しておこう。

「この地区で臍帯を保存している理由は二つある。一つは、いわゆる親子の絆としてである。もう一つは、生きるか死ぬかの大病のときに煎じて飲むと生命がもどるといわれているからである。一人の胎児性患者は、幼児期から具合が悪く、しばしば痙攣をくりかえしたために、私が臍帯を欲しがったときにはすでに煎じて飲んでしまっていた」

死んだ人の診断はできないのか

数多くの患者家族との関わりのなかでも、原田さんにとってもっとも大きかったのは川本輝夫さんとの出会いだろう。

それは一九六九年の夏ごろ、水俣病研究会(6)が発足する直前のことだった。

川本さんとは、原田さんが水俣市にあるチッソ第一組合の事務所にいたときに、たまたま出会った。すぐに、予想外の質問が飛んできた。

「死んだ人の診断はできないんですか」

川本さんのいう「死んだ人」とは、彼のお父さんのことである。チッソを退職したのち、漁をしていた父親は、水俣病の典型症状がありながら、水俣病とは診断されなかった。精神科病院でもだえ苦しみ、一九六五年に七十歳で亡くなったという。

世に「六〇年終息説」が定着し、新たな患者は発生しないとされていた時期に、父親を見殺しにされた。その怒りから、川本さんは認定審査会に審査を求めたが、「死者は対象外」とはねつけられた。

それで一九六八年、川本さんは自分自身と父親の認定審査を正式に提出し、周囲の未認定患者の掘り起こしにむけて動きだした。認定制度への闘いを始動させたのである。一九七〇年八月には、認定申請を棄却されたため、行政不服審査を請求している。

その川本さんが父親のカルテのコピーを差しだし、原田さんに意見を求めてきたわけだ。原田さんも、さぞめんくらったことだろう。

「カルテで死んだ人の診断をするのは、医学の常識に反する」

きわめて常識的に答えるしかなかったのだが、川本さんは退かない。

「墓の骨を掘り起こしたら、水銀が測れるか」

「骨髄が残っていれば、測れるかもしれないが」

そんな会話をしたら、後日、川本さんが本当に骨を掘り起こしてきたという。

結局、検査をしても水銀は検出されなかったのだが、原田さんはカルテを見て症状は水俣病とまったく同じだと思った。典型症状の一つである視野狭窄こそ記録がなかったものの、それは検査すらされてなかったためだ。

以後、川本さんは会うたびに、原田さんに質問を投げかけた。

「同じ魚を食べて、ある人は水俣病、ある人は別の病気って、どういうことですか。水銀が人の体にどう影響するか、わかっとるとですか」

「対岸の天草に患者がいないのはなぜですか」

鋭い切りこみに、原田さんは答えることができなかった。ようするに、専門家のだれも調べていないから、わからなかったのである。

同じころ、原田さんは水俣病研究会でも質問攻めにあい、医者としてのプライドを打ち砕かれている。

メンバーで専門家は自分だけ。「相手は素人だから」と軽い気持ちで参加したものの、すぐにタジタジとさせられた。

最初の質問は「水俣病を定義してください」というもの。原田さんは、あらためて説明することでもないだろうと思いつつ、「発生は一九五三年から六〇年で……」と話しはじめたとたんに、「根拠は何か」と切りこまれる。

それで「患者がその期間しか出とらん」といっても、「その前はいなかったのか。チッソは一九三二年から水銀を流していたのに」とくる。

「わからん」

原田さんは正直に答えるしかなかった。その後も、

「でも、届け出がないのは事実だ。水銀を流さんようになったからではないかと」

「いや、流している」

「汚染魚を食べなくなったというのも」

「いや、食べている」

「水銀が減ったのかも」

と叫びたくなったそうだ。内心、屈辱的な思いだっただろう。

まえに私が川本さんのことを質問したときに、原田さんは、「最初は生意気なヤツだと思っていましたよ。えらそうに何をいうかと」と笑いながらいい、こうつけくわえた。

「でも、興味をいだいて話をしてみると、いつも彼のほうが正しかったですね。こちらは、ことばが出なくなることばかりでした」

権威をふりかざす医者なら、素人の患者のいうことなど、はねつけてしまうだろう。耳を貸すことすらしないかもしれない。「何も知らない素人が口出しするな」という感じで。

原田さんはちがう。患者の声にちゃんと耳をかたむける。

医師に限らず、あらゆる分野の専門家には、知識があるために常識にしばられてしまうという弱点がある。患者との関わりのなかで、原田さんはそれを知ったのだ。

「川本さんはとても頭がよくて、勉強家でしたが、いちばんすごいところは素人の強さですね。医者のなまじっかな常識を、彼は素人の発想で打ち破ってしまう」

原田さんが私に語ったこのことばは、彼が患者のいうことをきちんと聞く医師であり、専門家としてのプライドなど軽く飛びこえてしまう医師であったことの証明ともいえるものだ。

そうして患者の話を聞きながら、原田さんは「水俣病のデータは患者のなかにしかない」という思いを強くしていったのである。

脳梗塞の患者は水俣病にはならないのか

原田さんはそれから、川本さんと二人三脚で患者の掘り起こしを始めた。川本さんに連れられて、未認定の患者の家をまわったのだ。

といっても、ムリヤリ引っぱりだされたわけではない。原田さん自身、重症者ばかりではなく軽症者も含めた患者の発掘が必要だと思っていた。実際、水俣市立病院の副院長に検診の提案もしている。

「認定された患者の家族も同じ魚を食べている。検診しましょう」

ところが、副院長に「きみ、寝た子を起こすわけにはいかんよ」と断られ、考えあぐねていたところだったのだ。

余談ながら、のちに未認定患者の運動が激しくなったとき、この副院長は熊本県認定審査会長をつとめたこともあって、原田さんの申し出を退けたことを後悔したそうだ。

「あんたは先見の明があったな。あのとき、調べておけばよかった」といって。

それはさておき、川本さんと患者の家をまわると、まさに驚きの連続だった。次から次へと、未認定患者が見つかったのである。

とりわけ目が開かれたのは、ある漁師の家に行ったときのこと。半身まひの患者が寝ていて、原田さんが即座に「この人は脳卒中ですね。水俣病ではない」と診断した。ところが、川本さんが異を唱えた。

「いや、このじっさまはとにかく魚ばかり食いよった。それを自分は見とった。じゃあ先生、脳卒中の人が汚染魚ば食うたらどうなりますか。脳卒中の人は水俣病にならんとですか」

原田さんは後年、繰りかえしこのエピソードを語り、「あのときはガツンと頭をたたかれた思いだった」とふりかえっている。

医学ではそういう発想はしない。鑑別診断法といって、最初にいくつかの病気を想定して、患者をそのどれかに当てはめていく手法がとられる。原田さんもそれにしたがって、漁師のおじいさんを脳卒中と診断したわけだ。

「環境汚染というのは、おなかのなかの赤ちゃんから老人まで、もともと病気の人から健康な人まで、その地域の人たちみんなが汚染されてしまう。そのことを頭ではわかっていながら、医学の常識にしばられて、『この人は脳卒中だから、水俣病ではない』などと平気でいっていたわけです」

原田さんは患者との話をするときに、よく「目からうろこが落ちる」ということばを使う。患者宅をまわることで、それだけ多くの発見があったということだろう。

これに関連して、最初のころの話を、反省をこめて語ってくれたことがある。

「あるとき、訪ねていった家で、おばあちゃんが寝ていたんですよ。『おばあちゃん、どうしたの』と聞くと、『ことばがもつれて。高血圧で』というものですから、『それは大変だね。お大事にね』といって帰ってしまったんです。

いま考えると、高血圧の人だって汚染された魚を食べていたのですからね。高血圧は水銀に強い、なんていうことはないわけですよ。

あのとき、どうして自分はおばあちゃんをちゃんと診なかったのか。高血圧だったかもしれないけど、水銀の影響も出ていたのではないか。そういう思いが、いまもあるんです」

弱い側に立つのが「中立」

川本さんの指摘で目が開かれた原田さんは、ほどなく、認定を棄却されて不服申立て審査を請求する裁判の原告すべての診断書を作成した。新たな患者が見つかれば、診断書を書いて認定申請を勧めることもした(7)。

しかし、原田さんのこういった活動をよく思わない人たちもいた。行政やチッソではない。足元の大学内で、風当たりが強くなったのだ。

「脳梗塞や糖尿病まで水俣病と診断した。彼らはニセ患者だ」

「患者を扇動している。政治的に動いている」

「患者にひっつきすぎてる」

中傷を受けるということは精神的に非常にきつい。自分に非はなくとも、ついめげて主義主張を曲げてしまう場合が多い。でも原田さんは「医学論争にもならない」と、動じることはなかった。

「なにも私は脳梗塞や糖尿病を水俣病だといっているのではありません。脳梗塞や糖尿病であっても、同時に水俣病でありうるといっているわけです。いまでも大部分の医者はわかってくれませんがね。

もっとも、患者といっしょに裁判を闘おうという気持ちでしたから、その意味では『あいつは研究者というより運動家だ』といわれてもしかたがないですね。けれども、患者の生活の場で診察し、裁判という人生を左右する一大事を共有するようにして関わったからこそ、見えないものが見えてきたこともあると思うんです。

研究者然として、『データが欲しいからデータだけくれ』というような関わり方では、医師として見るべきものが何も見えなかったのではないでしょうか」

こう語っていた原田さんは、「患者にひっつきすぎる」といわれることを、むしろ誇りにしていた。

「加害側と被害側に大きな力の差があるとき、弱い側に立つのが中立である」

と考えていたからだ。弱い側とはいうまでもなく患者である。

私も同感だ。患者の側に立つ原田さんを「患者にひっつきすぎる」と批判した人たちは、いったい何にひっついていたのか、という話である。

国や企業という大きな力にひっついていた彼らに、中立を語る資格はない。この「中立」については、あとでもうすこし詳しく述べたい。

わが家の宝子

一九七三年三月、熊本地裁で水俣病第一次訴訟が結審した。患者側の勝利だった。患者や家族は急きょ上京して、チッソ本社との交渉に入ることになった。

そのなかに、胎児性水俣病の上村智子さんがいた。母親が智子さんを連れて上京するという。原田さんは智子さんの健康状態を考えて、両親に上京を思いとどまるよう説得に行った。

けれども、母親は、「心配してくれるのはありがたか」といいながらも、きっぱりと断った。

「私も智子も一度も東京へ行ったことはありまっせん。今度は私たち親子の正念場ですたい。智子が行きたがっております」

原田さんは智子さんの顔をのぞきこみ、「本当に行くとか」と聞いた。すると、ことばを発せない智子さんが体を突っぱって、「あー」とうめき声を出した。原田さんの目には、それが笑顔にうつった。智子さんはたしかに笑ったと。

さらにお母さんは、こういった。原田さんの著書『この道は』から引用しよう。

「智子は宝子です。私の身代わりに、私の食べた水銀を全部この子がからって（背負って）くれたけん。私もほかの子が六人もできたばってん、みんな無事でした。わが家の恩人ですたい。それに、この子を見て育って子どもたちは自分のことば自分でして、お互いに助け合って優しい気持ちの子どもに育ってくれました。それも智子のおかげです。

そして、今度、東京に行けば、テレビや新聞がこの子を写すでしょう。会社や政府の偉か人、一般の人も見てくれらすでしょう。そして『公害は恐ろしか』『過ちは繰り返しちゃならん』と思わすなら、それはこの子の役目ですたい」

智子さんはそれから三年ほどして、わずか二十一歳で亡くなった。原田さんはそのとき、「命の価値をいまさらのように知った」といっている。

周囲は智子さんを、生まれながらにして水俣病との闘いをしいられ、何も表現できないかわいそうな子と決めつけていただろう。

しかし原田さんには、そうは思えなかった。智子さんとお母さん、お父さん、きょうだいたちのあいだに豊かで温かい交流があることを知っていたからだ。「この家を訪ねると、私のほうがいつも癒された」と原田さんはいう。

また、お母さんがいっているように、智子さんは誰よりも社会的な影響力をもつ存在でもあった。

「智子さんは障害児なるがゆえに、ふつうの人の何倍もの輝かしい生命を生きたとはいえないだろうか」著書にあるこの一文は、智子さん家族に深く寄り添った原田さんにしかいえない重いことばだと感じる。

繰りかえされた過ち

そんな原田さんだから、「新潟水俣病(8)では熊本大学の研究が生かされて、胎児性水俣病がたった一人だった」といわれても、素直に「よかったですね」とはいえなかった。

汚染された女性に子どもを産ませなかったことが、はたしていいことなのだろうか、という疑問がぬぐえなかったのだ。

それは、胎児性水俣病をかかえながらも懸命に生きる患者の命の輝きを、ずっと見てきたからだ。妊娠規制と中絶の奨励をすることは、胎児性水俣病患者を否定することに等しいと、原田さんには思えたのである。

新潟水俣病では一九七一年一月、原田さんも新潟大学神経内科による汚染住民の追跡一斉検診に立ち会っている。

このとき、雪のなかを現場まで行き、川を見て、「昭和電工が何を考えていたかわかった気がした」そうだ。

「阿賀野川は流れが速く、水量も多い。水俣とちがって、工場廃水を流しても、すぐに海に流れ出て、希釈されるだろう」

それが昭和電工のあまい考えであったことはいうまでもない。有機水銀は魚のなかで濃縮され、川へ上ってきたのである。「自然は決してごまかせない」と、原田さんは断じている。

「平均値主義」の誤り

原田さんのいう「中立」について、ちょっと別の角度から考えてみたい。

『この道は』という原田さんの著書に、「星野芳郎先生」なる人物(9)が登場する。中国科学院の招待で中国を訪れるとき、原田さんをメンバーに推薦してくれた人とされている。推薦理由は、「将来の中国にとって学ぶべきことは、三池炭じん爆発(10)と水俣病の経験である」ということにあったそうだ。

訪中は一九七六年。原田さんは星野教授について、北京から瀋陽、鞍山、哈爾濱、長沙、上海を講演してまわった。

その五年後にふたたび招待を受けて、中国で発生した水俣病の診断をしている。一九六八年以来、日本から消えたチッソのアセトアルデヒド工場が中国・吉林省でなお稼働していることを目のあたりにしたのだった。

私はかつて星野教授にインタビューしたことがあり、とても印象に残っている話がある。「平均値主義の誤り」というものだ。

たとえば、生き物を容器に入れて、そこに常時一定量の酸素を送るとする。そのときにわずか数時間でも送るのを忘れてしまうと、その分の酸素をあとで送っても、生物は死んでしまう。

「全供給量は同じなのだから、あとで送って帳尻を合わせれば、一定時間に送る酸素の量は同じになるじゃないか」と思うかもしれないが、そんなものは生物には通用しない。供給されなかった数時間の「〇」という異常値が、生命活動に重大な影響をあたえるのだ。

星野教授は「忘れればあとで量をふやして、一日の平均供給量を満たせばいい」とする考え方を「平均値主義」といい、その誤りを説いてくれた。それを私は鮮明に覚えている。

なぜなら、社会には意外にこの平均値主義が蔓延しているからだ。ようするに、力関係でいえば圧倒的強者と弱者のあいだで、まんなかをとって中立とするような平均値主義である。

ここで、水俣病問題を考えてみてほしい。圧倒的に強い会社や国がいて、患者は力の面でも数的にもとても太刀打ちできない弱者だ。動物にたとえるなら、象と蚊ほどの力の差が歴然としてある。

そういう力関係に平均値主義を持ちこむと、「ここが中立です」とされる部分は強者の領域になる。中立でもなんでもないのだ。

原田さんが「加害側と被害側に大きな力の差があるとき、弱い側に立つのが中立である」といったのは、まさに平均値主義では語れないところに中立があるからにほかならない。

話は少々ずれるが、中立についてはもう一つ、いっておきたいことがある。

これは原田さんとも話したことがあるのだが、日本人は「公正中立な立場」とか「偏らない意見」といったことばが非常に好きだ。たとえばNHKをはじめとするテレビ局はどこも、公正中立な立場でものをいう人、もしくは偏らない意見をもっている人に出演を依頼する傾向がある。

それが典型的に見てとれるのが、選挙の季節の報道番組だ。少なくとも選挙期間中は、「ある政党を支持しています」「ある議員を推薦しています」という人がテレビに登場することはない。

逆にいえば、その時期にテレビに出ているコメンテーターとか識者と称する人たちは、支持する政党も議員もないということだ。だとしたら、彼らはいわゆる「無関心層」と同じである。よって私は、彼らを「政治に参加していない人」と呼んでいる。

この話をＮＨＫの人にしたら、「視聴者は偏らない意見を求めています」という答えが返ってきた。おかしな理屈だ。

視聴者はテレビに出る人の意見を参考にして、どの政党の候補者に投票するかを決めるのであって、公正中立な意見を求めているわけではない。どの政党の支持者かをわかって話を聞けばいいだけの話なのだから、テレビ局が出演者の支持する政党や議員に気をつかう必要はまったくない。

むしろ、いろんな政党の支持者の意見を報道するほうが、よほど公正中立ではないだろうか。

ともあれ、私たちは「中立」ということばにだまされないように注意しなければいけない。

力に圧倒的な差がある強者と弱者のあいだに中立な立場などありえないし、何の意見ももたない人が公正中立な人であるはずはない。

そこをまちがえないことが、弱者に対する差別のない、よりよい社会の構築につながるのである。

人間が好きだから弱者の立場に立てる

医師が患者に寄り添うというのは、患者の人生に関わることにほかならない。水俣病は治らない病気だから、医師と患者の関係は互いの命が尽きるまで続く。診断・治療して、「治りました」、医者のつとめはここまでです。あとはがんばってください」とはならないのだ。

だから原田さんは、患者の家や、数人の患者が通う「ほっとはうす」のような障害者施設をまわり、生涯、診察を続けたのである。原田さんの住む熊本市から水俣までは、約二時間の道のり。〝超遠距離通勤〟に等しい。日々の診療や研究に忙しい医師には、生半可ではできないことだろう。

では原田さんにはなぜ、それができたのか。自身は「一軒一軒訪ねると、発見がある。生活や風景、隣近所とのつきあいなど、研究室にいても見えないことが見える。それが魅力だったのかもしれない」という。

そこを突きつめていくと、「人間が好き」だったから、ということになるのだろう。

同じことを、「海のGメン」と呼ばれた田尻宗昭さん(11)が端的にいいあらわしている。それは、原田さんの著書『水俣が映す世界』が一九八九年に第十六回大佛次郎賞を受賞したとき、その授賞式で田尻さんが述べた祝辞にあることばだ。

「彼は人間が好きなのです。好きで好きでしょうがないから、いつも弱い者の立場に立てるのです」

ちなみに私の印象では、原田さんには患者の人生に寄り添う繊細な心と、強大な権威・権力を相手に決して怯まない豪放さが共存しているように思える。

それを思ったのは、原田さんがやっていた「水俣学」のセミナーに呼ばれ、天草で同宿したときのことだ。隣に原田さんが寝ていて、ひと晩中、すごい〝往復いびき〟だった。おかげで私はほとんど眠れなかった。

翌朝、いびきのことを本人に話したら、「そお?」と笑っていた。私としては「笑いごとではない」という感じだが、深い笑顔の奥にひそむ強い思いを見るようだった。

なにもいびきがすごいから性格が豪放だというわけではないが、原田さんのいびきはそれを象徴しているように思えたのである。

(1) 川辺川ダムは熊本県南部を流れる川辺川(球磨川の支流)に国が計画した九州最大級の治水ダム。一九六六年に計画が発表されて以来、反対運動が相次ぎ、推進派・反対派が地域を二分してきた。二〇〇九年に前原誠司国土交通相（当時）が建設の中止を表明。現在、ダムに代わる治水策と水没予定地・五木村の再建策が協議されている。

（2）チッソや通産省（当時）、企業の側に立つ学者たちは、熊本大学が一九五九年に公表した「有機水銀説」に反論を繰りかえした。調査に協力もしなかった。その急先鋒が、「魚貝類のアミンが何らかの反応によって有毒化したことが原因である」とした東京工業大学の清浦雷作教授と、その説を支持した東邦大学の戸木田菊次教授である。ほかにも「農薬汚染説」や、戦時中に旧日本海軍が海中に投棄した爆薬が溶けだしたとする「爆薬投棄説」まで持ちだされた。結果、原因究明は混乱・長期化した。その間、工場廃水は海を汚染しつづけ、不知火海一帯に深刻な被害がひろがった。

（3）石牟礼道子さんは一九二七年生まれ、熊本県・天草市出身の作家だ。水俣病患者の苦しみと魂の叫びを描写した代表作『苦海浄土』は大きな反響を呼び、水俣病問題が社会的に注目されるきっかけになったともいわれる。また、水俣病患者の救済運動に積極的に取り組んだ人としても知られている。原田さんは患者宅などでよく石牟礼さんを見かけていたが、最初は保健師さんだと思ったそうだ。作家だと知ったのは、その数年後のこと。石牟礼さんが『苦海浄土』の原型となった同人雑誌の連載「海と空のあいだに」の原稿を執筆中に、医学用語をたしかめようと訪ねてきたのだ。以後、二人は親交を重ねた。

（4）水俣病は発生した当初、「うつる病気」とまちがわれた。そのために患者の家を消毒したり、病院でも患者を隔離したりした。また、水俣地方特有の「風土病」ではないかともいわれた。水俣出身というだけで、就職や結婚を断られたり、電車やバスが水俣を通るときは窓を閉めたりするようなこともあった。原因がわからないために、水俣病患者は差別されたのだ。

（5）一九六三年ごろ、水俣病問題は「一件落着ムード」になった。原因物質が突きとめられ、胎児性水俣病患者の問題も結論が出た。また、一九六〇年以降は新たな患者が出ていないともいわれた。そういったことを根拠に、「六〇年終息説」が定着しつつあった。行政が意図的に「終息説」を流布させ、問題をおしまいにしようとしたフシがある。そのために、重症者だけを水俣病に認定するという誤った判断がまかり通るようになったのである。

（6）水俣病研究会は、水俣病裁判（第一次訴訟）を支援する運動として、一九六九年九月に発足した。前年に政府が水俣病を公害病と認定したことを機に、二十九世帯の患者・家族百二十人が裁判に踏みきった、その三か月後のことである。中心メンバーは作家の石牟礼道子、熊本大学法学部・富樫貞夫、同大文学部（社会学）・丸山定巳、水俣病を告発する会代表・本多啓吉ら。数十回の討議をかさね、翌一九七〇年に『水俣病にたいする企業の責任──チッソの不法行為』として本にまとめられた。

（7）一九七一年、裁判所は川本氏らの認定棄却処分を取り消した。と同時に、「有機水銀の影響が否定できない場合は水俣病とする」という新たな認定基準が通知された。これにより、一九七〇年度はわずか十人だった熊本県への認定申請者が、七一年度は三百八十二人、七二年度は五百二人、七三年度は千九百三十七人と、一気に増加した。

（8）新潟水俣病が確認されたのは、一九六五年。アセトアルデヒドを生産する昭和電工鹿瀬工場の廃液が阿賀野川に流され、川の魚や貝を汚染した。熊本の水俣病に対する行政の対応の遅れが引きおこしたものともされる。チッソ水俣工場と同様の生産をおこなっていた昭和電工鹿瀬工場に、いち早く操業停止の措置がとられなかったことで、同じ過ちが繰りかえされたのだ。

（9）星野芳郎（一九二二〜二〇〇七年）は科学技術評論家。立命館大学、帝京大学の教授を歴任したほか、瀬戸内海汚染の実態を調査するなど、公害問題にも取り組んだ。著書に『技術と人間』『技術革新の根本問題』などがある。

（10）三池炭じん爆発は、一九六三年十一月九日に福岡県大牟田市の三井三池炭鉱の三川鉱山で起きた、戦後最大の炭じん爆発事故である。炭じんとは、きわめて細かい石炭の粉のことで、これが大量に空気中に浮遊して、そこに火源があると、引火爆発が起こる。爆発のあとは大量のCO（一酸化炭素）ガスが発生し、大規模事故に発展する。三池炭鉱のこの事故では四百五十八人が死亡し、CO中毒患者は八百三十九人にのぼった。原田正純はこの事故によるCO中毒を、水俣病に並ぶ研究のもう一本の柱に据え、患者の後遺症を四十年にわたって追跡調査した。

（11）田尻宗昭（一九二八〜一九九〇年）は海上保安庁に勤務した公務員。四日市港の工場廃液たれ流し企業を摘発した。一九七八年には、当時の美濃部亮吉都知事の要請により、東京都公害局規制部長に就任。公害防止行政を推進した。著作に『四日市・死の海と闘う』などがある。

第4章　権威・権力との闘い——歴史を動かすのは多数派ではない

「水俣病の権威」と紹介されるのが大嫌い

原田さんはときに「水俣病の権威」とか「世界の水俣病の権威者」といった〝肩書き〟で紹介される。ところが、それが「大嫌い」だと、著書に書いている。

「その道の第一人者」という意味でとらえれば、「権威」と呼ばれるのもあながちまちがった表現とも思えない。なぜイヤなのだろうか。その真意を、ご自身に直接うかがったことがある。

すると原田さんは、「ことばにこだわることはないといえばないのですが、生理的にイヤなんです」と前置きをして、次のように語った。

「たとえば川本くんたちが最初に認定審査をしたとき、『あなたは水俣病ではない』という一片の通知で終わりにされてしまいました。ところが、一九七三年に公害健康被害救済法ができたら、同様の通知に一行、『不服なら六十日以内に不服申立てをしてよい』という文章が入るようになりました。

それで、不服だから申立てをしようと、行政不服審査請求が始まりました。その答弁のなかで、県は『これ以上に正確で権威ある診断はない』といういい方をしてくるんですよ。

これを見たとき、私は『まるで答えになっとらん』と思いました。『素人は黙れ』というふうにとれたんです。正直、がっかりしました。

そういう経験をずっとしてきたものですから、『権威』といわれると、どうもそのイメージとだぶってしまって」

水俣病問題と闘う過程で、原田さんには「権威」ということば自体に、プラス・イメージがなくなってしまったのだ。だから、自分が「権威」と呼ばれた瞬間に、ある種アレルギー反応のような、拒絶反応のようなものが起きる。

私はまた、ふだんはにこにことおだやかな原田さんが突如、戦闘的になる姿を何度か見たことがある。たとえば、私が次のようにお願いしたときのことだ。

「今度、国や企業などの体制側について、とんでもないことをいったりしたりした人たちのことを書こうと思っています。水俣事件でいうなら清浦雷作のような人ですね。固有名詞をあげて書きますから、原田さん、この人と思う人物をあげていただけますか？　資料を送ってもらえますか？」

すると原田さんは、瞬間的に表情が険しくなった。そして「佐高さん、書いてくれ」といって、すぐに資料を送ってくれた。

あるいは、拙著『原発文化人50人斬り』（毎日新聞社刊）をお送りしたとき、日をおかずにお礼の手紙をいただいた。

「雨が続いておりますが、晴れ間のような『原発文化人50人斬り』を送ってくださって、多少は日頃の溜飲が下がりました。ありがとうございました。とにかく今度の御本は溜飲が下がりました」

おだやかな調子の文章ではあるが、文面に二度も「溜飲が下がる」と出てくる。これを見て、原田さんのなかにはやはり権威・権力に対して、煮えたぎる思いがあるのだと再認識した。

そんな原田さんは、どういう経験をして「権威といわれるものが信用できなくなった」のか。本章では、原田さんの権威との闘いをとおして、そこを探ってみたい。

闘いに「笑い」は不可欠

闘いを長く続けるためには笑いが不可欠だと、私は考えている。

ケンカをしたときのことを考えてみてほしい。勝ったほうにしてみれば、相手が敗けたと泣けば、ほっとするだろう。それで闘いをおしまいにできるからだ。

しかし、アハハと笑われたらどうか。相手はまだ参ってはいない、闘う気満々だという印象を受ける。敗けても笑えるということは、闘いを続けるという宣言だと見ることもできるから、泣かれるよりよほど恐いのだ。

敗けて笑って、また闘いを続けた、そのみごとな例として、松下竜一さん(1)のことにふれておきたい。

松下さんは、発電所が建つ現地の福岡県豊前市側の反対運動と手を組み、一九七三年に豊前火力発電所建設差止め裁判を提訴した。

ところが、弁護士がだれもついてくれなかった。裁判をやっても百パーセント敗ける、松下さんらが主張する「環境権」という考え方そのものが世の中に認知されていない、といった理由からだ。

わかりやすくいえば、敗けるとわかっている裁判に力を貸すという奇特な弁護士はいなかったということである。それはかなり厳しいことだが、松下さんは果敢に「弁護士のいない裁判」を闘う道を選んだのだった。

しかも困ったことに、裁判が決着するまでは、法に工事を止めさせる強制力はない。九州電力はそれを逆手にとって、工事差止め裁判がおこなわれているなかで埋め立てを始め、工事を続けるという行動に打って出た。

そうしておけば、裁判が決着するまでのあいだに、「埋立地はもうできている」という既成事実をつくることができる。その既成事実にもとづいて裁判所が、「土地はすでに埋め立てられているのだから、埋めないでくれという訴えは意味をなさない」と判断するのは目に見えていた。

はたして六年後、裁判は第一審で敗訴となった。「環境権なんかありません」という判決だったのである。この判決が出る前夜、松下さんは新聞やテレビの記者たちに「明日はどういう垂れ幕を用意していくんですか」と聞かれた。大きな裁判があると、法廷から出てきた人たちが「全面勝利」とか「不当判決」といった垂れ幕をかざすシーンがテレビなどで映しだされる。あの垂れ幕である。

松下さんは百パーセント敗けるとわかっていたので、垂れ幕は用意していなかった。でも、テレビ局の人に「あれがないと絵にならない」といわれて、つくることにしたという。

さて、どんな文句を書くか。仲間と相談してひねりだしたのが、

「アハハハ……敗けた敗けた」

ということばを大書した垂れ幕だった。これが議論を呼んだ。

裁判所をはじめ弁護士や法学者など、大多数が「ふざけすぎている」と怒り、松下さんを応援していた法学者まで絶縁状を送りつけてきたという。

しかし、一方で、その垂れ幕を見て涙を流した人たちもいた。それは、日本における過去の裁判で、あまりに不当な判決を受け、つらい思いをしてきた人たちだった。裁判所に恐れ入る必要はない。そんなふざけ

た判決は笑いとばして次の闘いに進んでいくしかない。松下さんのそんな思いに彼らは共感してくれたのだ。

そんな松下さんが身を投じたのも、少数派の闘いだ。なぜ長く反対を続けることができたかについて、彼は、

「局面的にどんなに負けても、世の中は自分がいっている環境を守る方向にしか行きようがないんだという確信があるからだ」

と語っている。その信念に加えて、深刻さを笑いとばす力が信念の継続を支えていたのではないだろうか。

原田さんの闘いは松下さんの闘いとは同じではない。だが、笑いを力にして闘ってきた部分は似ていると感じる。笑いは、継続という力を生むのである。

医学だけでは割りきれない

水俣病の背景には、医学だけでは割りきれない社会的・政治的な問題がある。原田さんがそのことに気づいたのは、水俣病の公式認定から十二年もたった一九六八年に、ようやく政府が水俣病を公害病と認定したときのことだ。

その日、患者宅にいた原田さんは、思わず悪態をついた。

「いまごろになって遅い。原因は九年も前に熊本大学研究班が突きとめ、公表しているじゃないか。熊本選出の園田直厚生大臣（当時）の点数かせぎでしかないんじゃないか」

それを聞いた患者の母親は、同調すると思いきや、原田さんをたしなめた。

「先生、私たちはね、やっと肩身の狭い思いをせんですむとです。やっぱり、お上が認めてくれんと。こ

れで娘を病院に連れていくのも恥ずかしくなか」

原田さんは理解に苦しんだが、それよりもショックだったのは、熊本大学の研究成果が患者の立場を何も変えていないとわかったことだ。

医学が水俣病の原因物質をチッソ工場の廃液に含まれる有機水銀だと特定してもなお、水俣病患者は社会から差別され、抑圧を受けていたことになる。

これに先だつ数年前、原田さんは一つの勘違いをしていた。それは、胎児性水俣病患者が認定されたのち、母親の一人を訪ねたときのことだ。

その母親は、「おかげさまで補償金も出て、助かります」といった。いくらかをたずねると、「三万円」とのことだった。原田さんはてっきり「月に三万円」だと思い、「それはよかったですね」と喜んだという。

ところが、三万円というのは「月」ではなく「年」に支払われる見舞金だったのだ。原田さんはそのことを、のちに裁判が始まるまで知らなかったのである(2)。

第一次訴訟をきっかけに、水俣病とのつきあいが濃厚になっていった原田さんは、このときのことをさぞ悔やんだだろう。

年に三万円の見舞金をありがたがるほど、患者家族は貧困にあえいでいた。そのことを再認識し、わずかな見舞金で幕を引こうとしたチッソと国に対して、怒りを新たにしたのではないかと思う。

患者が最大の専門家

水俣病の申請をする患者に対して「あなたは水俣病です」と認定するのは、いうまでもなく医師という専門家である。いいかえれば、水俣病認定審査会の委員をつとめる人たちだ。

しかし原田さんは、「患者が最大の専門家だ」と明言する。

認定審査会で申請者と認定委員とのあいだでやりとりされる会話を見聞きしてきて、それを痛感したという。その例の一つとして、原田さんは次のような老夫婦と委員の会話をあげてくれた。

「私たちが水俣病でないなら、この病気は何でしょう」

「これはきわめて専門的なことだから、あなたたちにはわからないのではないか」

「先生たちは権威で専門家だというけれど、それならどうして素人にわかるように説明できんのですか」

原田さんは「勝負あった」と思ったそうだ。と同時に、この老夫婦の問いかけは「専門家とは何か」という本質的な問いだと感じたのである。

医学に限らず、専門家とか権威と呼ばれる人たちというのは、相手がわかっていようがいまいが、納得していようがいまいが、「専門家・権威である自分がいってるんだから正しいんだ」と話を打ち切ってしまう傾向がある。そのことに関して、原田さんはこんなふうに語った。

「医学にはもともと、権威に弱いところがあります。議論をしていても、権威であるあの先生がそう診断しているというと、ならば大丈夫だろうとなってしまいがちなんです。非常に非論理的ですが、それが結果的に正しいこともあるので、かならずしも否定的にとらえる必要もないんです。

けれども、医学界の外の人たちにとっては、とうてい納得できない部分がある。それについての自覚が、医者にはないんですね。だから、素人は黙れ、となってしまう。素人が何か発言するのをとてもいやがるんです。本当は歓迎するべきことなのに」

専門家同士のあいだでは「暗黙の了解」であっても、素人はそれがどうして暗黙の了解になるのかがわからない。その暗黙の了解が非論理的であれば、なおさらきちんと説明してほしいと思うのは、素人として当然である。

それなのに、専門家は説明をイヤがる。というより、専門家である自分自身に説明できる論理もことばもないことを認めたくないのだろう。だから、素人が口にする根源的な疑問に耳をふさぐ傾向があるのだ。

原田さんは、もう一つ、老夫婦の例を示してくれた。

おじいちゃんの具合がだんだん悪くなってきたので、水俣病ではないかと医師に診てもらった。それで水俣病と診断されて、その医師は「おばあちゃんもいっしょに診てあげよう」と診てくれた。結果、同じ症状があるからと、その医師が二人の診断書を書いて、水俣病の申請をしてくれた。

ところが認定審査会で、おじいちゃんは神経痛、おばあちゃんは水俣病というふうになった。老夫婦としては納得できない。当然、おばあちゃんは委員にたずねる。

「私たち夫婦はずっといっしょに漁をして、ずっと同じものを食べてきました。そしていま、二人とも同じ症状があるんです。それなのにどうして、私は水俣病で、おじいちゃんは神経痛なのですか」

すると専門家は、「あなたたちが同じ症状といっているのは、自覚症状だけです」と答えた。さらに、「おばあちゃんのほうは視野狭窄の検査でちょっとひっかかったから水俣病です。その点、おじいちゃんには視野狭窄がないので、水俣病ではありません」と説明した。

この例をひきながら、原田さんは、「専門家のいい方だと、一方が『しびれる』というと、もう一方が『ああ、私もしびれる』と夫婦でいっている程度のものだから、認定はできない、というようなものですよね」と言っていた。素人の判断材料は自覚症状しかないし、その自覚症状こそが診断の重要なポイントであるのに、否定してかかるのである。

原田さんによると、現実には視野狭窄はほかの症状にくらべると、あまり苦痛にならないそうだ。この例では、視野狭窄がないとはいえ、救済が急がれるのは重症のおじいちゃんのほうだったのである。

「機械的線引きでは何もならない」と、原田さんは嘆く。

ちなみに、水俣病と認定されるには、四つの症状がそろっていることが条件とされる。具体的には、次の四つだ。

・目に見える範囲が狭いこと（視野狭窄）
・耳が聞こえにくいこと（聴覚障害）
・手足の末端に麻痺があること（知覚障害）
・ことばのもつれや歩行困難があること（運動失調）

問題は、認定する側が患者の訴えを信用せず、機械で測ったり、血液を採って測ったりしたデータを重視することにある。

そのために、視野狭窄がない人は日常生活でどれほど支障があっても認定されない、というような矛盾が起こるわけだ。

そういった現実を見てきた原田さんだから、水俣病かどうかを正確に診断できるのは、自覚症状をもつ患者自身であるという思いを強くしたのである。

行政が切り捨てた「第三の水俣病」

「有明海に〝第三の水俣病〟」

一九七三年五月二十二日、朝日新聞が一面トップで報じたスクープだ。原田さんのところへも朝四時ごろ、マスコミ陣が押しよせてきたそうだ。

この記事が結果的に、熊本大学の水俣病研究を葬ることになってしまった。どういうことか。順を追って、見ていこう。

熊本大学ではその二年ほど前に、疫学調査(3)を目的とする第二次水俣病研究班が組織された。県が三年間の予算をつけてくれたのだ。

熊本大学研究班は水俣の患者多発地区や対岸の天草市・御所浦島の住民を徹底検証するとともに、比較対照する地域に有明海を漁場とする天草市有明町を選んで調査することにした。

チッソ工場の排水の汚染がある不知火海沿岸と非汚染地区の有明海、それぞれの住民を比較することで、有機水銀による症状を疫学的に立証しようとしたわけだ。

ところが二年目の調査で、非汚染地区とされていた有明町にも、視野狭窄や感覚障害のある、水俣病が疑われる患者が十人見つかった。

そこで研究班班長の武内忠雄教授は、中間報告で「第三の水俣病」の可能性を指摘したのだった。もちろん、この時点ではチッソとは別の汚染源があるかもしれない。その仮定も含めての報告だ。

これがどこからか朝日新聞の記者にもれて、〝スクープ騒動〟を引きおこした。

熊本大学としては、緊急性がないから、もう一年調査をして結論を出そうと決めていたそうだから、とまどったことだろう。

この騒ぎの渦中で、原田さんは有明海沿岸にある大牟田市の男性を診察している。朝日新聞の記者がたまたま保健所で彼と居あわせて、連れてきたのだった。診察してみて、水俣病の典型症状がそろっていて、びっくりしたという。

ただ、熊本大学は第三の水俣病問題の対応でてんやわんやだったので、彼の詳しい検査は九州大学に依頼することにした。

原田さんが九州大学に呼びだされたのは、その数週間後のことだ。六人の教授が顔をそろえ、おまけにどういうわけか県庁の職員もいるなかで、こう告げられた。

「視野狭窄は心因性、言語障害は入れ歯、感覚障害と運動失調は頸椎変形、難聴は老人性。頭髪水銀値も低いので、水俣病ではない」

当時をふりかえって原田さんは、「このときから、症状をばらばらにして別の病名をつけるやり方がまかり通るようになった」という。症状を総合的に見て水俣病かどうかを判断するやり方が切り捨てられた、ということだ。

このときはいくら反論しても多勢に無勢で、水俣病であるとする原田さんの主張は通らなかった。

それはさておき、行政としては第三の水俣病を認めるわけにはいかない。有明海で患者が出たとなると、同じような汚染は全国にあるのだから、被害がとてつもなく広がってしまうかもしれない。それを恐れたのだ。

環境庁（当時）はなりふりかまわず、政府系の委員会を次々と発足させた。そして、熊本大学が水俣病を疑った住民を「水俣病ではありません」と判定した。

また、騒動の火種をいまのうちにもみ消そうとばかりに、急いで有明海沿岸住民の健康調査をおこない、「水俣病患者は一人もいない」と結論を出した。

一連の診断は明らかに、〝第三の水俣病騒動〟を鎮静化するための政治的な判断だろう。水俣病の可能性を頭から否定してかかったわけで、とても医学的判断とはいえない。

そういった行政側の矛先が熊本大学研究班にもおよび、三年間の予定だった疫学調査も二年で打ち切られてしまった。

認定審査会の内幕

熊本大学への圧力はまだある。それまで熊本県の認定審査会は、熊本大学の武内教授や立津教授らが中心だった。重症者以外の患者の症状もていねいに診て、幅広く患者を認定していた。

ところが県は、第三の水俣病の〝シロ判定〟を盾にとって――つまり、熊本大学は水俣病ではない人まで水俣病と診断するとして、審査会から熊本大学の委員を排除してしまったのだ。

代わって送りこまれたのが、第三の水俣病を否定した九州大学や鹿児島大学の学者たちだ。

彼らは行政という権威の側に立つ、いってみれば御用学者だから、当然のごとく審査で認定を棄却される患者がふえていった。

こうなると、患者団体も黙っていない。猛抗議をして、審査会が一年以上も空転するという事態におちいった。

困った県は、元委員の立津教授に再就任を依頼した。そんな虫のいい話はない。立津教授はこれを断り、代わりに原田さんを推薦したのだった。こうして原田さんは、一九七五年に認定審査会の委員をつとめることになったのである。

原田さんにしてみれば、「自分が入ることで審査会を再開できるなら」と、迷ったすえに受けた仕事だが、入ってみて驚いた。審査会があまりにも患者の救済を考えていないことを実感したのだ。

委員のなかには、依然として「新たな患者はもういない」という前提の人がいる。わずかでも不明確な所見があると、保留、再検査になる。意見が割れると、「補償金がからんでいるから、慎重に審査しないといけない」とか「まちがえて認定したら大変だ」といった発言まで出てくる(4)。

「認定は満場一致が原則でした。だから、一人でも異議を唱えれば、認定も棄却もできないんです。結果、再検査か保留になる人たちがふえてしまう。

再検査には二、三年、再審査には五年くらいかかります。保留になれば、認定してもらうまで、十年近くかかってしまいます。それが健康被害を訴える患者にとるべき医者の処置かと思いました」

原田さんは被害者の救済を何よりも優先する。だから「まちがえて認定したら」ではなく「まちがえて棄却したら」大変だと考える。

万が一、何人か、まちがえて認定することがあったとしても、慎重になりすぎて多くの被害者を放置することの罪のほうがずっと重いと考えたのだ。「疑わしきは認定する」という立場である。

一方、行政は被害をできるだけ小さく見せたいと考える。被害者の爆発的な増加をおさえて、補償を軽減させたいと考える。だから、審査を「極力、認定しない」方向で進めたい。そうして「疑わしきは保留・再検査」としてしまうのだ。

こんなふうに、原田さんと行政とでは、考え方が百八十度ちがう。しかも審査会には、行政が決めた委員がずらり名をつらねている。彼らの多くは、行政に組みこまれた人たちといっていい。

制度の中枢に入ってみて、原田さんは水俣病認定行政の欠陥を痛感したのである。

革新政党や労働組合はなぜ患者を支援しなかったのか

原田さんの権威に対する怒りは、行政だけではなく革新政党やチッソの労働組合にも向けられた。私との対談で、原田さんは次のように語っている。

「私は六〇年安保世代ですから、革新政党は強きをくじき弱きを助ける正義の味方だ、みたいな幻想をもっていたんです。幻想っていうと、怒られちゃうけど。だから、水俣病患者がこんなに困った状況になっているのに、どうして革新政党とか労働組合が応援してくれないんだろうと思いました。

当時、水俣は革新市政でした。ようするに、労働組合が応援していたから、革新となるわけです。市長が元チッソの工場長でね。結局、共産党も社会党も水俣病問題については黙ってしまいました。

でも、一九六二年にチッソで安定賃金闘争(5)が起こって、組合が分裂しました。その闘争で実質敗北に終わった第一組合が、のちに患者支援にまわってくれました。会社のなかで自分たちが差別待遇にさらされて初めて、同じ差別される側にいる水俣病患者の苦しみに理解が出てきたんですね」

チッソの第一組合は一九七〇年春に、「水俣病を自らの問題として取り組んでこなかったことを恥とする」という「恥宣言」を出した。原田さんはこの「恥宣言」ついて、当時連載していたコラムのなかに、次のように書いている。

「水俣病を起こしたチッソでは、一時、四〇〇〇人以上の人が働いていた。彼らは工場において日常的に化学物質を浴び、帰ってはメチル水銀に汚染されていた魚を食べていたにもかかわらず、水俣病を他人事として、水俣病を問題にしようとする患者や漁民、そして市民と対立した。

しかし、それが長期的に見た場合、企業のためになるのか。（中略）

チッソの労働組合は加害企業の労働組合としては初めての八時間の公害ストを決行した。この労働組合はまもなくなくなってしまったが、チッソの労働者の行為はわが国の労働史上に長く残るであろう」

ただ残念ながら、組合のこの「恥宣言」的な考えは、いまもって主流となっていない。つい最近も、関西電力が大飯原発三・四号機（福井県）の再稼働に突き進もうとしたとき、電力総連に加盟する東京電力労働組合の中央執行委員長がとんでもない発言をした。

「裏切った民主党議員には報いを」と。

わかりやすくいえば、「次の選挙で、大飯原発の再稼働に反対する民主党候補者を、電力総連は応援しないよ。落とすよ」ということだ。多くの票を握っている強者の脅しである。

私は、二〇一二年六月六日に東京・日比谷野外音楽堂でおこなわれた「さようなら原発1000万人署名第一次集約集会」で、このことを批判した。

「チッソの労働組合が水俣病問題での対応を反省して『恥宣言』を出したが、電力総連も『恥宣言』を出すべきだ」

まだ福島第一原発事故の原因究明さえ不十分なままで、再稼働に踏みきるなどもってのほかである。

三つの不公平

水俣病問題では、大きく分けて三回の訴訟が起こっている。これら訴訟の一連の流れを、ここにまとめておく。

第一次訴訟は、チッソの責任をめぐって争われた裁判だ。

国が水俣病はチッソの工場廃水に含まれる有機水銀が原因で起きたことを発表したあと、患者とその家族がチッソに補償を求めた。ところが、交渉がなかなか進まない。そこで裁判で解決しようと、患者側がチッソを訴えたのだ。

一九六九年に始まったこの訴訟は、一九七三年に患者側の訴えを認める判決が下された。

第二次訴訟は、水俣病の認定をめぐって争われた裁判だ。

一九七三年に始まったこの裁判では、水俣病と認められず、救済を受けられない人たちが認定と補償を求めて争った。

一九七九年に原告十四人中十二人が水俣病と認められたほか、一九八五年の控訴審では「認定の判断条件が厳しすぎる」と患者側勝訴の判決が下された。

そして第三次訴訟は、国と熊本県の責任をめぐって争われた裁判だ。

一九八〇年に提訴され、一九八七年に熊本地裁で、両者の責任を認める第一審判決が出ている。

それにしても、すぐに救済が必要な患者にとって、一連の裁判はあまりにも時間がかかりすぎる。当然、患者は高齢化するし、なかには死んでしまう人も出てくる。

そこで一九九〇年以降、裁判所は和解勧告を出した。「もう裁判をやめて、加害者と被害者がお互いに話しあうようにしてくださいね」と勧めたわけだ。

これを受けて一九九五年には、村山富市首相（当時）が談話を発表し、政府与党が解決案を提示した。そうして一万人以上を対象に、裁判や認定申請を取り下げることを条件に、二百六十万円の一時金と医療費を支給することになった。

このとき、熊本やその他の地で訴訟を起こし裁判を闘っていた患者団体の大半が政府の解決案を受け入れたが、ただ一つ、水俣や不知火海周辺などから関西に移り住んだ被害者たちだけが、裁判を取り下げずに闘いつづけた。最高裁で国と県の責任が認められ、被害者側が勝訴したのは、二〇〇四年のことである。大半の患者団体が受け入れたこの政府の決着のしかたの是非については、次章で述べよう。ここでは、原田さんが私との対談で、「数々の訴訟を通して三つの不公平がある」と指摘していることを述べておきたい。

一つ目の不公平は、加害者はずっと加害者で、被害者はずっと被害者であることだ。

たとえば交通事故などの民事訴訟とちがって、水俣病のような事件では極端な話、「今日は被害者だけど、明日は加害者になるかもしれない」というのは絶対にありえないのである。

二つ目の不公平は、訴訟のあいだに相手の担当者は異動などで次々と代わるが、患者は一生、誰にも代わってもらえないことだ。

たとえば熊本県の公害部の職員は、二年ほどで別の部署に異動する。「職員のなかにも立派な人もいて、ようやく話ができるようになってきたなと思っていると、いなくなってしまう」と、原田さんは不満をもらす。

逆にいえば、県の担当者などは被害者からどれだけ非難や罵声を浴びようとも、二年間じっとガマンしていれば、偉くなってほかの部署に行けるということだ。

三つ目の不公平は、権力もお金も情報も、すべて相手が握っていることである。

原田さんがいうには、「チッソが相手の裁判ではチッソ側に立って証言する学者は少なかったが、国が被告になったとたんに国側の証人となる学者のほうがずっと多くなってしまった」という。

国は強大な権力と金と情報を握っていて、国にとって都合のいい主張を立証する能力があるということだ。

「だから国には、控訴するなといいたい」と原田さんは強い調子でいう。

権力はもちろん、金も情報もない被害者が大変な苦労をして立証し、やっとの思いで勝訴をしても、かならず国は控訴する。

控訴審で敗けたら、最高裁まで闘おうとする。

しかし、「圧倒的な力をもつ国を相手に、被害者は一回でも勝てば勝ちなんだ」というのが原田さんのいい分である。

「それなのに、たとえば六つの判決が出て、三つが国に責任あり、三つが国に責任なしとなると、国はフィフティ・フィフティだという。冗談じゃないと、私は思うんです。だって、持っている力がぜんぜんちがうんだから。

現実には、こういう不公平のなかで、被害者がいろんな意味で裁判を闘う体力をなくし、どんどん和解に追いこまれていく仕組みになっているんです」

原田さんのいう「市民が国と闘っているときの力関係は平等ではない」というのは、大事な視点である。非常に有利な状況で闘っていて敗けるというのは、よほどのことだ。世界には、国に控訴権を認めていないところもある。

それが公正なルールであると、私も思う。

二種類の人間

著書『この道は』の最後を、原田さんはこう結んでいる。

「この世に二種類の人間がいる。富める者と貧しき者、加害者と被害者、健康者と病者、都市と農村、先進国と途上国、多数民族と少数民族などこの世には対立の構図がある。その差別をどうなくすかが人類永遠のテーマである。そして、自らをどっちの側に置くかということが〝この道〟を決める。どの道を進むか選択の自由はあるが、私は命ある限り今まで歩いてきた〝この道〟を行こうと思う。多くの人々に支えられながら」

この文章に、原田さんが権威と闘ってきた道が集約されているように思う。

本書では熊本水俣病を中心に見てきたが、じつは原田さんの足跡は国内はもとより世界のあちこちにしるされている。公害の発生した多くの場所へ、手弁当で出かけているのだ。

国内にあっては、三池炭じん爆発が起きた三池鉱山、新潟水俣病が発生した阿賀野川流域、過去五十年にわたって亜砒酸鉱山の鉱毒を浴びて健康被害を受けていた住民が発見された宮崎県・土呂久……。

海外にあっては、水俣病関連ではカナダのインディアン居留地、メキシコ国境のエルパソ、中国・吉林省、アマゾン河口にあるブラジル・ベレン、農薬工場のガスもれ事故が起きたインド・ボパール、あらゆる環境汚染が集中した韓国・温山地区、ベトナム戦争中に大量の枯れ葉剤が空中散布されたベトナム・ホーチミン、放射線汚染がひろがったマレーシア・ブキメラ、国際環境調査団の一員としてまわった欧州諸国……「私の海外訪問は百回を超えたかもしれない」という原田さんのパスポートは、出入国時に押されるスタンプだらけだったようだ。

しかも、たいていは手弁当だ。政府の後押しはない。

本来なら、日本は公害で最悪の経験をしたのだから、積極的に情報発信をし、世界をリードしていくべきだろう。それなのに、国際協力に背を向ける。

ひどい話だが、ブラジルの大学がＪＩＣＡ（国際協力機構）を通じてアマゾンの水銀汚染調査を依頼してきたときは、「原田以外なら誰でもいい」と〝原田はずし〟をしたこともある。

「軽症の水俣病が認められると、いずれ日本に降りかかってくるという官僚的な発想なのでしょう」と原田さんはいう。

さて、世界をまわって、行く先々で原田さんが見たものは、「差別される人たちのところに公害が起きる」という現実だった。

たとえば、カナダのインディアン居留地。「水銀汚染が起こっているが、住民検診がおこなわれていない。日本から専門家が来てくれないか」という話が寄せられたことがきっかけで、原田さんら調査団が派遣された。

電話をしてきたのは、アイリーン・スミスさん。水俣に三年間住んで写真を撮りつづけたユージン・スミスの奥さんだ。ニューヨークで開いた「ミナマタ写真展」の会場で、来場した男性から相談を受けたそうだ。原田さんたちが到着すると、現地では「政府は何もしてくれないのに、日本から調査団が来てくれた」と大変な歓迎を受けた。

歓迎会の席で原田さんがたどたどしい英語で挨拶すると、酋長が「英語が上手なやつは悪いやつだ」といった。そのときは「うれしいことをいってくれるな」と思ったが、その後、彼らが白人から受けた仕打ちを知るにつれ、たんなるお世辞ではなかったことがわかった。

というのも、白人の医師たちは、「インディアンに水俣病はいない。いるのはアル中だけさ」と、頭から水銀汚染を認めようとしなかったからだ。

原田さんらは水俣病のネコを見つけていたので、「ネコにアル中はいない」と反発したが、彼らは鼻先で笑うだけ。政府は汚染の事実を認めたものの、結局は水俣病の発生を認めなかった。

このインディアン居留地では、パルプ工場の付設カセイソーダ工場から流される水銀が川魚を汚染していた。じつはカナダ政府は、日本から調査団が行く五年も前から調査をし、ネコ実験もして事実をつかんでいながら、結果を住民には教えなかったのだ。

遠く離れていても、加害と被害の構図は同じ。弱い立場の被害者が、一方的につらい目にあわされる。

カナダだけではなく世界のあちこちで、原田さんは公害と差別の現実を見てきたのである。

そんな原田さんは公害が発生した地に立つと、初めて訪問した場所でも「生まれる前にここにいた」と感じるという。

それが前世からの宿命なのか。

「差別をなくすために力を尽くす者として歩いていく〝この道〟が、自分には運命づけられていたように思える」原田さんなのである。

(1) 松下竜一(一九三七〜二〇〇四年)は、大分県中津市生まれのノンフィクション作家。歌文集『豆腐屋の四季』で歌人としても知られている。また「中津の自然を守る会」を結成し、豊前火力発電所建設反対運動を展開。「環境権」を主張し、九州電力と闘った。

(2) 一九五九年の暮れ、チッソは患者と「見舞金契約」をかわした。生存する成年患者に年間十万円、未成年には年間三万円を支払う、といった契約だった。条文には「将来、工場排水に起因することが決定しても、新たな補償金の要求は一切行わない」という項目が付されていた。のちの第一次判決(一九七三年)でこの契約は「公序良俗に反し無効」と指弾された。

(3) 疫学調査とは、病気の原因と目される環境因子を設定し、その因子が病気を引きおこす可能性を、多数集団を対象に調べ、統計的に明らかにする調査方法。病気を発症している人と発症していない人と、二つのグループを比較する手法がとられる。最近の例では、原発事故で放射線による健康影響の有無とその程度を把握するために、疫学調査が実施されている。

(4) 一九七三年、チッソと患者団体が補償協定を結んだ。一時金が千六百万円〜千八百万円で、医療費は全額支給、通院・入院費は月額二万三千四百円〜三万六千四百円、といった内容だ。おもに重症者を対象としての補償内容が認定のハードルを高くしている部分がある。原田正純も「今後の救済枠は従来の補償協定と切り離したほうがいい」としている。水俣病の症状には濃淡があるので、すべての患者にこのときの補償協定を当てはめようとするとムリが生じる。

(5) チッソ水俣工場の安定賃金闘争は、労働組合の賃上げ要求に対して、会社が賃上げの条件として合理化への協力を求める「安定賃金回答」を出したために泥沼化。一九六二年四月から翌年一月まで続いた。その間、組合は二つに分裂し、水俣の町も二つに分かれて、にらみあいとなった。

第5章　まだ水俣病は終わっていない——負の遺産を後世へ、世界へ伝える

「四捨五入の思想」に徹底抗戦

水俣病が発生してから五十年以上たっても、なお多くの患者が救済されないまま今日に至っている。なぜか。その大きな理由の一つは、これまでのあらゆる局面で「四捨五入の思想」というものが働いていたことにあるのではないだろうか。

私のいう「四捨五入の思想」とは、少数派もしくは弱者の切り捨てを意味する。

チッソが生産効率を最優先して、工場廃液を流しつづけたことは、僻地に住む住民の生活を切り捨てたに等しい。そこに工場を建設することを認めた政府も同じだ。

加えて、水俣病の原因究明が事実の隠ぺいによって遅れたこと、認定審査会が厳しい判断基準をもうけて認定患者数を減らそうとしたこと、患者が起こした数々の訴訟に対して国が控訴するなどして裁判を長引かせたこと……数えきれないほど多くの切り捨てがおこなわれてきた。

そういう「四捨五入の思想」に対して、原田さんは徹底的に反対した。

一九九五年に政府が解決案を出したことで、世の中は水俣病問題が一件落着したかのように思っているかもしれない。

しかし実は、その後も「四捨五入の思想」による弱者の切り捨てが続いているのだ。いや、前章でふれた

政府の解決案こそが「四捨五入の思想」そのものである。

この決着のしかたに、原田さんはもちろん納得していない。私と対談したときに、次のように語っている。

「私は反対でした。そうとわかっているから、与党三党（当時の自由民主党・日本社会党・新党さきがけの連立政権）が解決案に合意する前のヒアリングをおこなったとき、参考人にも呼ばれませんでした。なにも患者が早く救済されなくていいといってるわけではないんです。ただ、約二千人もの原告がいたのですから、彼らが裁判を起こしたらどのくらい時間がかかるかは、最初からわかっていたことです。そんな不毛な裁判を延々やらせておいて、突然、『生きているうちに救済を』とか『時間がない』といいだされると、なんだか途中でだまされたような気がするんです。

なによりも、原告たちを水俣病であるときちんと認定するかどうかが決め手であって、お金の問題ではないと、私は思いました。

一万数千人もの人が水俣病で苦しんだといいつづけてきたし、私たち医師も水俣病であると診断してきたわけです。その事実をあいまいにした和解には反対だ。それが医師の立場でもあったんです」

解決案を提示するにあたって、政府はまたも反対の立場をとる人たちを切り捨てた。ヒアリングをおこない、広く意見を求める体裁をとりながら、実際には政府の意向を認める者だけを集めたのだ。

国はさらに、二〇〇四年の最高裁判決での原告勝訴を受けて二〇〇九年七月、「水俣病特別措置法（特措法）」を制定した。これにより救済措置申請が三年を目途に締め切られることになった。

この法律は表向き、国の基準では患者と認められなかった人を救済するためとされる。しかし実際には、「二百十万円の一時金を払うから、それでいいでしょう？　急がないと、もらえませんよ」といっているのも同然である。

しかも締切りをもうけることは、患者の切り捨てにほかならない。

まだ被害実態がはっきりせず、救済に手を挙げていない多くの潜在被害者が残るとみられるなかで、こういう線引きをすることに何の意味があるのか。

締切りを過ぎてから、自分にも障害があると気づいた患者は、これからどこに救済を求めればいいのか。

終結を急ぐのは国だけではない。チッソもまた、分社化という方法を使って、補償金の清算をしようとしている。

ようするにチッソは、水俣病と直接関係のない会社に生まれ変わることになったのだ。

こんなふうに「四捨五入の思想」で幕引きを図ろうとする権威に対して、原田さんの怒りはおさまらない。

政治的決着を経てなお、原田さんの闘いは続いたのである。

埋もれた患者はまだまだいる

これまで行政は、潜在患者の掘り起こしをやってこなかった。その責任を放置しておいて、締切りをつくり、「どうぞ、みなさん、救済申請をしてください」というのは本末転倒である。

原田さんが「かえって混乱する」といっていたが、そのとおりになった。特措法ができたとたんに、〝駆け込み申請〟が殺到したのだ。「症状が出たら、あるいは悪くなったら、いつでも受け付けます、とすべきです」という原田さんの主張こそが正しいことは、だれの目にも明らかである。

みなさんのなかには、「水俣病が公式確認されたのはもう五十年以上も前なのに、まだ新しい患者が出るの？　そもそも潜在患者ってどういう人たち？」と疑問に思う人もいるだろう。

たとえば水俣病に対する差別や偏見が根強く残るなかで、いまも検診や申請をためらう人たちがいる。自分が差別されるだけならまだしも、差別は家族や係累にもおよぶ。それを心配して、「仕事を定年になったら」「娘が嫁にいったら」などといって、手を挙げられない人が少なくないのだ。

また国は原則として、チッソ水俣工場が有機水銀排出を止めた一九六八年の翌年十一月までの出生者を救済の対象としている。けれども、それ以降に生まれた人に排水の影響が完全になくなったとは限らない。一年間で汚染魚がゼロになったとは思えないし、汚染魚を食べた人がゼロかどうかも定かではないからだ。

さらに、胎児期や幼少期に有機水銀の被害を受けていたことが見のがされ、おそらく本人も気づかないまま大人になった患者が相当数いる。こういう人たちは子どものころは軽症でも、大人になってから障害が出る。

このほか、汚染地域も明確にわかっていないので、非汚染地域とされているところに患者が出る可能性もあるし、ほかの病気があって水俣病の障害に気づかない人たちもいる。水俣病の障害がどういうものかを知らない人たちだっている。

そういったことから、潜在患者はまだ相当数いると推測されているのだ。原田さんによると、「発生当時、どんなに少なく見積もっても、不知火海沿岸には二十万人くらいの人が住んでいて、等しく汚染されたという事実がある。五十年以上たって半分亡くなったとしても、十万人くらいの人はまだ影響を受けておられる」そうだ。

その観点から、原田さんは熊本県に住む四十七万人の健康検診を提案したことがある。広い視点から被害を受けた可能性のある人を全員、一度に集めて検診をすれば、潜在患者を一気に掘り起こすことができると考えたのだろう。

けれども「数が多すぎる」「方法論がむずかしい」という理由で、国から却下された。そこで、独自に検診希望者を募って、全国から医師・看護師のボランティアを集めて、大規模な健康検診の実施に踏みきった。

この検診は百七十会場でおこなわれ、千人以上が受診したという。大半が初めて検診を受けた人たちで、かなり高い確率で障害が認められた。

やはり、埋もれた患者はまだまだ相当数いるのだ。

このような集団検診だけではなく、被害者団体などの依頼で診察に出かけることもしばしば。原田さんは、埋もれた患者を掘り起こすために、力の限りを尽くしたのである。

その途上だった、死が訪れたのは。救済措置申請が締め切られた二〇一二年七月末日の一か月あまり前の六月十一日、原田さんは闘いの舞台から降りざるをえなくなったのだった。

なんという皮肉なタイミングか。しかし、原田さんの志はいまも、これからも生き、後世に引き継がれていくと、私は信じている。

水俣病は日本が世界をリードするべき研究分野

一九七二年、原田さんはスウェーデンのストックホルムで開かれた「第一回国際人間環境会議」に乗りこんだ。引っぱりだしたのは宇井純さん(1)である。

患者を連れていくというので、原田さんは最初は反対だった。患者をさらしものにするようで、イヤだったのだ。

しかし宇井さんは、「もう決めたんだ」と引き下がらない。最終的に「患者が行くなら、医者が付き添うしかない」と覚悟を決めたそうだ。いかにも原田さんらしいエピソードである。

ストックホルム行きの目的は、ひとことでいえば水俣病を世界に訴えることである。といっても、本会議に招待されていたわけではない。

それでも宇井さんは、大使館でレセプションが開かれると聞きつけるや、「押しかけよう」といい、職員に「どうして水俣病患者を招待しないんだ」と抗議した。原田さんは「すごい人だな」と驚くばかりだったという。

宇井さんひきいる一行は、水俣から急性水俣病の浜元二徳さん、胎児性水俣病の坂本しのぶさん、カネミ油症患者、西淀川大気汚染患者、イタイイタイ病発見者の萩野昇医師ら、じつに多彩な顔ぶれ。彼らは結局、本会議場には入れず、近くで開催されたＮＧＯ（非政府組織）の会議に参加した。

会議では、患者が文字どおりわが身をさらして公害反対を訴え、原田さんら学者が研究を発表。日本の公害は世界の人びとに衝撃をあたえ、彼らは連日、マスコミや研究者の取材でもみくちゃにされたそうだ。

後年、坂本しのぶさんはこのときのことを、「恥ずかしかった。原田先生がいっしょだから、何かあれば診てもらえると安心だった。原田先生は話しやすい。いつも真剣に聞いてくれる」と語っている。

原田さんも、水俣病問題も、このときに国際デビューを果たした。以後、水俣病を世界に伝えるために、また海外の公害現場で患者の診察と病像分析をおこなうために、世界を舞台に活動したのである。

そんな原田さんが聞書『マイネカルテ』（西日本新聞社刊）で、「有機水銀汚染による病像解明の分野で、日本こそが世界をリードしなければならない」といっている。どういうことか。同書にはこう書かれている。

「世界が注目しているのは低濃度水銀による胎児への影響である。例えば幼少期の精神発達障害の原因の一つは、ワクチン注射や魚類に含まれるごく微量の有機水銀の影響ではないかという議論まで海外では起きている。日本は軽症例を無視するばかりで、研究は世界水準から遅れるばかりだ。

しかし不知火海岸には幸い、臍帯（へその緒）の水銀値が分かっている人たちがいる。五十数年たったいま、その人たちにどんな影響が出ているかを追跡調査することで、病像解明に近づけるはずだ」

国の「四捨五入の思想」も手伝って、水俣病ではこれまで、とくに軽症者の病像解明が切り捨てられてきた。

しかし、前述した潜在患者の掘り起こしと追跡調査は、低濃度水銀の影響で障害を発症する世界の患者を救うことにつながる。日本はその重要性をしっかりと受けとめなければならないのではないだろうか。

カルテだけでは患者を救えない――「水俣学」の誕生

「患者を選り分けることに意味があるのか」

医学は長年、「この人の症状は水俣病なのか、そうではないのか」というかたちで関与してきた。つまり、被害者を選別する役割を担ってきたということだ。

それはいい方をかえれば、補償対象を選ぶ必要のある行政に、医学が利用されたということでもある。

原田さんは半世紀以上、そういう「行政の医学」ともいうべきものにつきあって、しだいに疑問を感じはじめたのだ。私との対談で、次のように語っている。

「本来なら、ここまでが水俣病で、ここからはそうではない、などという線は引けないはずです。もちろん病気を厳密に定義することは、科学には必要です。けれども、同じものを食べても影響がものすごくある人と、あまり出ない人とがいて、人によって症状に幅があるんです。行政の医学はそこにムリに線を引こうとするわけです。

その線引きを完全に否定はしませんが、妥当性が必要です。それが検査データなのか、社会のなかに生きている人間として妥当性を決めていくのか、そこが問題です。データを最優先してしまうと、たとえば視野狭窄がない人は日常生活に支障があっても、水俣病と認めないというような矛盾が起こってしまうのです。

水俣病はいまやもう、とにかく汚染された地区全体をどうやって救済するか、という局面にきていると思います」

このことばは、水俣病問題の解決を患者のカルテだけに求めたことがまちがいだった、ということだろう。水俣病というきわめて社会的・政治的な事件を、行政が医学に丸投げしてしまったから、患者を選別して対応するという後追い救済にしかならなかったわけだ。チッソはなぜ水俣に工場をつくったのか、というところから考える、いわば「社会のカルテ」をもとに対応しなければならなかったのだ。

そういった思いから、原田さんは「水俣学」にたどりついた。一九九九年、熊本大学を定年一年前に退官し、熊本学園大学教授に就任。水俣学を教えることになったのだ。

学園大に医学部はない。原田さんは就任と同時に「水俣学プロジェクト」を始動させ、二〇〇二年の後期から講義を始めた。

社会福祉学部福祉環境学科の専門課程の授業として設置されたこの講義は、「水俣病学」ではない。水俣を教材に社会の仕組みやありよう、さらに自分自身の生き方までを考え、未来に生かそうという学問である。したがって講義の対象は、政治、医学、科学技術はもとより、福祉や経済、文化、マスコミまで、あらゆる分野の人たちが含まれる。

これは「水俣学講座」として創設されたもので、水俣学プロジェクトに参加する学内の教授による講義のほか、水俣病五十年の歴史に深く関わってきた人を招いての講義、水俣病患者家族による講義などが組みこまれている。

特徴的なのは、一年次に必修授業として福祉環境に関するフィールドワークを実施していること。その一環として、水俣での一泊二日の合宿をおこなっている。生涯、患者の側に立って医療を実践した原田さんらしいカリキュラムといえそうだ。

ちなみに講義録は『水俣学講義』として日本評論社から刊行されている。

水俣学プロジェクトではまた、「和解後の水俣地域市民社会の再生に関する総合的研究」として研究チームが立ち上げられたほか、水俣病事件に関する資料の収集・整理・公開事業などの活動がおこなわれている。

二〇〇五年には学内に「水俣学研究センター」、水俣市に「水俣学現地研究センター」も開設され、原田さんは「熊本大学時代よりもっと自由に水俣病の研究ができている」と語っている。

水俣病事件は、たんに人体被害や環境破壊を引きおこしただけではない。漁業をはじめとする地域の産業や経済、人びとの暮らし、伝統的文化などに大きな影響をおよぼした。その巨大な被害を、水俣学は「負の遺産」と呼ぶ。

その負の遺産には、いまなお解明されていない多くの問題が残されている。水俣病事件の経験を総合的に検証・研究し、さらに国内外で発生した公害被害・環境破壊の現状を調査し、それらの成果を今後に生かしていかなくてはならない。

これと同じことが、原発問題にも当てはまる。放射能の拡散が地域にどれだけの被害をもたらしたか。原発問題もまた、水俣病問題と同様、日本がこれからしょっていかなければならない「負の遺産」なのである。原田さんが水俣学の創設に託したその思いは、原発問題への対応も含めて、現代に生きる私たちが、さらには後世の人たちが受け継ぐべきものである。

"Let's go whistling under any circumstance" ということばがある。「どんな状況のもとでも口笛を吹きながら行こうや」と訳すらしいが、原田さんの深い笑顔のなかには、いつもこのユーモア精神があった。自分の歩幅で歩くこのしなやかさもぜひ受け継がれてほしい。それを私は願っている。

（1）宇井純（一九三二～二〇〇六年）は環境学者、公害問題研究家。東京大学大学院生時代から水俣に足を運び、ペンネームで連載した記事などをとおして、水俣病問題を社会に発信した。助手になった一九六五年に新潟水俣病が発生し、実名での告発を始めた。おそらくはそれで東大での出世の道は閉ざされ、〝万年助手〟に据え置かれた。一九七〇年より、東大で夜間の公開自主講座「公害原論」を開講。以後十五年にわたって、全国の公害問題の報告を現場から聞く場として続け、市民運動などにも強い影響をあたえた。一九八六年に沖縄大学法経学部教授に就任。二〇〇三年には名誉教授の称号を授与された。

〔**参考資料**〕

【書籍】

『この道は』原田正純／熊本日日新聞社

『マイネカルテ　原田正純聞書』石黒雅史／西日本新聞社

『水俣が映す世界』原田正純／日本評論社

『水俣の赤い海』原田正純／フレーベル館

『暗闇に耐える思想　松下竜一講演録』松下竜一／花乱社

『かもめ・ワーニャ伯父さん』チェーホフ・神西清訳／新潮文庫

【映像】

『不知火海』土本典昭監督、一九七五年

『〝水俣病〟と生きる　医師・原田正純の50年』ＮＨＫ ＥＴＶ特集 二〇一〇年

〔**初出について**〕

本稿は、二〇一三年五月、毎日新聞社より刊行された『原田正純の道　水俣病と闘い続けた医師の生涯』を収録した。

［解題］
原田正純の知られざるカルテ

二〇二〇年に「忘れ得ぬ九州人」50人を『西日本新聞』に連載した時、私はどうしても原田正純から始めたかった。

東日本大震災の時の東京電力福島第一原発事故の後まもなく、私は原発安全神話をタレ流した政治家や学者、そしてタレントを告発する『原発文化人50人斬り』（毎日新聞社）を出したが、それを読んだ原田から、

「溜飲が下がりました」

という礼状をもらった。

そのエピソードを引いた原田の人物スケッチはその年の六月八日付の同紙に掲載されている。原田の笑顔の似顔絵付きである。

原田が二〇一二年六月十一日に亡くなってすぐ、やはり『西日本新聞』から追悼文を頼まれた。がんばって書いたが、辛かった。それほどに原田は私にとって支えとなる人だったからである。同年六月十六日付で掲載された「弱き者に寄り添った笑顔の人」というそれを次に引く。

見知らぬ人をも包み込むような深い笑顔の人だった。しかし、それは弱者と弱

者を虐げない者のみに向けられ、彼らを踏みにじって恥じない者たちには激しい怒りが向けられた。

原田さんと初めて会ったのは1996年12月に熊本の現地で開かれた「川辺川ダム建設反対集会」だった。共に講師として招かれたのだが、拳を振り上げて鹿爪《しかつめ》らしい顔をしている人が多い中で、原田さんは場違いなほどに柔和だった。私はホッとし、以来、勝手に親近感を寄せていく。98年2月の私の日記には、『岩波新書をよむ』（岩波新書）に書いた一文で、原田さんの『水俣病』（岩波新書）に触れたので1冊送ったら、懇篤な礼状をもらったとある。そして2000年の夏、私は『世界』に連載した「日本国憲法の逆襲」という対談シリーズで原田さんにゲストをお願いした。専門ではないからと原田さんは最初、ためらわれたのだが、いわゆる専門家だけでは憲法は護《まも》れませんと押し返して、登場していただいた。その時の話が忘れられない。

原田さんは「おまえは患者側にひっつきすぎている」とよく言われたという。原田さんに好意的な人からも、「あなたのデータは信用しているけれども、あまりに患者に近づき過ぎているから、正しいデータでも偏ったデータと思われる」と忠告された。しかし、では会社にデータをよこせと言えば会社は協力してくれるかといったら、協力しない。「ヘンな世界ですよ」と原田さんは口をとがらせていたのだが、強者と弱者の間で公平や公正を保とうとしたら、弱者に寄るしかないのである。

今度の福島第1原発の大事故で、真理は反対派にあったことが明らかになった。その立場を貫いてきたために小出裕章さんは京都大学の助教にとどめられてきたが、原田さんも国に逆らい、水俣病の原因はチッソが出す有機水銀だと主張したが故に、熊本大学では教授になれなかった。そんなこともあってか、「原発のウソ」を暴いた小出さんは原田さんを尊敬している。それで、『週刊金曜日』に小出さんの人物スケッチを書く時、原田さんに電話した。すると原田さんは「水俣病のチッソなどと違って、電力会社の力はとてつもなく大きいですからね。小出さんは大変だったと思います」と小出さんを気遣った。

水俣病のときと同じように、原発でもいまだに御用学者が専門家面をしてのさばっている。専門しか知らない学者のことを「専門バカ」と言うが、原子力ムラの学者たちは「専門もバカ」だったことがはっきりしたのに、利権と結びついた政治家や財界人と組んで小出さんたちの意見を無視している。

原田さんは、水俣病を生んだ構造と、原発災害をもたらした構造は同じだと見抜き、公害病と闘い続けた自分の生涯は何だったかとくちびるを嚙《か》みしめながら、黄泉《よみ》の国に旅立ったに違いない。原田さんに安らかに眠ってもらうには、これからも小出さんのような少数派を大事にし、患者という不幸な弱者に深く身を寄せる者こそが真理を抱いているのだという原理を共有することである。正義も真理も多数派にはないという原則を、原田さんは身をもって示した。

笑顔の人、原田さんはユーモアたっぷりの人だった。その原田さんを支えた寿美子夫人は、娘2人が独立すると、原田さんを「まさずみさん」と呼んだ。原田さんは「カァちゃん」である。それを冷やかすと夫人は「1度くらい呼んで、と言ってるんですがね」と笑った。亡くなる1カ月ほど前、電話で夫人に「すみこさんと呼んでもらいましたか」と尋ねたら、「まだです」とのこと。そばから原田さんの「死ぬまでには、そう呼ぶよ」という声が聞こえたが、多分呼ばずじまいだったろう。原田さん、天国から何度も何度も呼びかけてください。


また、『原田正純の道』に書けなかった話を別の本でバラしたこともある。硬い一方ではなかった原田を表現する意味で、それを次に掲げる。


二〇一三年の春に『原田正純の道』（毎日新聞社）を出した。副題通り、「水俣病と闘い続けた医師の生涯」を描いたものだが、そこに書けなかったことがある。

親しくしてもらった原田さんに、無理を言って、『この道は』（熊本日日新聞社）という「私を語る」シリーズの一冊を送ってくれるよう頼んだ。

しばらくして届いた本にこんな手紙が入っていた。

「先日は楽しい時間を下さってありがとうございました。やっと一冊みつけましたが、恥ずかしい限りです」

郷里の新聞に連載してまとめられたものが評判を呼び、増刷をとなったのだが、寿美子夫人にストップをかけられ、稀少本となっていたのである。

なぜ、ストップをかけられたか？

前半の方に「まぶしい美少女にくぎづけに」という章がある。そして、セーラー服姿の「美少女」の写真が載っている。

中学時代のことらしいが、原田さんがその写真をもっていたことに驚く。あるいは、新聞連載中は、夫人はあまり熱心に読まなかったのかもしれない。

次に「新婚旅行は北アルプス登山」。

こちらの方がもっと問題になったのだろう。

原田さんは若くして母を亡くし、義母が見合い写真を山のように送ってきた。それで、「追いつめられていた」という。

当時、原田さんは熊本大学の精神神経科の医師であり、夫人となる寿美子さんは同じ科で働いていた。そして、原田さんが委員長だった勤労者演劇協会の事務局員に彼女をオルグしていたのである。

こうした状況下に見合い写真が届く。

その後の一文をそのまま引く。

〈私の周りの女性たちは頭脳明晰で才能あふれ、活動的で個性的で魅力的な人が多かった。しかし、私は何かホッとする雰囲気が欲しかった。結婚の条件は、今なら女性差別と怒られそうだが、「朝飯、みそ汁、手作り弁当」だった。彼女は今もそれは守ってくれている。彼女も私と同様、父を幼く戦傷病でなくしていた。彼女の母は女手一つで四人の幼子を百姓をして育てあげている。その苦労は大変なものだったと思われるが、愚痴一つ、恨み事一つ言うでなく、明るく、たくましく、楽天的な義母である。日本の農村の母の原型をみる想いで頭が下がるのである〉

私はこれを読んで吹きだしたが、原田さんは夫人をはじめ、かなりの女性から怒られたらしい。

仇討ち的に寿美子夫人から聞いたところによれば、原田さんの「つきあってほしい」という申し出を寿美子さんは最初断った。「私なんかとても」という感じだったかどうかは知らないが、断られた原田さんはショックを受けて何も食べられなくなった。

間に入る人がいて何とか交際が始まり、めでたくゴールインすることになったのだが、原田さんの死後、寿美子さんは、

「私は夫の宝くじに当たった」

と言っていた。

しばらく家にこもりきりになったのも〝当選くじの夫〟を失ったからだろう。

何度もそう言う寿美子さんに娘さんたちは、

「お願いだからやめて」

と頼んだという。

恥ずかしかったからだろう。

亡くなる六日前に佐賀県武雄で講演の予定があり、帰りに熊本の原田宅を訪ねる約束だった。しかし、それは叶わぬ夢となってしまったが、熊本の玉泉院で行われた「お別れ会」には駆けつけた。予想の倍以上の一三〇〇人もの人が参列し、原田との別れを惜しんだ。

寿美子夫人が「楽しい人でした」と涙ながらに語るのを聞いて、私もこみあげるものを抑えながら深く頷いた。あまりに魅力的な人だっただけに私は喪失感をいまも引きずっている。

山内豊徳（やまうち・とよのり）

一九三七年福岡県福岡市生まれ。一五歳の時に骨髄炎に罹り、片足がやや不自由となる。五九年、東京大学法学部卒業、厚生省入省。公害対策基本法の制定、日本てんかん協会の設立に関わる。その後、環境庁へ転出。官房長、自然保護局長、企画調整局長を歴任し、長良川河口堰問題、石垣島白保空港問題などに取り組む。九〇年、水俣病認定訴訟の国側の担当者となり、同年一二月五日自宅で自死。

田辺俊彦（たなべ・としひこ）

一九三七年千葉県旭市生まれ。六二年東京大学経済学部卒業、通商産業省入省。産業政策局産業構造課長、機械情報産業局産業機械課長、資源エネルギー庁石油部門計画課長、通産省官房会計課長、中小企業庁計画部長、通産省官房審議官などを経て、中小企業庁次長に就任。一九九一年一月一四日逝去。

川原英之（かわはら・ひでゆき）

一九一七年佐賀県唐津市生まれ。四一年東京帝国大学法学部卒業、商工省入省。通商産業省本省、中小企業庁等での勤務を経て、通商産業大臣官房審議官、通商産業大臣官房長、一九六六年一二月二七日逝去。

伊東正義（いとう・まさよし）

一九一三年福島県会津若松市生まれ。三六年東京帝国大学法学部卒業、農林省入省、三九年興亜院に出向。農地局長、水産庁長官、農林事務次官を務め、六三年退官。同年第三〇回衆議院議員総選挙に福島二区から自由民主党公認で出馬し初当選。以後当選九回。七九年第二次大平内閣で内閣官房長官として初入閣。八〇年副総理、内閣総理大臣臨時代理、同年鈴木善幸内閣で外務大臣。自由民主党政調会長、総務会長を務め、九三年政界引退。一九九四年五月二〇日逝去。

官僚たちの志と死

山内豊徳、田辺俊彦、川原英之、伊東正義

官僚たちの志と死

目次

自殺を選びし者

その日、山内知子はどうしても家にいられない。夫の豊徳《とよのり》が自宅で首を吊《つ》った一九九〇年十二月五日から四年も経《た》っているのに、知子は家を離れなければならないのである。

九四年のその日も、前日の朝、都下の町田市薬師台の自宅を出て、母親と共に京都に向かい、西本願寺の隣の東急ホテルに泊まって、五日朝十時に本堂にすわった。

午前十時が検死の結果の死亡推定時刻である。知子が二階で夫の変わり果てた姿を発見したのは午後二時だった。その間四時間、疲れている夫を寝かせておこうと思った自分を、いま、悔いる。

一九九〇年十二月四日午前九時、当時、環境庁企画調整局長だった山内豊徳から知子は、

「僕はこれから失踪する。これ以外に北川長官の水俣《みなまた》行きを止める方法がないんだ。役所はやめることになると思う」

という電話を受け取った。前夜初めて無断外泊した夫の憔悴《しょうすい》し切った声だった。水俣病の救済問題で追いつめられていることは知っていたが、そこまで苦しんでいるのか、と知子も動揺した。

町田の自宅から霞ケ関の環境庁まで往復三時間かかる。夫の過労を心配した知子は、遅くなる時はホテルに泊まってくれ、と言った。

それで、豊徳はしばしば都内のビジネスホテルに泊まっていたのだが、三日の夜は几帳面《きちょうめん》な彼には珍しく

連絡がなく、そして、四日朝の電話を受けたのである。

心配していると、昼近くにまた、豊徳から電話があり、これから帰るということだった。

知子はいま、こう考える。

夫はあのとき、死にどころをさがして、結局死にきれなくて自分のもとに帰って来たんだ、と。

とにかく、昼過ぎに帰って来た豊徳は精も根も尽き果てたようだった。立っているのがやっとという感じの夫を、お願いだから休んでくれと二階の寝室に行かせたが、まもなく豊徳は降りて来て、環境庁へ電話をかけた。

運命の五日、豊徳は環境庁長官だった北川石松と共に水俣へ行くことになっていた。大臣が現地へ行くというのも異例なのだが、その際、手ぶらで行かせるわけにはいかない。

何らかのおみやげ、つまり、具体的前進策を持参しなければならないのだけれども、それがない。まして、大蔵省出身の次官、安原正は、北川の現地行きさえ苦々しく思い、それを止められなかった山内に批判的だった。もちろん安原は、水俣病患者と和解して補償を始めなければならなくなることを恐れる大蔵省の意向を背負っている。厚生省出身の山内とは、まったくと言っていいほど考え方が違い、山内はギチギチと板ばさみの輪を狭められる苦悩の日々を送っていた。

それで山内は、自分が雲隠れすることによって、北川の水俣入りを阻止しようと考える。

正式に辞表を書き、職場放棄をして責任を逃れるには、山内はあまりに誠実だった。無責任という批判ほど、山内に堪《こた》えるものはない。責任という十字架を片時も離すことなく生きているような山内にとって、一度は役所をやめると決心しても、代わりに誰が行くことになるのか、気になるのだった。

窮余の一策とはいえ、自分が失踪することによって北川の水俣行きを阻止できるかもしれないと考えた山内の判断は、役所以外の人間には理解できない。いや、役所の人間でも首をかしげるだろう。

「次官はどう言ってらっしゃる?」

こんな応対をしながら、環境庁に電話をした山内は知子に、水俣へは代わりに官房長の森仁美《ひとみ》が行ってくれることになった、と伝えた。

そしてその夜、山内豊徳は二人の娘と妻に、どうしても水俣の仕事はやりたくないから役所をやめる、と告げる。

長女は短大を卒業して就職していたが、次女は高校三年で、獣医をめざして受験勉強中だった。

不安がる娘を、夫にかわって知子が、大丈夫よ、と励ました。

このとき、知子は、豊徳をも母親として抱えるような感じだった。

その夜、彼女は二階の寝室をのぞき、豊徳に、

「眠れる?」

と声をかけている。

知子がカゼを引いたのがきっかけで、しばらく前から彼女は一階に寝ていた。それもいまは後悔の種である。悔いは次々と湧いてきて尽きることがないのだ。

そして翌五日。午前七時に出勤する長女を見送った豊徳は、八時に知子が犬のゴロウを連れて散歩に出て九時ごろ戻ると、パジャマのまま食卓で待っていて、スープだけを飲み、昼まで寝るからと言って二階に上がった。

多分、知子に最後のお別れをしたのだろう。

昼を過ぎても豊徳は降りて来なかった。それもそのはずで、すでに十時に彼は還らぬひととなっていたのである。

午後二時になっても起きてこないので、知子は不安を抱いて二階に上がった。

そして、夫の姿を発見し、勉強部屋にいた次女を呼ぶことになる。

筆者が山内宅を訪ねたのは、九四年の十二月三日だった。表札は山内豊徳のままである。

「一本横棒が多い徳の字を自分で頼んで来たんですよ」

知子は私にこう言い、私が、

「知人の奥さんが、夫が亡くなっても夫の名前で手紙が来るのは、まだ生きているような気がして嬉しい、それでも、やはり、だんだん少なくなりますと言っていましたが、そんな気持ですか」

と不躾《ぶしつけ》に尋ねると、

「表札も同じですよ」

と笑った。

しかし、もちろん、笑みが戻るのには時間がかかった。私が知子に話をしている間も、まるで彼女を守るかのように、しきりにそばに来て私に吠えるゴロウも、知子の異変に、一ヵ月余り寄りつかなかったという。夫を喪《うしな》って平衡感覚を保てない彼女が、犬にも恐かったのだろう。

「しかし、ゴロウがいて助かりました。動物は人間にとって救いですね」

五日、自宅にいて豊徳の縊死《いし》の姿を見たのは知子と次女である。多感な次女は、よく父親とケンカをしていた。父親にとって娘の反抗は気にするほどのものではないのだが、逝《ゆ》かれてしまった娘にとっては心に残る。まして、最期の姿を見ているのである。

知子は、早く次女をこの家から解き放してやった方がいいと思った。その日にここにいられないのは自分だけではない。次女もそうなのである。

幸い、次女は医科大学に入り、現在、地方の都市で学生生活を送っている。

この次女が〝宝物〟として大事にしているのが、厚生族の実力者、橋本龍太郎から来た手紙である。

豊徳の死後まもなく、

「山内君はすばらしい男でした」

という手紙を知子と家族宛てによこした橋本は、一九九二年十二月五日に山内豊徳の遺稿集『福祉の国のアリス』が八重岳書房から刊行されると、それを読んでの感想をまじえて、再び、次のような手紙を送って来た。日付は同年十二月二十一日である。

『福祉の国のアリス』を読み終り、もっと山内君を知るべきであったと今悔いております。私が厚生政務次官の終り近く、彼が年金課に帰って来、挨拶に見えたのが初めての出逢いでした。以来、随分仲良くして来たつもりでしたが、生い立ち等これを読むまで知らなかっただけに今本当に残念です。

私も生後半年で母をうしない、六歳の時新しい母をむかえて仲々なじまなかっただけに彼のおさない頃を知っていたら異った交際も出来たのでは？　との思いが今胸中を去来しております。「つくも」の中で語られている一つ一つが私の心に何よりもひびきました。仕事で話しておられる物もそれぞれ立派な中味を持つ文章ですが、「現れない母親」等にのぞく山内君の姿に彼の心をのぞかせてもらったような思いがしました。編者あとがきの中、三三九頁の途中まで読んだところで、ついに涙がおさえられなくなりました。「やりたくない仕事には向かえないんだ」、こんな言葉をはく状況、何故私達に一言でももらしてくれなかったのか、本当に残念です。

同時にそこまで考えぬいている事を何故察する事が出来なかったのかと自分を責めております。本当に申し訳有りませんでした。

「父へ」の中にあるように、私もまた、何時《いつ》の日か彼とゆっくり話し合える日がくるのを楽しみにしております。

どうか御家族の皆さん、山内君の分まで強く生きてくださいますように。私で役に立つ事が有りましたら遠慮なくおっしゃって下さい。御自愛を祈ります。

直線が伸びすぎるほど伸びた鋭角的な字で書かれた橋本龍太郎のこの手紙は公開されることを予想して書かれたものではない。

それを引用させてくれないかと手紙で依頼すると、直接電話をかけてきた橋本は、

「悪く書くんじゃないでしょうね」

と笑いを含んだ口調で尋ね、私が否定すると、

「すばらしい男でした」

と二度、繰り返した。

この手紙は、他人の痛みがわからぬ唯我独尊の政治家という、流布《るふ》された橋本像に修正を迫るものだが、同じような生い立ちという山内の前半生を描く前に、ここで、橋本についての忘れられぬエピソードを、二、三紹介しておこう。それが、山内の次女の〝宝物〟の光度をさらに増すと思うからである。

なお、橋本の手紙の中の「つくも」は山内の遺稿集の一節の見出しであり、そこに「現れない母親」も出てくる。「父へ」は、やはり遺稿集に収録されている次女の短い手紙で、それものちに紹介しよう。

さて、雑誌『AERA』の「現代の肖像」で橋本龍太郎を書いたのは吉田司である。吉田は水俣病患者の実態を生々しく描いた『下下戦記』（文春文庫）で大宅壮一ノンフィクション賞を受賞した。

この文庫版のあとがきに、吉田は、大蔵大臣だった橋本にインタビューした時のことを書いている。超多忙の中、十五分の予定で会った橋本は、それをはるかにオーバーして四十五分も話した。予定変更でおろおろする大蔵官僚が出たり入ったりする中をである。なぜ、橋本はそうしたのか？

厚生大臣などをやった橋本の亡父、龍伍は、中学生のころ、結核性関節炎にかかって、十年も寝たきりの生活を送り、二十回もの手術の末に片足を失っている。一方、吉田の父親も二十七歳の時に同じ病にかかり、両足不随で、その後、立ち上がることができなかった。

つまり、吉田によれば、二人は互いに「身障者の子」として、「その心の綾取りみたいな真似」を、大蔵大臣執務室の中で繰り返したのである。

そして吉田はこう書いた。

「身障者家庭には時折自我意識過剰な子が育つものだ。この私がそうだった……。常日頃親の異形《いぎょう》が目立つために、子供は後ろ指さされぬよう過剰な防衛心をもって、己を完璧な普通人（五体満足）として飾り立てようとするからだ、あるいは飾りすぎてキザな虚像を作ってしまう。だからあの龍太郎のスキのない紳士風な気取り、ポマードでビシッと決めたリーゼントスタイル、『自分でもキザな男だと思う』という台詞《せりふ》の中に、人の世の哀しみを見いだす読者は、なお一層賢明と言わねばなるまい」

別れ際《ぎわ》、吉田を室の出口まで送ってきた橋本は、山形の老人施設に入っている吉田の父親を気づかいながら、

「でもあなたは幸せですよ。お父さんがまだご健在で」

と声をかけたという。これに吉田はぐっとつまりながら、ここで橋本に借りを作ってなるものかと、あえて気強く、こう返した。

「ええ……、でも橋本さん、あなたは立ったお父さんの姿を知ってらっしゃる。私は自分の親父が二本足で立ったのをまだ見たことがないんです」

橋本は一九三七年七月二十九日に生まれている。同じ年の一月九日に山内は福岡市に生まれた。以後、福岡県立修猷館《しゅうゆうかん》高校を経て東京大学法学部に入るまでを、いささか感情を排して、遺稿集の年譜でたどる。

零歳　父は職業軍人。幼時、東京・中野で育つが、母・寿子の、父・豊麿との別居に伴い、母子で福岡市多賀福海町へ移る。

六歳　四月、福岡市高宮小学校に入学。
八月、父（陸軍少佐）、東京から広島へ転任。

七歳　母親から離され、父方の叔母に連れられて広島市へ転居。
六月三日、父の中国出征に伴って祖父母の住んでいた福岡市堀川町へ転居。福岡市春吉小学校へ転

入。

九歳　四月二十一日、父、上海で戦病死（陸軍中佐として勲三等を受く）。豊徳は、祖父・豊太の儒教主義に基づく厳しい教育を受けながら少年時代を送る。この頃、詩作を始める。

十二歳　私立西南学院中学に入学。

十五歳　骨髄炎にかかり、片足やや不自由に。

この少年時代と、上級公務員試験に二番で合格しながら、大蔵省などには行かず、厚生省に山内が入ることとは、もちろん、無関係ではない。

いま、知子は、豊徳が早くに老成してしまった人だ、と語る。母親と引き離されて、無条件の愛情をたっぷりと注がれては育たず、気づかいの多い人生を送ってきた人だと思うのである。

だから、他人の望むもの、ひとの欲しいものがすべてわかった。それは、結局、自分を見ていればいいからである。

「よく、ありがとうを言う人でした。亡くなる前の晩も、蒲団《ふとん》をほしてくれたの、ありがとう、と言いましたよ」

他人行儀にねえと付け加えたそうな感じで、知子はさらに、

「彼は子ども時代をやっていないんです」

と言葉を継いだ。

そうした知子の印象を裏づける豊徳の一文が、一九八〇年六月、厚生省環境衛生局企画課長の時に書かれた「現れない母親」である。

外国へ発《た》つ知人を箱崎のターミナルで見送っての帰り、地下鉄に乗ってドアがしまった途端、一人の男の子が大声で泣き出した。

周りにいた乗客がびっくりしてかけ寄ったが、大きなスリッパを履《は》いただけの四歳くらいの子どもで、全く要領を得ない。一緒にいた母親らしい女性が今の駅で降りて行ったようだ、と説明する客もいた。

私は、しかたなく泣き続ける男の子を抱きあげて次の駅で降りた。

なんとかなだめて名前や歳を尋ねてみるのだが、一言の返事も出来ない。子どもながらに驚きあわてているのだろう。事情を聞き出そうとしても、不安そうな泣き顔で乗って来た方角をただ指さすばかりである。

それでも、私はあまりあわてていなかった。母親が前の駅で降りたようだというし、今頃、駅のホームで当の母親が大騒ぎしているに違いない。

私は、改札口へ行って隣の駅に連絡をとるように頼んだ。生憎《あいにく》一人しかいない駅員は、改札の手も休められないで電話機をとってくれたが、連絡がついてみるとどうも様子がおかしいことが分った。

隣の駅では、子どもを見失ってあわてている母親などいない、というのである。いかに子育て失調の時代といいながら、一緒に連れていた子どもがいなくなっても平然としている母親がいるものであろうか。まさかとは思いながら、私は新しい手口の子捨てだろうかと、子どもの顔を見つめ直してポケットなど探してみたが、シャツにズボンのいかにも簡単な服装である。

とにかく地下鉄のホームを離れるわけにもいかない。今にも母親が地下鉄で追って来るかも知れない。私はそう思って駅員に他の駅にも連絡を頼むと、男の子が乗っていた車両の位置に戻って、電車が着くたびに、その子を高く抱きあげて降りて来る客に見せるようにした。

地下鉄の客の乗降を、七、八回見送っても母親は現れない。子どもには罪はないと思いながらも、妙な不安といらだたしさで、子どもを抱いている腕が疲れてくるのをなんとも否定できない。

そのうち、どうやら母親が見つかったようだ、と駅員が隣の駅からの連絡を伝えに来てくれた。私はほっとして、その駅員に男の子を頼んで帰ろうとしたが、まだ泣き出しそうにしている子どもの顔を見るとそれもできなかった。

それから待った時間も、どういうわけかかなり長いものだったが、やっとあわてててやって来る母親の姿が見えた。そして、眼を真っ赤に泣きはらして、普段着のままかけつけて来たその母親の話で、男の子が履いていた大人用のスリッパの意味もはじめて分ったのだった。

駅の近くの家に住む男の子が、冒険に出かけたのである。地下鉄の改札口をくぐり抜け、ホームに紛れ込んだまではよかったが、電車に乗り込んでご満悦の瞬間、ドアがしまり……。

気がついた母親が近所を探し回っていた間の不安は、おそらく私の不安の数千倍でもあったことだろう。電車の窓ごしに、しきりと頭を下げている母親とやっと安心した男の子の顔があった。私は、独り合点で誤解していたその母親の人物像を追い払うように手をふった。子どもに接している者が、その親について、いつも公正な理解を持つことは、思いのほか困難なのかも知れない、とそんなことも考えながら。

長い引用になったが、ここに山内豊徳という人物の人となりが表れている。迷子になった子どもに関わって、駅員に尋ねたりするだけでなく、着く電車に向かって七、八回も子どもを高く抱きあげて見せる。

そんなことをするキャリアの官僚はいまい。

永遠に現れない自らの母親の像と重なって自分をその子どもに置き換えたのかもしれないが、母親が見つかって一件落着の後も、山内は「まだ泣き出しそうにしている子どもの顔を見ると」帰れないのである。

山内は三好達治の詩が好きだった。小学生の時、「ながく悲しみに沈んだ者にも　春は希望のかへつてくる時」というフレーズのある「しずかな午前」という詩が教科書に載っていて、以来、三好の詩に傾倒していく。

もちろん、あの「乳母車」には特別の感慨を抱いたはずである。

母よ――
淡くかなしきもののふるなり
紫陽花《あぢさゐ》いろのもののふるなり
はてしなき並樹《なみき》のかげを
そうそうと風のふくなり

時はたそがれ
母よ　私の乳母車を押せ
泣きぬれる夕陽にむかつて

麟々《りんりん》と私の乳母車を押せ
赤い総《ふさ》ある天鵞絨《びろおど》の帽子を
つめたき額《ひたひ》にかむらせよ
旅いそぐ鳥の列にも
季節は空を渡るなり

淡くかなしきもののふる
紫陽花いろのもののふる道
母よ　私は知つてゐる
この道は遠く遠くはてしない道

詩と死は近縁関係にある。少なくとも、詩と生よりは引き合うものが強いだろう。少年時代から、いくつも詩をつくってきた山内にとって、死は縁遠いものではなかった。むしろ、母親のふところのように憧れの場所ではなかったか。

いま、知子はある種の口惜しさをこめて、

「死にたいなら、しっかり死になさい」

と言いたいような気持だとも語る。

それが安らぎの場所であり、それを彼が選んだのなら、そう言うしかないではないか。

山内の修猷館の同期生で朝日新聞編集委員の伊藤正孝に紹介されて、はじめて知子と会った時、彼女は、

「子どもと夫のどちらを選ぶかと言われたら、私は夫を選びます。これは子どもにも言ってませんけどね」

と、ドキッとすることを言った。

いわば、彼が自分を置き去りにして行った後である。そう言って、ハニカミとも違う笑みを浮かべた彼女に、私はハッとなった。

ほとんど怒ることのなかった豊徳が、知子と子どもを叱ったことがあるという。

子どもたちがかわいがっていたモルモットが死に、知子も共に泣いていた時だった。

「生きているものは死ぬんだよ」

怒気を含ませたそのときの豊徳の言葉に、知子はいつか、彼が、

「自殺って勇気がいるんだよ」

と言ったことも思い出した。

彼は、自分の外の基準より、中の基準、つまり、自分の基準をきびしいところに置く人だった。

知子は、豊徳が幸田露伴の「五重塔」のテレビドラマを見て涙を流したのを記憶している。大工の棟梁《とうりょう》の姿に自分を重ねたのだろう。豊徳は現場が好きな職人だった。

仕事のことが常に頭から離れず、ふっと息抜きをしようとしても、いつのまにか、また、仕事のことを考えている。

「もう、いいじゃない、休みなさい。そう思って、納棺の際、私は背広を着せませんでした。手帳も何も

持たせない。浴衣《ゆかた》を着せただけです」

ぶつけたいものを胸中いっぱいに内向させる感じで、知子はこう言った。

「そうじゃないと、天国でも仕事をする人ですから」

橋本龍太郎の言及した次女の「父へ」という一文も、

「よく眠れますか？

もう何も考えずに、ゆっくりと休んで下さい。本当にお疲れ様でした」

と始まる。十八歳で父を見送った娘も二十歳になっていた。

「早いものであれからもう二年が過ぎようとしています。いろいろと、つらいこともありましたが、あなたの娘は、今元気に大学に通っています。将来の夢は、獣医になることです。こうして自分の希望通りの大学に通えること、とても感謝しています。

今までありがとうございました。またこれからもいろいろと、お世話になりますが、よろしくお願いいたします。

いつの日か、ゆっくりと話し合える日がくるのを楽しみにしています。

ほんとうにお疲れ様でした。

あなたの娘より」

この中の「いつの日か、ゆっくりと話し合える日がくるのを楽しみに」というのが、天国での対話を意味するのかどうか、私は詮索《せんさく》するつもりはない。

それからまた、二年余りの時が過ぎた。

「子どもよりは夫を選ぶ」と言って私を驚かせた知子は、いまは先に行って待ってて下さいという気持だという。結局自分も行くところだからである。

「やっと私のそばにいる。いま、いちばんここにいる」と豊徳を感じる知子が、豊徳と浮気問答をしたことがある。

亡くなる二、三年前だったと思うが、二人で歩いていて、冗談まじりに、

「浮気したいか」

と聞かれたのである。

それで知子は、

「したいわよ」

と答え、ふっと顔を曇らせた豊徳を見て、

「あなた以上の人だと思った時ね」

と付け加えた。

「一人の男を幸せにしたんだから、それでいいと思いなさい」

そう押しかぶせる豊徳に知子は、

「一人や二人、何てことはないかもしれないわよ」

と返した。

彼はそのとき、先に自分が亡くなったら、自分のことは忘れていいんだよ、とも言ったのだが、本当の気持はどうだったのか、知子は豊徳を天国から引き戻して聞きたい衝動に駆られる。

「納骨する気になれずに、しばらく家にいてもらった」

「彼は、いつも心の中では泣いていたひとです」

次々と出てくる知子の、唸《うな》りたくなるような言葉に、私はメモを取る手を忙しく動かしながら、死に別れてさらに結びつきが深くなることもあるのだな、と思った。

豊徳は知子に、

「もっと簡単な男と結婚すりゃよかったね」

と言ったこともあるという。

胸ぐらをつかんでも天国から引き戻して知子が訊《き》きたいことの一つが、なぜ自分に「かくも長き不在」という映画を見せたのか、ということである。

この映画を豊徳は五回も見ている。亡くなる四年ほど前、最後となった五回目に知子を誘った。仕事の帰り、新宿の中村屋で待ち合わせて、歌舞伎町のシアターアプルに行ったのである。

一九六一年のカンヌ映画祭でグランプリを受賞したこの名画は、シナリオがマルグリット・デュラスで監督がアンリ・コルピ。

戦争が終って十五年経った一九六〇年七月十四日のパリ祭から映画は始まる。心に蓋《ふた》をして生きているような場末のカフェの女主人、テレーズに扮するのがアリダ・ヴァリである。

彼女には、愛人と呼べる男もいるのだが、最近、低く歌を歌いながら店の前を通る浮浪者が気になってならない。彼は一九四四年にナチに捕まり、収容所に入れられて脱走した後、行方不明になっている夫のアルベールではないか。

死亡が確認されない彼を妻は待っている。

心の部屋のどこかを閉じたままにしているような生き方はそこから来ているのだが、浮浪者がアルベールではないかと思った瞬間から、彼女の心は溶け出し、浮浪者の後を尾《つ》けて、川べりのねぐらをつきとめる。そして彼を夕食に招待する。しかし本当にアルベールなのか。おずおずとやって来た浮浪者は、収容所を思い出すのか、食事が用意された奥の小部屋へは入ろうとしない。手前のカフェのテーブルに場所を移して夕食が始まる。

テレーズはいろいろ昔のことを語りかけるが、彼は記憶を失っていた。彼の後頭部の大きな傷も一つの原因なのかもしれない。

その彼が急にそわそわしだして店を出る。しかし、彼に恐怖をよみがえらせるらしい警官が立っていて、足をすくませる。

たまらなくなって、その背にテレーズが叫ぶ。

「アルベール！　アルベール！　アルベール・ラングロア！」

彼女のことを心配して様子を見に集っていた近所の人たちも、テレーズに声を合わせるように叫ぶ。

「アルベール・ラングロア！」

一度走り出していた浮浪者はそこでまた立ちどまり、なぜか、両手を高く挙げる。あるいは収容所の看守に呼ばれたと思ったのだろうか。また走り出した浮浪者を、現れたトラックのヘッドライトが照らす。

結局、彼はいなくなった。

映画はテレーズの次の独白で終わる。

「ほかのことをしなくっちゃいけないわ。もっと辛抱強く、骨の折れることを。どう思って？　そうだわ、冬になったらずっと先きになって寒くなったら、彼は無造作に帰ってくるかも知れないわ……夏は悪い季節だわ……でも、冬は急にやって来て、行き場がなくて……夏は、みんながずっと自由だから……冬を待たなくちゃ……。冬を待たなくては駄目だわ……」

すでにのちの運命を覚悟していて、豊徳は知子にこれを見せたのか。

映画を見終った後、どこに惹かれて五回も見たのか、なぜ自分に見せようとしたのか、知子は何度も訊いた。

しかし、豊徳はウーンというだけだった。

答えてくれるまで訊くべきだったという思いは、知子の中で、天国から引き戻しても訊きたいという思いにまで強まっている。

豊徳は自分を捨てた母親を憎み切れず、生涯、喪失感、不在感に苛《さいな》まれた。憎むべき不在ではなく、愛すべき不在なのである。それは満たされることのない永遠の不在だった。

おそらく豊徳は、行き場のない浮浪者に自らを擬したに違いない。そして、戦争の終る前から十六年も夫を待ち、これからも待ちつづけるだろうテレーズのような女を欲している。

それがわかっていて、いや、わかりすぎるほどわかっていても、豊徳の口から知子はその言葉を聞きたいのである。

彼は一生、自分の居場所を探していたのではないだろうか。そして、遂にそれを見つけることなく、五十三歳の生涯を閉じた。

現世的であって現世的でない居場所、この世のものであってこの世のものでないそれを彼は求めつづけた。「田毎《たごと》の月」という言葉がある。月は無数の田にその影を映しながら、しかし、屹立《きつりつ》して光を放っている。理想とはまさにその月のようなものであり、永久に癒《い》やされざる飢餓感を抱いて、豊徳はそれを追求した。知子にとって彼は「月をとってくれ」と泣く子どもでもあったのである。

橋本龍太郎はかつて、羽田孜《つとむ》から、吉野弘の「祝婚歌」という詩を贈られた。もちろん同じ自民党員として親しく交際していたころだが、羽田は、とくに「正しいことを言うときは」以下の五行を橋本に味読してもらいたいと思ったのだった。

二人が睦《むつ》まじくいるためには
愚かでいるほうがいい
立派すぎないほうがいい
立派すぎることは
長持ちしないことだと気付いているほうがいい
完璧をめざさないほうがいい
完璧なんて不自然なことだと
うそぶいているほうがいい
二人のうちどちらかが
ふざけているほうがいい

ずっこけているほうがいい
互いに非難することがあっても
非難できる資格が自分にあったかどうか
あとで
疑わしくなるほうがいい
正しいことを言うときは
少しひかえめにするほうがいい
正しいことを言うときは
相手を傷つけやすいものだと
気付いているほうがいい
立派でありたいとか
正しくありたいとかいう
無理な緊張には
色目を使わず
ゆったり　ゆたかに
光を浴びているほうがいい
健康で　風に吹かれながら
生きていることのなつかしさに

ふと　胸が熱くなる
そんな日があってもいい
そして
なぜ胸が熱くなるのか
黙っていても
二人にはわかるのであってほしい

えっ、羽田にこんな詩を贈るセンスかあるのかと意外な感じも抱くが、多分、知子は、豊徳に「正しいことを言うときは」以下の五行ではなく、「完璧をめざさないほうがいい」とか「ゆったり　ゆたかに」とかの詩句を味読してほしかったに違いない。

環境庁長官を務め、弔問に訪れた後で、やはり知子たち遺族に励ましの手紙をよこしている鯨岡兵輔は、山内についての私の問いに、

「ずるさがなんにもない人でした」

と言った。

残念ながら、それがなければいまは、政治家も務まらないし、役人も務まらない。

前掲の橋本の手紙で、橋本が遂に涙をおさえられなくなったと書いているのは、死の前夜、山内が娘たちに、

「お父さんはやりたくない仕事には向かえないんだ。お父さんは正しいと信じている事をやっているつも

りだけど……」

と語った箇所である。

橋本について「いい話」を書きすぎたかもしれないが、長良川河口堰《ながらがわかこうぜき》の建設に待ったをかけようとして、建設族（別名ゼネコン族）のボス、金丸信から何度も脅されたこともある北川石松は、竹下登、橋本らが環境行政を一つのエサにして金もうけの輪をつくろうとして環境議員連盟を結成した、と非難する。

「北川入れとったら甘い汁吸われへん」と本気で誘いはしなかったというのである。

「長良川河口堰に反対する会」事務局長の天野礼子が、竹下が「今や環境を語らざるは、知性と教養と良心と勇気なき政治家」と言っているが、と問いかけると、北川は、

「寒気がするな」

と吐き棄てている。

その後、北川は金丸から選挙区に対立候補を立てられて落選した。ために現在は前議員である。

山内が自殺した時、北川は「大臣が言うことを聞かないので、担当局長が腹いせに自殺した。北川が殺したんだ」と言われた。

「なんで死んだんじゃあ、おれにうちあけもせんと」

心の中でそう言いながら、北川は山内の遺体に手を合わせ、冥福《めいふく》を祈ったが、恨み骨髄《こつずい》の遺族の目が辛かった、と天野との対談で語っている。

それで北川は環境庁長官室に帰り、次官の安原と官房長の森に、

「山内の葬式は環境庁葬にする」

と宣言する。

「そんなムチャなことを、自殺したのに。前例がないからできません」

と二人は言った。

「じゃあ、おれが葬儀を引き受ける。それに相当するものの段取りと手当てをしてくれ」

北川はこう言って葬儀委員長になり、葬儀を行った。

「私の不徳不明のために、あたら優秀な局長を死にいたらしめたことに深くおわびを申し上げます。ただ環境庁は大切な環境行政に、少ない人員で対応しております。日夜をわかたず対応しています。山内局長は疲労困憊《こんぱい》その極に達して殉職したと認めてやってほしい。そして花を供えてやってほしい。このことをお願いして私のおわびと致します」

こう挨拶して戻って来たら、当時の首相の海部俊樹（北川と同じ旧三木派）と官房長官他、二、三の大臣がいて、海部が、

「花を供えてとはどういうことです」

と尋ねる。

「位階、勲等、遺族への手当てです」

と北川が答えたのに、官房副長官が、

「自殺した者に位階、勲等、手当てはありません」

と遮《さえぎ》るように口をはさむ。

「おれが総理と話しとるのに横からガーガーものぬかすな」

と北川が一喝《いっかつ》すると、海部が驚いて、

「北川さん、花供えるんか、花供えたらいいんか」

と言う。

「そうです」

「わかった、わかった」

こんなヤリトリの後、北川はすぐに賞勲局長に電話をした。ところが、賞勲局長が居留守を使って逃げる。日をおいて何度か電話したが、いつもいない。これでは山内の叙勲はむずかしいなと思っていたら、案の定、何の沙汰もない。

ところが、北川に勲章をくれると言って来た。

「いらん、勲章なんてもらうおれと違うわい。帰ってくれ、いらん言うとけ」

北川がそう追い返したのに、しばらくしてまた言って来た。それで北川は、こうかます。

「よし、おれは決算委員会で質問する。総理、官房副長官、賞勲局長の三人に質問する。これはいったいどういうことや。おれが大臣やって辞めたらもらわないかんのか。おれはいらんと断ってる。その理由というのをいっぺんただすから。勲章とはどんなもんや、国民の血税やろ、すべては。まあそれから聞こう。おれに大臣辞めて勲章やるって言うけど、もらわれへんねん。いらんねん。死んでもいらんねん。そういうことじゃ。総理がおれに、山内君に花を供えると約束しながら、できていない。このことを聞きたい。早《は》よ総理に聞いてこい」

関西弁でこうまくしたて、ごねたことも、北川が金丸から目の仇《かたき》にされる原因となった。当時、金丸は日本のドンだった。その金丸に徹底的に楯突いた北川も、策略のなさすぎる直線の人だった。北川の後に環境庁長官となった愛知和男は、長良川の問題に口を出さない、水俣もやらないということで、そのポストについたといわれる。

山内自身がそれを喜んだかどうかは知らないが、彼には正四位勲三等旭日中綬章が授与された。

そのことについて知子は語りたがらない。

「もともと、他人の悪口は言わない人ですし、ただ、環境庁長官では青木正久さんのことを、ああじゃなきゃな、と言ってました。バラを一鉢もらって、枯らしちゃいけないと自分で水をやってましたよ」

私の取材の中で、唯一、知子がちょっと口ごもった場面である。

青木は北川の前の環境庁長官だが、自らの「汗と涙と笑いの奮戦記」を赤裸々にした『国会議員のふつうの生活』（文藝春秋）の中で、ある日の自民党地球環境問題特別委員会の様子をこう書いている。

「地球環境関係は各省庁にまたがっており、関係するところは十七省庁に及ぶ。中心はもちろん環境庁で、ここは『進め、進め』の一本槍。でもこの役所は新設されてまだ二十年の調整官庁で、しかも幹部は厚生、大蔵、農林省などからの寄せ集め。役所は三十年経たないと独人《ひと》立ち出来ないといわれている。環境庁の一番反対側にいるのが通産省。環境の本質は反体制だ。反大企業でもある。ライフスタイルを変え、産業構造を再検討することが環境問題の究極である。自民党がややもすれば〝環境〟に不熱心な原因はここにある。新規の金を出すことを極端に嫌う大蔵も通産に近い。環境庁と通産省の間にいて、いつもウロウロしているのが外務省だろう。両者の言い分を聞いた上、さらにアメリカの顔色を窺《うかが》うのだから面倒なのだ」

環境ばかり言ってってはダメなのか、青木も前回の総選挙で次点に泣いた。しかし、「環境の本質は反体制」と規定し、環境庁の対極にいるのが通産省で、「新規の金を出すことを極端に嫌う」のが大蔵省という官庁見取図は非常にわかりやすい。「環境庁と通産省の間にいて、いつもウロウロしているのが外務省」というのもズバリである。

ではここで、知子はおそらく割り切れぬ気持を抱いているであろう北川石松の言い分を聞こう。北川は山内豊徳が亡くなってまもなく、『朝日新聞』の「言いたい・聞きたい」欄に登場し、記者の質問に答えながら、次のように語っている。一九九〇年十二月二十三日付の同紙に載ったそれから、要点を引く。

まず、山内は自殺前日の四日、自宅に電話をかけてきて、これから失踪する、こうする以外に長官の水俣行きを止める手だてがない、と言ったといわれるが、長官の水俣行きと自殺の関連をどう思うか、という問いに、北川は、「その電話のことは初めて聞きました。三日夜、環境庁の幹部が集まり、水俣行きの最終打合せをしました。山内局長を含めて、みんな明るい顔で話していました。彼は惜しい人だけに、立派な人だけに、そんな思いがあったのなら、なぜ一言いってくれなかったのか、いろんな方法も考えられたのにと、残念でなりません。

私がなぜ水俣に行きたかったかというと、環境庁長官が十一年も行っていないこと、水俣病患者を見舞って対処したかったこと以外に、熊本県が国に対して態度を硬化させていたからです。裁判所が国と県、チッソ株式会社は、患者と和解せよと勧告したのを受けて、県とチッソは和解交渉をすると決めた。県はこれまで認定患者への補償金の財源として県債を発行してきた。それなのに国は和解を突っぱねたので、熊本県議会が、おれたちだけに負担させるつもりかと硬化した。だから私自身が熊本に行き、誠意を尽くす必要がありました。環境庁幹部には和解の糸口をつくり、みんなの荷を軽くしたいということで了解してもらったのです」と答えている。

同じ旧三木派で北川の兄貴分である鯨岡は、役所の機構が山内を死に至らしめた、と語る。

山内は「和解」の方向を探りたい自分の内心を押し隠して、大蔵省出身の次官、安原正の意見に従わなければならなかった。しかし安原は「新規の金を出すことを極端に嫌う」大蔵の意のままの人である。

死の前日、自宅から環境庁にかけた電話で、

「次官はどう言ってらっしゃる?」

と繰り返す山内の言葉がいまも、耳に残っている、と知子は語る。

再び、北川インタビューに戻ろう。

記者に、安原宛ての「なんともお詫びができませんので」という短い遺書が残っていたが、次官から言われたことができなかったという意味かと問われて、北川はこう答える。

「それも初めて聞く話ですが、私には遺書とは思えません。安原次官と山内局長との間にこじれたことがあったのか。いずれにしても私が局長の悩みを知らなかったのは不明の至りです。二人が一緒に来て説明してくれていたら、私はそれはこうだと、自分の責任において言ったはずです。その走り書きはどう解釈したらいいのですかねえ」

二人一緒に来ても、山内は安原をさしおいて自分の意見を言うような人ではない。それがわからない北川が、当時長官だったことが山内にとって不運だったとも言える。これは決して「北川が山内を死に追いやった」というような永田町の、とくに竹下派的言い方に同調して言うのではなく、理想を追求するにも一つのテクニックがいるということである。粘り、あるいは二枚腰といってもいい。

ちょっと違った意味合いでだが、それについては山内自身が、福祉を担う人たちに、過度の「使命感」を持つことを戒め、「奉仕」を技術の中に封じ込める、と語っている。

理想を支えるその技術が、山内にもなかったし、北川にもなかった。

「環境庁はきれいごとさえ言っていればいいのかなあ」

四日の夜にもらした山内のこの言葉は、北川が水俣に行って患者をただ見舞うことを指して言ったのか、それとも無力な自分を嘆いて言ったのか、確かめるすべはない。

いずれにせよ、北川が山内を〝殺した〟とは言えまい。『福祉の国のアリス』の「編者あとがき」に伊藤正孝が書いているように、幼少時に母親の喪失によって破砕された心をもつ山内にとって、水俣病問題はあまりに重かった。「その点で水俣病はもう一人の犠牲者を生んだことになる」という伊藤の指摘はさすがに知己の言である。

山内は伊藤たちから「快活、明哲な男として愛されながら世を去った」が、会社国家・日本のひずみを凝縮して、すさまじい患者の怨念を生んだ水俣病は、問題を決してそらしたり、はしょったりすることのない一人の官僚を巻き込んで、黄泉《よみ》の国へ連れて行ったのである。

「銭は一銭もいらん。そのかわり、会社のえらか衆の、上から順々に、水銀母液ば飲んでもらおう。上から順々に、四十二人死んでもらう。あと百人ぐらい潜在患者になってもらう。それでよか」

補償交渉の中での患者のこんな呪詛《じゅそ》を受け止めるには、山内の神経は繊細すぎた。あるいは、患者の痛みがわかりすぎた。

この中でいう水銀母液とは、一九六八年五月にチッソがアセトアルデヒドの生産を中止したことに伴い、有機水銀廃液百トンを韓国に輸出しようとしてドラム缶につめたところを第一組合にキャッチされ、ストップをかけられて、以後、第一組合の監視下に、チッソの罪業の象徴として存在したドラム缶の有機水銀母液のことである。

第一号患者が発生して十五年目の一九六八年秋に政府はようやく水俣病を「公害病」と認定したが、そのときまでに熊本県の水俣病患者は死者四十二人、患者六十九人（うち胎児性水俣病患者二十人）に達していた。

東京地裁の和解勧告をめぐって環境庁ではどんな議論があったのか。再び北川の発言を引く。

「私は庁内首脳部を集め、和解勧告は時の氏神かもしれないぞと言いました。しかし反対意見がすごかった。彼らは（方針を）法務省に早く報告せねばならないと言いましたが、そんなのはぶっ飛ばして、遅くまで議論を続けました。山内局長も和解に応じては困ると発言しましたが、庁内統一意見を彼は言ったのだと私は解釈しております。彼は私と二人きりのときも個人的な意見は言わず、環境庁に忠義一徹だったですね。なんでそんなにもめたかというと、やはり患者の認定ですね。昭和五十二年七月に『水俣病の判断条件について』という環境保健部長の通達が出された。この条件に適合すれば水俣病患者と認定されます。重症者を含む二千九百人はすでに認定ずみです。いま国を訴えている原告約二千人の過半数は、水俣病認定からもれた人々です。この人々は認定にあたってもっと緩やかな基準を用いよと主張しておられる。しかし環境庁はいまの基準は適切であり、原告の主張は医学的根拠が薄いという見解です。もうひとつの争点であるチッソに対する諸官庁の監督責任や規制の手ぬるさなどにしても、厚生省、農水省、通産省はいっさいの責任なしと突っぱねている。当初は水俣病の発生原因すらわからなかったですからね。だから国はとことん裁判で争い、判決を取ってみようとします。

ところが各地の裁判所でいっせいに出された和解勧告の趣旨は、自分は水俣病だと思って苦しんでいる人々がいるのは否定できないというんですね。その人々の救済は、福祉という点で必要だというのが裁判所の見解といってよいでしょう。患者の認定については国の設けた基準を厳密に適用する、諸官庁の監督責任については法律で黒白をつける、これが国の方針です。もうひとつ、患者の苦しみを直視し、公健法（公害健康被害の補償等に関する法律）をできるだけ広く運用して救済する福祉重視の考えがある。私自身は、福祉重視は検討する価値があるという意見なんですね。だから環境庁の事務方は、私が水俣で和解勧告を受け入れると言いはしないかと、不安があったのだと思います」

有機水銀が原因の水俣病は、チッソの関わる水俣だけでなく、昭和電工等の新潟水俣病など全国にあることがわかって、各地で訴訟が行われていた。そして裁判所が一斉に和解勧告を出していたのである。

環境庁が発足したのは一九七一年七月一日。初代長官は総理府総務長官の山中貞則の兼任だった。厚生省国立公園部、公害部、そして総理府公害対策本部の職員と各省庁からの出向者を合わせて五百一人。次官には厚生次官だった梅本純正が就任した。公害の克服と環境の保護をめざす同庁のスタートに、梅本は自らを奮い立たせて、〝格下げ〟的なそのポストに就いたのである。

当時、厚生政務次官としてその発足をつぶさに見ていたのが橋本龍太郎だった。

橋本は往時を振り返って、こう述懐している。

「政治のリーダーシップが形として残ったもの、それは佐藤（栄作）首相の『環境庁』創設だ。あの時代に、佐藤さんがなぜ、強い反対を押し切ってまで環境庁を作ろうと思ったのか、いまでもわからない。私は厚生政務次官だったので、厚生省の権限縮小につながるような環境庁なんていらないと思っていたし、自民党内を含めて、賛成した人はだれもいなかった。どうしてあんなことを考え、なぜ、実現にこぎつけられたのか、当時の官房長官だった竹下さんでさえ、わからないという。大変な佐藤さんの功績だったと思う」(田勢康弘『総理の座』)。

水俣病をはじめとする公害が日本を覆い、「公害国会」といわれたほど、それが問題となる時代を背景に環境庁は生まれた。

発足の日、その看板を掛けた山中貞則を、胸に「環境庁よ、水俣病の未認定患者問題を仕事初めにせよ」というゼッケンをつけた「東京・水俣病を告発する会」のグループが囲んだ。

毎日新聞記者の川名英之によれば、それは住民運動と深い関わりをもつ環境庁らしい〝開店風景〟だったのである。

このころ、山内は厚生省年金局年金課に勤務し、七三年七月には厚生大臣、斎藤邦吉の秘書となっている。例によって完璧な仕事ぶりだった。もちろん、のちに水俣病に取り組むことになろうとは思ってもいない。

山内がよく口ずさんだ熊本の民謡のようなものがある。

阿蘇は火の山　空の涯《はて》
何を祈って吐く煙
遠い神代の　愛の詩《うた》
邪馬台の国に　ながれてる
ながれてる　ふるさとよ

こう始まるその歌の十二番が水俣を歌っている。

思い出します水俣の
あれは十九の恋でした
夢を見ました　泣きました
湯の児《ゆこ》の浜に　夏は行く
夏は行く　ふるさとよ

九州大学医学部に進んで医者になりたかったともいう山内にとって九州全部がふるさとであり、とりわけ隣県の熊本には親近感があった。この歌の五番は「不知火《しらぬい》かなし有明《ありあけ》の海に真赤な陽が沈む」と歌われるが、その山河がいまや、公害によって蝕《むしば》まれつつあったのである。

尾瀬の自動車道路建設をストップしたことで知られる第二代環境庁長官の大石武一について、こんな話がある。

大石は就任まもなく、三重県四日市を訪れた。コンビナートによる公害の視察のためだったが、途中で、四日市公害訴訟の原告の一人がぜんそくの発作で亡くなったことを知り、お悔みに訪ねたいと申し出る。

すると、三重県の公害担当職員が、

「知事も市長も、公害患者の家をまだいっぺんも訪ねたことがありませんので……」

と渋った。

「バカなことを言うな。公害行政の責任者が公害のために亡くなられた人の家に謝りに行き、霊前に頭を下げるのは当たり前じゃないか。これを機会に、公害被害者と積極的に会うようにしてはどうか」

と大石はそれを一喝し、その人の家を訪れて棺《ひつぎ》に手を合わせ、

「環境庁長官として、これまでの行政の不十分さから、こうして犠牲になられたことにお詫び申し上げます」

と遺族に頭を下げた。

事務次官の梅本は「この役所はヘタをすると潰《つぶ》されてしまう」という危機感を最初から抱いていたが、大気汚染や水質汚濁、そして騒音などの公害を防止しようとするこの役所を、では誰が潰そうとするのか？

七二年六月にストックホルムで開かれた国連人間環境会議に出席し、「公害先進国」日本の実情や「霞ケ関外交」の先見性のなさを批判して帰国した大石を迎えたある日の閣議がそれを示唆《しさ》している。

「君はいいなあ、悪口さえ言っていりゃいいんだから。僕は公害製造業者みたいに言われて、まいってしまうよ」

通産大臣の田中角栄がこう言うと、誰かが、

「君は美濃部さんに似てきたなあ」

と追撃した。美濃部とは、〝ストップ・ザ・サトウ〟をスローガンに都知事になっていた美濃部亮吉のことである。

この大石の後、評判となった環境庁長官が鯨岡兵輔だった。三木武夫自身を含めて、環境庁長官のポスト

には、カネと力のない理念派の旧三木派の人間がつくことが多かったが、鯨岡にはちょっと捨て身の勁《つよ》さがあった。

一九八一年十一月二十日、その退任を惜しんで環境庁記者クラブが「ガンバルクジラ」認定証なるものを贈っている。後にも先にも記者クラブの「環境問題研究会」からこうしたものをもらったのは鯨岡だけである。

「人間目クジラ科」の「ガンバルクジラ」に贈られたそれを次に掲げる。

「最近、沖縄県で新種のヤンバルクイナが発見されたが、当会は上記ガンバルクジラを世界中どこにもいない新種と認定する。

ガンバルクジラは東京湾から荒川を経て中川を遡上《そじょう》し、全国一の汚濁を誇る綾瀬川に生息する。昨年七月から霞が関界隈にも姿をみせ、特に今年に入って積極的な行動で国民の人気を集め、新聞・テレビにもしばしば登場している。

ガンバルクジラは、口と足が非常に発達し、頭部は白色、闘争心が旺盛で天敵ツウサンゴジラをたびたび苦境に追いこんでいる。

しかしながら、現在生息が確認されているのは、オス一頭のみで種の存続が危ぶまれているため、環境庁あげての保護対策が強く望まれている」

綾瀬川云々は鯨岡の選挙区を指す。「天敵ツウサンゴジラ」が通産省を指すことは言うまでもないだろう。通産およびその後にいる産業界がどれだけ環境庁の規制を嫌ったか。

たとえば一九八一年七月十一日付の『朝日新聞』「ひと」欄に登場している鯨岡の見出しは「主要ポスト

からの〝通産はずし〟に踏み切った環境庁長官」である。

「わが役所も生まれて十年。ここで仕事をしたいと集まってきた青年たちは、私の目から見れば、責任ある地位に就けてもいいほどに成長している。でも役所のしきたりからはまだ早いという。それならと、この役所で骨を埋めるという兄貴分をまず抜てきした」

鯨岡はそこでこう語っているが、記者によれば、鯨岡はこれまでずっと通産省の出向者で占めてきた官房総務課長と大気規制課長のポストに通産省出身者を当てないという、思い切った人事をやったらしい。

国会対策の要《かなめ》である総務課長の椅子には建設省出身者をすわらせ、産業界ににらみをきかせる大気規制課長には、生え抜きの若手を登用したのである。

「幹部の多くはよその役所から人をお借りしないとまだ足りない。だが、その人にどのポストで活躍してもらうかは私が決めること。そこまで他省庁に指図してもらわなくて結構です、といっているだけ。だいたい私は誰がどの役所から来ているか、知らないんですよ」

通産に仕掛けた〝人事戦争〟ではないかという問いを、鯨岡はこうかわしているが、実際はどうだったのか。十余年前の話を聞きに、衆議院副議長室へ出かけた。

その前に〝戦争〟の背景を知るために、八一年秋に「全国自然保護連合」が出した「国の環境行政に今一層の勇気と実行を期待し、鯨岡長官の留任を願う要望書」を紹介しよう。環境保護団体がこうしたものを発表したのは初めてだった。要旨はこうである。

「大石武一初代長官（形式的には二代）に対して、私たちは激励と惜しみない拍手をおくったが、その後の環境庁は住民運動に門扉を閉ざした環境破壊庁だった。しかし昨夏、鯨岡長官の就任以来、地球的規模の環境問題への初めての関与、日中渡り鳥保護協定の調印、大気汚染防止法にNO_2の総量規制を導入しようとする取り組み、湖沼環境保全法への取り組み、六度の流産を繰り返している環境アセスメント法実現への意欲、あるいは水俣病患者との対話など、積年の悪行政を徐々に払拭していこうとする長官の意欲と努力は、環境庁に対する好意と期待を回復させてきた」

こうアピールしてきた文面は、内閣改造をにらんで、さらにボルテージが高くなる。

「十一月とうわさされる内閣改造人事のいかんによっては、期待が絶望にかわると憂慮している。地球環境の破壊を真剣に憂える鯨岡長官の存在は、きわめて大きく、今後も長く環境行政の最高責任者であり続けてほしい」

結局、この願いは実らなかったわけだが、通産省をアクセルとすれば、環境庁はブレーキ、あるいはヘッドライトだと主張する鯨岡が怒ったのは、ツウサンゴジラの、とくに環境アセスメント法に対する態度だった。

鯨岡によれば、これは〝転ばぬ先の杖〟ともいうべきもので、大きな開発事業が環境を破壊して人間の生命や健康を損うことがないかどうか、その影響を測る。ところが、先進国で制定されていないのは日本だけのこの法案に通産省とそのバックの産業界は大反対。公害の苦い経験を生かそうとしない態度にガンバルクジラは発奮した。しかし、国会対策委員会という関所の段階で、これを門前払いするのである。多分、金丸信や竹下登らの、いわゆる国対族が経済界の意を受けて、そんなもの取り上げてはならぬ、と言っていたのだろう。法案化はできているのに、店《たな》ざらしにする者どもに鯨岡は業を煮やし、あるとき、辞表をふところに首相の鈴木善幸を訪ねた。

「大事な法案を受け取ってもくれないというのではやっていられないからやめる」

鯨岡は鈴木にそう宣言した。

あわてた鈴木は、短気をおこすな、善処するから、と鯨岡をなだめ、何とか国会審議にのせるところまでは漕《こ》ぎつけたが、それからまた引き延ばされる。

そこで本格的な戦争が始まった。当時、鯨岡は通産省から出向していた官房総務課長を信頼していたのだが、通産のイヤガラセか、その男が通産に戻ることになり、それではと、鯨岡はそのポストに会計課長を横すべりさせることを考えた。その男を次に信頼していたからである。ところが、会計課長のポストは代々、建設省からの出向者が占めていて、彼を横すべりさせると、通産と建設のバランスが崩れることになる。格は総務課長の方が上だから、建設省にとっては歓迎なのだが、通産は大反対。しかし、鯨岡はそれを押し切った。そして、おもしろいのは次の交代期にネジレが元に戻ったかというと、そうではなく、以後そのまま、総務課長のポストに建設省出身者がすわり、会計課長のポストに通産省出身者がすわっているというのである。その話をしながら鯨岡は、

「日本の役所っていうのはねえ」

と苦笑いをした。「おもしろい」と続けたかったのか、「わからない」と付け加えたかったのか……。

産業界、中でも財界と称されるものとの闘いも面倒だった。関西電力のボス、芦原義重が反対の急先鋒だと知った鯨岡は、

「御高説を拝聴したい」

と面会を申し込む。

ところが、芦原は多忙を理由に逃げまわり、応じない。それで鯨岡は、

「どこへでも出かけるし、夜でもいいから」

と粘って、ある晩の十時、芦原が泊まる赤坂プリンスホテルの旧館で会うことになった。芦原の後には、通産をはじめ、役所の人間が何人か控えている。しかし、芦原の反対の理由が不明確なのである。

それで鯨岡は背後の役人たちに、

「君たちは何を説明しているのか」

と怒った。

ある意味で、水俣病も経営者の無責任が惹き起こしたものである。それを見逃してきた通産省の責任も大きい。

戦い半ばにして環境庁を去らなければならなくなった鯨岡は、次のような「惜別之辞」を述べた。

「現下、時流に逆らわねばならなかった環境庁諸般の仕事は、私にとって、決して楽なものではなかった。そして環境庁の仕事をとりまくその苦しみは、更に今後も長く続くことだろうと思う。諸君は、これからもその苦しみに耐えてゆかねばならないのである。それを思うとき、去り行く私の焦燥は更に深まるばかりである」

その後、鯨岡は「この世は現在《いま》に生きるわれわれだけのものではない」のに開発という名の破壊が進んでいることを嘆き、こう結ぶ。

「この憂慮すべき世の傾向に、歯止めをかけて、真の幸福とは何かを世に問うのは、わが環境庁の崇高《すうこう》な任務であると、私は信じて疑わない。

諸君は、将《まさ》にその戦士である。

私は、今日、諸君等の戦列を離れて後方に退くが、これから先も諸君等の戦いを見守り、これに能《あた》う限りの支援を惜しまないことを誓うものである。

環境庁が、多くの国民の理解と協力を得て、歩一歩その目的を達せられるよう祈る。

そして環境庁の職員諸君が多難を予想されるわが国の前途に誤りなき先導者たるの任務を全うせられるよう切に祈って、惜別の辞を終る」

鯨岡がこう祈りつつ、環境庁を去った一九八一年晩秋、山内豊徳は厚生省の医務局総務課長を務めていた。

ここに九〇年七月二十六日の日付の入った一葉の写真がある。自殺の四ヵ月余り前、鯨岡や評論家の秋山ちえ子と共に写っている山内はリラックスした感じである。自然保護局長を経て、企両調整局長に就任した環境庁へ転出して官房長となるのは五年後の八六年九月である。

ばかりだった。

「どういう席ですか」

と鯨岡に尋ねると、鯨岡は、

「河野（洋平）君が知っていると思う」

と言って、いきなり電話を取り上げ、外務大臣を呼び出した。同じリベラル派としてとても気が合うらしい。

電話の結果、河野が中心となってやっている「愛鳥百人委員会」の席で、山内には多分、個人の資格で入ってもらったとのこと。

偶然か、鯨岡の隣にすわっている山内の写真を見ながら、私は鯨岡が「惜別之辞」で言った「戦士」の意味を考えた。

山内豊徳は果たして「戦士」だったか？

その遺稿集『福祉の国のアリス』を読んでまもない一九九三年初頭、私は『週刊東洋経済』に次のようなコラムを書いた。

先日、通産省の中堅幹部と会って、

「佐川急便事件は、ある意味で官僚の敗北だね」

と言ったら、キョトンとしていた。

「いろいろ読ませてもらっていますよ」

と言いつつも、地に足のついた批判をしてほしい、などと手垢《てあか》にまみれたセリフを並べるので、

「批判に値する官僚であってもらいたいな」

と返しながら、種々の違反を許した「官僚の敗北」と言ったら、通じないのである。

一九九〇年十二月五日、自ら五十三年の生涯を閉じた環境庁企画調整局長・山内豊徳は、こうした鈍感な官僚たちとは明らかに違っていた。

山内の高校以来の友人、伊藤正孝（朝日新聞編集委員）によれば、通夜に駆けつけた元環境庁長官の森山真弓は、お棺の中の山内に向かって、

「官僚に徹しきれなかったのね」

と呟《つぶや》いたという。

森山は労働省のキャリアだったわけだが、山内の遺稿集の「編者あとがき」に伊藤は「氏自身が官僚出身であるだけに、この言葉は印象的だった」と書いている。

それでは「官僚に徹しきる」とはどういうことなのか。私には、「官僚に徹しきった」人たちが「徹しきれなかった」山内を自殺に追いやったと思われてならない。

水俣病の認定から漏れた約二千人の人たちが、国と県、そして加害企業のチッソを訴えて裁判を起こし、東京地裁をはじめとする各裁判所は和解勧告を出した。

それにチッソや熊本県は応じたのに、国は拒否した。非難は国に集中したが、その矢面《やおもて》に立たされたのが環境庁であり、企画調整局長の山内だった。当時の次官、安原正は大蔵省の出身者であり、拒否回答には、そのほか、通産省や厚生省の意思が強く反映されていた。

各裁判所が和解勧告を出すたびごとに、山内は記者会見で、

「和解はありえない」

と繰り返さざるをえなかった。庁内では和解を主張しただろう山内は、ついに潰されたのである。板ばさみに耐えきれずに彼は死の道を選んだ。

修猷館高校から東大法学部に進んだ山内は、東大時代にこんなことを書いている。

「卒業したら指導階級。指導者といってもいろいろございます。人民広場の砂を蹴立てて先頭を切るのもそれ。何やらの理論で新書版を賑《にぎ》わす学者もそれ。戦争ごっこの大好きな何とか大将もそれ。とにかく毎年二千名からの指導階級が誕生するのでは日本も大変です」

山内が皮肉に書いているように、指導者といってもいろいろある。東大を出ただけで指導者面をする人間たちは、それこそ差別者、抑圧者ではあっても、指導者ではない。

厚生省に入って福祉行政に携《たずさ》わった山内は、福祉を担う人たちが、過度の「使命感」を持つことを戒め、「奉仕」を技術の中に封じ込めよ、と繰り返し説いた。

まさに指導者ぶらない指導者であり、民にとっての理想的な官僚だったというべきであろう。

彼の「死への軌跡」を追った是枝裕和の『しかし……』(あけび書房)で、山内をよく知るある記者が、「彼はとにかく優しい人だった。役人としては稀有《けう》だったね。他の人間はみんな出世のこと、出身省庁のことしか考えないような人ばっかりだよ」

と語っている。

この山内に、政治家を含む抑圧者のエリート官僚たちはどんな仕打ちをしたか。

是枝は前記の本で、水俣病の発生時に遡《さかのぼ》って、それをたどる。国家公務員上級試験二番の成績ながら、あえて山内が厚生省に入った一九五九年に熊本大学の医学部水俣病研究班は、有機水銀が原因であることを突き止めた。

工場廃水をサンプルとして欲しいと申し入れても、チッソは企業秘密を盾にそれを拒否し、通産省の許可をもらって来い、と突っぱねる。そうした厚い壁を乗り越えての研究だった。

その熊本大研究班の有機水銀説を、東京工業大学教授の清浦雷作らが潰しにかかる。通産省は清浦の有毒アミン説を支持し、水俣病は丁場廃水が原因であるとは断定できないと強調した。

チッソと通産省の間に連携プレーがあったかどうかは分らないが、この通産省に押し切られて、厚生省は大きく後退する。その厚生省に山内は入ったのである。

しかし、通産省が「勝った」ことによって、水俣病の解決はさらに遅れた、その社会的損失は計り知れない。それについての責任を、通産省や清浦某らの御用学者は感じているのだろうか。

山内はある日の日記に、公害対策基本法をめぐる各省連絡会議での通産官僚などの発言を聞いていて、思わず、

「テメエラ、本気デ公害ヲナクス気デイルンカ」

とタンカを切りたかった、と書いている。

「貧しさの深さと長さ」と題したエッセイで、山内は、

「やあ、生活保護法さんこんにちは」

とユーモアたっぷりの書き方もみせる。小説家になりたかったという文学青年の面影《おもかげ》を伝えるその遺稿集に、二人の娘さんがそれぞれの思いを寄せていて、涙を誘う。

次女は、まず、

「よく眠れますか？　もう何も考えずに、ゆっくりと休んで下さい。本当にお疲れ様でした」

と書き、長女は、短大生時代に環境庁を訪ねたら、父親は輝いていた、と思い出を記しつつ、

「そういう父がなぜ、悲しい結末を迎えてしまったのだろうと思いますが、父にとって仕事は生きがいだったと思います」

と続ける。そして、その父を支えたのは「困っている人々の役に立ちたい」という気持ちだったというのである。

その気持ちを父は最後まで貫いた。

私は、山内が敗北したとは思いたくない。

このコラムの載った雑誌を送ると、見合いの後に、年賀状書きは任せられるなと山内が思ったという端麗な字で、知子は次のような礼状をくれた。

謹啓

二月六日号の『週刊東洋経済』の記事を拝読いたしました。

朝日新聞の伊藤様より御紹介をいただき、このように取り上げていただき、大変嬉しく感激いたしております。

皆々様の御配慮、御厚意が身にしみます。

感謝の気持ちをおつたえ申したく、筆をとりました。

「どっちが『敗北』した官僚か」を拝読いたしまして胸にせまりますのは、故人が昔のノートに「絶望」と「敗北」とを言い分けて、自分は「敗北」をにくむと書き残しているのを思い出したからです。

夫の選択が何からであったかは傍らにいる私にもわからずにおりますが、メッセージとして伝わってくるものには「それ」を感じておりません。

自分を生きる最後の手段であったのかも知れないと思えてならないのです。

今は心静かにそれを認めております。

悲しみつきないのは娘達のことでございます。痛々しい思いに胸つぶれます。が、娘達の将来のために、父親を形に残したく、遺稿集への思いをもっていました。

伊藤様の御懇情にあずかり、皆々様の御力添えをいただき、出版することが出来ましたことを、大変嬉しく思っております。

肩の荷を少しおろすことが出来ましたのと、心のお葬式も出来たように思えることが嬉しいのです。

本当にありがとうございました。

今後ともよろしくお導き下さいますようにお願いいたします。

時節柄、御身御大切になさって下さいませ。

失礼を顧みず、右書中をもって御礼申し上げます。

かしこ

二月三日

山内知子

佐高信様

まことに心情のこもった、過不足のない手紙である。とりわけ、結びの「私は、山内が敗北したとは思いたくない」という一句に感応してくれた知子に、豊徳の幸福を思った。

一九六七年一月十四日の初めてのデートで、豊徳は知子に㊙マークのついた「身上書」をよこしたという。それには次のようにあった。

趣味　原稿用紙を埋めること
志望　小学校時代　〝有名なひと〟　ただし卒業式で答辞を読む役とはならず
中学校時代　〝詩人〟　雑誌・新聞に投稿、選者あるいは激賞することあり
高校時代　〝小説家〟　文芸部雑誌の広告とりに苦労するのが辛くて退部
大学時代　〝優等生〟　郷土の要望重く、いささかノイローゼ気味となり、法学部成績において劣等生
何故公務員を志望するのですか――公務員試験成績があまり良かったものですから
何故厚生省を希望するのですか――あまり秀才が押し寄せないように思えたものですから
趣味と性状
　眺めるもの　雲
　見るもの　ドガ　鈴木信太郎　前進座
　呑むもの　俸給日以後　ブランディ　ジン　チンザノ
　　以前　コーヒー　チョコレートパフェ　汁粉
今でも覚えている映画　十二人の怒れる男　かくも長き不在　悪い奴ほどよく眠る　他人の顔
信仰　祖父の儒教主義庭訓と中学時代のキリスト教主義教育の結果、動物愛護と人間尊重を信条とするも、
　生来の自愛心のため神はむしろ不注意無神経なる創造主としてのみ認識して今日に至る
政治思想　やや軽佻浮薄《けいちょうふはく》の感あるもおおむね進歩的穏健派　ただし立候補するときは自ら政党組織する所
　存

これが豊徳三十歳の時の、韜晦《とうかい》を含む自画像だった。亡くなる前、福岡県知事にという話が修猷館の同級生を中心に持ち上がったが、政治家への道もあるいは考えていたのか、身上書の末尾の「立候補するときは自ら政党組織する所存」は意外である。

福岡県知事の話は山内にとってまんざらではなかった。但し、次官になって箔《はく》をつけた後でということだったので、知事に転身していたら死なずにすんだのではないかというイフをつぶやくことはできない。

ところで、見合いをする一ヵ月ほど前に、厚生省の公害課課長補佐をしていた山内らが中心となって練ってきた公害対策基本法の試案が発表された。しかし、それに対して通産省や経団連から猛反発が起こり、キリキリ舞いさせられて、中学生の時に患《わずら》った骨髄炎を再発させる。

奇《く》しくも、知子との結婚の日の一九六八年三月十日付で発行された『自治研究』に豊徳は「公害問題の法的救済処理について」という一文を寄せている。この問題でのちに自らが引き裂かれることになるとは知るよしもないが、明らかに患者側に立つ論調である。

公害問題をめぐる紛争は、個人の生活や権利の保全という私権救済の面から提起されているわけであるが、反面、それが多数住民の生活や権利に影響を与えるという意味では、公益的な事件という性格をあわせもっていることが多い。公害をめぐる苦情陳情が行政庁に多く提起され、行政庁においてもこれを処理せざるを得ないというのも公害紛争のこうした公益性のためといってよいであろう。しかしながら、現行法のもとでは、行政庁による公害紛争の処理はあくまで事実上のサービスというにとどまっている。そこで、むしろ、公害紛争をめぐる行政庁の立場を制度上公害事件の当事者とする立法措置を考慮すべきではあるまいか。

まず、その一つは、行政庁による環境汚染行為の摘発と防止措置の請求の制度化である。これは、住民の陳情などを基に発動されてもよいが、一定の規模と程度の環境汚染で公共の利益にかかわるという事態に限り発動されるものとし、できれば、裁判所による審査と原因者の講ずるべき措置の義務づけを立法化すべきであろう。

もう一つは、とくに人身にかかわる環境汚染の原因究明を行政庁に義務づける制度である。これまで、環境汚染事件について行政庁の活動なり公費による原因究明活動が行われてきた例があるが、これが当該事件に係る私的救済にどのように関与するかは制度上あいまいになっていた。むしろ、特殊な環境汚染事件については行政庁による調査の義務づけとその結果を基にした原因行為者の確定のための訴訟維持を行政庁が行なういわば「公害検察制」の採用を考慮した方が、この種の社会問題についての無用の摩擦をさけることになるのではあるまいか。

山内がここでめざしたような方向がいかに実現困難かを、まず、ガンバルクジラこと鯨岡兵輔が体験し、のちに山内自身が思い知らされることになる。

それにしても、いま、これを読み返すと、「無用の摩擦」というコトバが痛々しい。それをいかに「有用の摩擦」たらしめるか……。

修猷館の山内のずいぶん下の後輩に講釈師の神田紅《くれない》がいる。彼女は、山内の笑っていない顔を見たことがないという。いつもニコニコしながら、忙しい中を、講談を聞きに来てくれた。

先輩風などまったく吹かせないその山内に頼まれて紅は厚生省に行ったことがある。山内が組織した「泉鏡花研究会」で話をしてくれと言われたのだった。

エリート官僚たちが十人余り集ったその会で、紅は精一杯、鏡花について語ったのだが、紅に「滝の白糸」の原作の「義血侠血」の話を聞いて、山内がなぜ、鏡花にのめり込むように惹かれたのかがわかった。

いや、わかったような気がした。

もちろん、九歳で母親の鈴に亡くなられ、永遠の母を求めて作品を書いた鏡花の世界への親近感もあるのだろう。

それだけではなく、山内は「義血侠血」における正義の貫かれ方、あるいは法の貫かれ方に惹かれたのではなかったか。

「義血侠血」は、鏡花がまだ無名の作家だったころに、師の尾崎紅葉の大幅な手が入った形で世に出ている。

しかし、鏡花の原作ではこうである。水芸人の滝の白糸こと水島玉（紅葉作では友）が学問をしたい若者、埴生《はにゅう》荘之助（紅葉作では村越欣弥）と知り合って、仕送りをすることを約束する。ところがある時、そのカネを南京出刃打ちの連中に奪われてしまう。彼らが去った後、落ちていた出刃包丁を拾った白糸は、

「ふむ、世の中にはまだこういう手段がある」

と呟いて、ある邸に押し入り、主人と内儀を殺してカネを奪うのである。

そして捕まって法廷に引き出された白糸を待っていたのは判事となった荘之助だった。

その荘之助を、出刃打ちの弁護人が、白糸との関係を理由に忌避《きひ》しようとする。

それに対して荘之助は証拠の出刃包丁で自分の目を突き、

「本官の眼中には知己《ちき》も親族も何もない」

と言い放つのである。

白糸の判決は死刑。自らそう宣言した日に荘之助は遺書を残して自殺する。遺書には、社会の法の無情さは天よりも甚《はなは》だしい、法は白糸を殺した、しかし自分は情のために死ぬのだ、という意味のことがしたためられていた。

正義のために自らの目をつぶし、情のために死んだ埴生荘之助。その自己犠牲の精神に山内が惹かれていなかったとは言えまい。

自分さえ、あるいは、われひとり身を犠牲にしてすむものならば、という感覚が山内にはあった。多くの官僚にない精神である。

しかし、それはそばにいる者にとってはたまったものではない。

「私も甘えたいほうなのに、甘えられて」

知子はいま、怨《うら》み言ともつかないものをつぶやく。

豊徳は、あまりうまいとは言えない歌を歌った。たとえば「花街の母」。

〽他人《ひと》にきかれりゃ　お前のことを

年のはなれた　妹と

というアレである。そこに出てくるセリフを博多弁でやるのが山内の特技だった。

やはり、常に母なのである。

母を求めつづけて、ついに山内は「戦士」とはなりえなかった。しかし、官僚を「戦士」にせざるをえないような社会が、まともな社会なのか。
その遺稿集『福祉の国のアリス』を編み、「自己の良心をもてあまし、自己のやさしさゆえに滅びた男」と山内を規定する高校以来の友人、伊藤正孝の弔詞はそのことへの怒りを含んで壮烈である。

遠い窓
わたしの心にある遠い窓
いつかはその窓から
そとをながめてみようと思う
いつかは……と
さびしい言葉だが
あゝ　遠い窓

十五歳の時に山内がつくったこの詩を最初に紹介しながら、伊藤は「山内君」と呼びかける。

山内君
君は「おい、そんな古い詩は公表するな」と苦笑いしているかもしれませんね。でも君は、高校時代に創ったこの詩を愛していて、知子さんに読んで聞かせたというではありませんか。遠い窓というのは、若かりしころ君の心に住んでいたあこがれでしょう。果たして君は、死ぬ前に遠い窓にたどりついたのだろうか。その窓からそとを眺めただろうか。私はそうではなかったのではないかと思います。窓の外にあったはずのやすらぎ、信頼、そういったものを発見する前に逝《い》ってしまったような気がします。

山内君

高級官僚として、君は人も羨《うらや》む栄達栄進の道を歩んだ。けれども官僚であると同時に、純粋な一人の人間であろうとした。このことは、君の人生をとても険しいものにしたと思う。

君の人生は、そのスタートからして険しかった。君は一人で人生と闘わねばならなかった。まだ幼かったころ、お父さんは中国戦線で亡くなられた。お母さんは君から去って行った。君は一人で人生と闘わねばならなかった。もちろん、おじいさんや叔母さんのお力添えはあったでしょう。それでも君は、少年のころから一人で身じまいをする、できるだけつましく暮らす、頼れるのは自分一人だと決めていた。

山内君

大学を出ると君は進んで厚生省に入省した。君自身が恵まれない、なんの後楯《うしろだて》もない弱者だったから、弱者とともに生きるというのが、ごく自然な選択だった。埼玉県庁にいたころの君が、障害者について、同和問題について、いきいきと語っていたのを思い出します。君が弱者を支えて生きる、弱者に支えられて君が生きる、そんな人生の充実ぶりを君はいきいきと語っていた。君は眩《まぶ》しいほど輝いていた。私たち同級生は、君を祝福し、同時に日本の前途に明るいものを感じていた。

山内君

いま私は怒っています。悲しむよりも怒っています。あんなに輝いていた君を、どん底に突き落としたのは何だったのか、職場にもっと支えてくれる人はいなかったのか、と怒っています。同時に君にも怒っています。もっと官僚に徹して生きる手はなかったのだろうかと。人のためだけに生きるのではなくて、自分のためにも生きることはできなかったのかと。「そんな生き方は僕にはとてもできなかったよ」と君は言うでしょうね。水俣病裁判をめぐって君が悩んでいたころ、私はイラクにいました。だから君の苦境を知らなかった。けれども同級生たちは君が政府を代表して記者会見しているのをテレビで見て、「あゝ山内は随分無理をしているな。自分の信念や人柄とは違ったことを言わされているな」と危ないものを感じていたそうです。

山内君

君は一ヵ月近くも、満足に眠っていなかったそうですね。ある朝、出勤しようとする君に、知子さんが「そんなに命がけでやらなきゃいけない仕事なの」と尋ねたそうですね。君は「患者さんたちが〝私たちは命をかけています〟って言うんだよ」と答えた。弱者を支えるのを生き甲斐にしていた君が、最期は弱者と対立する立場に追い込まれた。どんなに苦しかったでしょう。

でも山内君

うれしいことがひとつあります。水俣病患者が「山内さんには他の人にはない何かがあった。私たちはそれを感じていた」と話したと、今朝聞きました。患者たちが感じとったのは、君の根元的な優しさであり、奥底で光っていた君の高潔さであったと、私は信じます。厚生省や環境庁を担当している記者たちの間で、君の誠実さや見識は定評がありました。私たちは君が同級生であることを誇りにしていました。

山内君

高校生のとき君は「花園のある風景」という極めて暗示的な作品を書いた。老人と幼い女の子が力を合わせて暮していた。「山本老人はときどき子供のように声を出して泣くことがあった」という書き出しを、私は、「君の幼かったころの心象風景に違いない」と感じていました。やがて女の子は金持の家の犬に追われ、ミゾに落ちて死ぬ。老人は失踪してしまう。しかし老人が残した花園は、いつまでも人々を慰めた、というものでした。

山内君

国家機構の壁、法律の壁、予算の壁。いろいろな壁に阻《はば》まれて、君は逝ってしまった。しかし君も私たちに花園を遺してくれました。それは君の心の中に香っていた花園です。君が愛した知子さんは、君を夫に持ったことを誇りとしていることと思います。知香子さんと美香子さんは、君を父親に持ったことを誇りにしていると思います。そして私たち同級生は、知子さん、智香子さん、美香子さんを支えながら生きようと思います。

さようなら、山内君。

修猷館昭和三十年卒業生代表
伊藤正孝

たしかに山内豊徳はいまも香っている。それを異色のバラとして眺めるのか、ありうべき官僚像として近づこうとするのかによって日本のこれからは変わってくるだろう。

四年目の九四年十二月五日に西本願寺の本堂にすわっていた知子は泣かなかった。これまでは読経《どきょう》の声と

る。
私は彼のためにではなく、自分のために泣いているのではないかと思った時、自然に涙は止まったのであ
ともに堰《せき》を切ったように涙があふれたのに、それは出なかった。はじめてのことである。

次女は一人で墓参りをする。ひとりでやりたくはないのだが、誰もいないところで父親と話したいらしい。
死に急いだ父に娘は何を語りかけているのか。
その父親はすでに十五歳の時に次の「しかし」という詩もつくっている。

しかし……と
この言葉は
絶えず私の胸の中でつぶやかれて
今まで　私の心のたった一つの拠り所だった

私の生命は、情熱は
この言葉があったからこそ——
私の自信はこの言葉だった
けれども
この頃この言葉が聞こえない

胸の中で大木が倒れたように
この言葉はいつの間にか消え去った
しかし……と

もうこの言葉は聞こえない
しかし……
しかし……
何度もつぶやいてみるが
あのかがやかしい意欲
あのはれやかな情熱は
もう消えてしまった

「しかし……」と
人々にむかって
ただ一人佇《たたず》んでいながら
夕陽がまさに落ちようとしていても
力強く叫べたあの自信を
そうだ

私にもう一度返してくれ

まるで死の直前のような詩ではないか。四十年近く後の自らの運命を山内はすでに読んでいたのか。早熟というよりは老成という感じのこの詩は、勢いで乗り切っていかなければならないこともある現実の前で、いささかならず無力感に満ちている。

とくに環境庁に移って彼の無力感は増したと思われる。山内が厚生省から環境庁に移って官房長となった時、よりによって「株屋が政治家になった」といわれる稲村利幸が長官となって乗り込んで来た。

四年後の九〇年に十七億円もの脱税で起訴されることになる稲村は、思惑と違って、はかばかしく儲《もう》けられなかった場合には、証券会社の担当者を長官室に呼びつけ、

「国会議員に損をさせていいのか」

と怒鳴りまくったという。

この稲村が逮捕された年の暮に山内は自らの命を絶った。

水俣病患者の救済をめぐる国と患者の板ばさみになって自殺したわけだが、山内の上司の事務次官、安原正は、大蔵時代は同期で次官になった尾崎護らとともに三羽ガラスといわれていたらしい。

その尾崎は九三年一月六日、当時、国会の証人喚問でさらに疑惑を深めていた竹下登のところへ年始のあいさつに行った。

いくら、竹下元蔵相の直系とはいえ、あまりにひどい。

いま、知子は「水俣」はもちろん、「水」の字を見ただけで、条件反射のようにハッとなってしまうとい

う。おそらく、安原も尾崎もそんなことはないだろう。「山内」の字を見て、安原が心を動かすことがあるのかどうか、私は疑問である。

自殺した山内の「弱さ」を批判することはできる。しかし、安原や尾崎の「鈍感」あるいは「厚顔」を対置すると、山内の「弱さ」が光る。そして、安原らへの怒りがこみあげてくる。

日本てんかん協会常務理事の松友了は、遺稿集で、山内を、アウシュビッツの収容所で青年の身代わりに餓死の刑を受けて死んだコルベ神父に擬し、氏は誰の「身代わり」になったのか、と問いかけている。

山内が障害福祉課長の時、松友は初めて会ったのだが、山内は課の部屋に障害福祉の対象でない「てんかん協会」のポスターを何枚も貼ってくれ、松友の方が「喜びと恐縮を通り越して、氏の官僚としての立場を案じたほど」だった。

財政的にきびしい状態の協会は、毎年、杉並の保育園や小学校を借り切ってバザーを開催した。近くの古アパートを倉庫兼用の事務所として借用したのだが、そこに山内は自ら提供する品物を持ってやって来た。

応対したボランティアによると、

「名を告げるほどの者ではない」

と提供者カードに記名するのを渋るのを、無理矢理、氏名と住所だけは聞き出したという。しかし、肩書等は一切言わなかったので、そのボランティアは「どこかの人のよいオジサン」という印象を持った。そして、そのオジサンは毎年現れたのである。

官僚は匿名の世界に棲《す》む。だがそれは、自らの責任を逃れるために使われる。名乗るほどの者ではありませんと、謙虚に身を引くのとは、まったく対極的な意味で、彼らは肩書の蔭に身を隠すのである。

そうした官僚たちと山内は、かくまでもと思われるほどに違っていた。

山内は松友と、しばしば、協会の「親の会のあり方」についても話したという。

「その視点は、障害福祉課長のそれではなく、常に普通の親であり、障害をもつ子ども自身であった。それゆえ堕落した幹部への批判は、実に手厳しかった。氏は早くから私たちの会の会員であり、身銭を切って会費を納入されていた」

松友はこう書いている。私はこの中の「堕落した幹部への批判は、実に手厳しかった」に注目する。環境庁にそうした幹部はいなかったのか。もしいたとしたなら、なぜ山内はそれを「手厳しく」批判しなかったのか。

いずれにせよ、どう言ってもいまは詮ないことである。まさに死児の齢《よわい》を数えるようなものだ。

松友の一文も載っている遺稿集は水上勉と大江健三郎の推薦を受けている。大江が作家としてデビューする東大新聞の「五月祭賞」に山内も応募していた。大江によって作家の道をあきらめた人は多い。演出家の久世光彦などもそうだというが、山内もその一人である。

大江が「奇妙な仕事」という小説で入選した年、山内は小説部門に「習作」、文芸評論に「芸術と法」、そして政治評論に「代議士について」と題する作品をそれぞれに出している。しかし、前年に続く落選。大江が脚光を浴びて作家の道を歩き始めるのを横目に見なければならなかった。そして翌年の日記にこんなことを書いている。

「文春で大江健三郎の芥川賞候補を読む　着想それだけという気がするがどうだろう　むしろ副田義也の『闘牛』の方が意味があったような気がする

『死者の奢《おご》り』は『奇妙な仕事』ににたような situation　何かを考えているのは分るがこんな〈技巧〉で自分たちのチャンピオンになってもらっては困る

作者は正直なのだろうが　いわば皆と同じところでしか感じていない

開高健は『パニック』と同じで、とりつきにくく読まずに過す」

開高や大江に比して、山内の持っていたものは、やはり詩才だったのではないか。詩人は散文の世界には住めない。

環境庁は詩と現実がぶつかり合う場所だった。山内の後輩たちには、山内的精神をもって死なずに生きてほしい。山内的精神とは、「遠い窓」をめざして「しかし……」と呟きつつ進む精神である。

それにしても知子は、五回目の九五年十二月五日も位牌を持って西本願寺の本堂にすわるのだろうか。その日、家にいられないのは、あの時間自分は何をしていたと、一つ一つが克明に思い出されてたまらなくなるからだが……。

〔**参考文献**〕

山内豊徳『福祉の国のアリス』(八重岳書房)
是枝裕和『しかし……』(あけび書房)
鯨岡兵輔『名こそ惜しけれ』(私家版)
青木正久『国会議員のふつうの生活』(文藝春秋)

北川石松、天野礼子『巨大な愚行　長良川河口堰』（風媒社）
川名英之『ドキュメント日本の公害　第二巻　環境庁』（緑風出版）
石牟礼道子『苦海浄土』（講談社文庫）
吉田司『下下戦記』（文春文庫）
吉田司『世紀末ニッポン漂流記』（新潮社）
泉鏡花『高野聖』（角川文庫）

通産省の殉職者

一九九一年一月十四日払暁《ふつぎょう》、都立駒込病院の一室に低く歌が流れていた。まもなく彼岸に旅立とうとしている前中小企業庁次長の田辺俊彦に、夫人の美智子をはじめ、長男の裕尚、長女の千鶴子、そして、美智子の母親の四人が、田辺の好きな「琵琶湖周航の歌」を歌ってあげているのである。涙でとぎれとぎれになるそのメロディが田辺の耳に届いたかどうかはわからない。しかし、美智子はいまも、それが田辺の耳には聞こえたと信じたいのである。

われは湖《うみ》の子さすらいの
旅にしあればしみじみと
昇る狭霧《さぎり》やさざなみの
滋賀の都よいざさらば

松は緑に砂白き
雄松が里の乙女子は
赤い椿の森蔭に

はかない恋に泣くとかや

矢の根は深く埋もれて
夏草しげき堀のあと
古城にひとり佇《たたず》めば
比良も伊吹も夢のごと

西国十番長命寺
汚れの現世遠く去りて
黄金の波にいざこがん
語れわが友熱き心

波の間に間に漂えば
赤い泊火懐しみ
行方定めぬ浪枕
今日は今津か長浜か
瑠璃《るり》の花園珊瑚の宮

古い伝えの竹生島
仏の御手に抱かれて
眠れ乙女子安らけく

この歌が好きな人には共通のタイプがある。底に人生の寂寥《せきりょう》を秘め、決して他人を押しのけることなく、与えられた仕事にベストを尽くすという共通項である。

これは旧制三高ボート部の歌で作詞者の小口太郎は少壮の物理学者だった。哀愁漂うそのメロディは、三高の音楽愛好会で愛唱されていた「ひつじ草」（吉田千秋作曲）から借りたといわれる。

改めて尋ねたわけではないが、おそらく、美智子も二人の子どもも、あの後、この歌を口ずさんだことはないだろう。田辺が亡くなった後、次のような遺書を〝発見〟してはなおさらである。田辺は生前、これを美智子に手渡すことはなかった。

「死を確認することになるわけで、やはり、渡せないでしょう」

亡くなって四年余り、ハキハキした感じで私の問いに答えながら、涙ぐむこともあった美智子はそう言った。

一九三七年五月二十三日生まれの田辺は五十三歳で亡くなったが、死を覚悟しても、それは渡せないものだろうか。五十を過ぎたからではなく、あるいは、「琵琶湖周航の歌」を愛唱する男は、たとえ若くても渡せないものなのかもしれない。美智子はそれを心得ていると言いたげに、一転、微笑を浮かべて、遺書を私に見せてくれた。

白い封筒の表書きに、

「みちこ　　　　　　　　　　　　　　　　　　　　　　　　　　　　　　病院」

と書かれたそれは便箋四枚にわたる。美智子宛て二枚、息子と娘へそれぞれ一枚である。

「美智子へ

本当に色々ありがとう

美智子の献身に対し何もしてやれなくて本当に申しわけない。

ごめんなさい。ここまで来れたのは、美智子と子供達への思い、そして美智子のあの励まし、心、支え、努力のおかげ。

もう一度生れかわって、愛と実りあふれる人生を、美智子や子供達とおくりたい。

通産省の諸先輩、友人の切なる御支援、御厚情に対しおわびの申し上げようもなく、本当に心から感謝しています。とてもとても申しわけない。

美智子、本当に苦労をたくさんかけてしまって、

子供達をたのみます、力強い男性、やさしいレディにきっときっとすばらしく成長することを楽しみに。

本当に本当にありがとう、　　さすがに　　疲れてしまったから。　　　ごめんなさい、　数えきれない愛と感謝をこめて。

「裕尚へ
元気に、しっかり、堂々と人生を歩むんだぞ。
素直で、心美しい君なら大丈夫。大きくなって社会のためにつくし、楽しくすばらしい生活を築いて下さい。
お母さんを頼んだぞ、しっかり心合せて、がんばって、
大好きな裕尚、レッツゴー、
ごめんね、
父より」

「千鶴子へ
聡明でしっかりものの『ちいこ』だから、明るく元気にがんばって下さい。
君は、きっとお母さんのように、心やさしい、美しいレディになります。すてきなちいこに。
ちいこ、時々ピアノを聞かせて。
すばらしい人生を切り開いて下さい。
お母さんをたのみます、皆でしっかり心合せて、
大好きなちいこ、元気でがんばって、
ごめんね
父より」

㑺」

美智子への手紙に「さすがに疲れてしまったから」とあるように、田辺は襲いくる病魔に圧倒されそうになりながら、これを書いたに違いない。

もちろん、責任感旺盛な田辺は家族に対してだけ、遺書を書いたのではない。死の床から、何度か、中小企業庁次長の職を解いてほしいと官房長に手紙を書き、そして、最後に次官と官房長宛てに別れの手紙を書いている。田辺の人となりを表す貴重な手紙だと思うので、続けて掲げたい。

「思わぬ発熱及びその後の病状の回復のおくれが大変な御迷惑をおかけしてしまいました。

仲々解熱が思うように行かず、又、七月の処置などの影響が予想外に残り、経過がかならずしも順調でない中で、回復、通常勤務への復帰が遅れておりますことを大変申しわけなく存じます。

重要な職責をいただきながら、それを全《まっと》うし得ず、中小企業庁の事務遂行に障害となってしまいますことの自らの不明を恥じ、又、深く心痛みます。あの発熱を機に担当医は完全回復までになお時間を要するとしております。

人事上など大変な御迷惑をさらにおかけし、又、諸先輩及び皆様の御厚情にも背き、真に申しわけなく、おわびの申し上げようもございませんが、この上は、これ以上現職にとどまることによって事務の支障となることをおそれます。

このような状況の中で、中小企業庁次長の職を辞任させていただくことをお願い申し上げますことをお許しいただきたく存じます。

平成元年八月

田辺俊彦」

平成元年八月は死の一年半ほど前である。そして、その後の日付のない別離の手紙がある。

「本当に申しわけございません。次官、官房長はじめ、通産省の皆様の御厚情、御声援のおかげ様でここまで支えられて来ました。心よりお礼申し上げます。

病院での処置がおもわしくなく、かなり難しい局面に来てしまったようでございます。

重要な職責をいただきながら全うできず、自らの不明を恥じ、大変御迷惑をおかけしてしまいましたことに心痛み、又、大変申しわけなく存じます。

通産省で思い切り仕事ができましたことを心から感謝しています。志半ばで大変残念ですが、楽しい日々でした。ありがとうございます。

田辺俊彦」

それにしても、なぜ田辺はこれほどまでに「申しわけない」を連発するのだろう。むしろ、通産省の方が田辺に「申しわけない」と言わなければならないのではないか。

田辺の仕事の後を振り返る時、私はその死が殉職に思えて仕方がない。

田辺は一九六二年に入省し、七七年にワシントンのアメリカ大使館に派遣されて、一日七、八本も電報を打って来るという記録的な働きをした後、日本に戻って来て、資源エネルギー庁の原子力産業課長、産業政策局の産業構造課長、機械情報産業局の産業機械課長、資源エネルギー庁石油部の計画課長、大臣官房会計課長等の要職を歴任している。

中でも衝撃的なのは、石油部計画課長の時、ガソリン等石油製品の自由化問題に奔走し、体調をこわして血尿を出していたということである。

親しかった「セキツウ（石油通信）」の記者の山内弘史が、何とか時間をとってくれないか、と田辺をトイレにまで追いかけて行くと、田辺は申しわけなさそうに、

「まったく時間がとれないんだよ」

と言い、

「こんな状態でね」

と、小便が血で赤く濁っているのを見せた。

さすがに山内は息をのんだが、当時はまだ、田辺は元気だと見られていた。ガンが彼をむしばんでいるとは知られていなかったのである。

もちろん、夫人の美智子にも田辺はそのことを話してはいない。同僚にも話すことはなかっただろう。心を許した山内にのみ、弁解のようにして田辺は血尿を見せた。

そこに田辺の人のよさが出ている。どこかおかしいという噂が流れたら、出世レースで脱落することが決まっているのに、田辺は山内を信頼してそれを見せた。

ある情報紙が「田辺氏は部下の面倒見もよく、新聞記者などの取材にも積極的に応じ、豪快な気質は誰にも親しまれた通産省の逸材であった」と追悼しているが、それは過褒《かほう》ではなかった。

のちにガンとわかってからも、田辺夫人の美智子は奇跡を信じていたという。

「絶対勝つと思っていました」

そう言い切って落とした涙が、私には痛ましかった。田辺は千葉大付属中に入った十二歳から、三十一歳で結婚するまでの約二十年間を、栄養のバランスを欠く外食中心に生活してきている。秀才の悲劇とも言え

るが、それもガンに敗れる一因となったかもしれない。

皮肉にも田辺は医家の長男として生まれ、父親のたっての希望で、一九五六年に日比谷高校を卒業すると、慶応の医学部を受験している。その難関を突破し、田辺は合格したのだが、入学しなかった。

父親は合格すれば行く気になるだろうと思い、田辺は田辺で、受験しさえすれば、父親も納得するだろうと思っていた。

もちろん、膝詰めの説得が繰り返されたのだが、結局、田辺は医者への道を進まず、浪人して、五八年に東大の経済学部に入る。

六二年に通産省に入った時には、日比谷高校で二年下だった坂本春生《はるみ》（現西友専務、現通商審議官の坂本吉弘夫人）と同期になっていた。

旧姓片山の坂本は「わが母校」を回想した一文で、田辺のことをこう書いている。

「新聞部の部長に、田辺俊彦氏（通産省中小企業庁次長）がいらして、当時は随分迫力のあるこわい部長だったのですが、後でふたを開けてみると、大学も一緒なら、通産省への入省も一緒、夫の親友ということもあって、とうとう結婚式の司会までお願いするご縁になりました」

これは田辺が官房長宛てに中小企業庁次長を辞職させてくれと前記の手紙を出す直前のころに書かれている。

ちなみに、坂本夫妻の仲人が〝ミスター通産省〟の佐橋滋《さはししげる》で、田辺夫妻の仲人が、やはり通産官僚の乙竹虔三《けんぞう》だった。乙竹は一時期、佐橋家に居候していたことがある。

佐橋と、佐橋が次官の時、やはり、〝殉職〟した川原英之については後述するが、田辺はなぜ、血尿を出すほどに取りまとめに心を砕かなければならなかったのか。

石油業界は、オイルショックの時に「千載一遇のチャンス」とばかりに便乗値上げに走り、通産次官の山下英明《えいめい》に「諸悪の根源」と決めつけられた業界である。その言葉の当否はともかく、あまり、まともな経営者のいる業界ではなかった。

そこに「自由化」の大義名分を掲げて、クセのある風雲児が乱入する。ライオンズ石油社長の佐藤太治である。通産省では、佐藤の言うことに理屈はあっても、ためにする人物だから、担当課長は会わない方がいい、とされていた。

しかし、田辺はその要注意人物と会い、いろいろと彼の言い分も聞く。そのゆえか、『オレは通産省に殺《バラ》された!』(泰流社)という佐藤の手記は、田辺が計画課長をしていた一九八六年二月五日に出されているのに、前任の小林惇《まこと》に対する批判はあっても、田辺への批判はまったくない。

もちろん、田辺は一方的に佐藤の味方をしたわけではなく、まっとうならざる石油業界に自由化の風を吹き込ませるために、尋常ならざる苦労をしたのだった。

この問題の背景説明のために、まず、佐藤が八五年九月二十八日付の『東京タイムズ』に「石油輸入解禁のからくり」と題して寄せた一文を引く。

中曾根政権下、アメリカの石油メジャーの思惑もあり、田辺が軟着陸を図って、輸入業者の資格として次の三条件を挙げたことに対する反発が佐藤にはあるはずなのに、田辺の名前は佐藤の手記にまったく出てこない。

一、製品輸入と国内精製との弾力的な選択をし、組合わせによって需要の変動に対応しうる安定供給を図りうること。
一、十分な品質調整能力を有すること。
一、緊急時のための備蓄を確保しうること。
これが三条件だが、〝行政指導〟の材料を法制化したこれは通産省の巧妙なジェスチャーだとして、佐藤は糾弾する。

先の報道で石油審議会がガソリン、灯油、軽油の三石油製品の輸入を解禁する、との中間報告が伝えられた。これを受けて通産省・資源エネルギー庁でも来春から、これら三製品の輸入解禁に踏み切る方針だという。

石油業界の事情を知らない一般消費者の中には「来春から安いガソリンが手に入る」と喜んでいる人がいるかもしれない。ところが、実際にはこの輸入解禁は石油審による巧妙なジェスチャーであり、新たな制約をつくることによって永遠に安いガソリンが手に入らなくなる状況が生まれるのです。それは輸入解禁に際して輸入元は、すべてに門戸を開くものでなく、これまでと同様に、精製会社に限っているからです。

私は昨年末から三回にわたり安いガソリン輸入に挑戦しましたが、いずれも失敗に終わりました。ガソリン輸入の実績をつくることを未然に防ぐためにさまざまな圧力を政府が加えたのです。このガソリン輸入の失敗を通じて石油行政の矛盾が改めて分かりました。

私が輸入しようとしたフィリピン、シンガポール、中国はガソリンの安定供給を約束してくれました。政府による一連の私に対する圧力は、私にガソリンを供給すると約束した外国政府と、その関連石油会社に対する日本側の著しい不信を露呈したものといえます。

ともかく、ライオンズ石油のような石油販売業者が自らの手で輸入して初めてできる仕事がこの安いガソリン輸入です。精製会社、元売りにとっては、製品輸入をしてもタンカーのコスト面などでメリットがない。日本国内で精製した方がメリットがあるのです。ですから輸入解禁になっても輸入に力を入れる会社が出ないという奇妙な現象が起こるでしょう。そして、政府が欧米に対する批判をかわすために行った今回の措置にさらに非難の声が高まるでしょう。消費者の多くは安い外国の石油製品を待ち望んでいるからです。

たしかに、法律で禁じられていないガソリンを輸入しようとした佐藤らに対する通産省のつぶし方は異様なものだった。

シンガポールから輸入しようとした時には、通産省に「石油輸入業開始届」と「石油輸入計画書」を提出しに行くと、担当係長の藤田義文が、

「届け出ても、私が読まなければ届け出たことにはならない」

と面妖なことを言い、「見て見ぬふり」で押し通そうとしたという。許認可制ではなく、届出制なのに、あるいは、届出制だから、表向きは拒否できないのである。

一方で、保護の下で甘い汁を吸い続けてきた石油連盟の会長、建内保興（日本石油社長）は、

「ガソリン輸入については資源エネルギー庁が策定する石油供給計画の中に組込まれていない。供給計画は国内生産で需要をまかない切れないナフサ、C重油を輸入する方策がとられている。ガソリン輸入を認めて、この体制が崩れることになれば安定供給に責任がもてない」

との見解を出し、通産省を牽制し続けた。

通産官僚としては、こうした石油業界に一気に辛い案を突きつけるわけにもいかない。この業界にはＯＢもかなり天下《あまくだ》っているのである。

佐藤が、「安いガソリンを購入しようと一生懸命努力しているのに、日本の消費者団体は何をしているのか。アメリカで同じことをやれば間違いなくヒーローになる」といった外国人記者の声に推されて攻勢を強めていただけに、間に立った田辺の苦悩は深かった。

佐藤は当時、外国人特派員協会に招かれ、「行政指導」について講演している。ケーススタディの講演というより、「通産省が法的権限を持たないのに、なぜ、輸入を中止させることができたのか」といった質問が主だった。

「通産省の意向を受けた石油連盟会長の建内日本石油社長がライオンズ石油の取引金融機関に融資打ち切りを働きかけたために資金繰りが苦しくなり、輸入を断念せざるを得なかった」

佐藤がこう答えると、会場は驚きのあまり、シーンと静まり返ってしまったとか。

これが世界に名だたる〝ノートリアス・ミティ〟（悪名高き通産省）の〝ギョウセイシドウ〟（行政指導）である。

それを当然のこととして権力的に振舞える人間は悩むことはないだろう。しかし、田辺はそんな厚顔な男ではなかった。

フィリピンからの輸入が実現目前でストップしたことについて、佐藤は在日フィリピン大使から次のような話を聞かされた、と書いている。

。在フィリピン小川大使がフィリピン首相のところに行き、ライオンズ石油にガソリンを輸出するなと圧力をかけた。

。私のところにも通産省からガソリン輸出を中止するようにと役人が来た。

。もし輸出するような場合には、日本からの六億ドルの円借款《しゃっかん》が難しくなる恐れがある。

その他にも佐藤は四つほど挙げているが、これがそのまま事実であるかどうかはわからない。ただ、突如、輸入がストップしてしまったのは事実だった。

こうして、もめていたところへ、田辺が計画課長として赴任したのである。かなり荒れているマウンドに立って投げなければならない救援投手のようなものだった。

田辺は計画課長の後に官房の会計課長となっている。総務課長、秘書課長とともに会計課長は官房三課長のエリートコースの一つだが、どちらかといえば、秘書課長や総務課長よりは半歩下がったポストとみられている。

それに関連して私は、田辺夫人から、田辺は秘書課長といわれていたという話を聞いた。周辺に取材しても、直前まで、みんな、田辺秘書課長、坂本吉弘総務課長、そして現次官の堤富男が会計課長と思っていたというのである。それが逆転して堤秘書課長、田辺会計課長となった。そのとき、裏で何があったのかはわからない。しかし、同期のトップを、田辺と坂本が争い、堤が一歩も二歩も遅れていたことは衆目のみるところだった。

田辺は計画課長の前に産業機械課長をやっている。このポストは後に次官となる者がほとんど経験するポストで、逆に、このポストを経験して次官にならなかった者はいないと言ってもいい。それほどのポストを通過しながら、土壇場で堤と田辺の間に逆転が起こったのは、田辺が人脈づくりに精を出すような男ではなかったからだろう。

通産省の三年後輩で、田辺を尊敬してやまない大塚和彦が、

「田辺さんは派閥を一切つくらなかった」

と証言する。

かと言って、人づきあいが悪かったわけではない。出世を考えて政治家と仲よくしたり、先輩に取り入ったりしなかったということだろう。

役人の性質というか、習性については、田中角栄の痛烈な一言がある。藤原弘達の『角栄、もういいかげんにせんかい』（講談社）に出てくる、いささかショッキングな発言である。

田中が若くして大蔵大臣になった時、対談をすることになって、藤原が大蔵省へ出かけて行った。大臣室に入ると、大蔵官僚がズラリと並んでいる。

それを見ながら藤原が、

「角さん、大蔵省というところは、一高—東大—大蔵省山脈といってね、大体頭のいい系列のやつが集まるところだ。福田（赳夫《たけお》）なんてその最たるもんだな。そういうところに、あんたのような馬喰《ばくろう》のせがれで、尋常高等小学校出が大臣になって、上から抑えようたって、とうてい、まともにいうことはきかんぜ。どうやってやるつもりかね」

と問いかけると、田中はニヤリと笑って、こう答えたという。

「なに、たいしたことはないさ。役人というやつは、要するに、エライ地位につきたい動物なんだ。自分

のことを考えんで、日本全体のことを考えてるやつなんて、本省の課長までさ。部長から局長、次官になるにつれて、大臣からなにかいわれて、それに反対するのは出てこれないね。だから、ちょっとお小遣いをやるとか、ちょっと出世させてやる。いいとこに連れていってやる、選挙に出たいといったら世話してやる……。そんな具合に、めんどうをみて大事にしてやれば、ちゃんと従うもんさ。角栄流の人間操縦術というのは、大蔵大臣になったって同じだよ」

大蔵官僚の居並ぶ中で、田中は平然とこう言い切ったというのだが、田中の言葉を裏書きしたのが、九三年、通産省に起こった内藤正久解任事件だった。そこでは当時の次官の熊野英昭や現次官の堤富男が骨のある行動をとらなかったために、次の次官が約束されていた内藤が辞任に追い込まれた。

前記の大塚が、

「田辺さんが生きていたら、あれほどみっともないことにはならなかったはず」

と残念がるのは、まさに田辺が内藤の一年下の年次に位置するキーパーソンだったからである。

この事件について、私は『世界』九四年四月号の連載コラム「いま、憲法からよむ」に『党僕』通産官僚」と題して、こう書いた。

いわゆる通産省騒動の怪文書が私宛の次のような別紙付きで自宅に送られて来たのは去年の八月だった。いきなり、「佐高信様」で、差出人は「通産省改革グループ」である。自宅の住所を含めて、私のことをかなり知っている人間が出したものと思われる。以下にまず、そのまま引く。

「いつも先生の御意見を拝読し感銘を深くしております。人間の、特に大組織におけるリーダーの生き方についての厳しい御批判は、私達の心にしみいるものがあります。

通産省におります私達は、佐橋（滋）元次官のような先輩を持ったことを誇りにしておりますが、先生が佐橋先輩の生きざまを論じられるたびにうれしくなるとともに身の引き締まる思いでおります。

しかるに通産省も変わりました。というより汚くなりました。同封の告発文をお読み下さい。これは、省内外に広く配布されたもので大問題になっているものです。

佐橋時代から三十年たつとこのようにまで堕落するのでしょうか。最初は信じられませんでした。しかし残念なことにこの文書に書かれている悪業はすべて事実であります。

次官がこのようなことをする、しかも官房長やその部下がいいなりになる、私達は怒りで一杯です。涙こぼれる思いであります。

きちっとした処分がなされないならば、私達数人は当省を去る決意でおります。そのときには、実名でゆっくりお話したいと思います。

政官癒着すると役人までも政治家とおなじような行動をするのでしょうか。このような役所に未練はありません。

先生の思っていただいている通産省のイメージを壊してしまった無念さはありますが、これが現実であります。

どうか何れかの紙面にて御意見をお聞かせください。世直しのため官僚は何をすべきか、声を大にして私達も訴えていきます」

これに棚橋祐治前次官と内藤正久前産業政策局長（前掲の手紙でいう次官と官房長）の通産省私物化を批判し

た告発文が続く。いわゆる怪文書の第一弾である。

たしかに私は『日本官僚白書』（講談社文庫）などで、天下らなかった佐橋の生き方を称揚してきたが、これを読んで佐橋なら実名で訴えただろうな、と思った。佐橋の名前を出しているのに、佐橋的闊達さがない。何か陰湿なのである。

後で明らかになったように、この「改革グループ」も、「政官癒着」して新生党の後押しを受けていた。自民党の梶山静六に近いといわれる棚橋と、新生党の小沢一郎の側近の現通産大臣・熊谷弘の下に駆け込んだ反棚橋派の面々。この怪文書の首謀者は、最後の段階で次官コースからはずれた高島章環境立地局長を筆頭に、細川恒基礎産業局長、中野正孝通商政策局国際経済部長、伊佐山建志経済協力部長らであるといわれる。これらの人間が棚橋の前の次官の児玉幸治をバックに内藤追い出しを図ったというのである。ここに児玉と関係の深い現次官、熊野英昭もからむ。

この中で私が面識があるのは唯一人で、多分、前掲の手紙は彼からのものなのだろうが、その人と内藤を比べた場合、棚橋の息子が選挙に出る時にハク付け人事をしたという過ちはあるにしても、段違いに内藤の方が立派であり、佐橋的である。ただ、彼にして自らへの辞任勧告を「政治の行政への介入」と安易に言うのか、と寂しくなった。

佐橋は重工業局の次長の時、東洋製罐の社長だった通産大臣の高碕達之助に抵抗し、同社の独占を崩そうとした。競争がある方がいいんだとして、ライバル会社を認めようとしたのである。しかし、案の定、次官も大臣もダメだという。

「それなら次官とも大臣とも決裂だ。おれはこれは何としてもやる。それがどうしてもお気に召さないなら、おれの首を切れ。そのとき、おれはこういう理由で首を切られたと公表する」

と佐橋は突っ張り、困った次官は、

「佐橋はどうしても言うことをきかない。首を切ったらもっと派手になる」

と大臣に言って、遂に大臣も折れた。

それが国民のためになるのだからという、民意を背景にした抵抗の原理を佐橋は持っていた。公僕という死語化したコトバがあるが、それをもじって言えば、佐橋は「民僕」だったのである。

それに対して棚橋や反棚橋の怪文書グループは、自民党や新生党の「党僕」だったということになる。

私には、今度の通産省の騒ぎは、国民不在の〝空中戦〟にしか見えない。そんなことばかりやっているから、財界団体に政府の経済政策を「高く評価」するコメントを出すよう〝指導〟するという逆さまのことをやっても、おかしいと思わない。これは、受験生が自分の点を高くせよと要求しているようなものだが、自分たちは国民（この場合は財界団体を含む）に採点される側だということなど頭にないのだろう。

この事件を中心に高杉良は『烈風――小説・通産省』（講談社、その後『局長罷免――小説 通産省』と改題して講談社文庫収載）を書いている。その中に私は評論家の「酒田真」として登場し、この手紙も出てくる。

また、前記の大塚和彦は、通商産業研究所次長の「牧口治夫」として、通産大臣の熊谷弘に公開質問状を突きつけている。これは事実だが、高杉によって作中で「史上最低の次官」と決めつけられている井熊のモデルの熊野に宛てた質問状に大塚の思いがこもっている。田辺ありせば、と何度も唇をかみしめながら、大塚はこれを書いたのである。

田辺が逝《い》き、業者から贈られてくる中元や歳暮は送り返す政策マンの内藤が去り、通産省はいったいどうなってしまうのか、たとえようもない悲哀の念に包まれながら、大塚はこれを書いたのだろう。ここで、昨年とは九三年のことである。

昨年七月末以降のいわゆる「怪文書」の横行、十二月の内藤産業政策局長(当時)への辞職の強要等の一連の出来事は、その経緯すべてにわたり奇怪極まりなく、またその通産省内における取扱いはまことに不明朗であります。

私は、これまで他の官庁、企業、マスコミ等の多くの方々から本件についての意見を聞いてまいりましたが、例外なくすべての方々が本件への通産省の対応に疑問を持つ、との考えを示しております。一、二のきわめて単純な事柄を挙げてみたいと思います。

一、世の中のいろいろの組織で、組織内の特定の人を追い落とすための匿名の文書が関係者に配られることがあります。そうしたいわゆる「怪文書」が出回ったとき、健全な組織であれば、①そのような卑劣な文書自体を全く無視して葬り去る、ないし②「怪文書」の執筆者、配布者、その内容の真偽等を中立的な立場から(例えば中立的なメンバーによる調査委員会等を設けて)十分調査し、これへの公正・適切な対応措置をとる、というずれかの方法による対処が図られるのが通常であります。

しかるに、今回の通産省の場合、「怪文書」に関する本格的な調査は、私の知る限りほとんど行われた形跡がなく、まして中立的メンバーによる調査委員会の設置などおよそなされておりません。省議をはじめとする省内の会議でも、「怪文書」など存在したこと自体早く忘れさせてしまおうとする雰囲気すら感じられる昨今です。

そして、唯一残ったのは、「怪文書」により名指しされ、身の潔白を叫び続けた内藤氏への、有無を言わせぬ事実上の解任であります。

「もし、あなたの組織で、これと同様のことが起きたらどのように思いますか？」——私のこの問いに対し、十人が十人、「このような不公正極まりないことは起こりえないし、起こると考えただけで慄然《りつぜん》とする」と答えたことを、まず明記したいと思います。また、私はこの見方には全く与《くみ》しませんが、「もし通産省内でそのようなことが起こっているとするならば、それは『怪文書』の調査に当たるべき人々が、『怪文書』による策謀に何らかの形で関与していたため、意図的に調査を行なわない、と解するのが妥当であろう」という見方をした人々もおりました。
二、次に、官庁の関係者に対し、今回のような人事問題における事務次官の立場についてたずねたところ、これも、すべての方々が異口同音に次のように述べておりました。
「大臣が事務次官を飛び越して局長以下の職員を直接処分しようとするような挙に出るとき、事務次官が平然としてそれを認めるようなことは、論理的にも、心情的にもありえないことだ。

論理的な側面をいうと、政治家たる大臣はどうしても自らの政治的利害に左右されざるをえず、その結果部下の特定の官僚を好ましからざる人物とみなすことも当然起こりうる。そのような場面で、憲法及び国家公務員法により政治的中立性を維持することが義務づけられている官僚が適切に身を処するためには、事務次官が毅然とした態度で大臣に正論を説き、部下を守ることが必要である。

もし、自分の役所で通産省の場合と同様のケースが生ずるとしたら、事務次官は必ずやそのような毅然たる行動をとってくれると思う。さもなければ、我々は安心して日々の職責を果たすことが出来ない」

以上の二点は、通産省外の方々が指摘しているところを紹介したものでありますが、私は、通産省内のきわめて多くの方々――「事無かれ主義」に与せず、正義感をもつ方々――も等しく有する問題意識であると考えます。そして、貴次官が、失礼ながら、いまだに平然としてこれらの問題を無視しておられるやに見受けられることに、私は限りない疑問を抱くものであります。

やや古い表現ではありますが、公正と平等が図られることこそ人の和のもとであり、正義が行われ勇気が尊ばれることこそ社会の活力の源泉であります。

以上に述べたところに関し、貴次官はどのようにお考えになり、今後どのような対処の手段を講じ、そしてまことに失礼ながら、御自身の本問題に関する責任をどのように認識し、どのように身を処していかれるおつもりか、貴次官がつねづね言われる「通産省は社会の公器」という観点にも鑑《かんが》み、ぜひともお尋ねしたいと存じます。

なお、内藤氏への辞職強要問題の経緯等に関する個々の問題点については、別紙として質問事項を添付いたしました。まことに恐縮でございますが、事の重大性に鑑み、これら諸点についても御回答いただきたく、伏してお願い申し上げます。

さすがに大塚史学として知られる大塚久雄の息子らしく、論理に破綻のない質問状である。何よりもここには通産省を思う熱情がある。しかし、肝腎《かんじん》のところでただ泣くばかりだった熊野の心にこれは届かなかった。田中角栄のいう「エライ地位につきたい動物」ではない官僚もいる証《あかし》に、以下、大塚の「個別質問事項」も紹介しよう。

一、「通産省が社会の公器であることを考えての決断」との御発言について

本年一月四日の貴次官主催年始会や火曜会等主催「新年賀詞交歓会」におきまして、貴次官は、内藤前局長への辞任強要問題について、「通産省が社会の公器であることを考えての決断」をされた旨、繰り返し強調されました。その後、一部のOB、現役、プレス関係者等から、この御発言の真意について是非詳しく御説明頂きたいとの希望が表明されたと承《うけたまわ》っております。私個人といたしましても、たとえば景気対策が喫緊の課題であるとき、その中心的役割を担う産業政策局のトップを異様なやり方で辞任に追い込んだのは、むしろ通産省の社会の公器たる責任を無視したものと考え、失礼ながら貴次官の上述の御発言に釈然としないものを感じた次第です。

そこで、是非私共に判りやすいお言葉で、「通産省が社会の公器であることを考えての御決断」の背景、理由等を詳しく御説明頂きますよう、お願い申し上げます。

二、内藤前局長に辞任を強要された理由について

報道によれば、内藤前局長の辞任を熊谷前大臣が強要された最終的理由は、唯一、棚橋泰文君へのいわゆる「優遇人事」（ないし「ハク付け人事」）であったとのことです。しかし、昨年九月下旬、「怪文書」で指摘された事柄に関する説明を私自身、社会党の井上一成議員に対して行なわざるをえない必要が生じ、牧野官房長に対応の仕方をお伺いしたところ、「この人事については、検討の結果、不正、不当なことはなかった」と答えよとのことでした。その「不正、不当でなかった」ことが十二月の内藤前局長辞任に当たって、事実

上の罷免の唯一の理由となったのは、同一の件についての通産省の見方が三ヵ月の間に百八十度変わったということになります。まことに不可解なことです。

そのような見方の変化の理由を、ぜひ、御説明頂きたく存じます。

三、棚橋君へのいわゆる「優遇人事」がとくに厳しい処分の事由となった理由について

私自身明確に記憶しておりますように、熊谷前大臣御自身の出馬の際の優遇人事等を含め、通産省職員の国会議員立候補の場合、通常の人事のやり方と異なる何らかの配慮（立候補予定選挙区を所管する通産局への配属等を含む）や地元企業への協力要請（熊谷前大臣の場合のスズキ、河合楽器、ホンダ等）が行われておりました。そしてそれらのケースについて人事担当者等が処分されたような事例は、全く記憶にありません。

棚橋君へのいわゆる「優遇人事」のみが、何故にとくに問題となり、しかも、人事担当者の事実上の罷免というもっとも厳しい処分の事由となったのでしょうか。

他の例と、いかなる点において、どの程度違っているために、このように厳しい処分の事由となったのか、その御説明を、全職員が明白に理解できるような詳しさで頂戴したく存じます（この点がはっきりしないと、今回の反省に立って、今後通産省が一切行わないと国民に約束すべきことの範囲が確定出来ず、また、人事担当となった職員も、不安なしにその職務を全うすることが出来なくなると思料いたします）。

四、責任を負うべき人事担当者の範囲について

棚橋君の「大臣官房総務課企画官」なるポストへの任命権者は、当時の事務次官であり、官房長は、実質上はともかく、形式上はその補佐役であったのではないかと、私は推量いたします。この推量が正しいものと仮定した場合、今回の内藤局長への処分は、処分等が行なわれる際の対象になるのは通常まず人事権者で

ある、という常識から言って、異例なケースと考えられます。

この私の推量が事実であるかどうか、事実とした場合、何故に人事に関する一年前の実質上の責任を問うて、内藤前局長への処分に踏み切られたのか、お伺いいたします（このような責任の問われ方がこれからも行なわれるとしたら、今後実質的に人事に携《たずさ》わる者は、すべて犯しうる過ちについての処分の対象となる覚悟をしなければなりません）。


ここで少し説明を加えておけば、棚橋泰文へのいわゆる「優遇人事」の際の任命権者は事務次官の棚橋祐治であり、官房長の内藤正久は「実質上はともかく、形式上はその補佐役」であった。それなのに、なぜ、内藤が処分されなければならないのかという大塚の問いかけは、「怪文書」を放った側の意図を浮き彫りにして鋭い。

ただ、熊谷弘を含めて「通産省職員の国会議員立候補の場合、通常の人事のやり方と異なる何らかの配慮や地元企業への協力要請が行われて」いたというのは、私たちにとっては認めがたいことであり、たとえ、次官への質問状としても、それについては、まず、遺憾の意が表明されるべきだろう。そうでないと、なぜ、棚橋泰文への「優遇人事」のみが問題になるのかという主張も、官僚たちの身勝手な言い分に聞こえてしまうのである。

ともあれ、怒りにまかせてではない大塚の問いは説得力があり、以下、五、六と続く。

五、国家公務員法の脱法的違反について

貴次官御高承のとおり、国家公務員に対しては、いかなる権力の介入からもその職務遂行に当たっての公正・中立が保たれるように、厳重な身分保障が図られております。とくに国家公務員法第七五条第一項は「職員は、法律又は人事院規則に定める事由による場合でなければ、その意に反して、降任され、休職され、又は免職されることはない」と明定し、その後の条文で、「分限」の要件、効果等が詳しく定められております。第八二条等では「懲戒」に関し、同様にその要件、効果等が定められています。国家公務員法は、処分に際しての手続き等も厳格に規定しており、例えば第八九条第一項では、職員に対してその意に反する処分を行なおうとする場合には、「処分の事由を記載した説明書を交付しなければならない」といった処分権者の守るべき義務を定めております。

さて、昨年十二月の内藤前局長への辞任勧告は、このような実定法との関係で、いかなる位置づけになるのでしょうか。内藤前局長は最終的に勧奨退職として扱われることを余儀なくされたと聞いており、勧奨退職は「懲戒」の場合には適用されない以上、内藤前局長は「懲戒」を受けたのではないと解釈されます。そうであれば、このケースは「分限」に関する第七八条の事由（心身の故障等）に本来該当するものなのでしょうか。また手続き的に、第八九条第一項の「説明書」に相当するものの交付はあったのでしょうか。

こうした該当事由が不明なまま、また必要な手続きもとられないまま、明らかに内藤前局長御自身の意に反すると思われる（そのことは辞任の際の内藤前局長のプレスへの御発言で明らかです）辞職が人事権者の一方的意思の下に余儀なくされたとしたら、事はまことに重大であります。これは、国家公務員法の明白な脱法であるばかりでなく、人事権者による重大な法違反とすら言うことが出来ます。もし、私共がいつ何時、人事権者から国家公務員法による保護を全く無視した形で罷免を申し渡されるかもしれないとしたら、私共は安心して職務に専念できず、いつも人事権者の顔色をうかがう毎日を過ごさざるをえなくなってしまうでしょう。
これは、国家公務員全体、そのひとりひとり、そして職員団体にとっての死活的重大事であります。
貴次官におかれましては、これらの問題についてはつとに御明察のことと存じますので、以上の私の見解に対する御意見を全職員に理解できる明白なお言葉で頂戴したく存じます。

六、いわゆる「怪文書」に関する調査と関係者に対する措置について

報道によれば、熊谷前大臣は、内藤前局長に辞任を求めた際に、「怪文書問題で省内の空気を暗くした」ことの責任に言及されたとのことであります。その真偽はともかく、私の観察によれば、昨年八月以降省内の空気が暗くなったことは事実であり、しかもその主たる原因は「怪文書」なるものが横行したり、そのことが不愉快極まりない形で一部マスコミに報道されたこと自体に求められるものと思われます。ところで、法律的に言って、匿名の文書による他人の誹謗《ひぼう》等は、その他人に刑罰や処分を受けさせることを目的とする場合、刑法第一七二条の「誣告罪《ぶこく》」の適用対象となりえます。即ち、今回の「怪文書」による卑劣な工作は、それ自体犯罪を構成する可能性が大きいのです。

そこでお伺いいたします。「怪文書」第一弾なるものが私共に送付されてからすでに十ヵ月以上が経過し、通産省の官房におかれましても、貴次官の御指示の下、それなりに「怪文書」の執筆者や省内におけるこれへの協力者等に関する調査を行なわれたものと思料するのが当然であります。また、その調査の結果として、執筆者に関する東京地方検察庁への告発、省内協力者に対する処分等、適切な措置をとられることも御検討になって当然であります。

冒頭にも述べましたように、私には本件に関する本格的な調査が行なわれたとは信じられないところでは

ありますが、いずれにせよ、これ迄の調査の進捗《しんちょく》状況、解明された事実、対応措置等について、なるべく詳しく貴次官から御回答賜りたく存じます。

そして大塚は最後に万感の思いを込めて付け加えた。

「また質問状の中に、ややぶしつけとお感じになる部分もあるかと存じますが、通産省の誇りである〝上司に率直にものを云う〟伝統に免じて、この点も何卒御寛恕《かんじょ》賜りたく、お願い申し上げます。貴次官の今後のますますの御健勝をお祈り申し上げます」

何よりも通産省の闊達な空気、風通しの良さ、つまりは「上司に率直にものを云う」伝統を信じて入省した大塚にとって、昨今の暗い雰囲気には裏切られた思いが強く、これだけの長文の質問状を熊野宛てに出さずにはいられなかった。

大塚だけでなく、内藤も田辺もその伝統を信じて通産省に入って来たはずである。それなのにすさまじい政争の渦に巻き込まれ、内藤は辞任を余儀なくされた。

よくぞ生きて嵐をのりこえたと言いたいくらいの「烈風」の日々を過ごした内藤に、九五年四月一日号の『週刊現代』でインタビューした時、「官僚として見た官僚の世界と、民間から見た官僚の世界とでは、大きな落差があるのではないか」と尋ねると、内藤はこう答えてくれた。

「あらためて、官僚は、主として世界の半分しか見ていない存在だなと思うようになりました。自分でカネを儲けることを知らずに税金を使うばかりだから、頭を下げることもまずない。人は群がるし、情報も入るが、これでは世界の半分しか見えない。

情報もだいたいは都合のいいことの上澄みしか上がってこない。本当はその下にもっとドロドロとした話がある。

だから少々大げさにいえば、全世界からみれば四分の一しか知らない世界が官僚の世界なんだな、と。

その四分の一の世界の住人のなかには、入省したときの志を忘れて、次第に自分が偉い、なんでもできるんだと錯覚しているものが出てくる。これは日本にとって大変なことだと、自省の意も込めて痛感しているところなんです」

細川護熙《もりひろ》政権以来、連立政権になって政治家の力は弱まり、ますます官僚の力が強くなっている。その突出ぶりは、戦前、戦中の「革新官僚」を彷彿《ほうふつ》とさせるほどである。彼らのタカ派的な統制の下に、日本は国際的に孤立する道を突っ走った。その当時と似た危険な雰囲気を私は感じるのだが、そう言うと、内藤は率直に、いまの官僚機構には「革新官僚」たちがつくったシステムが引き続き強い影を残しているのだ、と認めた。これは役人にとって「非常に面白くて魅力があるシステム」であり、だから、とっくの昔に老朽化しているのに、いまだにその残滓《ざんし》が残っているのだという。

たとえば、石油業法ができたのは一九三四年。「石油の一滴は血の一滴」といわれた第二次世界大戦直前だった。また、危なくなった金融機関の救済で話題となっている日本銀行法（第二五条）がつくられたのは一九四二年。まさに戦争遂行体制下の「革新官僚」が考えた法律である。

ともあれ、戦前、戦中はよかれ悪しかれ、国益を考え、行政をチェックする機能が働いていた。しかし、戦後はそのカセが外れたまま、省益優先、私益優先になってしまったのではないか。

それに対する内藤の答はこうである。

「一般的には真面目な人が大部分なんですよ。とくに若い人、課長補佐から中堅課長になるころまでは、まだ純粋で無私といえる層が圧倒的に多い。志が高いわけです。

だが古参課長になり、審議官になるというころから、保身を考える層が増えてくる。自分たちと異なり、国益を最優先と考える人たちに対しては、煙たく感じて排除しようとさえする。まさに、いじめの構図と同じです」

続けて私は、城山三郎の『官僚たちの夏』（新潮文庫）の主人公のモデルでもあり、「異色官僚」の名をほしいままにした佐橋滋に触れ、

「佐橋さんは、自分が国益にかなうと信じたことは、自分のクビをかけて貫き通そうとするところがありました。いまはそんな気概がなさすぎませんか」

と尋ねた。

それに対する内藤の次の答は、内藤解任事件の遠景にある佐橋派対反佐橋派の脈々たる争いに関わって興味深い。

「私は入省してすぐ、佐橋さんが特定産業振興臨時措置法（特振法）案を国会に提出しようとしていたとき、その法案を作ったメンバーの末席にいたんです。

そのころ、佐橋さんに連なる多くの人がいた。ところが、その特振法が国会で流れ、佐橋さんが特許庁長官に移ることが決まったあと催された『法案流産残念会』では、昨日まで佐橋さんのまわりに集まっていた人たちが、だれも近づかない。佐橋さんはポツンと一人で酒を飲んでいる。

私は末席にいましたが、不愉快きわまりないので、一人で佐橋さんの前に座り込んで飲んでいた。そした

ら、当時の局の筆頭課長（後の次官）だけが佐橋さんのもとに来て、『特振法のアイディアを出したのは自分だ。申し訳ない』と詫びました。

私はその課長に人間味を感じ尊敬を感じました。しかし、他方、それまで佐橋さん、佐橋さんとやっていた者の多くが、コロリと豹変《ひょうへん》して恥ずかしげもなく新しい幹部にすり寄っていった、その光景がいまも強く思い出されます」

この筆頭課長は両角良彦《もろずみ》である。そして内藤は両角に仲人を頼むことになる。

フランス仕込みの官民協調方式を唱える両角を企業一課長に抜擢して特振法を成立させようとしたのは、佐橋滋だった。しかし、佐橋と両角は肌合いが違い、のちにそれは明確化する。そのため、内藤のいう佐橋の取り巻き連中から、両角は〝裏切り者〟呼ばわりされるようになるのである。

企業局長から次官になるはずだった佐橋が、当時の大臣の福田一の横槍によって次官とならず、同期の今井善衛にそのポストがまわった。佐橋は一度、特許庁長官になり、今井の後に次官となったが、福田に対して激しい抗議の声が湧き上がった時も、両角はその渦から離れていた。

そして、最も若い佐橋派とされた平松守彦（現大分県知事）までが、両角以後に次官となった人たちから冷飯を食わされることになる。どちらかと言えば、両角は非佐橋派だった。そこに政策マンとしての両角のプライドもあったろう。その両角を尊敬するという内藤に、今度の事件で、佐橋派ＯＢの怨み火がかきたてられたと言えないこともない。あるいは、「怪文書」四人組は消えかかっていたその残り火をかきたてて利用したのだった。

ただ、いわゆる佐橋派に取り巻き的な男たちだけがいたのではない。むしろ、それを嫌った川原英之や三宅幸夫、そして、若き日の平松守彦のような人もいた。

城山の『官僚たちの夏』に、佐橋は風越信吾、両角は牧順三、川原は鮎川、三宅は庭野として登場する。もちろん、これは小説だから、そのまま実像とすることはできないが、たとえば「西洋カミソリ」の牧について、作中で、ある記者がこうこきおろす。

「ひとをレッテルで差別する。権威には、ものすごう敏感いうか、弱いんや」

風越が、

「まさか」

と否定すると、

「ほんまや。えらいひとに対して、おやじは頭《ず》が高すぎるけど、あの男は、頭が低すぎる」

と続けられ、

「けど、出世する官僚いうのは、もともとああなのかも知れんな。おやじのようなのは、むしろ、例外やろうな」

と独り合点される。

それを受けて風越は、「爬虫類の肌のような、冷たくしめった牧の手の感触を思い出し」ながら、「部下には、さまざまの肌があっていい。その総力をあげて」特振法成立に邁進《まいしん》するのだ、と思うのである。

風越と牧の疎隔は、民族派と国際派という政策的対立にも原因があるのだが、それはやはり人脈的対立ともなって、『官僚たちの夏』の結びで、次のような遣り取りをすることになる。

すでに退官した風越が、人事を司《つかさど》る官房長として、牧が病み上りの庭野を、激職の繊維局長にしたことに

怒り、

「ずいぶん乱暴な人事をするじゃないか。庭野を殺す気か」

と電話をかける。

それに対して牧は「ひんやりするほど落着いた声」で、

「風越さんも買って居られたように、彼は格別ねばり強いし、説得力もある男です。日米繊維（交渉）には、彼のような男が必要なんです」

と答える。

「死ねというのか」

こう言ってから、風越は、

「おまえは元気か」

と皮肉を浴びせる。

「おかげさまで。一病息災とでもいうのでしょうか。体をいたわりながら、やっていますから」

と返した後で、牧が、

「風越さん、どうか外部から人事に干渉しないで頂きたい」

と扉を閉ざす。

この間に風越は「人材を殺してしまっては、とり返しがつかんぞ」とも言うのだが、それは急死した鮎川のことが頭にあったからだった。

鮎川こと川原英之が急逝しなかったら、佐橋派対反佐橋派の抗争はあれほど激越にはならなかっただろうといわれる。

その点、田辺俊彦が生きていたら、今度の内藤解任事件も違った形をとっただろうといわれるのと似ているのである。

中和剤、あるいはコーディネーターとなるべき者の死、それも殉職的死が通産省を狂わせてしまった。

『官僚たちの夏』で、川原がモデルの鮎川は、こう書かれている。

「余計な遠慮はしないし、屈託がない。それに、反応が早い。『潤滑油』だけに、潤滑油を必要としない。まっすぐ、ふところの中へとびこんでくる。この男が次官の椅子に坐る日が来たら、省内の空気は、湯上りの肌に緑の風を受ける感じのものになるであろう」

その川原は一九一七年三月二十一日、佐賀県唐津《からつ》市に生まれた。旧制福岡高校を経て東京帝大法学部に入り、通産省の前身の商工省に入ったのは一九四一年である。ちなみに、佐橋滋の入省が三七年であり、佐橋と川原の間に両角良彦、そして、川原のすぐ後に三宅幸夫がいる。

〽ここの山の　刈干ゃ　すんだョ
　明日はたんぼで　稲刈ろかョ
〽もはや日暮れじゃ　迫々《さこさこ》かげるョ
　駒よいぬるぞ　馬草負えョ
〽屋根は萱《かや》ぶき　萱壁なれどョ
　昔ながらの　千木《ちぎ》を置くョ

〽歌でやらかせ　この位な仕事ョ
仕事苦にすりゃ　日が永いョ
〽誰に見らりょと　思うて咲いたョ
谷間谷間の　岩つつじョ
〽秋もすんだよ　田の畔道《くろみち》をョ
あれも嫁じゃろ　灯が五つョ
〽おまや来ぬかよ　嬉しい逢瀬ョ
こよさ母屋《おもや》の　唐黍《とうきび》剝きョ
〽雨もざんざ　あられもざんざョ
今朝の朝草　刈りかねるョ

川原は、日向追分《ひゅうがおいわけ》として知られるこの「刈干切唄」が好きだった。酒席では必ず、佐橋が川原に、この唄を歌えと言った。

多分、川原は、谷間の岩つつじは誰に見られようと思って咲いたのか、といった箇所が好きだったに違いない。そこにはその可憐さをいとおしむ気持と、誰に見られようと思って咲いたのではないだろうという気持がないまぜになった。

仕事もまた、そうなのである。しかし、それは「仕事苦にすりゃ　日が永い」という歌詞と相まって、川原を死に追い込んだ。

川原が亡くなったのは一九六六年二月二十七日。四十九歳の誕生日を目前にしてのことだったが、あれから、まもなく三十年になる。

当時中学生だった長男の太郎もすでに不惑の年を越えた。いま、興銀傘下の興和不動産に勤めている太郎は、六八年に出された川原の追憶集『美しい心』に、こんな「父の思い出」を寄せている。

「父はチャーチルを第一の政治家だといっていました。その言によると、チャーチルは第二次世界大戦のピンチの時、英国民を率《ひき》いてその不屈の精神力を持って戦ったというのです。父はチャーチルが亡くなった時、『チャーチル名言集』『チャーチル名演説集』の本を買って、常に読んでいました。それを見ていると、ぼくにも父の理想とするところはチャーチルだということがよくわかりました」

夫人の和子の「余情」という一文も重い。

それによると、川原は、入院三日目にようやく病名がはっきりし、一ヵ月早く見えたらよかったと言われた。要の官房長のポストは川原に早く入院することを許さなかったのである。あるいは、川原自身の責任感がそれを遅らせた。

「強力な抗生物質を全身穴だらけになる位射ちますからそのおつもりで」

と医者に言われ、川原は和子に、

「これで敵の正体がはっきりした。あとは敵に向って進むだけだ。今迄姿なき敵だったからな。注射で済むならやすいことだ」

と、晴々とした顔を見せた。

いよいよ注射攻勢が始まり、川原は、

「ほいきた」

「お次の番か」

と看護婦を笑わせたりもしたという。

しかし、大分進んでしまったその脊椎《せきつい》の疾患に治療の効果は上がらなかった。

医師の糟谷《かすや》清一郎によれば、川原は最も訴えの少ない患者に属した。和子が、

「もっと苦痛を訴えて」

と言っても、

「頼むから怒らないで」

と逆に、なだめたという。

その川原が病床で微積分の本を読んでいたというのもすさまじい。糟谷も、それには恐れ入ったと言い、こう追憶している。

「この微積分というやつは、我々のように理科方面に学んだ連中でも、あまり歓迎しない科目で、とても病中に、しかもベッドの中で読むような代物《しろもの》ではありません。私など病気で何日か休むことがあると、大抵軽い物を読んで暮して、あとで、どうせ読むなら専門の本でも読んどけばよかったと思うのですが、さて次に病気になると、やはりむずかしい物をよむにたえられないで、同じ悔いを繰返して居ります。川原さんの努力に驚いた次第ですが、又一面から考えると、川原さんにとって、あれ位のことはごく自然だったのかもしれません」

それだけ自制心の強い川原も、和子にはまた違った一面も見せた。

いつのころからか、病室を出入りする人の後姿に、いちいち合掌するようになり、和子が軽い感じで、

「それはお止めになったら。手を合せるだけ疲れることだし、それに気障《きざ》っぽい感じ」

と咎《とが》めると、いつものように笑って額をつつくことなく、和子の手をがっちりと握りしめて、

「せずにおれない、俺のしたいようにさせてくれ」

と言った。そして、

「熱いね手が。熱があるじゃないか。ちょっと寝たらどうだ」

と心配するのである。

私のことより自分のことを心配して、と出かかった言葉をのみこんで、和子はベッドの裾《すそ》にしゃがみこみ、声を立てずに泣いた。

それからしばらくして輸血を始めることになり、同じ血液型と信じていた和子が、念のためと調べると、川原のとは違っていた。戦争末期の検査は不十分だったのである。

川原はがっかりし、

「なんだ駄目なのか。一緒になれると思ってたのに。お前の血だと元気になるよ。お前の血がほしい」

と和子の目を見つめて離さなかった。辛くなって、その目を逃れるために、和子はただ忙しげに動きまわるしかなかった。

そして、医師に急《せ》かされるまま、和子は三宅幸夫に相談をし、役所の若い人間を十人、すぐにも行かせるから、と言われる。

それを川原に伝えると、

「役所に頼んだら駄目だ、役所の若い血はこれから貴重だから」

と拒まれ、

「でも、先生が急いでとおっしゃるし、もう役所をお出になったそうよ」

と和子が押しもどした。

「強制じゃないだろうな。絶対に強制じゃいやだよ」

「強制どころか、希望して見えてるそうだから、輸血の心配御無用だって」

その和子の言葉を聞きながら川原は沈黙し、しばらくして、

「うれしいなあ」

と呟いて、顔を上げずに、あぐらの上にポタポタと涙を落とした。和子が見た川原の初めての涙だった。

輸血後、瓶《びん》に貼ってある供血者の名前を見て、川原は、

「山の好きないい男だ。始終山に出かけてるよ。俺も山に行きたくなるかもしれないな」

と笑ったりした。

元気になったように見えたので、知子は、

「今度治ったら大阿蘇《おおあそ》を描きに行きたいな」

と語る川原に合わせて、

「わあ、行きましょうよ。道具持ちに連れてって。パパが描いている間、私は句を作る。帰りに湯布院《ゆふいん》に寄って蛍を見て、あの時と同じコースで京都にも寄らなくちゃ。京の萩の宿の湯殿は遠いけど、庭下駄つっかけてお風呂へというのも旅の情ね。〝萩の雨相合傘で湯殿まで〟思い出された?」

と、はしゃいで言った。

「あの時と同じコース」とは、新婚旅行のことなのか。「遂に峠は越した、越させずにおくものか」と気負い立っていた和子は、そのとき、もう、大阿蘇の青草の中にいる気分だったという。

「いいね」

と窓の外を見たまま頷いた川原は、しかし、その三日後に還らぬひととなった。和子の「余情」は、涙なくしては読めない次の追慕で結ばれる。

〈朝風呂から出ると下穿《したばき》一枚で一寸絵《ちょっと》をいじったり、「さあ切るなり焼くなりして呉《く》れ」と座敷に大の字になって温灸《おんきゅう》やお灸の催促をする。我が家特製の膝迄の白晒《しろさらし》のゆかたの時もある。シャボンの匂いにゆらゆら陽炎《かげろう》のもえたつ様な主人の傍の居心地はよかった〉

国立東京第一病院整形外科部長として川原を担当した糟谷の長男も通産省に入り、田辺の二年後輩で重要人物だったが、惜しくも中近東で事故死した。

互いに夫を亡くした田辺夫人と糟谷夫人が、いま、自宅が近くなので、時折り励まし合っているという。その話にも胸を突かれたが、糟谷をはさんで、川原と田辺を結ぶある縁《えにし》と言うべきだろう。

川原について、医師の糟谷が次のように書いていることが忘れられない。

「川原さんは私の最も尊敬する謙遜の持ち主であったように思われます。天体の運行をも知るおごれる哲学者よりは、無知でも謙遜な田舎《いなか》の人の方が人として立派であるという言葉をどこかで読みましたが、川原さんは学殖深くして、しかも謙遜であった。大病の中でしかも孜々《しし》として研鑽《けんさん》される意志の人でもあったように思われます。ただあまりに責任感がつよすぎて、自らの寿命をちぢめはしなかったかと惜しまれてなりません」

池田勇人の自民党総裁三選にまつわる汚職で有名になった九頭竜《くずりゅう》ダムの開発で、そのトバッチリを食って銅山を閉鎖しなければならなくなった日本産銅社長の緒方克行は『権力の陰謀』（現代史出版会）という告発手記を書いている。緒方は補償を求めて、大堀弘をはじめとする通産省の歴代公益事業局長と会ったが、真剣に応対してくれたのは宮本惇ただ一人だったという。大堀を含む他の三人は印象が悪い。宮本について「終始話をまじめに受けとめてくれた」のが官房長の川原である。担当局長でもない川原の親切はよほど嬉しかったのだろう。緒方はその手記で、こう述懐している。

『九頭竜』のように政治色の強い問題が、一官僚の手で解決できるとは、もちろん私も思ってはいない。しかし、常識なり、筋道からいえば、業者がまず監督官庁に足を運び、適切な行政指導を求めるのは当然であった。それに対して、問題の性質上解決の困難さは見通していても、できる範囲ですすんで懇切な指導、助言を与えるのが民主社会の官僚の義務である。

宮本局長や川原官房長はそれを実行したまでだが、それがいまでも私の心に強い印象として残っているのは、他の官僚たちは課長、課長補佐にいたるまで〝事なかれ主義〟一辺倒だったというわけである。彼らの念頭にあるものは、順送り人事のエスカレーターを踏みはずすことなく、最終的には天下りの準備を整えて待機することだけであった」

緒方は「業績のよい大独占企業や電発などの政府機関に天下り、親方日の丸でのうのうと高禄を喰《は》んでいる平均的官僚」の大堀たちにはきびしく、宮本、川原、そして「型破り官僚」の佐橋には好意的である。やはり、見ている人は見ていると言うべきだろう。

『美しい心』には、川原が四十代半ばに書いた「われわれは今どこに如何《いか》にあるか」という力作論文が収録されている。第一章が、「わが国をとりまく国際環境」で、第二章が「新しい時代と生産の適正規模」、以下、「企業規模、市場規模の相互的マンモス化に伴う今後の世界情勢」「今後の政策上の問題点」と続く。ボールディングやミュルダール、あるいはガルブレイスだけでなく、スノーの『中国の赤い星』や宮本常一の『忘れられた日本人』に言及するところに川原の特徴があるのだろう。

しかし、私はこうした論稿より、もっと川原の素顔が見える原稿はないか、と太郎に尋ねた。そして彼にさがしてもらったのが、中学の校長について語った次の一文である。これは未発表だったのだろうか。ずいぶんと書き込みもあるが、無題のこれが何かに掲載されたものかどうかはわからない。

私は九州の片田舎で中学時代までを送った。当時の中学は年齢的には現在の高校に相当するが、私の学んだ唐津中学というのは元の藩校から引きつづいた旧《ふる》い中学で、二・二六事件で悲しい最後を終えられた高橋是清翁がその青年時代を英語の教師として送ったことのある学校である。

元来九州は武張った所だが、唐津は藩主が関東出身の小笠原藩であった伝統のせいもあって比較的自由な空気が強かった。そのような空気であったから随分茶目も、いたずらも盛んで、地元の新聞がいくら非難しても、『石中先生行状記』張りの「事件」がしょっちゅう起った。そのころ年に一度の野営演習があった。夜になって、食い気盛りの少年ばかりではあり、面白半分が手伝って近所の薩摩芋《さつまいも》畑を荒らしにキャンプを這い出るものが多かった。そしてスリルと、一寸大人になったような気持がたまらなくて、キャンプの周囲の芋畑に踏み込んで、うまくもない生芋を噛じったものである。値にすれば如何《いか》ほどでもない量だが、何しろ畑に踏み込まれたのだからおさまらない。朝になって芋畑のおやぢ《ママ》がどなりこんできた。皆申し合せてよく口の囲《まわ》りを拭いておいたのだが、手を拭くことを忘れた間抜けが居て、掌は芋のアクで真黒、一列横隊に並ばされて掌を出させられると、一遍に悪事露見に及んだ。校長は足が不自由であったが、それをひきずりひきずり、付近の農家を一軒一軒平身低頭して謝って廻られた。中学校長は我々の田舎では当時大変な名士であった。その校長先生が誠心誠意謝られるので、反《かえ》って農家の方が恐縮して、「いえ、若いもののしたこと、結構です、結構です」と、あっさり了解してくれた上に、しばらくすると蒸し立ての芋をいっぱい寄贈してくれた。その湯気の立つ芋を一緒に食べながら、校長が「もうこんなことをしてはいかんぞ」と一言我々に言われた。その瞬間、流石《さすが》の悪童連中も皆シュンとなり、「済まないことをした」という気持が腹の底まで沁《し》み通って、芋が咽喉《のど》を通らなかった思い出がある。

又、こんなことを上級生から聞いたこともある。いたずらが過ぎて校則通りで行けば放校になるべき生徒が居た。貧しい家の子であったが、その生徒は結局、皆の予想に反して放校にならなかった。そのかわり、彼を自宅に引きとって三ヵ月間、朝起きてから寝るまで起居を共にされたそうである。

その生徒は見違えるように変って無事学校を卒業し、今は立派な社会人となって活躍していると聞いている。後に聞き及んだのだが、その三ヵ月間何一つ訓戒がましいことは口にされず、朝早く自分も一緒に起きて一緒に食事をし、つまり完全に一緒の生活をされただけだったということだし、更につけ加えれば、卒業後他の先生の一人から聞いた所では、その生徒の放校処分を決める職員会議であわや放校に決しかけたとき、「あの子は将来見所があるから、私に免じて助けてやってもらえないか。追い出して了《しま》ったら、あの子は駄目になって了う」と並び居る先生方に頭を下げて命乞いをされたのは外ならぬその当の校長であったそうである。

第一話の主人公は私の在学中の校長、映画界で高名の牛原虚彦氏の令兄牛原虎彦氏、第二話の校長はその前任者、後年『次郎物語』によって令名の高くなられた下村湖人氏である。二人の校長のとられたそのような遣り方が善いか悪いかは見る人によって区々《まちまち》であろうし、何時も同じようなことをしていいとも思わない。けれど私は今尚耳朶《じだ》に残るあの太いバスの朗々とした声と、我々が「虎」と渾名《あだな》していた堂々たる風貌を未だに忘れ得ないのである。そしてそれほど叱られたこともなかったにもかかわらず、あれほどこわかった先生もなければ、又懐しいといえばあれほど懐しい先生にもその後接しない。下村、牛原両先生とも、名校長の名をほしいままにされたが、私にはその名声よりも、折りにれて私共に与えられた片言隻語《へんげんせきご》の方が懐しくもあり、心に沁みついてもいる。そして、だんだん年齢を加え、自分自身が丁度当時の先生の年齢と同じ年頃になった今日、いつもつくづくいい校長だったなあと思う念が年と共に深まってくるのである。

多分、もし、川原が牛原校長と同じ立場におかれたら、やはり、誠心誠意、生徒の不始末を詫びるのに違いない。

そんな川原を愛した人間は通産省だけに限られなかった。白鷗会《はくおうかい》という川原を偲《しの》ぶ会がある。正確には「あった」と過去形にすべきかもしれないが、この会は佐橋、三宅、平松といった通産勢に大蔵省の近藤道生(のちに博報堂社長)、日経の武山泰雄、そして幹事役のアラビア石油、水野惣平《そうへい》らが加わり、驚くことに、川原の死の翌月から、毎月二十七日に集まった。祥月命日の二月二十七日だけに集まったのではない。毎月集まったのである。それを十年以上続け、百回以上開いたというのだから、いかに川原が愛されていたかがわかる。

この会は、各自、悲しみを胸に秘め、ただ飲み、ただ歌う。

「白鷗会」という名前は、川原の曾遊《そうゆう》の地であり、彼が好きだった「知床旅情」にちなんでつけられた。

森繁久弥作詞作曲のこの歌は周知のように、

〽知床の岬に　はまなすの咲くころ
　思い出しておくれ　俺たちのことを

と始まり、三番は、

〽別れの日は来た　知床《ラウス》の村にも
　君は出てゆく　峠をこえて
　忘れちゃいやだよ　気まぐれカラスさん
　私を泣かすな　白いかもめよ

と結ばれる。

この歌が白鷗会の、いわば「会歌」だった。

水野惣平は、ボスの小林中《あたる》に、

「通産省の友人で吉田松陰みたいな男が居ります。一度会って下さい」

と言って、川原を紹介している。

その川原の死を誰よりも嘆き悲しんだのが佐橋だった。これで通産省の将来は考えられなくなるとまで佐橋は言ったのだが、佐橋の追悼文は題名ともなった「美しい心」である。

川原と僕の関係は賢弟愚兄という間柄のようである。川原とのつき合いは何時頃だったのか記憶はさだかでないが、十数年前から彼は僕の家へ、しょっちゅう飲みに来ていた。それも大体、とんでもない時間にやって来る。十二時近くか下手《へた》をすると一時二時に呼鈴を鳴らす奴があると、それは川原であった。一人の時もあれば友達や後輩と連れ立ってやって来る時もある。まるで自分の家へ夜更けてご帰館するような調子である。

連れの話によると、みんなで呑んでいて最後に、俺の知っている夜通し飲ませる家へこれから案内するといって彼がやって来るのが、僕の家である。

女房は川原の大ファンで何時に叩き起されてもいやな顔をしない。川原は川原で子供の寝顔を見に部屋へ入って来て、「なんだ、もう寝たのか」などといって応接間へ帰って呑み始める。冬などは寝巻の上にどてらを着込んで彼の相手をしなければならない。あくびでもしようものならいち早く見つけて、酔眼もうろうとしているくせに「寝たらいいだろう。こちらは呑んどる」。夜のしらむ頃になると、やっと神輿《みこし》を上げて玄関へ出る。玄関で又出たり入ったりして、たんのうすると、おもむろに手をふりながら、ふらりふらりと帰って行く。

彼は人にいやがられない男であった。それは心が美しい、ということである。美しい心、綺麗な心から発する行為はそれ自体美しくもあり綺麗でもある。

美しい心を何時までも持ち続けられる人は、そんな数多くはいないような気がする。美しい心は外界のもろもろの現象を素直に鏡のように心に反映する。

美しい心はすべてを美しくしようとする。

川原は美しい心、綺麗な心を持ち続けたまま死んで行った。

べろべろに酔っぱらっている時でも、彼の話は真面目であった。長いつき合いであったが、彼の口から柔い話や、いい加減な話というものを聞いたことがない。彼は仕事を語り、政治を語り、人を語った。或る時は禅を語り、書を語り、絵を語った。

奥さんにいわせると、「さばやんは俺がついていないと大変だ」とよくいっていたそうである。さばやんが政治に出ると俺も出なきゃいかんが、お前、トラックに乗れるかともいったそうである。

川原と僕は議論というものをしたことがない。彼が語れば僕は聞いておるだけであり、僕が語れば彼は黙って聞いているだけである。

彼が官房長になってから二人一緒に酒席に出ることが多くなった。僕が「川原うたえ」というと、彼は立ち上って腰に手をあてて、眼をつむったまま、何時も刈干切唄を、ろうろうとしかも哀調せつせつたる調子でうたった。僕はこの唄がなんともいえず好きであった。僕がうたうと彼は七十点とか、八十点とか評点して修正箇所を指摘した。

彼は自分でやらなければならないことを彼の綺麗な素直な心で正確に把握していた。彼は持ち前の冷静な判断にもとづいて緻密《ちみつ》な計画を樹《た》てた。彼は類をみない誠実さを以て実行に当った。元来口数の多い方ではなかったが、彼は闘志闘魂を秘めてじゅんじゅんと相手を説得した。

彼は行くところ常に素晴らしい業績を上げた。当然のことといえよう。

彼が死の床につく少し前に、ふらりと次官室に不自由そうな体つきで入って来た。

「どうした。休んでおらなくて大丈夫か」

「息切れするのが直らないので入院して検査してもらおうと思っています」

彼に煙草《たばこ》をくわえさせて火をつけてやった。

彼はうまそうに煙をふいて、

「佐橋さん、注意していて下さい」

彼は猪突《ちょとつ》する僕に一切文句をいわなかったが、僕が転ばないように何時も黙って、石ころを取りのけていたのだ。その彼が自分が入院すると定めて初めて僕に注意をした。

「余計な心配をするな、通産省も俺も大丈夫だ。自分のことだけ考えて早く直して来い」

年末にひいた風邪がこじれた位にしか考えていなかった僕は、彼の心臓が二階への階段も上れない程に弱っていたとは夢想もしなかった。

二月二十七日、日曜日、三宅からの電話で思わしくないので顔を出してくれといわれても、まさかと考えていた。

みぞるるや静まりかえる町並みに
　病院への道心そぞろに
タクシーの料金表は四四〇
　病院の廊下冷くも長し
頑張れと声を限りにさけばまし
　友の呼吸の吐く間吸う間に

吹きぬける廊下に風の寒々と
なすすべもなく友の群れいぬ
医師は頭を下げ酸素吸入器は止りたり
友は眠れりとこしえにさめず
新宿の街通りぬけ家路近く
おもとの花の雨にうたるる
おさな子の級友たちは次々と
君の遺影に香をたきゆく
骨拾う長きみはしにうつしみの
身は変りはて手ごたえもなし
骨つぼに炭がらの如く入りませり
君の英姿を偲ぶすべなし
飾りつけは広き伽藍《がらん》を満したり
彼は笑へり俺は死なずと
寒々と軒端に鳩の群れいたり
かけがえのなき君死にたまへり
彫り深き墓石に一人対すれば
物いうか如《ご》と青嵐の吹く

真新し墓標の前にぽつねんと
我が影細く長く尾をひく
偉大なるものが昇華する時には、周囲から熱を奪って行く。彼のことを考えると昨日のことの如く涙新たである。

川原の死によって心に風穴のあいた虚ろな気持から何日も抜けられず、

「川原、なぜおまえは死んだのだ」

と〝悲しさのとりこ〟になっていた佐橋は、現職官房長の川原の葬儀を通産省葬としたために、国会から呼び出しを受ける。国会対策委員会で佐橋は次のように吊し上げられた。

「次官が行かなければ骨が上げられないのか。君のおかげで国会が丸一日空転した」

「次官でなくとも、骨拾いはできます。国会が空転したかどうか私は知りません」

「われわれが死んだとて小学校の校庭で葬式ができるかどうかだ。たかが高級官僚が死んだくらいで、本願寺で省葬を行なうのは行過ぎとは思わんか」

「先生方が死なれた場合、どういう葬儀が行なわれるか知りません。川原の家は不便なところなので、会葬者の便も考えて本願寺にしただけのことです」

「君は実力者だ。君が葬儀委員長になるのは香典集めが目的だろう」

「省葬の時は事務次官が葬儀委員長になるのが慣例であります。僕が委員長をやれば香典がたくさん集まるなどとは考えたこともありませんでした」

「ウソをいうな。君ほどの男がそのくらいの計算のできないわけがない」

「夢にも考えたことはありません」

「省葬をとりやめるか」

「省葬をとりやめるというのは、どういうことですか」

「省葬をとりやめるか、どうかだ」

「意味のわからないことには答弁いたしかねるので、どういうことなのかお聞きしただけです。省葬というのは、遺族の方に対して役所側から葬儀を省葬で行ないたいと申し入れてご承諾を得たものです。われわれが理由もなくとりやめるとはいえません。新聞にもその旨広告している。取消広告をせよということですか」

「つべこべいうな。君が取り消さないというなら、君との話合いはご破算だ。どういうことになるかわかっているだろうな」

「省葬はどの省にも例のあることであり、党には党葬があり、会社には会社葬がある。川原の場合は現職の官房長であり、職務に倒れたといっても過言ではない。省内の信望を一身に集めていた彼を省葬で弔《とむら》うのは彼に対する礼儀でもあり、省内の士気振興上も当然だと考えている。省葬を取り消す意志はありません」

「決裂だ。話したって仕方がない」

「国費を省葬に使うな、ということならいくらでも話合いはできるとおもいますが」

「君は国会がこんな問題をとり上げて遺憾千万だと思っているのか。正直にいいたまえ」

「ハイッ、正直にいって残念至極だと考えています」

よく佐橋も辛抱したものである。おそらく川原の省葬のことだから我慢したのだろう。

この遣り取りを記した『異色官僚』（現代教養文庫）で、佐橋はその後を「国会の与野党の先生方に対し不愉快の感をもつというより、打ちひしがれている心には、国会が寂しい、むなしい、つまらないところという感想が頭をかすめただけであった」と結んでいる。

また、自分のことで「さばやん」が責められているとわかったら、川原はいたたまれなくなって、天国から舞い戻って来たかもしれない。

友人代表で弔辞を読んだアラビア石油の早田和正は、寒い冬の夜中に、突然、川原が訪ねて来たことがある、と語っている。

驚いた早田が、

「何かあったのか」

と尋ねると、川原は、

「いや、子供の時からの知人が死んだという報せをうけて悲しくてたまらないから君の顔を見に来たんだ」

と言って、いきなり早田の手を握ったとか。

また、あるとき、川原は、

「柳多留《やなぎだる》はおもしろいよ。川柳には江戸の庶民の心がそのまま出ている」

と言い、「なんのくも無ク上下《かみしも》で武士あるき」という句を示して、

「いまもまったくこの通りなんだ。人々の苦しみも知らずに、自分の地位と狭い自分の仕事に自己満足している連中ばかり多いよ」

と吐き捨てたという。

こうしたエピソードを紹介しながら、早田は川原の「黙々として耐えてきた想い」に触れている。川原の省葬については、先例になると困るといって批判する財界人に、宮澤喜一が、

「川原さんほどの人は十年に一回ぐらいしか出ないから、たとえ先例にしたいと思ってもできますまい」

と答えた、と書いている。

その川原の遺児を親身になって世話したのが、三宅をはじめとする通産省の人たちだった。たとえば就職の際に、どうしたらいいか、川原太郎は三宅のところに相談に行っている。文字通り、三宅が太郎の父親がわりとなったのである。

その川原が自分の父親に宛てた手紙がある。六五年四月に鉱山保安局長を辞任し、六月に官房長となるまでの間に書かれたものと思われるが、川原のきびしい出処進退観がうかがわれる。

拝啓　初夏の折御変りも無く御活躍の御趣大慶に存じます　今回一見突然の辞任につき御心配有るやも知れずと思い　一筆とり急ぎ認めます　実は夕張災害の直後当局側の手落は全然ないにしても最高責任者としての進退は明確にする要ありと考え、辞意を表し置きたる所、上司、省内、国会の諸先生より押しとどめられ居る内に伊王島の災害と相成り　再度意を固め　一応事件も一段落の四月末を以て区切と致しました。只上司、国会与野党省内共、此度も辞めることはならぬと強く留められましたので、せめて形だけは明確にしてもらいたい　嘗《かつ》て省の人事を司った際信賞必罰を以て人に臨んだ身として自らに対しては最も厳しい態度をとるべきである旨を主張した次第で　せめて審議官でどうだ（審議官は役付）との話もありましたが

矢張りこの際必罰の形は整えて欲しいと申し上げて官房付にしてもらいました（官房付は無役、大分減俸になりますので奥さんは少々辛いかも知れぬと同情しています）。しばらくは待機の姿勢で身体や心境を整えるつもりです皆そんなに潔癖にしなくてもいいじゃないか、殊に今回は二回共局は非常によくやってくれたし　専ら会社側の責任なのだからと言ってくれ、社会党も大へんに惜しんでくれましたが　私の気持を通させて下さいと御願いしたのです　従ってしばらく遊ぶだけですから御心配には及びません　人事というものに対する私自身の考え方を示したかったのとこれによって省内並に石炭業界に一針を与えたかっただけの事ですから。

休暇の間少し今までやれなかった勉強や旅行をするつもりです

当方一同元気で私が暇になるのをまだかまだかと待ち構えていただけに今度やっと閑暇になって大喜びです

一筆近況旁々御報告迄

不一

英之

父上様

この手紙から一年足らずの翌年二月二十七日に川原は四十八歳で亡くなったのである。「父上」の衝撃はいかばかりだったろうか。

それにしても、川原に「必罰」が下されなければならないとしたら、他はどうなるのか。

鉱山保安局石炭課長の佐伯博蔵が証言しているように、川原の責任感はおそろしいほどのものがあった。

一九六五年二月二十二日夜、北海道の夕張炭鉱でガス爆発が起こり、多数の罹災者が出たという知らせが届くや、局長の川原は徹夜で救出作業等の指示をし、翌朝の日航第一便で札幌へ飛び、直ちに車で現地に向かった。

しかし、猛吹雪で進めない。ほとんどの車は立往生を恐れて引き返す中、川原は是が非でも現地へと言い、歩いて長い峠を越えることにした。

車の後に積んであった作業衣を着、保安靴にはきかえただけでなく、顔を手拭でおおい、保安帽をかぶって歩きつづける。やむことのない吹雪に顔を叩かれながら、ようやく現地に着いたのは午後二時を過ぎていたという。

それからまた連日徹夜の対策作業に追われ、その目途がつかないうちに、長崎の伊王島炭鉱でガス爆発が起こって、川原はまたその日のうちに現地へ飛び、陣頭指揮にあたったのである。

その川原がどうして「必罰」の対象とならなければならないのか。真意は手紙の最後に書いてあるように「石炭業界に一針を与え」ることにあったのだろう。そして、その業者の代弁者と化している「省内」の人間へも一針という気持なのだと思う。

『美しい心』所収の、秘書や運転手による座談会で、夕張の事故について、ある人がこう語っている。

「北海道は何十年振りかの大雪だったと記憶しているが、雪が積って車が途中までしか行かなかったのですね。そこから大部分の人が引返してしまったのに、川原さんはそこを歩いて一番乗りをしたという。後々労働組合とか、遺族とかにその誠意が認められて、国会でも、それが通産省の過失であるというようには取り上げられなかった。また遺体を搬出していたとき、中が再び火事になり、水を入れないともっと大きな事故になるという状態になったのですが、川原さんは水を入れると遺体を搬出できなくなるので最後の最後まで水を入れなかった。終いには水を入れましたけれども、最後まで遺体の搬出に努力した。というように人の命を大切にした。それは自分が過去において生死を超えるような病気を二度もした、ということから色々悟りを開いたのではないかと思います」

川原を知る多くの人間にしてみれば、「人の命を大切に」するその何分の一かでもいいから、自分の命も大切にしてほしかったという悔いがあるだろう。

しかし、平松守彦が書いているように、亡くなる一ヵ月前の時点でも、入院をすすめる平松に、川原はきびしく、こう拒絶する始末だった。

「自分は、いま一番大切なポストにいる。そのポストをいま、自分が離れることは戦線離脱と同じだ。そういうことは自分としては絶対できない。それまでいうのなら、僕が安心して静養できるようにして、その上でいってくれ」

「一番大切なポスト」とは、この場合、官房長を指しているが、城山の『官僚たちの夏』に、鉱山保安局長の鮎川が、再び、長崎の伊王島に飛ぼうとしているのを見て、風越が、

「おまえ、少しは体のことを考えろ。おまえ自身を殺してしまうぞ」

と言う場面がある。

それに対して鮎川は、

「『ひとつのポストについたら、そのポストを死場所と考えろ。その場その場が、墓場なんだ』と、おやじさん、よくいってたじゃないですか」

と言い返す。

「いや、それとこれとはちがう。とくに、おまえはちがうんだ」

あわてる風越を尻目に、鮎川は長崎へ飛び立った。

佐橋と川原の間に確実にあったと思われるシーンである。互いに信頼し合って佐橋を助けた三宅は、川原を「いつも他人のことを案」じ、「絶えず周囲の人を傷つけまいとして努めて自らを厳しく律する人」だったと書いている。

「尽きぬ余情」と題したその追悼文で、三宅は「頭の下がる精神力、他人に心配をかけまいとするいたわり、そして、人生と自己とに対する張りつめた戦いに川原さんは倒れた。悲愴というか、悲痛というか、壮烈というか、私はいまだに適切な表現を知らない」と無念の思いを述べながら、妙に心ひかれた南禅寺の掲示板の説教詩を引いている。

花は黙って咲き
黙って散ってゆく
そうして再び枝に帰らない
けれどもその一時一処に
この世のすべてを托していく
一輪の花の声であり
一枝の枝の真である

永遠にほろびぬ生命のよろこびが
悔なくそこに輝いている

あるいは通産省だけが有為の花を散らせているのではないかもしれないが、川原、そして田辺と、この庭ではあまりに惜しい花が咲き切ることなく散っている。

［**参考文献**］
高杉良『局長罷免——小説通産省』（講談社文庫）
佐藤太治『オレは通産省に殺《バラ》された！』（泰流社）
城山三郎『官僚たちの夏』（新潮文庫）
佐橋滋『異色官僚』（現代教養文庫）
『美しい心』（川原英之氏追悼集刊行会）

総理の座を蹴った男・伊東正義

戦争の傷痕《きずあと》癒《い》えぬ一九四八年八月一日、ＮＨＫ素人のど自慢に出た復員軍人の中村耕造が次の歌を歌って、みごと合格の鐘を鳴らした。「異国の丘」である。

今日も暮れゆく異国の丘に
友よ辛かろ切なかろ
我慢だ待ってろ嵐が過ぎりゃ
帰る日も来る春が来る

今日も更けゆく異国の丘に
夢も寒かろ冷たかろ
泣いて笑って歌って耐えりゃ
望む日が来る朝が来る

今日も昨日も異国の丘に

おもい雪空陽が薄い
倒れちゃならない祖国の土に
辿《たど》りつくまでその日まで

自らの体験をこめて切なく歌われたこの歌を作詞家の佐伯孝夫が聞いていて、ビクターの上山敬三に相談し、早速、レコード化することになった。

「作詞　増田幸治、補作　佐伯孝夫」のこの歌を、引き揚げ促進にもなるからと、それからNHKは繰り返し放送する。

またたく間にこのメロディが多くの人びとの心を捉えていく中で、作曲者さがしが行われたが、なかなか確認できなかった。

それからまもなく、作曲家の吉田正がナホトカから復員船に乗って帰国し、故郷の茨城県日立市に戻って来るのである。戻ってみれば、実家は艦砲射撃を受け、六人の家族は全員、防空壕の中で生き埋めになっていた。

ソ連と満州の国境で爆撃された際の砲弾の破片を体内に残したまま、シベリアで抑留生活を送り、何度も地獄を見てきたはずの吉田も目の前が真っ暗になって、生きていく気力を失った。

その吉田の耳にラジオから流れてきたのが「異国の丘」である。

今日も越えゆく山また山を

黒馬《あお》よ辛かろ切なかろ

一九四三年に「昨日も今日も」と題して、吉田が中国戦線の陸軍病院に入っていた時に作った歌である。それが歌詞と題名を変えて歌われている。歌が自分より先に〝復員〟していたことに驚きながら、吉田は再び生への力を蘇《よみがえ》らせていた（毎日新聞社会部『あのうたが聴こえますか』音楽之友社）。

敗戦から十年経った一九五五年夏、名古屋営林局長に左遷されていた伊東正義がこの歌を歌って自分を励ます。短いが、伊東にも二等兵体験がある。

当時の農林大臣、河野一郎によって、伊東は突如、食糧庁の業務第一部長から東京営林局長に転出させられ、半年余りで、さらに名古屋へ追われた。

その伊東の下へ、農林官僚の先輩から派遣されたのが、伊東の後輩の檜垣《ひがき》徳太郎である。

先輩の一人の渡部伍良《ごろう》から、

「おまえ、激励がてら、名古屋に行って、伊東に短気を起こすな、と伝えて来い」

と言われた檜垣は、預かった酒を持って名古屋へ向かった。

名古屋へ着くと、何と駅に伊東夫妻が出迎えている。

「官舎へは来ない方が良い。あらぬ誤解を受けて君が迷惑をこうむるといけないから」

『伊東正義先生を偲ぶ』という追想集に檜垣が書いている一文によれば、恐縮する檜垣に伊東はこう言ったという。

そして、伊東夫人の輝子は帰り、檜垣は伊東に案内された料亭で、久しぶりに酒をくみかわすことになった。

檜垣が先輩たちの意向を伝えると、伊東は、

「断じて軽挙妄動はしないと伝えてくれ」

と言い、にこっと笑って、

「唄の文句にもあるじゃないか。我慢だ待ってろ、嵐が過ぎりゃ、帰る日が来る、朝が来るってな」

と続けた。その屈託のない様子に檜垣は安心して、ゆっくりと飲むのである。

その三年ほど前、伊東の家へ押しかけて、帰ろうとした時、

「檜垣の飲みっぷりが気に入った。よって伊東部屋への入門を差し許す」

と言われたことがある。

それに感激してお礼を言って出る玄関で、檜垣は伊東夫人から、

「これが入門証ですよ」

と棕梠《しゅろ》の紐のついた一升徳利を渡された。

上機嫌で帰った檜垣が翌朝その徳利を見てギャフンとなる。

酔眼の時には気がつかなかったが、徳利には枯れた字で「瘋癲部屋《ふうてん》」と書いてあったのである。

「伊東夫妻のユーモアか、それとも皮肉か」と檜垣は述懐している。しかし、伊東自身も含めてなのだから、それは自己韜晦《とうかい》と解釈した方がいいだろう。

役人が第一に頭におくという出世を至上のものとは考えず、そのための根まわしなどはまったくしなかった伊東は、役人の中では「瘋癲」なのだった。

とはいえ、流れは、しばしば「瘋癲」が変える。結局は河野が自らの人物認識の誤りに気づき、自分の手で伊東を農林事務次官にすることになるのだが、その左遷について伊東自身が語っているところを引こう。

「不惑の年の昭和二十八年、私は食糧庁の部長をしておりました。思えばそのころは、飽食の時代の現在からは想像もつかない、食糧が配給統制制度下の、需給が逼迫《ひっぱく》し、黄変米騒動があり、遅配・欠配がつづいていた時代でありました。またこの年は大凶作で、人生について考える閑暇もなく、米の供出と配給米の確保に毎日を過ごしていたのです。

作柄は次の年も悪く、加えて上からの義務供出制度が制度疲労を来して限界に達しており、供出の成績も良くなかったのです。そこで翌年の昭和三十年度からは、下からの農家の自発的な予約制度に切り換えることに決定していたのです。

ところが、その秋に登場された河野一郎農林大臣が供出後の自由販売を主張されたのです。もしも供出後の自由販売をすれば、次の年からの予約制度も実行不能になり、逼迫した当時の食糧事情に大混乱を来たすことは火を見るよりも明らかでありました。そのために私は供出後の自由販売は困難で、かつ食糧の確保に責任が持てない旨、河野農林大臣に数度にわたって反対の意見具申を致しました」

これは一九九一年九月十一日付『東京新聞』に掲載された「左遷の時代」の一節である。

伊東の反対に対して河野は、

「自分に反対する者は辞めさせるか左遷するかのどちらかだ」

と言い、前述したように、一九五五年一月、東京営林局長に転任させる。

これは官房長を通じての命令だったが、さらなる名古屋への左遷は当時の次官に言われた。理由を尋ねる

と、

「東京営林局管内の平塚に河野農林大臣の自宅があるのに一度も顔を出さないし、大臣の言うことを聞かないから」

とのことだったという。

「営林局長の直属の上司は林野庁長官であります。長官のところならいざ知らず、なにも農林大臣のところに、用もないのに御機嫌伺いにだけ行くこと自体、私の信条に反することであります」

それについて伊東はこう語り、「大臣の言うことを聞かない」には、河野から林野庁長官を通じて、「箱根の国有林の一部を箱根の某温泉旅館に縁故払い下げをせよ」と命じられた時、「そんな恣意《しい》的で不公正な措置はたとえ農林大臣の命令であっても受けられない」と断ったことを指しているのだろう、とも語っている。

しかし、当然のこととして気にもかけないでいたそんなことを転勤の理由とされたのには納得できない。このまま、おめおめ引き下がってなるものかとも思いつつ、大蔵官僚から転じて代議士となっていた大平正芳に相談すると、

「いま退官しても君の気性では適当な受け入れ場所もないから、この際は我慢して名古屋に行けよ。いつまでも河野さんが農林大臣をしているわけでもないし」

という返事だった。

「事を荒立てるのを好まない」いかにも大平らしい答に従って、不本意ながら、伊東は名古屋に赴任することにする。まもなく四十二歳になろうとする夏だった。

〽我慢だ待ってろ

の「異国の丘」を口ずさむのは決して大袈裟《おおげさ》ではなかったのである。

河野によって「左遷という憂《う》き目」を二度も経験させられた伊東は、そこからの教訓として次の三つを挙げている（『東京新聞』九一年九月十八日）。
（イ）権力の座にあるものは、不公平・不公正なことを部下に命じないように自らを戒《いまし》めること、また部下も唯々諾々《いいだくだく》としてそれに従ってはならぬこと
（ロ）権力の座にあるものは、面《おもて》を冒して反対する者があってもその意見を聞く雅量を持つこと
（ハ）権力の座にあるものは、佞人《ねいじん》（へつらう人）が周囲に集まることに用心すること
そして『荀子《じゅんし》』の「修身編」から、

「我れを非として当たる者は吾が師なり」

「我れに諂諛《てんゆ》する者は吾が賊なり」

という「古今の真理」を引きながら、「反面教師」たる河野一郎について、こう述懐している。

「私は河野農林大臣の逆鱗《げきりん》に触れた営林局長だったわけですが、今から考えても決して間違ったことをしていなかったと確信しております。その後私は水産庁長官として河野農林大臣に二度目のお仕えをしましたが、大臣の命令に反して特別な水産会社に有利になるような許可を出さなくとも、今度はとくに叱《しか》られることはありませんでした。

後で聞けば今は亡き河野謙三さん（元参議院議長）、片柳真吉さん（元農林次官・中金理事長）が、私の人柄について河野農林大臣を説得していただいたためとのことでした。先輩は有り難いものです」

いずれにせよ、河野を「反面教師」として伊東は自らの反骨精神を磨いた。

輝子夫人によれば、後年、河野の息子の洋平が伊東と同じ派閥の宏池会に入ってから、しばしば、その選挙区の神奈川に応援に行ったという。そこで、一郎とのケンカの経緯などを話すと、後援者は非常に喜ぶのだった。それもやはり、伊東がケンカはケンカとして「河野大臣の政界での活躍や日ソ共同宣言などにみる先を見通される勘の良さ、なににも増してその抜群の実行力」に感服していることが伝わったからだろう。

檜垣徳太郎は、あるとき、河野一郎から、

「省内の若手として、安田（善一郎）食糧庁長官と伊東水産庁長官の二人の人物について、どう思っているか」

と「甚だ難しいご下問を受けた」と回想している。安田が河野の〝寵児《ちょうじ》〟であることを知っている檜垣は腹を据えて答えた。

「安田さんは、仕事の能力はともかく、人徳に欠けるところがあって、職員の信頼がありません。伊東さんはまったくその反対で、省内の人望は絶大です」

そして伊東が事務次官となり、「農林一家に活気が甦《よみがえ》った思いがした」と檜垣は書いている。

その河野を震源地とする農林省人事のドロドロを書いているのが松本清張の『現代官僚論』（文藝春秋）である。

食糧、水産、林野というマンモス庁を抱える農林省は、政財界との関わりの深さから、数々の汚職事件も発生させてきているが、松本は戦後の農林行政の流れを、大臣からみると、石黒忠篤、広川弘弾、そして河野一郎の三人が各時期のポイントとして挙げられるとする。

戦前までの農本主義が石黒によって代表され、戦中からＧＨＱによる農地改革期の統制派官僚の抬頭を経て、再び広川が「食糧増産」政策をとる。

しかし、河野が登場して農林省は一変し、石黒系の官僚は次々と追放される。和田博雄、東畑四郎、塩見友之助、渡部伍良、小倉武一などの政策マンが、それこそ根絶やしにされるのである。その過程で伊東左遷もあった。

そもそも河野は朝日新聞の記者で十年間も農林省詰めをし、官僚を脅してネタを取っていたといわれる。そして政治家になってからも、日魯《にちろ》漁業社長、帝国畜産会会長、飼料統制会社社長などをやり、農林関係を利権の巣としていた。

その帝国畜産会会長時代に事務官として子分になったのが伊東と同期の安田善一郎である。

農林大臣になるや、米の統制撤廃をブチ上げ、足らなかったら、朝鮮米やタイ米を買えばいいと主張する河野の下で、安田は官房長に登用され、農林省を激震させる人事をやっていく。

「鳩山内閣のもとで河野農相が農林省に君臨していた二年間は、それまでの農林省に一つの小革命が起きたようなものだ。農林官僚にとってはまるで異民族に征服された小国のような感じで、河野・安田ラインにあらずんば人にあらずというわけで、このラインに媚《こび》を売る者のみが抜擢されるという、封建時代も顔負けの情勢がつくられた」

松本清張はこう断罪しているが、〝河野地震〟は幹部だけを揺さぶったのではなかった。

「河野農政の強引なやり方は、毒気を抜かれて茫然《ぼうぜん》となっている農林省首脳部の頭上を越えて、農林官僚の下っ端にまでその臭気が沁《し》み渡り、河野に忠勤を励もうとする者は、肥料の権利をはじめ、それぞれ所管の権力（許可、認可制）を利用して関係業者を威《おど》かし、河野外遊の資金を巻き上げ、河野親分に献金するという係長クラスまで現われてきた。また、河野とは直接につながりのない下っ端役人の中でも、省内幹部の無気力や綱紀の頽廃《たいはい》に乗じて私腹を肥やす者が続出した」

伊東らにとっては、まさに〝我慢の時〟だったのである。

河野の後に重政誠之《せいし》が農林大臣となり、次に赤城宗徳が大臣となって、赤城は河野の息の根を止めるために安田を切ろうとしたが、成功しなかった。

そうこうしているうちに、再び、河野が大臣として戻って来る。安田は息を吹き返して前以上に威張るようになり、米穀関係の業者の宴会に遅刻したおわびに、

「河野派の春秋会のゴロツキのような代議士たちにつかまって遅くなりました。ご勘弁を願います」

などと放言した。それが春秋会の代議士たちに伝わって、彼らからも憎まれる。

そうしたことが重なって、河野も遂に安田を次官にはできなかったのである。

前記した檜垣徳太郎について、松本は、その「悪太郎」と呼ばれるほどの押しの強さを指摘し、「農林省内随一の競馬通で酒豪」、柔道もやる豪傑型だと書いている。檜垣は安田にも「ずけずけものを云った」らしい。

伊東は一九一三年十二月十五日、福島県会津若松市に生まれているが、同じ年に岐阜県で生まれたのが、「異色官僚」の名をほしいままにした元通産次官、佐橋滋《しげる》である。

伊東が一九三六年に農林省に入ったのに対し、佐橋は翌年、通産省の前身の商工省に入っている。

河野ほど大型で強力ではないが、佐橋もまた、福田一という大臣に悩まされた。福田が佐橋を嫌い、既定路線だった佐橋次官を実現させず、同期の今井善衛を次官にしたのである。その折りに弟分の三宅幸夫が佐

橋に出した手紙は政治家と官僚の関係、そして官僚同士の稀有《けう》な関わりを示して興味深い。決して整理がいい方だとは思えないのに、佐橋はその手紙を二十年以上も保存していた。一九六四年七月十九日付のそれは四百字詰原稿用紙に書かれ、八枚にも及ぶ。

封筒の表書きに

「特許庁

佐橋長官殿」

とあり、カッコして（至急親展）と記してある。

佐橋を主人公とした城山三郎の『官僚たちの夏』（新潮文庫）に、佐橋がモデルの風越が、鮎川の後に次官にしたい質朴な感じの男として、「木炭自動車」の庭野が出てくるが、この庭野のモデルが三宅である。

当時、佐橋は次官のポストに就《つ》けず、特許庁長官となっていた。そして、七月十八日、通産大臣が福田一から桜内義雄に代わる。

佐橋は同期の今井の後に次官になることを約束されていたこともあって、三宅らは直情径行の佐橋に自重を求めている。その気持ちが如実に表れている手紙で、だから、佐橋もとっておいたのだろう。三宅は先輩の佐橋に直接口では言いにくいため、この手紙を書いたと思われる。

「前略、明日の（桜内新大臣に対する）所掌事項説明に関連し、取急ぎ一筆私見を申上げます。昨夏いづれし《ママ》かるべき時節に腰越状ばりの一文を差上げる旨を申上げましたが、本状はその一部として御高覧下さい。

一、大臣に対する説明、応接に際しては、エチケット、マナーに十分配慮して戴きたいこと、例えばノーネクタイ、腕まくり、無断の脱上衣等は是非慎まれたく、又、無雑作な脚のくみ方も、特に意識して避ける様努力されたいと存じます」

この一項については、ほとんどの部分に佐橋の手によって赤線が引いてある。

そして、三宅は次に自分が通産大臣秘書官として仕えた池田勇人の例を引く。

「この点は池田さんも随分やかましい方でした。当時の通産幹部或いは出入りの人について、その非礼に不満をもらされたこともありました。

今度の組閣でも池田さんは赤城宗徳氏の入閣を懇望《こんもう》されましたが、この御両人がかつて意気投合した出会いに次の一幕がありました。数年前ある宴席で赤城さんにほれ込んだ彼は、帰路信濃町（池田邸があった）に立寄って飲み直すことを申入れ、快諾を得られました。彼は一足先に帰宅し、酒、肴《さかな》の手配を指図し、和服にハカマを着て客を奥の部屋に招じ、正座に据えて懇《ねんご》ろにもてなし、赤城氏は池田さんの律儀な気風に感激したとの由《よし》。

又、池田さんは上野（幸七）次官を私的に招ぜられる時はいつも上座に据えていました。公務の面接の際は勿論逆でしたが」

やはり佐橋が傍線を引いている次の箇所にも、佐橋が「大人だった」と評する当時の三宅の熱誠がこもっている。

「組織の責任者には、それなりの折目けじめが形式的にも要求されるものと信じます。これがくずれると、傍の第三者にも快き風景とは映じないものです」

そして、二項目に移るのだが、冒頭の書き方など、まさに絶妙ともいえる配慮がうかがえる。もちろん、「命令」的に書くわけにはいかないし、苦心のあとが「ありたい」によく表れている。

「説明は平易、懇切且つ説得的でありたいと存じます」

これにも具体例が引いてあるのだが、それは省《はぶ》いて、池田勇人が三宅に「ノーハウとは何か」という質問をしたことに移ろう。

「その以前から陳情や説明で『ノーハウ』という言葉は何回となく聞かれたに相違ないのに、案外こういった言葉は知識の盲点をなしていたのです。そして、あまり屡々《るる》聞かれた言葉であるが故《ゆえ》に却《かえ》って秘書官以外には恥しくて質問出来なかったのではないかと想像します。

説明者は常に相手方に対し、有能な教師が生徒の理解の成否を案ずるが如く慎重な配慮を払うのが親切というものであるばかりでなく、説得的であるわけです」

それから、前年の「特振法（特定産業振興法）でゴタゴタした」ことに触れ、ダメを押すように説明論を展開する。

「説明を相手が納得しない時には、当方にもその責任なきやを反省して然るべきだと信じます。例えば、ＯＥＣＤが来た時、如何にして彼等の論理、思考方法の枠の中で当方の主張とその根拠をなす日本的特殊事情を説明し切るかというのが我々の責任でした」

三宅の言葉はさらに続く。

「先月、三木（武夫）さんを囲む会の時、長官（佐橋）から十五分ばかり、特振法論、協調体制論がブタれました。しかし、ネ、ネ、と押しつける様な語尾の強さと、『絶対』だという数回の言葉が印象に残っただけで、その説明は決して私にとってヴィヴィッドでもなければ説得的でもない憾《うら》みがありました。地についた経済政策というものは所与の現実の中から何がベターかという相対的なものではないでせう《ママ》か。一《ぴん》さん

（前日までの通産大臣、福田一）が佐橋君の説明は強圧的だといった批判はあの夜の説明に関する限り尤《もっと》もだと感じました」

そして、結びはこうである。

「夜も更けて来ましたので、本日は取急ぎ明日の説明に関連した事項にいてのみ愚見を申上げました。いづれ《ママ》本状の続篇というか、本論を申上げるべき日の近からんことを祈りつつ擱筆《かくひつ》致します。取急ぎ乱筆の段御許し下さい」

こうした弟分を持った佐橋は幸せである。これを読んで佐橋がどう思ったかは、佐橋がこれを大事に取っておいたことで明らかだろう。

伊東は、佐橋よりは粗暴でなかっただけに、たとえば檜垣も、このような手紙を書く必要はなかった。

実は佐橋は池田勇人にも疎《うと》まれたのだが、後年、池田が創設した宏池会所属の代議士となった伊東と池田にはこんなエピソードがある。

後に詳述するように、伊東は戦争中に興亜院へ出向し、上海に赴任していた。その興亜院仲間に大蔵省の大平正芳、宮川新一郎、通産省（当時は商工省）の村田恒、鉄道省の磯崎叡、満鉄の佐々木義武らがいて、最初は七人だったので「七賢会」と称し、のちに二人が加わって「九賢会」という集まりをやっていたのだが、池田が首相時代に、客員格の愛知揆一も入って築地の料亭で飲んでいたところ、池田がそれを聞きつけ、

「一緒に飲みたい」

と言ってきた。

「誰も池田さんなんか呼んじゃいない」

と放っておいたら、しびれを切らして池田が羽織袴姿で現れた。

酒の勢いで、メンバーが口々に、

「なんだ講釈師みたいな格好をして」

とか、

「お前なんか仲間じゃない」

という言葉を池田に浴びせ、追い返してしまったのである。

磯崎によれば、酔いが醒めた翌日、さすがにまずいと思い、大平、伊東、磯崎の三人で謝りに行ったが、こってりしぼられ、さんざんな目にあったという。

ちなみに、伊東は酔えば必ず「男の純情」を歌った。これは佐橋も大好きだった歌で、私は、佐橋が持っている歌の本で、この歌の歌詞に全篇、共感の赤線が引いてあったのを知っている。

佐橋は後年、大平と肝胆相照らす仲になったから、大平の盟友である伊東とは、二人でこの歌を合唱する機会があったに違いない。

男いのちの純情は
燃えて輝く金の星
夜の都の大空に
曇る涙を誰が知ろ

影はやくざにやつれても
きいてくれるなこの胸を
所詮男のゆく道は
なんで女が知るものか

暗い夜空が明けたなら
若いみどりの朝風に
金もいらなきゃ名もいらぬ
愛の古巣へ帰ろうよ

佐藤惣之助作詞、古賀政男作曲のこの歌は日活映画「魂」の主題歌としてつくられた。多分、同じコンビの「人生の並木路」も二人の愛唱する歌だったろう。

「男なら」も同じく二人の愛唱歌だったが、二等兵として数多くのビンタを食らった経験をもつ伊東も佐橋も、いわゆる勇敢な兵隊ではなかった。「軟弱な歌」をつくる者という烙印《らくいん》を押された古賀メロディに二人が心を揺さぶられたのは、男らしさが狂暴さとイコールではないことを知っていたからである。

『歌はわが友わが心』（潮出版社）という自伝で古賀政男は言っている。

「戦争は、たとえ勝ちいくさであっても、歴史の最も悲惨なドラマであることに変わりはない。運動会の応援歌みたいに晴ればれとした軍歌など作れるものではない。（中略）いまや軍歌は、酒呑みの歌になった。

私はそれでよかったとも思う。二度と大っぴらに軍歌を歌うような世の中がきてはいけないと思うからだ」
と。

佐橋が非武装平和を唱え、伊東が平和外交を主張し、中国との国交回復に力を注いだのも、単純な、見せかけだけの「男らしさ」とは訣別していたからだろう。

長く伊東の秘書を務め、現在は代議士となっている斎藤文昭は、一九六七年の二回目の選挙で、あまりに伊東が日中国交回復の必要性を訴えて野次られるので、思い余って、

「先生、あの日中国交回復の話だけはやめていただけませんか」

とお願いしたことがある、と語っている。

当時、それを口にする政治家はごくごく少数で、伊東は異端視された。アカ呼ばわりされかねない雰囲気だったのである。

しかし伊東は、

「俺が政治家になったのは、大平を総理大臣にすること、日中国交回復を実現すること、そして故郷会津や福島県の発展のため尽くすこと、この三つだ」

と言っていたとか。

伊東の政治家時代まで話が進んでしまったが、戦後まもなく、伊東が商工省化学肥料第二課長に出向していた時、復興金融公庫からの融資をめぐって昭和電工疑獄事件が起こる。いわゆる昭電疑獄である。首相だった芦田均をはじめ、経済安定本部長官の栗栖赳夫、昭和電工社長の日野原節三、大蔵省主計局長の福田赳夫など、総勢六十四人もの人間が起訴されたのに、窓口の伊東は無事だった。化学肥料第一課長は逮捕さ

れたが、伊東はまったく潔白だったのである。

俗に言えば〽金もいらなきゃ名もいらぬ、の伊東にとって、それは当然のことだった。

「命もいらず、名もいらず、官位も金もいらぬ人は、仕末に困るもの也。此の仕末に困る人ならでは、艱《かん》難《なん》を共にして国家の大業は成し得られぬなり」

こう喝破《かっぱ》した西郷隆盛を好きな伊東にとって、そんなものに心動かされることは恥だったのである。

会津っぽの伊東が薩摩の西郷を好きと公言することは、これまた勇気がいるのだが、伊東はまた、旧会津藩主、保科《ほしな》正之にも傾倒していた。あるいはその教えの上に西郷の人物が重なったとも言えるだろう。

中村彰彦の『保科正之』（中公新書）によれば、徳川三代将軍家光の異母弟でありながら、「信州高遠《たかとお》三万石以上の藩主へのし上がろうと思わず、従三位の官位も辞退し、松平の姓も葵《あおい》の紋所《もんどころ》も用いることを潔《いさぎよ》しとしなかった正之は、まさしく足るを知る人物」だった。

その正之がつくった「会津藩家訓」十五ヵ条なるものがある。これは戊辰《ぼしん》戦争で会津が敗れ、明治新政府によって藩がつぶされる日まで、会津保科家（のち松平家）と会津藩士たちの精神的規範となっていたと中村は指摘しているが、その精神はそこで途絶えることなく、伊東たち会津藩士の子孫に生きつづけたのではないか。

伊東の総理辞退や叙勲固辞は、そう考えると、理解しやすいのである。

参考のため、次にその十五ヵ条を掲げる。
一、大君の儀、一心大切に忠勤を存ずべく、列国の例を以て自ら処《お》るべからず。若《も》し二心を懐《いだ》かば、即《すなわ》ち

一、我が子孫に非《あら》ず、面々決して従うべからず。

一、武備は怠るべからず。士を選ぶを本《もと》とすべし。上下の分を乱るべからず。

一、兄を敬《うやま》い弟を愛すべし。

一、婦人女子の言、一切聞くべからず。

一、主を重んじ、法を畏《おそ》るべし。

一、家中は風儀を励むべし。

一、賄《まいない》を行ない、媚を求むべからず。

一、面々依怙《えこ》贔屓《ひいき》すべからず。

一、士を選ぶに便辟便佞《べんぺきべんねい》の者（心のねじ曲った者）を取るべからず。

一、賞罰は、家老の外、これに参加すべからず。若《も》し位を出ずる者あらば、これを厳格にすべし。

一、近侍者をして、人の善悪を告げしむべからず。

一、政事は、利害を以て道理を枉《ま》ぐべからず。僉議《せんぎ》は、私意を挟み人言を拒《ふさ》ぐべからず。思う所を蔵せず、以てこれを争うべし。甚《はなは》だ相争うと雖も、我意を介すべからず。

一、法を犯す者は、宥《ゆる》すべからず。

一、社倉は民のためにこれを置く、永利のためのものなり。歳饑《としう》えれば則ち発出して、これを済《すく》うべし。これを他用すべからず。

一、若しその志を失ない、遊楽を好み、驕奢《きょうしゃ》を致し、士民をしてその所を失わしめば、則ち何の面目あって封印を戴き、土地を領せんや。必らず上表蟄居《ちっきょ》すべし。

右十五件の旨堅くこれを相守り、以往（以後）、以て同職の者に申し伝うべきものなり。

寛文八年戊申四月十一日　会津中将㊞

家光によって高遠三万石の小大名から会津二十三万石の大大名へ取り立てられた保科正之は、徳川将軍家への忠誠において、他藩のそれと同じ程度で満足してはならない、と説いた。そして最後まで官軍に抵抗して白虎隊の悲劇を生んだのである。

伊東にはその会津に伝わる拒否性と、それゆえの悲劇性が脈々として流れている。伊東はやはり、拒絶において最もその特徴を表す人だった。伊東の中にはいつも、藩校日新館教育の白虎訓「ならぬことはならぬ」の精神が生きていたのである。

その伊東と、「ダメなものはダメ」の土井たか子がバイブレーションを起こすのは、ある意味で当然だった。

その共鳴ぶりを書く前に、伊東がその精神を貫けたのは、子どもがいなかったからではないか、という旧制会津中学の同級生の言葉に触れておきたい。

その医師、佐藤正雄と、ある時、伊東はこんな話をしたのだという。

「佐藤君は七名の子供があり、苦労して病院を作り子供たちにそれぞれ医者の仕事を分担させている。しかし俺には子供がいないのだ。政治改革とか金権政治廃止などに邁進《まいしん》し、頑張っている。俺とお前ではどちらが幸福か」

「どちらが幸福かは各自の目的で判断が違うと思う。あんな良い奥さんを終生不幸な目に遭わせないように、また今の貴君の考え方は雲の中にいて地上の政治家に倫理、道徳を説いているようなもので、いつ風速が加わり、雲と一緒に何処《どこ》かに吹き飛ばされるか知れない」

「俺はその点に常に意を払っている。同志も居るからその点は心配はない。ただ子供がいたなら自分の現在は……」

もちろん、この二人の会話は方言でやられたのだろう。選挙の際に、納豆もちとあんころもちの差し入れを受けた伊東が選挙カーのボリュームいっぱいのスピーカーを通じて、

「もち、ありがとう、大好きだす」

と大声でお礼を言った逸話を地元の人間が伝えている。

ところで、伊東と久しぶりにしみじみ話した佐藤正雄は、

「彼にもし子供がいたなら、今のような頑固一徹にはなれないのじゃないか、また伊東自身も心の奥底には一抹《いちまつ》の寂しさを持っているのじゃないか」

と思った、と追憶している。

「伊東は逝《い》った。しかし彼の政治への考え、また人間味というものは後世まで語り伝えられることと思う」と書いている佐藤のこの一文も『伊東正義先生を偲ぶ』に収められているが、その追想集で土井たか子は、「実在する好ましい政治家像」をいつも伊東に重ね合わせていた、と語っている。

伊東と土井は同じ衆議院第二議員会館で、しかも同じ三階に部屋があったので、時々エレベーターで一緒になった。

「土井くん、会津若松へ応援に来るんだって？　あんまり票をもって行かんように頼みますよ」

こう声をかける伊東に土井が、

「白虎隊が動ずるはずがないでしょう」

と返すと、伊東は、

「あはは。そりゃそうだ」

と笑ったという。

土井が社会党委員長になった日、伊東は深紅のバラの花束を持って土井の部屋に現れ、

「これからいろんなことがあるだろうが、くじけないで頑張って下さいよ。大変なときの委員長だねぇ」

とニコニコしながら励ました。

その伊東が外務大臣時代の国会質問の思い出を記者に聞かれて、

「土井くんから東南アジアでの買春観光を聞かれて一番困ったねぇ。オレも男だからなアー」

と、はにかみながら答えたとか。

「頑固なまでに大事な局面でスジを通し、損得を考えず、不器用といわれても自らの良心に率直だった」

伊東に、土井は「政治家としての気骨と風格」をしみじみ感じていたのだった。

その二人の愉快な「異色ビッグ対談」がある。毎日グラフ増刊の『ザ・ラグビー』一九八九年十二月二十三日号に載ったものである。

「だからラグビーが好き」と題されたそれは、まさに二人のラグビーへの「熱き思い」から実現した。首相コールを蹴った伊東の肩書は自民党元総務会長、土井は社会党委員長である。伊東は東大出なのに早稲田ラグビー部OB会の顧問になっているほどの熱心なファンだし、土井は同志社の学生時代からの熱烈なファ

ン。実はラグビーをやりたかったのだが、認めてもらえず、仕方がなくて応援団をやっているという。

二人はよくラグビー場で会ったらしいが、実にいい笑顔を見せながら語り合っている対談の一部を引こう。

伊東　要するに、ラグビーというのは、アマチュアリズムですよね。プロがない。そこが私は大好きなんだ。古いんだ、私は。

土井　それでがむしゃらでね。

伊東　格闘技ですからね。全身なに使ってもいいということで。

土井　体あるのみと。

伊東　サッカーとはそこが違って、格闘技で。もう時間もフルタイム、動き回るんですからね。それで大体スターというものがない。その日その日の試合でヒーローはできても。

土井　そうそう。

伊東　スターというのは十五人が全部なんですからね。そういうところは好きなんだな。野球の三番、四番というと、長嶋、王なんていうわけじゃなくて、みんなが——フォワードが弱ければダメだしね。そういうのが好きなんだな、私は。

土井　スクラムというのはラグビーでしょう。いろんな場所で挨拶する時に「スクラム組んで頑張りましょう」なんていいますね。あの場面を、やっぱり思い浮かべながら私はいうんだけど、やっぱりほかのスポーツには、ちょっとそういうことがないですからね。チームワークというのが、どういうスポーツでも大事といわれますけど、いちばんやっぱりラグビーは……。

伊東　特にそうです。十五人がちゃんと、みんなが、持ち場持ち場で頑張らんとダメなんで、そういう意味でスターがないというのは、私はいいと思うんです。試合でヒーローは出るかもしらんけどね。スターはいない。

土井　野球でも、新しいルーキーなんかの人を見る時には、「お尻を見る」なんてよくいわれていまして、お尻の大きい人でないと、それから伸びないなんていわれたりしますけど、ラグビーはお尻の大きいの、得ね、ちょっと。そうお思いになりませんか。

伊東　ハッハッハッハッ（笑）。

土井　やっぱりお尻が貧弱なのはダメなんですよね。たくましくないのね。

伊東はそもそもは野球をやっていて、旧制浦和高校時代は野球の選手だった。しかし、野球部には冬の間はラグビーをやる者が多く、東大に進んだ伊東は、冬になると「いたずら」でラグビーをやっていたという。「土井さんがお書きになっているものを拝見しますと、かなりな活発というか、おてんばさんだったようですが」と編集者に水を向けられて、再開された次のヤリトリも、伊東という人間を知るうえで興味深い。

土井　男性の場合には、そういうことといわれないのですね。だって、スポーツをやるというのは、別にとりたてていうことではなさそうに思いますけれども、女性の中でやると、それいわれる時代だったな、私たちのころはまだまだ。

伊東　そのほかも活発だったんじゃないかな、土井さんは。

土井　そうでもないんですね。むしろ、面倒みるほうが好きなほうかもしれません。だから、応援団をつくろうというふうなことで、ラグビーでも、みんな、雨の中でやったら、もう泥々《どろどろ》でしょう。そういう人たちが、あとシャワー浴びて出てくるまでに、お茶の用意して待っているとか、そういうことは非常にやっていて、ほのぼのした気持ちになったりすることがありましたね。

伊東　やっぱりそれは母性本能じゃないですか。

土井　ああーッ、それがあるかもしれませんね。

伊東　私なんかも政界でも、これはトップはいやなんだ、俺は。常に大平のそばにいたり、人を助けてやっていこうという――俺も母性本能人間なんだ、これは、ハッハッ。俺は副だよ、常に（笑）。

伊東は最初の選挙の候補者アンケートで、「長所は人の面倒を見ること、欠点は短気、好きな女優は山田五十鈴」と答え、また、当てにしない一万円が入ったら「好きな本を買う」、三日の休暇があれば「山登りをしたい」と言っている。

森光子や菅原文太との交友も知られているが、政界で伊東を敬愛するユニークな人物としては、土井の他に、さきがけの田中秀征が挙げられる。田中は伊東預かりという形で、自民党の宏池会に入っている。先日対談した時も田中は、伊東を指して、官僚であったときの自分の専門じゃないところで活躍した、その延長上では生きていなかった、と賞賛していた。

田中はまた、一九八五年に出した国会報告『初登院』（田中秀征後援会）に、伊東の部屋で田園都市構想特別委員会やA・A研（アジア・アフリカ研究会）について話したことを記し、伊東のことをこう書いている。

〈伊東正義先生は、故大平総理の分身。大平総理の急逝で臨時首相代理を務めた。部屋は大平総理の写真がいっぱい。品格、清潔さ、気骨、人望、私があらためて言うのもおかしい。人は人を識るというのだろうか、夏目（忠雄）先生とは互いに認め合う仲だ。

私のことは、ことの外かわいがってくれる。特に外務省の高官や外国の要人に会うときは、わざわざ私を連れて行って顔つなぎをしてくれる。

雑談の中でびっくりしたことは、伊東先生は、政務次官も常任委員長もやらなかったというのである。大平総理が、

「君はやらなくてもいいだろう」

と言うから、

「ああいいよ」

と言って何もやらなかったと言う。自分はそれでも良かったが、選挙区の支持者が、

「お前のとこの先生は、何にもやらないじゃないか」

といわれて小さくなっているのを見るとつらかったそうである。

最初の役職が何と大平内閣の官房長官。それで一気に自民党を代表する指導者の一人として浮上した。世間は決して人材を見捨てることはない。必要なとき、必要な人を必ず押し上げるものだ〉

伊東が政務次官などにならなかったことには、選挙区の人たちとの間に立ってちょっと困った、と輝子夫人も語っていた。

農林省の先輩や後輩からは、事務次官をやった人間が、〝盲腸〟といわれる政務次官などにはならないで

ほしい、と言われていたらしい。

伊東が官僚時代の延長線上で生きなかったことについては、農林省の後輩の内村良英の証言がある。

「議員になられてから、俺は後輩に質問なんかしないよと、一度も農林水産委員会の委員になられず社会労働委員会で活躍されたのも農政、社会福祉と常に社会的弱者のことを想って行動されたように思われる」

内村は『伊東正義先生を偲ぶ』にこう書いているのである。

この伊東の人生観は、教育者一家であった少年時代の家庭教育にあったのではないか、と内村は推測してもいる。

浦和高校、東大、農林省を通じて同期だった細田茂三郎が、内村に、

「伊東君はあれで親父さんには完全に頭が上がらないらしいぞ」

と言ったことがあるという。

それも家庭教育のせいかは知らないが、とにかく伊東は「辺幅を飾る」ことが嫌いだった。俳優の菅原文太が共感したのも、一つはその点である。

一九八〇年に山田太一のNHK大河ドラマ「獅子の時代」で会津の下級武士、平沼銑次を演じていた菅原は伊東から「会いたい」という電話をもらって、外務大臣室に出かける。その前に大平が伊東に、

「お前以上に頑固な奴がいるぞ」

と冷やかして、伊東は会いたくなったらしい。何事ならんと、かなり緊張していた菅原は、腰にタオルを長々とぶら下げたまま、

「やあやあ、菅原君か、ようこそようこそ」

と出て来た伊東に驚いた。

菅原も仙台の中学時代に高下駄、マント、腰に手ぬぐいで通学していたこともあって、いっぺんに親近感をもったのである。

以来、伊東の飾り気のない人柄に惹《ひ》かれて、選挙のたびに応援に駆けつけた。もちろん、ノーギャラ。

私も一度だけ伊東に会ったことがある。一九九一年の春、東京は日本橋本石町の東洋経済新報社の応接室でである。元大蔵次官で東京証券取引所理事長をしていた長岡実と伊東、それに私の三人で『鬼平犯科帳』について座談会をしたのだった。

『週刊東洋経済』の同年六月十五日号に掲載されたそれには「『現代の鬼平』世相・政治を斬る」というタイトルがついている。

私が司会役を兼ね、意外感をもたれる「鬼平」ファンの顔合わせで座談会は始まった。

初対面ながら、たとえば菅原文太について次のように突っ込めるほど、伊東は気さくだった。

菅原も役柄ほど頑固ではないという伊東に私が、

「頑固の本家の前では負けるんじゃないですか」

と聞くと、伊東は軽くはずして、

「しかし最近は、人間が平均化されて、没個性だね。あいつはただ者じゃないぞというのはもういなくなったよ」

と慨嘆した。

勘所《かんどころ》のヤリトリを次に紹介しよう。

佐高　お二方ともお役人のご出身ですが、鬼平が、かつてぐれていて、いわゆる下情に通じているところに共感されるところがありますか。

伊東　それは確かにある。「大岡越前守」だって下情に通じている点は同じだが、鬼平の下情の通じ方に、ちょっとひねった近代性がある。

長岡　日本人には、伝統的に、非常に割り切った単純正義感がある。そういう正義感を満足させてくれる何物かが鬼平さんにある。悪いやつをぴしっと取り押さえて、目に物を見せずやっちゃう。強いしね。

伊東　池波（正太郎）さんも若いときから苦労したことも、影響しているんでしょうね。

佐高　それに、描かれている盗人にも魅力がある。彼らもそれぞれ生きているというのが出てくる。

伊東　その世界でね。

長岡　悪人にも悪人道がある。狙った商家に押し入り、どんどん人をぶっ殺して物をとっていくのと、長い期間をかけて綿密に準備をし、できれば侵入したこともわからないようにして盗みを働く、また盗まれて途端に生活に困るようなところは狙わない悪人道に徹した親分とでは鬼平さんの扱いが違う。

佐高　一つ間違ったら自分もそっちの道だったかもしれないという可能性を知っているわけですね。

それから話は藤沢周平の描く世界に移り、池波が「いかにも江戸っ子らしい感じ」で、さわやかな風が吹き抜けるのに対し、藤沢作品は、とくに雪国に育った私には小説の世界として読み過ごせないほど重い、と私が言うと、伊東は、

「どうしてもわれわれは東北だからね」

と共鳴してくれた。

善と悪の境が紙一重であることを知っている鬼平への人気が昂《たか》まるばかりなのは、演ずる中村吉右衛門の魅力もさることながら、現代の官僚への不満が底にあるからではないだろうか。

鬼平的官僚がふえてほしいという渇きが、鬼平ブームの背景にあるような気が私はしてならない。長岡も指摘しているように、妾腹《しょうふく》の生まれで、若いころ、いろいろ不良がかったことをした長谷川平蔵が「火付盗賊改方」の長官になり、人情の機微をつかまえた捕り物や裁きをする。そこが何とも言えない鬼平の魅力を醸《かも》し出しているのだが、現代の官僚は下情に通ぜず、それを見下す動きばかりをする。

伊東や長岡のように、鬼平に惹かれる官僚があまりにも少ないのである。

官僚はまた、匿名の世界に棲《す》んでいる。役人はあくまでも役の人であり、固有名詞で仕事をしているわけではない。接待等で問題になっている大蔵官僚たちは、責任を逃れるためにのみ、匿名を利用しているのだが、伊東などのような弁《わきま》えた官僚は、その区別がついているだけに、出しゃばらない人を好む傾向がある。

伊東が鶴ケ嶺をひいきにしたのは、寡黙さに共感したからだけではなかった。私も、息子の逆鉾《さかほこ》との師弟物語で鶴ケ嶺（当時は井筒親方）を取材したことがあるが、勝ってもニコリともしなかった双差《もろざ》し名人を伊東が応援したのはまさにぴったりである。

伊東はあるとき、ポツリポツリと鶴ケ嶺のことを次のように語ったという。

――若い時分、相撲を観に行ってネ、それも朝から、まだ髷《まげ》の結《ゆ》えない前相撲から見物した。夕方頃行って幕内上位や三役の勝負を観てあゝ面白かったじゃつまらん、ものになるかどうか、タマゴのうちから……なんて言われてネ。砂かぶりで。

――ところが元気はいいンだが敗けてしょんぼりしてる若いのが前に居るンだ。肩を叩いてガンバレ、クヨクヨシナサンナ、アシタガアルなんてことを言ったンだろうな。

――そしたら、彼は感激してアリガトウゴザイマス、ガンバリマス。それから勝負の結果を知らせてくるンだ。もっともその時は下ッ端だから一日おきくらいの取組み……。

――だんだん出世して十両、入幕。フグは高いから河岸《かし》に行ってアンコウを風呂敷一杯買って届けたりしたンだが、うん、ほらあの鶴ケ嶺だよ。さて、そのうち化粧回しを贈らにゃならんがオレに出来るわけがない。大洋漁業の中部さんに出してもらったョ。だから彼は㋩の回しをしてる。

井上則之という人が『偲ぶ』に書きとめている伊東の独語である。

さて、そのために伊東が政治家にまでなった大平正芳とはどういう人だったか。

大平は伊東より三歳上で、一九一〇年三月十二日に香川県三豊郡和田村に生まれている。三豊中学五年の時に病気で父を亡くしたが、親戚の援助で旧制高松高商に進み、育英会から学資の貸与を受けて東京商大（現在の一橋大）に入学した。大学時代はキリスト教への関心を深め、矢内原忠雄の「聖書研究会」に参加したり、賀川豊彦の門を叩いたりしている。

そして就職の時期を迎えたが、当時、大平は、できれば住友に入りたいという思いを抱いていた。

「それというのも、子供のころから、住友鉱山の四阪島《しさかじま》製錬所の煙を見ながら学校へ通っていたし、住友財閥の発祥の地、別子《べっし》銅山には、郷里の村からもたくさんの人々が働きに行っていた。私が渉猟したキリスト教関係の本の多くが、矢内原、黒崎（幸吉）、江原（万里）の各先生のもので、そのいずれもが住友と縁のある方であった。また当時私は、川田順氏の和歌や随筆（とくに歴史物）が好きで、川田さんの二十数冊に及ぶ著書はほとんど読んでいた。その川田さんが住友の理事をしていたし、住友のことをよく書いておられたことなども、心理的に影響していたのかもしれない」（大平「私の履歴書」）。

のちに〝老いらくの恋〟で知られるようになる川田と大平の組み合わせは、やや意外の感にうたれる。

住友に惹かれながらも、中学入学時に将来の志望を「官吏」と書いたことのある大平は、高等文官試験にも挑戦する。そして合格した大平は、紹介する人があって、郷里の先輩でもある大蔵次官の津島寿一を訪ねる。一九三五年の秋だった。

津島はいきなり、大平に、

「君、大蔵省にこい」

と言い、

「こいといわれますが、採ってくれるでしょうか」

と不安がる大平に、

「本日ただいま、ここで採用してやる。ほかを受けないでよろしい」

と太鼓判を押したのである。

「しかし、私は東京商大ですから、大蔵省には向かないのではありませんか」

と引き気味の大平に、津島は言った。

「そんなことはない。大蔵省はいままで東大ばかりで、たまに京大が入るぐらいだ。どの事務官に何かを聞いても、返ってくる答はみんな同じだ。これではいかん。ちがった血が必要だ。君、大蔵省に来たまえ」

そして一九三六年春、大蔵省に入省する。この年は「二・二六事件」の起こった年だが、同じ年に東大法学部を出て農林省に入ったのが伊東正義だった。

まもなく、大蔵と農林の対抗野球試合の話がもちあがり、伊東は農林チームの投手《ピッチャー》として大蔵チームを牛耳《ぎゅうじ》った。このとき大平は大蔵の捕手《キャッチャー》をしていて、その後の飲み会で二人は意気投合する。そして興亜院時代を経て兄弟以上の仲となるのである。

野球では伊東が投手で大平が捕手だったが、その後の役人人生や政治家人生においては、完全に大平が投手で伊東が捕手役だったように思われる。

大平の人となりについて忘れられないのは、拙著『師弟物語』（現代教養文庫）に引いた次の話である。大平が自民党の政調会長の時、党本部の総務会室で、一九六八年産米の生産者米価について激論が闘わされたことがあった。その中で、田村元と田村良平の両総務が、大平は大蔵省のエリート官僚で農民の生活を知らないから、こんな低い米価を出してくる、と突き上げた。

それに対して大平は、静かに立ち、

「大平は百姓の生活を知らないと言われたが、あなたたち両君とも父君はわれわれの先輩代議士で名門の出であり、裕福な家庭で育った方々である。それにくらべ私は四国讃岐《さぬき》の貧農の倅《せがれ》である。私は少年の頃、夜明けとともに家を出て、山の中腹にある水の少ないわが田圃《たんぼ》を見回るのが日課であった。そのような毎日の日課を必ず果たしてから、朝の一番の汽車に乗って学校へ通ったのである。家貧しく学資もなく、私は給費生、貸費生として勉強し、ようやくにして大学を終えることを得たのである。このような大平正芳が農業を知らない人と言われることは心外である」

『大平正芳回想録』の追想編で、この話を披露しているのは当時の米価調査会長、田中角栄で、田中は「私の初めて聞いた腹の底に響く大平君の発言であった」と締め括《くく》っている。

伊東は、大平の盟友の田中が嫌いだった。その反角の姿勢を伊東は隠そうともしなかったが、大平と田中は少年の日の貧苦によって結びついていたのかもしれない。そこは伊東の踏み込めないところだった。

大平が政治の世界で一躍脚光を浴びるのは、安保条約をめぐる激動の余熱さめやらぬ一九六〇年夏、池田内閣の官房長官となってだが、同年七月十九日付の『朝日』は大平の横顔をこうスケッチしている。

「見るからに秀才型の多い大蔵官僚出身には珍しく、見てくれが鈍重なタイプである。東京商大のころは陸上競技の選手もやったというが、そんな感じはでっぷり太った今の姿のどこにもない。〝一体、何を考えているのか、ちっともわからん〟という人も多いが、それでいて親分池田氏の信任は厚く、池田氏の総裁立候補の声明文も書いたりしている。池田総裁が決まる前から早くも、大平官房長官確実が取りざたされていたくらいだ。それに、岸前首相や河野一郎など他の派閥の親分衆からも買われており、どこにそんな魅力が潜んでいるのかと不思議がられたりもする。

だから、〝見てくれのヌーボーは一種の政治的なポーズで、どうしてなかなか抜け目のない動き方をする。見かけにだまされて油断はできない〟との評も出てくるわけだ。

一般に小ツブの才子が多いといわれる池田派の中では異色の政治家であることは間違いない。そんな持ち味が官房長官となってどんな具合に発揮されるか興味のあるところだ」

戦後の一時期、伊東は夫婦で大平邸に居候《いそうろう》したことがある。まさに影の形に添う如く、大平と行動を共にした伊東だったが、たとえば伊東が酔って「男の純情」を歌う時、大平は何を口ずさんだのか。

大平とは「雀友《ジャンゆう》」でもあった佐橋滋が、生前、こんな証言をしてくれた。

大平はマージャンでテンパイすると、いつも「横須賀小唄」をハミングしたというのである。戦時中に流行ったこの歌はこう始まる。

勇ましく出港用意の
ラッパが響きゃ
何の未練も残しゃせぬ
みづく屍《かばね》と此の身を捨てて
今ぞ乗り出す太平洋

大平のマージャンは、お世辞にもうまいとは言えなかったし、歌もうまいとは言えなかった。しかし、佐橋によれば実に「罪のないマージャン」で、テンパイするとうれしくなって、

〽勇ましく

と歌い出すのだから、すぐに手の内がわかってしまう。

「政治家のマージャンはふつうカケが高いのに、大平さんは小さくて、せいぜい千円札が動く程度だった」

佐橋はこう語った後、それを歌えば大平を思い出すことができるかのように、また、「横須賀小唄」を口ずさみ始めた。二番の歌詞もなかなかにいい。

住みなれし母港よ
さらばと見返る空に
浮かぶ三浦の山や丘
椿咲くかよあの大島を
越せば黒潮渦を巻く

どちらかというと統制色の濃い経済政策をとろうとする佐橋は、大平のボスで自由経済派の池田勇人からは徹底して遠ざけられた。人物の好みは別として、政策的には池田の政敵の佐藤栄作と佐橋は近かったのである。

そのためもあって、大平も佐橋とは遠かった。二人が親しくなったのは、大平が通産大臣として着任してきてからである。

当時の佐橋は〝ミスター通産省〟と呼ばれて飛ぶ鳥を落とす勢いで、敵も多かったので、佐橋に対する大平の印象も悪かった。

しかし、腹に何物もなく、直情径行が佐橋の特徴と知ってからは肝胆相照らすようになる。言ってみれば、佐橋は伊東型なのだから合わないはずがない。伊東をもう少し猛々《たけだけ》しくしたのが佐橋ということになるだろうか。

それで大平はある時、佐橋に、

た。

メンバーは佐橋の先輩の元通産次官、徳永久次や元大蔵次官の石野信一などで、女将《おかみ》が加わることもあった。

そして、それからは、最低月に一回は雀卓を囲むようになった。

「大平正芳を囲む会」の後、たいていは新橋の料亭「栄家」、八時頃から一時間か二時間。

と直接言ったことがあるという。

「君を誤解しとった」

佐橋に言わせれば「大平さんには女に勝っても名誉にならんとは考えない、わりと子どもっぽいところがあった」とか。

それで思い出したが、前記の「鬼平」座談会で伊東は、大平が髷物《まげもの》（時代物）が好きで、テレビでそれが始まると、人の話を聞かないと言っていた。そのため、夫人に「失礼だ」と怒られていたという。これも、「子どもっぽいところがあった」の有力証拠だろう。

マージャンについては下手《へた》の横好きの典型のような大平には、パイをなめるクセがあり、それに対して佐橋は何度か、

「汚いからよしなさい」

と言った。

しかし、大平は一向に気にせず、手にツバをつけては、パイにさわる。

大平が総理になってからもマージャンをやったが、パーティなどで佐橋を見つけると、大平は近寄って来て、

「おう、恋人よ」

と声をかける。周りの人間が、

「どうして〝恋人〟なんだ」

と聞くと、佐橋は説明せざるをえない。

麻雀連盟から四段をもらっている佐橋が、不思議と大平には負けるのである。

「アンタ、これが実力だと思ったら、大間違いだよ」

と大平には言うのだが、大平はうれしそうにニヤニヤ笑っている。

佐橋によれば、あまりにウデが違いすぎるのである。マアマアの打ち手にはそれなりの打ち方があるが、大平はまったく意想外の、それこそ「屁《へ》みたいな手」で上がる。

待ちにしても、もう一枚しかないパイの単騎待ちをしていたり、調子が狂ってしまうのだった。

「こんなヘタなのに負けてカッコつかん。オレは人前に出られない」

と、地団駄を踏む佐橋に、しかし、大平はパーティなどで、

「おう、恋人よ」

と何度も声をかけた。

先に書いたように、大平と伊東が最初に会ったのは一九三六年四月の野球試合でである。伊東によれば、大平は大蔵省チームのキャッチャーをやったが、「下手くそで、でかい体でボールを取るだけ」だった。しかし、大平と伊東の関係は野球とは違って大平が投手役で伊東が捕手役であり、さまざまな面で伊東がリードしたとも言える。たとえば読書である。

長岡実の語るところによれば、長岡が主計局長をしていたころ、衆議院の予算委員会で缶詰状態になっていると、議員席の一番前にいつも伊東がいて、本を読んでいる。

「先生、今何を読んでいらっしゃるんですか」

と長岡が声をかけると、伊東は、

「これだよ」

と見せてくれるのだが、しばらくすると、大平が、

「長岡君、こういう本を読んだかね」

と、その本を示すことが多かった。

とはいえ、伊東は生涯、大平の女房役に徹した。伊東が農林次官になった時、感想を求められて、

「次官というのはね、大臣の女房だよ。抱負なんかないよ。メンドリが時を告げるのはろくな家じゃない」

と答えているが、伊東は〝生涯一捕手〟でありつづけた。

大平が急死した後、一ヵ月間、臨時首相代理を務めた時も、首相の椅子に一度も座らず、執務室の机に飾ってある大平の遺影に向かって政務の報告をしたというのも、まさに伊東ならではの話である。

遂に大平が首相になって、まちがいなく伊東は官房長官といわれていたのに、田中六助にそのポストをさらわれた時も、伊東は一言も不満をもらすことはなかった。

そして、一九七九年、第二次大平内閣で官房長官となったのが初入閣である。すでに伊東は六十五歳となっていた。

この内閣には大平、伊東の他に、外務大臣の大来佐武郎《おおきたさぶろう》、通産大臣の佐々木義武と興亜院出身者が四人も

そろい、ある意味で〝興亜院内閣〟だった。

興亜院とは中国という占領地行政のために設置された役所である。この思い出を、農林省の同期生で、やはり興亜院にいたことのある岡本貞良が伊東を偲びつつ、こう書いている。

「昭和激動時代の歯車は粛々と廻転、吾々の身辺にも様々な変化をもたらす。満州国に出向する者、軍隊に召集されて戦地に赴く者、興亜院に出向する者等、伊東君は興亜院に出向、華中連絡部（上海）に在勤された。私も昭和十五年に興亜院に出向、十八年に大東亜省北京大使館から農林省に復帰する迄約三年間北京に在勤した。お互いに大東亜共栄圏構想に基づく民生安定のために心を砕いた時代である。北中支バーター協定を結び、上海から小麦粉を北支からは石炭を輸移入する仕事で、しばしば北京と上海を往復、公務の傍ら旧交を温める機会に恵まれた。夜遅くまでウィスキーを飲みながら歓談、君のブルースや男の純情を聞いたこともあった。その頃一ツ橋同期の畏友大平正芳君が（蒙古《もうこ》）張家口に在勤、北京には佐々木義武氏、大来佐武郎氏等が居り、公務連絡を通じ親近感と信頼感を深めて居った。大陸的というか？　興亜院の仕事は垣根を超えた友情を育てたように思う」

この時代の伊東について、農林省の一年後輩で、やはり興亜院に行った立川宗保は、ともに単身赴任で上海の新亜細亜《しんアジア》ホテルに住みながら、毎晩のように飲んでいたと語っている。

まったくの自前で飲むので、伊東は、

「月給は料理屋のツケと本代で全部消える」

と言っていたという。

立川によれば、伊東はそのころが「最絶頂期の飲み時代」で、二人で一晩でウィスキーを三本も空けたことがあるとか。

このころ、一本気な伊東は言い出すと、なかなか他人の言うことを聞かず、特に軍人の上司とぶつかった。興亜院の華中連絡部の長官は海軍中将で、次長が陸軍主計少将、そして局長が大佐だったが、伊東はよく陸軍の上司と衝突した。

ある時は大変な激論になり、伊東は、

「意見が通らなきゃ、おれはもう役所へ出ない」

と言って宿舎のホテルにこもってしまった。

それで、どうにも致し方なく、立川が農林省の秘書課長に連絡して、伊東を東京に引き上げてもらったという。

伊東は形式と威張ることが嫌いだった。その二つで成り立っているような軍人と衝突したのは、ある意味で必然だったのだろう。

長く秘書をやった的野澄男が、頭を抱えた思い出を語っている。官房長官として伊東が初入閣した時、タキシードの用意がなかった。それまではまったく必要がなかったのである。それで高島屋から五万円ほどで借りることにしたのだが、伊東は何と、

「この洋服はチンドン屋の洋服だ。キャバレーの呼び込みはみんなこの洋服を着ているぜ」

と毒づいたという。

また、三越で急いでつくってもらった燕尾服《えんびふく》も一度着たかどうか。挙句《あげく》の果ては、

「こんなものを着るんだったら、宮中晩餐会に行かない」

と言い出した。

「人間に一等から何等まであるなんておかしい」

と勲章も拒否し通したのは有名な話だが、それは死後も貫かれ、輝子夫人が、

「政治家として名誉とかにこだわらない人で、生前もさまざまな勲章はもらおうとしませんでした。死去後、(衆院事務局から)打診がありましたが、本人の気持ちを尊重してご辞退申し上げました」

と語っている。

それについて、中日新聞の宇治敏彦が、伊東は河上肇の『貧乏物語』を愛読し、京都の法然院にある河上の墓に詣《もう》でたほどで、「反骨」「清貧」「庶民」が原点だったから、それゆえに違いない、と書いている。「故人の遺志を尊重」した輝子夫人もまた一徹だというのである。

私が知っている数少ない勲章固辞者には、伊東の他に日銀総裁をやった前川春雄がいる。伊東も前川も、また、それをことさらに言いはしなかった。ことさらに言うような人間は確実にもらうのである。

ところで、中国については、中国大使をやった橋本恕《ひろし》が、大平の死後、中国の要人が最も信頼した人は伊東だった、と回想している。

外務大臣をやめた後、伊東は、

「俺は余生を日中関係のために捧げる」

と口癖に言っていたが、これは日本と中国の友好協力が日本にとっても中国にとっても必要だと思っていたのに加え、大平の遺志を継ぐという気持ちがあったのではないか。

そう推測して橋本は、

「伊東先生は中国人に対して、一度も媚びへつらうことはなかったし、中国人の耳に痛いことも直言した。その反面、中国人に対して傲慢であったことも、見下すことも全くなかった。筆者が中国で大使を務めていた頃、一年に何回か本国政府と打ち合わせのため帰国するたびごとに、伊東先生は筆者を晩飯に呼んで、中国の話を聞くのを楽しみにして下さった。伊東先生の眼は常に冷静であったが、心の底には中国と中国人に対する愛情が脈打っていた」

と書いている。

若き日、興亜院に出向して、軍人の上司と衝突し、官僚として思うような行政ができなかった悔いも伊東の心の底にはあっただろう。会津の地の選挙演説で、反対されながらも、票にならない日中国交回復を訴えざるをえなかったのは、生涯消えない中国と中国人への贖罪《しょくざい》意識からではなかったか。あるいは、同じく興亜院に出向した大平にもその意識があったからだろうか。

一九八〇年七月九日、大平の内閣・自由民主党合同葬で葬儀委員長として弔辞を読んだのは、もちろん伊東である。しかし私はそれよりも次に、『大平正芳回想録』追想編に収録された伊東の「故大平総理を偲ぶ」という一文を掲げたい。

故大平総理の死は、正に戦場で倒れた戦士の壮絶、悽愴《せいそう》な死でありました。枕頭《ちんとう》にあって故大平総理の最期を見届けた瞬間、国政の渋滞は瞬時も許されないこと、人との争いを好まぬ大平総理が皮肉にも運命のいたずらか、党内抗争の渦中の人となり、病床にあって常に選挙の推移、党内融和、政局の安定を憂慮しておられたが、これで最早争いのない安らかな世界に眠る人となったこと、そして四十五年余にわたる変らざる私との交友関係等、公私にわたる思いが走馬灯の如く私の脳裡を去来したのでありました。

故大平総理の在世中は種々批判もありましたが、それは神でない人間の身、致し方のないことで、大平総理は〝温かい思いやりのある人柄、一度熟慮して決めたことは迷わず実行する性格、自己顕示を極端に嫌うハニカミ屋、争いを好まず包容力に富み、およそズルイということとは正反対の誠実な人柄〟でありました。

故大平総理との附合いは同じく昭和十一年に大蔵省と農林省に入省し、戦時中は興亜院に派遣され、共に青春時代に中国の生活を経験し、当時同じ興亜院に籍をおいた故大平総理、佐々木前通産大臣、磯崎元国鉄総裁、村田ジェトロ理事長等九人で九賢会を結成し、故大平総理を誰が決めるともなく極く自然に九賢会の代表格として、今日に至るまで変らざる交友関係を続けてきました。

私は復員後は満二年間、駒込林町の故大平総理の旧邸で居候生活をしたのでありますが、故大平総理との貸借対照表は私の一方的な借方ばかりであります。当時よく議論をしましたが、市場原理を基礎とした自由主義体制の信奉者であり、これは総理時代にも変らず国会でも信念を吐露し、自由主義経済の効率性を説いて止まなかったのであります。

故大平総理の下で私が内閣官房長官となり、病床で最期を看取り、棺をかつぎ、内閣・自民党合同葬の委員長を務め、そして静々と第二次大平内閣を鈴木内閣に引き継ぐことができましたことは、何かの因縁か運命の不思議さを感じます。

合同葬儀はカーター大統領、華国鋒首相を始め各国から多数の首脳の参列を得て、空前絶後とも思われる盛儀でしたが、特に数多い庶民の方々が沿道で棺を見送り、また葬儀にも参列していただいたことは、故大平総理の人柄を偲ばせるものでした。

言うまでもなく、他人を語ることは自分を語ることである。多くの庶民が沿道で棺を見送ったことに着目するのは、伊東がそれを大切に思い、大平もそれを喜んだと信ずるからだろう。

この偲ぶ文は、政治家としての大平の事蹟に触れた後、次のように結ばれる。

故大平総理を失い、私は心に大きな空虚を感じておりますが、しかし一面、老残の身をさらすこともなく、恰《あたか》も役者が舞台で倒れ最後の息を引き取ったような見事な宰相の生涯であった、と私は心を慰めております。私の執務室には、温容今にも人に語りかけるような故大平総理の写真が、私を温かく見守ってくれています。

故大平総理の霊は、こよなく愛した長男正樹君の墓と並んで多磨霊園に眠り、日本の進路を、そして遺族の方々の幸福を見つめています。

これも「何かの因縁か運命の不思議さ」か、とりわけ太平の死によって否応なくクローズアップされた伊東の存在が、リクルート事件で汚濁された政界の救世主として前面に押し出されてくる。国民の間からも伊東待望論が澎湃《ほうはい》として沸き起こった。

伊東は、ともかく、政治不信を一掃するためには、リクルートに汚染された派閥の領袖《りょうしゅう》たち（竹下登、安倍晋太郎、宮澤喜一、渡辺美智雄）がすべて議員バッジをはずすべきだ、と主張していた。

朝日新聞記者の若宮啓文の質問に答えて、

「本の表紙だけ替えても、中身が変わらなきゃしょうがない」

と言ったのはそういう意味である。

「君は永遠の今に生き
現職の総理として死す
理想を求めて倦《う》まず
斃《たお》れて後已《や》まざりき」

大平の墓碑銘に伊東はこう記したが、大平を死なせているいま、なおさらに伊東は「理想を求めて倦まなかった。

伊東のかつての部下で熱烈な伊東ファンの木下行雄が喝破した如く、伊東は自民党のボスたちが「なってもらっては困る人」だったのである。

前記の「鬼平」座談会で、伊東は、別なところに司令塔があるんだから、自分が引き受けても海部俊樹君と同じことだよ、と言った。それで私が、

「いったん引き受けて司令塔を蹴飛ばすこともできたんじゃないですか」

と突っ込むと、伊東は、

「できないことはないと思うが、おそらく党が割れたでしょうね。私が引き受けて私の頑固さでやれば」

と答え、さらに私が、

「党を割っちゃまずいですか」

と尋ねると、伊東は諭《さと》すように、こう付言した。

「党を割ってという自信はなかったからね。

いろんなことがあったが、あれだけ国民から信用を失ったんだから、国民に謝るべきだと言ったんですよ、少なくとも党の三役以上は。

竹下君だけわかってくれたけれども、あとの人は、刑法に触れないんだから、何も謝る必要はない、というんだな。

政治というのはそうじゃないんだね。不公正、不公平というのは、国民からみればみんなおかしいぞ、ということなんで、そういうものはやっぱり国民に済まなかったと謝るべきじゃないか、と言ったんだけれども感触は全然違うんだ。だから、そういう人に後で支配されるなんて、という感じを持ったよ」

田原総一朗の問いに、

「オレは逃げたわけじゃない。断ったんだ」

と答えた伊東の、固辞の理由には、健康問題にからんでの夫人の反対があった、ともいわれた。

輝子夫人にそのことを尋ねると、

「妻がやめろと言ってやめるなら、伊東正義じゃないでしょう」

と彼女は言下に答えた。まさにその通りである。さすがに伊東夫人だなと思う答に私はうれしくなった。

この「事件」について、宮澤喜一はこう「追想」している。

「何年かたって、総理大臣が何度も替わる世の中になって、総理大臣の名前を忘れてしまったなんていう笑い話がある中で、総理大臣にならなかった人、総理大臣を断った人の名前だけは、おそらく長いこと世間は忘れないだろうと思います」

同じ宏池会でも、宮澤と伊東の仲は決してよくなかった。宏池会には前尾繁三郎に近い人と大平をかつぐ人の流れがあり、宮澤は前尾系で、いうまでもなく伊東は大平直系。前尾から大平へ派閥が代替わりする時にかなり深刻な争いがあり、そのしこりはなかなか消えなかったからである。

しかし、それゆえに見えるものがあったのだろうと思わせる省察を宮澤はしている。

「大平が自分の趣味」と公言するほど伊東は大平に傾倒し、大平も伊東を深く信頼していたが、二人の性格は違った、と宮澤は指摘する。

「伊東さんは一つのことを筋道を立てて、こうだと思えば非常にきつくそれを迫られました。相手のことを思えば思うほどそういうふうに言われますし、大平さんは、逆に鷹揚《おうよう》なところがあって、まあそれはそうでもこれはこうというようなところがありますから、時々きっとそういうやりとりがあったんだと思います」

宮澤も伊東に「きつく迫られた」一人なのである。その宮澤が伊東の固辞をどう見ていたか。

「伊東さんの心境を考えてみると、初めから言っておられたことは、自分は糖尿病を持っている、時々入院したり医師の指示を仰いでおられるわけですから、日本にいるのであれば構わない、しかし総理大臣としては、しばしば外国へ行かなければならない。その予定を突然にキャンセルするようになったり、あるいは外国に行っている間に病状が変わるというようなことがあれば、これは自分自身の問題じゃなくて国全体に非常に迷惑がかかる、ということを終始たいへんに強く考えておられたようです。

無論そういう意味で奥さんも反対しておられた。奥さんのひと言というのは、なかなかやはり権威があるのですけれども、反対しておられた。その上に、いろいろ党内、閣内の人事の動きが先行したということについては、みんな反省が足りないじゃないか、このリクルート事件というものはお互いになんだったんだということの反省を全くしてない。それが『表紙だけ替えても中身を変えなければだめ』ということの意味なんですけれども、そういう事を非常に強く思っておられるわけです。ですから、説得工作のある段階から、党内の反省が足りない、自分も辞めるから今度のことに関係したような人たちは代議士を辞めたらどうだ、派閥はもうやめてしまえ、そして若手に渡していこうと、こういうことを言われるもんですから、将来を狙っているというか、考えている人にしてみると、自分のことを言われてるということになるわけですね。ですから、それについての反発みたいなものがまた少しずつ出てくる」

冷静すぎるほどに冷静な宮澤の分析である。

ここで「首相の座を蹴った男」という評には「少々異論がある」と書いた一九九五年五月二十二日付『日本経済新聞』のコラムを紹介しよう。筆者は同紙編集委員の田勢康弘。田勢はそれをこう説明する。

「伊東さんは首相の座をけったわけではないと思う。きちんとした手続きで選出されれば、それでも断ったりするほど無責任な人ではなかったはずだ。『後継伊東氏』という観測が広がっていたにもかかわらず、権威ある人がだれも正式に打診していなかったのである。

当時の竹下首相も、正式には打診していないようだ。安倍幹事長は病気で調整役を十分に果たせず、形の上だけの打診に終わってしまった。『ない話に飛びつくほど愚か者ではない』という言葉を伊東さんの口から聞いたのは、それからだいぶたってからのことだ」

たしかに伊東も元役人であり、国家国民のためにと懇望されて、それを断る論理は役人にはない。外国へ行かなければならないといっても、その前に外務大臣をやっているのだし、総理は断ったが、自民党政治改革本部長のポストは引き受けている。
私も「鬼平」座談会でそこは率直に聞いてみた。長岡が遠慮したので、その部分は伊東と私だけのやりとりになっている。

佐高 伊東さん、当時揺らぐことはなかったんですか。
伊東 ない。
佐高 新聞には、少し引き受けそうになったとかいろんな記事が出ましたよね。
伊東 新聞記者は無責任ですよ。その日その日で売れるように書くんだから。
佐高 私たちから見ますと、総裁を引き受けないで改革本部長だけを引き受けたのは何かちょっと。
伊東 それも言われた。これは本当に橋本（龍太郎）君にほだされて、どうにもならんで引き受けたということだな。
佐高 すると、総理のほうはほだす人がいなかったと。
伊東 そんなのはいない（笑）。

これについて、何度か説得の使者に立った加藤紘一は、結局、「会津の美学は亡びの美学」と言って断念した。
たしかにそうだが、「滅びの美学」というよりは「拒絶の美学」なのではないか。引き受ける時よりも拒絶する時に光る美学、それが会津の美学である。

オウム事件で兇弾を浴びた警察庁長官の國松孝次は、伊東が官房長官の時の秘書官だった。その國松が、ある政府高官が責任をとって職をやめるべきかどうかで、伊東に相談に来た時のことを書いている。

前後の経緯から、どうするかは難しく、伊東の意見を聞こうとするのは、國松には名案と思われたのだが、伊東はこれをにべもなく断った。

役人は、身を退くときは自ら決すべきで、人に相談するというのは、ひっきょう慰留してもらいたいからにほかならない、というのだった。

伊東自身、外務大臣を辞任した時、繰り返し何度も辞表の撤回を求められたが、

「辞意というものは、出したり引っ込めたりするものではない」

と、それを拒否している。

そんな伊東に私が唯一不満をおぼえるのは四元義隆を「本当の日本人」として推していることである。

「一人一殺」の血盟団事件の犯人の一人だった四元は、先ごろも、前日銀総裁の三重野康の国会証言で明らかになったが、竹下登や武村正義、そして三重野と共に定期的な会合をもっているらしい。ということは、人の相談にのりたがる〝相談屋〟だということではないか。

大平は〝歴代首相の指南番〟といわれた安岡正篤に師事していた。四元も一時、安岡の門を叩いたのだが、口舌の徒だと安岡を批判して血盟団に走った。

そのためもあって、四元は〝指南番〟として安岡と同一視されることを嫌うが、やっていることは同じである。

吉田茂をはじめ、池田勇人、佐藤栄作、福田赳夫、大平正芳と、とくに官僚出身の首相が安岡に弱かった。

伊東、三重野、武村と、四元に弱いのも官僚出身者である。

例外的に宮澤喜一だけが、官僚出身ながら、こうした魔術師的人間には距離を置いている。大平、伊東組と前尾、宮澤組の違いは、〝相談屋〟に弱いかどうかにもある。

歴代首相で、石橋湛山、田中角栄、三木武夫といった非官僚の党人派は安岡や四元とほとんど親しくなかった。よかれ悪しかれ、彼らは自分で判断したからである。

四元について伊東は『文藝春秋』の一九九一年六月号で、こう礼讃している。題して「常に私情を交えず」。

私が四元義隆さんと初めてお付き合いをしましたのは、戦後私が農林省の局長時代でありますので、いまから三十余年前であります。

四元義隆さんとの話は常に国家の将来についての展望、或いは若い政治家を如何にして育てるかというお話ばかりであり、それ以外のことを話した記憶はありません。常に心から日本の将来を憂えて居られる心情がよく解かります。憂情溢《あふ》れるお話であります。

私が大平内閣の官房長官当時も大平総理の施政について事ある毎に御意見を承りましたが、常に心から国を憂えての御忠告でありました。外務大臣、党の政調会長、総務会長当時も時々席を設けては御招待いただき、国の行くべき途、その時々の政治についての御意見を承りました。

また、これはと思う若い政治家のために、応援をして居られたこともよく知って居ります。

私が二年前、党内で総理大臣にと要請されたことがありましたが、その時の四元義隆さんの御推薦のお手紙にお断りの御返事をすることが一番心苦しかったことを今でもよく覚えております。

「命もいらず、名もいらず、官位も金もいらぬ人は、仕末に困るもの也。此の仕末に困る人ならでは、艱難を共にして国家の大業は成し得られぬなり」

と喝破された郷里・鹿児島の偉人大西郷翁に私淑して居られることもむべなる哉《かな》と思う次第であります。

その大西郷の言葉どおり、四元義隆さんと話して居りますと全然私心は感じられず、感じますのは、飽く迄、国家的見地に立って世界の中の日本、その日本の将来を考えられた憂国の情から迸《ほとばし》る熱情と如何にして若い政治家を育てるかという熱意のみであります。

私も各界の人々とお付き合いしますが、常に全然私情を交えず天下国家の話をされるのは、四元義隆さんをおいてないと言っても過言ではありません。

四元義隆さんは明治四十一年鹿児島に生まれました。七高時代に国家主義運動に身を投じ、その後東大在学中に井上日召、権藤成卿に傾斜、血盟団事件に連座して懲役十五年の判決を受けました。

現在、三幸建設工業株式会社の社長をして居られますが、私生活も誠に質素であり、鎌倉の円覚寺内の塔頭《たっちゅう》のひとつを住処として居られます。

戦前の四元義隆さんの行動は後世の歴史の批判に俟《ま》つべきものでありますが、戦後私がお付き合いをした四元義隆さんは正に日本人中の日本人に値する人物として心より尊敬して居ります。

四元義隆さんの御健康を祈って止みません。

伊東は、四元の戦前の行動は「後世の歴史の批判に俟つ」というが、四元の中で戦前と戦後は切れていないのではないか。

安岡について福田赳夫が「淋しくなると会いたくなる人」と評したという。しかし、安岡にしても四元にしても、そうした位置にいていい人なのか。

伊東ほどの人間でも、常に上司の判断を仰ぐように相談したくなるのは、役人の習性なのか。

私にとって、伊東が四元を敬愛する姿勢は伊東の致命的弱さとして映る。それは官僚出身者の持つ弱さと重なるのである。

「僕は、マスコミに出るのは昔から大嫌いだ。出たって何もしゃべらない。何もしゃべらないから僕の存在理由がある」

と言いながら、四元は最近よくマスコミに登場している。その点も安岡と似ているが、たとえば『中央公論』の九五年の六月号では、田原総一朗のインタビューに答え、「八十七歳とは思えぬ、エネルギッシュで迫力のある話」をした。

「僕は出獄して以来、一日も生きていようと思ったことはない。人を殺し、同志をたくさん失って、なんで生きておれるか、という気持ちだった。だから、怖いものは何もない」

こう語る四元は戦前とまったく切れていない。なぜその四元に伊東は傾倒してしまうのか。

それはおいて、しばらく、四元の放談的政治家評に耳を傾けてみよう。

「頭のいい・悪いは一緒に食事をすればわかる。うまいものを食わして味のわからんやつは頭が悪い。竹下は味がわかるな。彼は頭が悪くない。中曽根は頭がよくない（笑）」

しかし、中曽根こそが四元の弟子ではないのか。全生庵で中曽根に坐禅を組むように指導し、会った回数も多いはずである。ということは四元に弟子を指導する力がないということではないのか。

中曽根内閣が六年も続いたのは後藤田正晴と伊東正義が支えたからだという四元は、中曽根について、さらにこう語る。

「彼が自民党総裁に決まったその日の夜、あそこ（全生庵）で十二時まで三時間くらい坐った。僕と稲葉修、それから僕と一緒に十五年服役していた古内栄司という男と四人で。初めての人が、三時間も坐るということは大変なことですよ。で、終わったあとお茶を飲んでいろんな話をした」

その話は生臭いものではなかったらしい。

四元は田中角栄を「私心の塊」として嫌い、福田赳夫を評価していた。だから、福田総理実現のため一生懸命やったが、「大平正芳とかが、田中を担いだりしたから」負けた。

大平については、田中と同種類の男だが、利口ではあった、とする。これを伊東はどう聞いていたのか。

竹下評は、智恵は中曽根よりあるけれども、「小知恵」であり、スケールが小さい。

小沢一郎は一言、「話にならない」。

橋本龍太郎は「大臣になっても官僚はついてくるが、本当の人は、ついて来ない」。

加藤紘一について問うと――

「だめだな。彼も若いときは、伊東正義と一緒に育てようとしたんだがね。

竹下がリクルート事件で辞める前、伊東正義総理大臣待望論が出た。そのとき、竹下と伊東が会って話したらしいんだが、竹下は総裁の件は何も言わず、こう言ったそうだ。総理というものは本当に親しい幕僚、子分がなくてはならない。伊東さんは、加藤紘一一人だけだ。後藤田に至っては、その一人もいない、と。

要するに、田中や中曽根が総理になれたのは、やはり金だけではなくて、ついて来る人がいなくてはならない。ついて来る人がいなくては、やはり総理の器ではないということだ」

これからの若手では誰が有望かという問いには——

「いちばん期待するのは武村（正義）だな。安倍晋太郎の長所は、一目みて直感で人を見抜くところだったけど、武村君も、そういうところがある。彼は代議士になってすぐ安倍の派に入ったんだが、一、二年で安倍は彼を重用するようになった。伊東正義も、いちばん可愛がったのは加藤じゃなくて武村だった」

四元の人物月旦でいちばんおかしいと思うのは、細川護熙《もりひろ》をなお「リーダーの資格はおおいにある」と言っている点である。細川の祖父の近衛文麿に助けられたからとはいえ、それは甘すぎるのではないか。

小島直記は、田原が四元インタビューの冒頭で「この人物には資料というものがまるでない」と言い切っていることを批判しながら、『選択』誌に一九九五年六月号を第一回として、四元論を連載している。主な資料としているのは、四元自身のそれも入っている「血盟団事件上申書・獄中手記」である。

多分、四元をどう見るかは西郷をどう見るかという問題にゆきつくのだろう。しかし、現代の官僚に「私心なき西郷」を求めては、あまりに現実離れして、解決の緒もつかめないのではないか。

さきがけの田中秀征は『サンサーラ』九五年十一月号掲載の私との対談で、安岡や西郷について非常に興味深いことを言っている。宮澤喜一のブレーンでもあった田中に、宮澤が「石橋湛山と緒方竹虎を尊敬する」と言っていることに触れ、

「石橋湛山は、ある意味で吉田茂とは政敵だった。それで私は、宮澤さんと会ったときに、安岡正篤をどう評価していたかを聞いた。そのときに私は好感を持ったのだけれども、安岡正篤や四元義隆のような〝魔術師〟に判断をあずける政治家が見られるなかで、宮澤さんは、少年のように口をとがらせながら、安岡正

篤には簡単に傾倒はしなかったということを言った。私は、勝手に共感を持ったのだけれども……」

と問いかけると、田中は、

「安岡正篤については、僕は、学生時代に読んだことがあるけれども、示しているものは政治家哲学なんだよね。政治哲学は、もっと公的なものだと思うのだけれども、政治家はどうあるべきかという、政治家の生き方のようなことを示している。政治家哲学をひけらかす政治家を、僕は、あまり信用できない。そういう人、いるんだよね（笑）。〝清潔さ〟なんていうのも、ある種そうだよね。宮澤さんは、政治家としての生き方を武器にして生きていくようなことは、恥ずかしいんだろうね」

と答え、政治家哲学に惑わされないほうがいいとして、さらにこう言葉を継いだ。

「僕も、年をとってくるにしたがって、訓示めいた色紙が嫌になってきた。なんとなく生き方を人に示したくなるものだけれど、西郷隆盛が大好きだという人が、西郷隆盛とは似ても似つかなかったりするものです（笑）」

官僚出身の政治家だけでなく、現役の官僚にも安岡や四元に惹かれる者は多い。

しかし、たとえば清潔さは官僚の最低必要条件ではあっても、十分条件ではない。前大蔵官僚の中島義雄のような例は論外だが、腐敗していなければいい官僚だとも言えないのである。

政治家に政策が要求されるように、官僚にもビジョンやパブリックへの奉仕精神が要求される。

四元にこだわって伊東にきびしく書き過ぎたかもしれないが、『伊東正義先生を偲ぶ』の中のユニークな「泥鰌忌《どじょうき》」の話で結ぼう。

伊東は一九九四年五月二十日に亡くなった。享年八十。その死を悼んで、ひそかに命日を「泥鰌忌」と名づけ、冥福を祈っている人がいるのである。

日本農業史に関する調査研究編集事業に携っていたのが縁で伊東と知り合った和崎皓三で、「泥鰌忌」は伊東がとくに泥鰌が好きだったことに由来する。

伊東が食糧庁業務第一部長の頃、和崎は深川の泥鰌鍋屋「伊せ喜」などによく連れて行かれた。伊東から伝授された食べ方に、和崎家の工夫を少し加えた泥鰌調理法はこうである。

「生きた小ぶりの泥鰌を、やや深めの鍋に移し、ふたを少々ずらして、すき間から静かに酒を入れ、きっちりふたをする。

泥鰌を酔わせ、頃合を見て火にかけ、泥鰌がおとなしくなると、醬油を入れる。つまり泥鰌の蒸し煮である。肝心なのは、ふたをすること。さもないと、熱くなった泥鰌は跳ね上がり、始末に困る」

そして、できあがった蒸し煮を皿に盛り、みじんに切ったねぎをたっぷり入れて、振りかけた七色唐辛子とともに食べる。

告引式に参列した和崎は、

香煙のなかも温顔なりし人

泥鰌忌と呼ぶ人四十九日過

といった句もつくっているが、私はむしろ、伊東は政界を揺るがした鯰《なまず》だったのではないかと思う。私なら、大物鯰の忌で「大鯰忌《だいねんき》」としたい。

総理の座を蹴って、国民に忘れられない印象を残した〝会津の鯰〟は、いま、あの何とも言えないいい笑顔で笑っているだろうか、それとも口をへの字に結んで怒っているだろうか。

最後に「鬼平」座談会での伊東の言葉を引いておきたい。
「よく言われるように、国民が、自分たちに似合った政府をつくるというのが政治でね、国民にも問題がある。国民が一緒になってやらんと、政治家だけでは改革はできない。国民にももっと自覚してもらわなきゃいかんのでしょうね」

〔**参考文献**〕

毎日新聞社会部『あのうたが聴こえますか』（音楽之友社）
藤浦洸『なつめろの人々』（読売新聞社）
松本清張『現代官僚論』（文藝春秋）
中村彰彦『保科正之』（中公新書）
『伊東正義先生を偲ぶ』（伊東正義先生回想録刊行会）
笠井尚『伊東正義』（歴史春秋社）
佐高信『師弟物語』（現代教養文庫）
佐高編著『日本出直し白書』（社会思想社）
『大平正芳回想録―伝記編』『同―追想編』（大平正芳回想録刊行会）
馬場明『日中関係と外政機構の研究』（原書房）

あとがき

官僚に対する風当たりが強い。大蔵省の中枢を歩いていた中島義雄や田谷廣明等のタカリの実態を知れば当然であり、私自身、今日の住専スキャンダルを招き寄せた銀行局長歴任者の土田正顕、寺村信行等の愚策や無策については厳しく批判しているが、しかし、官僚のすべてが彼らのようであるわけではない。

ここに取り上げた山内豊徳、田辺俊彦、川原英之、そして元官僚の伊東正義の各氏は、まさに彼らの対極に位置する官僚である。その「詩と死」に焦点を当てて、私はありうべき官僚像をさぐった。

自殺した環境庁企画調整局長の山内豊徳さんのことは、昨年亡くなった元『朝日ジャーナル』編集長、伊藤正孝さんに教えられた。伊藤さんに山内夫人の知子さんを紹介され、何度かお話をうかがったのだが、新宿の中村屋で食事をしながら取材をしている時に、「ここはよく主人とデートをしたところなんです」と言われ、その縁に驚いたこともある。

田辺夫人の美智子さんには、田辺さんを敬愛する元通産官僚の大塚和彦さんに会わせていただいた。

あまり人前に出たがらない伊東正義夫人の輝子さんを口説いてくれたのは、日経編集委員の田勢康弘さんである。

『小説現代』の一九九五年四月号、九月号、十二月号にそれぞれ一挙百枚という形で掲載したこの仕事はなかなかきつかったが、何とかなしとげることができたのは、各夫人と紹介者のおかげである。その他、川原英之さんの遺児、太郎さん、作家の杉田望さんにもお世話になった。

『小説現代』の連載に際して、親身にリードしてくれた担当編集者の大石一夫さんと、適切に励ましてくれた編集長の小田島雅和さんにも深く感謝したい。講談社では一番古いつきあいの林雄造さんが部長をしている文芸第二出版部からこの本が出るのも私の喜びである。そのきっかけをつくってくれた担当の岡圭介さんにもお礼を言いたい。題名を『志と死』としたが、最近とくに編集者の志に支えられて、私はものを書いているような気がする。

一九九六年一月二十五日

佐高　信

［**初出について**］

本稿は、『小説現代』一九九五年四月号（「自殺を選びし者」）、九月号（「通産省の殉職者」）、十二月号（「総理の座を蹴った男・伊東正義」）に掲載され、一九九六年三月に講談社より『官僚たちの志と死』と題して刊行され、一九九九年二月同名で講談社文庫として刊行された。同文庫版を底本とした。

日本音楽著作権協会（出）許諾２３０７１７１－３０１号

〔解題〕

「自殺する官僚」と「腐敗する官僚」

月刊『現代』の一九九七年四月号に「自殺する官僚と腐敗する官僚」を書いた。自殺した山内豊徳と、腐敗して失脚した厚生省の事務次官、岡光序治を対比させてである。その一部を次に掲げる。

一九九〇年十二月五日、水俣病の問題で国と患者の板挟みとなり、自殺してしまったのは環境庁企画調整局長の山内豊徳である。享年五十三。

山内と親しかった元経済企画庁長官の田中秀征が、一九九七年二月三日付『東京新聞』のコラム「放射線」に「ゴミを拾う男」と題して、山内のことを書いている。

「尊敬していた環境庁の山内豊徳局長が自ら命を絶って七年が経つ。水俣病の補償問題で板ばさみになっていたとのことだが、詳しくは知らない。このところ官僚の不祥事が報じられるたびに、きまって彼の顔が思い出される。

彼の死に関する当時の報道の中に、私が今もって忘れられない小さな記事があった。それはある週刊誌の取材に答えた近くに住む主婦の談話であった。

『テレビで顔を見てびっくりしました。あの人は休みの日に道路や遊園地のゴミや空カンを拾って歩いていた人です。立派な人がいるなあと思っていましたが、あんなに偉い人だとは知りませんでした』

日曜の早朝、何年もひとり黙々と空カンを拾い集めていた人。その人が〝政府高官〟であったのだ。模範を示して多くの人を啓蒙しようなどと考える人ではない。きっと『空カンがあれば汚いし、子供たちがケガをする』という自然な気持ちから出たおこないだ。

その後、彼の隠れた善行がいろいろなところから明るみに出てきた。生前そんなことはおくびにも出さなかったが、いずれも『彼ならば』と思わせる心打つ話であった。

追悼集の中で彼の娘さんは『父を支えていたのは〝困っている人々の役に立ちたい〟と言う気持ち』、『その気持ちを父は最後まで貫いた』と言っている。そして二人の娘さんは『父はいつも輝いて見えた』と語った。父親の輝きを誰よりも深く感じ取ることのできる家族を持ったことが、山内さんにとって無上の幸せだったと思う。私はこのけなげで誇らしい追悼の言葉を、できることなら彼に届けてやりたいと思った。

彼のような人物になることは難しいが、少なくともそれを正しく評価し、迷わず上席を譲ることのできる人でありたいものだ」

山内のことは私も『官僚たちの志と死』（講談社）に詳述している。あらためて知子夫人にゴミのことを尋ねたら、ゴミを拾うのは日曜だけではなかった。旅行先でも、すぐに袋を持って拾い始める。

「仕方がないから私も拾いましたよ」

夫人はそう言って笑った。

山内は国家公務員上級試験を二番でパスし、誰もが向かう大蔵省などには入らずに、一九五九年に厚生省に入った男である。その四年後、同じ厚生省に岡光序《のぶ》治《はる》が入った。だから、大蔵省に入る人間が権力的で、厚生省を目指す人間はそうではないとも言えない。ただ、厚生省志願者には、比較的、岡光型は少ないとは言えるだろう。

厚生省の中で言えば山内型と岡光型、私はこの二つのタイプの官僚が霞が関でシーソーゲームをやっているのではないかと思う。

岡光型の「腐敗する官僚」が力を得るときには、山内型は沈んで自殺に追い込まれ、逆に、山内型が力を得れば、というか、多くなれば、岡光型はフェイドアウトせざるをえなくなる。

岡光の七年後に厚生省に入り、九三年にやめて宮城県知事となった浅野史郎と話していて驚いたのは、「野望のある学生が、『大蔵省は叩かれているから入るのをやめよう』と考えるかといったら逆だ」と言われたときだった。

浅野は私との対談で（浅野史郎著『誰のための福祉か』岩波書店刊所収）、こう注意したのである。

「たとえば二十代で税務署長になって、仕事もしないのはけしからん、華麗なる閨閥もけしからん――こういう報道について、こっち側の読み手はそれを全部逆読みします。『なに、二十代で税務署長になれる』。それはカギカッコつきの『エリート』というものの再確認の作業を、実は学生が予習をして、そういう思いで大蔵省に入ってくる。

だから現在の報道は批判をしているようですけれども、読み方によってはちょっと違う方向にいくかもしれないと心配しています。いかに甘やかされているか、どんなにスポイルしていくかという批判は、いかに素晴らしい栄光の待遇をされるのかということを、マスコミを使ってどんどん宣伝しているようなものですから。『大蔵省を目指す方々へ』というパンフレットをつくらなくてもすむようなことをやっているわけです。だから批判するならもっと批判の仕方を考えてもらわないといけない。本当に志のある役人を育てるのだとすれば」

市民オンブズマンの調査で「情報公開度」日本一になったことのある宮城県知事の浅野は、もちろん、岡光型ではなく山内型だった。

山内が環境庁の自然保護局長時代、現役の役人が実名で本を出すことの是非を

相談に行って、

「やりなさい」

と励まされている。山内はその時、

「障害者福祉の仕事と自然保護は共通するんだよね」

とも言ったという。

その浅野が批判の仕方を問題にするのは、あまりに周囲に未来の岡光を見てきたからだろう。

同じく通産官僚の田辺俊彦や川原英之は、自殺はしなかったが、過労死してしまった。

たくましく生き延びた伊東正義を含めて、いまの官僚はどうなのか、と考えている。

佐橋滋（さはし・しげる）

一九一三年岐阜県土岐市生まれ。三七年東京帝国大学法学部卒業、商工省入省。三八年歩兵第六八連隊に入営、四一年中国より復員、通商産業省重工業局長、企業局長を歴任、六三年特許庁長官、六四年通商産業事務次官を経て、六六年退官。七二年余暇開発センター理事長就任、一九九三年五月三一日逝去。

『官僚たちの夏』の佐橋滋

『官僚たちの夏』の佐橋滋

目次

I　あらましき官僚・佐橋滋

『官僚たちの夏』と佐橋滋

「コンニチワ　ミスター・カザコシ」

元通産次官で余暇開発センター理事長の佐橋滋に会った時、エズラ・F・ヴォーゲルはこう言った。『ジャパン・アズ・ナンバーワン』を書いたヴォーゲルである。彼もまた、城山三郎の『官僚たちの夏』を読んでいたのだ。

小説を書き終えた後で、城山はモデルの佐橋と対談しているが、小説を書く場合、城山は原則としてモデルには会わない。小説の人物は自分がつくった人間であり、そこへ実在の人物が入ってくると、せっかく創造したイメージがこわされてしまうからだ。

「取材の過程でお会いしなくてよかったと思った。もしお会いしていたら、私がふくらませた主人公のイメージが、強烈な個性にねじふせられたに違いない」（『週刊朝日』一九七四年十二月六日号、『官僚たちの夏』の佐橋滋』、七つ森書館「Ⅲ　対論　通産官僚論」参照）

城山は「剛速球一本やりの佐橋流」は現在でも通用するかどうか、ちょっと疑問が残る、とも言っているが、それについて佐橋自身は、

「オレは香車のように、まっすぐ進むコマではない。もっと複雑に動けるコマだ」

と苦笑する。

しかし佐橋は、この小説をときどき読み返すという。中でも、次のシーンは鮮明な写真のように瞼《まぶた》にやきついている。

〈風越は須藤の前につめ寄り、大声で浴びせかけた。

「大臣、それでも、あなたは実力者なんですか」

次官室の空気は、動きを止めた。次官も局長も、はらはらして二人を見守る。須藤は、大きな眼で、じろりと風越を見上げた。爆発寸前の目の色であったが、それでも、須藤はふみとどまった〉

佐橋自身の著書『異色官僚』にもはっきりと書かれているこのシーンを、佐橋はつい昨日のことのように思い出すことができる。

佐橋は当時、企業局長で、須藤のモデルの実力通産大臣は佐藤栄作だった。産業公害を防ぐために工場立地の計画化を図る新政策に、予算折衝の段階で、佐藤があっさりと降りてしまったので、佐橋がフンマンをぶちまけたのである。

ようやく踏みとどまった須藤こと佐藤が、

「……そんなに怒るな。その代わり、他で少しイロをつけさせた」

と、なだめたのに対し、

「あの予算に代わりも何もありませんよ」

と、風越はあくまでもニベもない。「味方まで沈めてしまう」と中山素平《そへい》（元日本興業銀行会長）に言われた、当時の佐橋の面目躍如である。

こうした「強気」は、大臣は行きずりの雇われだが、自分たち官僚にとっては、通産省は生き死にの場所なんだ、という強烈な自負心から来るのだろう。「風越信吾」こと佐橋は、辞表をフトコロに呑《の》んで全力投球した。

「おれは、余力を温存しておくような生き方は、好まん。男はいつでも、仕事に全力をあげるべきなんだ」

「余力を残して」ＩＪＰＣプロジェクトから身を引いた山下英明（通産次官の後、三井物産副社長）を通産時代から佐橋は好きでなかった。

会ってから書くか、書いてから会うか――。

どこかの出版社のコマーシャルめくが、城山三郎は原則として小説のモデルには会わないで書く。自分の夢をふくらませ、モデルにロマンを託すためには、会わないで書いたほうがいい、と思うからである。

『官僚たちの夏』の時も、風越信吾のモデルの佐橋には会わなかった。

この小説は、世界各国から自由化を迫られた池田（勇人《はやと》）内閣時代に、日本経済の国際競争力を何とか早くつけようと腐心する通産官僚たちの動きを、〝ミスター・通産省〟の風越信吾を主人公にして描いたものである。

経済政策はどのようにして企画立案され、立法化にまで至るのか、その間の官僚たちの動きや、政治家、業界への根まわし等が、人事の紆余曲折をふくめて非常に興味ぶかく書かれている。

池内信人として登場する池田勇人や、そのライバルの須藤恵作こと佐藤栄作、「眠ったように細い目をしている」堂原という代議士として登場する大平正芳や、「わかった、わかった」を連発する若い大蔵大臣の田河こと田中角栄等の「モデル絵解き」もなかなかにおもしろい。

鈴木善幸《ぜんこう》元首相はチラリとも出てこないが、宮沢喜一《きいち》は「小柄で丸顔、小さなやさしい目をした」矢沢という若手の代議士として登場する。

こうした人物背景と時代背景の中で、風越は、フランスに行って官民協調の混合経済をみっちり勉強してきた牧順三（モデルは両角良彦《もろずみよしひこ》元通産次官、電源開発元総裁）を中心に「政府、産業界、金融界、それに、労働者と消費者といった各界代表が円卓を囲んで、在るべき経済の姿をオープンに討論し、目標を決めて、互いに努力と援助を約束し合う」姿を模索する。

その「理想」が大分それて「特定産業振興法」となったが、この国際競争力強化のための法案の実現に、通産省は一丸となって突進する。

しかし、スポンサーのないこの法案は、「行政指導そのものを法律にしてしまう」法案として、とくに金融界から警戒され、陽の目を見ることなく潰された。

小説では、早期の自由化を説く「国際派」の玉木と、それを時期尚早とする「民族派」の風越の対決が一つの大きな軸となっている。個人的な争いではなく政策的な対立なのだが、それはいつしか周囲の人間をも巻き込む感情的な確執ともなっていった。

玉木のモデルの今井善衛《ぜんえい》（通産次官の後、日本石油化学社長）は、いま、そのことについて一切語らない。

「『官僚たちの夏』についてならノーコメントです」

と、インタビューも断られた。

城山は、単に風越を〝善人〟、ライバルの玉木を〝悪人〟として描くのではなく、業者に押しかけられ、夜遅くまで電話攻勢を受けても「日本経済のためには自由化が必要」とがんばる玉木こと今井の主張も一理あるものとして描くことによって、小説の彫りを深めているのだが、黙して語らぬ今井の姿に、対立と対決の根の深さをみることもできるだろう。

当時を振り返って、佐橋はこう語る。

「大体、特振法で考えたようになっているが、自動車がこれほど成長するとは思わなかった。当時、日本の自動車は乳母車にエンジンをつけたようなもの、と言われて国内市場の、うまくいけば半分、まずくとも三分の一はとりたいという程度だったんだからね。

コンピューターも、何とか足ぐらい突っ込んでおこうということで始めたんだよ」

とすれば、今井こと玉木の主張の方が正しかったのだろうか。

「あなたをよく知っている人には大体会いました」

佐橋滋は、作者の城山三郎にこう言われた。小説を書き終えた後の対談の席でである。だから、小説を書く前には会っていない。もっとも、佐橋は「城山さんに面会を申し込まれた」と言う。途中で城山の方が思いとどまったらしい。

それまで、ファンとして城山の小説をよく読んでいた佐橋は、自分がその小説のモデルとなるとは思ってもみなかった。くすぐったさのまじった好奇心とともに、佐橋は『週刊朝日』連載当時から、それを読んだ。

「オレはこんなに直線的な男ではないと思うが……」

と佐橋は、大きな福耳を振りながら言う。

この小説には、風越（佐橋）と玉木（今井）という同期生（一九三七〈昭和十二〉年入省）のほかに、庭野（三宅幸夫＝日本鋼管相談役）と片山（山下英明＝三井物産副社長）という同期生（四三年入省）がライバルとして登場する。〝木炭車〟と綽名《あだな》される庭野が「無定量・無際限」に仕事をするのに対し、片山はテニスやゴルフを楽しみながら、余力を残して仕事をする。この片山泰介こと山下英明の方が、のちに次官となったが、佐橋は、こうした軽くさばく山下英明流が気に入らない。

自らも何事に対しても全力投球するタイプだからである。佐橋はいつも、クビを覚悟で仕事をしてきた。そこに城山三郎も惚れ込んだのだろう。

たとえば、これは小説には出ていないが、佐橋が重工業局の次長の時、通産大臣の高碕《たかさき》達之助と衝突したことがある。

高碕は当時、東洋製罐の社長だった。

東洋製罐はアメリカの技術を導入し、独占的なシェアを誇っていたが、ある製鉄会社が別の技術導入を意図すると、佐橋はそれはいいことだとして、東洋製罐の競争会社をつくらせようとしたのだ。しかし、大臣が東洋製罐の社長なのだから通るはずがない。案の定、大臣も次官もダメだと言う。

佐橋は眼をむいた。

「それなら次官とも大臣とも決裂だ。おれはこれは何としてでもやる。それがどうしてもお気に召さないなら、おれの首を切れ。その時、おれはこういう理由で首を切られたと世間に公表する」

そこで次官は、「佐橋はどうしても言うことをきかない。首を切ったら、もっと大きな問題になる」と大臣に言って、結局、大臣も折れた。

「どうしてもこの筋を通さなければならないと思えば、新聞にでも公表して国民に判断してもらう」という、いわば〝民意を背景にした抵抗の原理〟を、佐橋は課長の頃から持っていたのだ。現在の官僚たちは、そうした抵抗精神を持っているだろうか？

官僚には、とかく傲岸《ごうがん》な男が多いが、佐橋は違う。『官僚たちの夏』で、ノン・キャリアの登用を図る〝事件〟でもわかるように、人間を差別しない人物である。

一九一三（大正二）年、岐阜の写真屋の息子として生まれ、「写真屋になることをちっとも疑わない」ような少年だった佐橋は、もともと、エリートよりは庶民に近いのだ。

だから、佐橋の姉の清子は「ヒキもコネもない弟がどんなに辛い思いをしたかと思うと、それだけでやりきれなくなるので、滋のことを書いたものを読む気にはなれません」と言う。

佐橋はどこにも天下らなかった。

『官僚たちの夏』のモデルと作者は、いま、保土ケ谷《ほどがや》のゴルフ場のロッカーが隣り合わせで、ごくまれにヒョッコリ会う。

「異色官僚」の抵抗

自他共に認める「異色官僚」の佐橋滋が七十五歳になったときのことである。一九八五年の賀状には、健康が人間しあわせの根源であるとつくづく感じているとあったが、糖尿病を患って、さすがに往年の元気はない。

しかし、「いまの政治をどう思うか」と水を向けると、ズバリ、

「政治は昔からよくなかった。政治がいいためしはないんだ」

だから行政がもっとしっかりしなければならないのにと、「党高政低」の現状を憂える言葉が続く。その著書の通り『憂情無限』である。

佐橋については、「特定産業振興臨時措置法」いわゆる「特振法」の時の蛮勇ぶりのみが語られるが、官僚として汲むべき佐橋の特質はそんなところにあるのではない。むしろ、その一貫した「抵抗姿勢」にある。

通産省のある課長は「佐橋さんは通産次官をやめてからの生き方が見事だと思います」と語っていたが、役人生活を終えた後、佐僑はどこへも天下らなかった。その理由として、彼は次の三つを挙げている。
一、民間会社へ天下っても、今までのスタッフ以上の人材に恵まれて仕事をする可能性も余地もないし、自分が幹部になることで社内の人間の昇進の道を一つ塞ぐことになる。
二、政府出資の公団に入ることは役人の延長のようなものだし、総裁になっても後輩の現職次官に頭を下げなければならなくなるから、俺の性に合わない。
三、国会議員となり「権力とバッジ」を身につけることは、いまの選挙制度を改めない限り、まっとうなやり方ではできない。また、党利党略、票田のための政策は、自分には向かない。
後年、「ミスター通産省」と言われ、城山三郎の小説『官僚たちの夏』のモデルにもなった佐橋だが、政策マンとして若い頃から主流を歩いてきたわけではなかった。

たとえば、一九五一年十一月十六日の『毎日新聞』に「若手・やり手——通産省の巻」という囲み記事があり、見出しが「怪物・永山官房長、主流——物動計画畑の人々、碁天狗今井、次官街道往く」で、山本高行次官、永山時雄官房長、小室恒夫総務課長、島田喜仁物資調整課長、今井善衛（外遊中）、村田恒通商政策課長、小出栄一中小企業庁指導部長、斎藤正年企業局次長の八人の名前が挙げられている。同期の今井が「次官街道を往く」とあり、後輩の島田まで名前が出ているのに佐橋の名前はないのである。それもそのはず、佐橋は当時、永山によって紙業課長から仙台通産局総務部長にとばされていた。

ワンマン吉田茂の信任厚い白洲次郎が貿易庁長官となり、その威を借りた永山が権勢をふるっていたのだが、佐橋は永山にズケズケと言いたいことを言っていた。出世したいとは思わず、その場その場が墓場だと思って、無法な上司には遠慮なく食ってかかったのである。

あかあかと一本の道とほりたり
たまきはる我が生命なりけり

これは斎藤茂吉の歌である。佐橋滋は「自分の人生の生き方を示してくれているようで」この歌が非常に好きだという。

佐橋は役人時代も、つねに自分の是なりと信ずる一本道を、何とかのひとつ覚えのように歩いてきた。そして、各所でぶつかった。

たとえば戦後まもなく、紙業課長の頃には、こんなことがあった。

当時、洋紙は安い公定価格で配給統制をやっていたため、王子製紙などの洋紙メーカーはつくればつくるほど赤字をふやす始末。それで佐橋は、何とか儲けの出る方法を考え、紙を増産させようと、頭をひねった。そして、政府が決めた物動計画、物資需給計画以上に増産したら、その七割を自家使用に認めることにしたのである。そうすれば、「自家使用分」で自由価格のノートをつくったりして儲けることができる。

ところが、これに対して、ノートなどをつくる紙製品業界の組合理事長が、われわれの商権を奪うこうした措置はケシカランと乗り込んできた。しかし、王子製紙などの洋紙メーカーは、これらの業者へ委託加工するのである。商権を圧迫するどころか、伸ばすことになるのではないか。

こう説明しても、利権がからんでいたのか、言うことを聞かない。遂には、理事長名で大臣宛てに、佐橋に対する「辞職勧告書」が出された。

それにも怯《ひる》まず、佐橋は上野精養軒に全国の紙製品業界の代表三百五十人ほどを集め、理事長との公開討論をやる。

そして、理事長の言い分が正しいという結論が出たら、私はやめるが、私の意見が正しいと思ったら、直ちに理事長をクビにせよと迫った。

討論は延々三時間。

理事長は「佐橋がどんなにエラそうなことを言っても、たかが一年半の紙業課長に何がわかる。オレは三十年もやっているんだ」といった調子だった。

これに対して佐橋は「自分の利益だけを考えてやるのと、天下国家を考えてやるのとではまったく違う」と反論する。

討論の後、三十分休憩して票決となったが、全会一致で理事長解任。

官僚が担当業界とケンカして公開討論までやったのは、おそらく通産省始まって以来ないだろう、と佐橋は述懐する。

しかし、少々荒っぽいが、明朗なケンカではないか。こうした体験を踏まえての佐橋の次の提言は耳を傾けるべきものがある。

「現在の政治家の体質だったら、官僚がしっかりしていなかったら、大変なことになる。政治家はものを知らないいし、哲学がない。その分、官僚が勉強すべきだ。通産官僚も、業界と癒着していると言われるのがこわくて、彼らと腹を割って話をしていない。癒着というと悪いけれども業界を知るのは行政として絶対必要なんだよ」

官僚の抵抗の原形として、佐橋滋の話を続けよう。

「官僚をえらいと思っている人が案外と多いのには驚かされる。官僚自体も大部分が自らをえらいと思っているらしいし、官僚以外の人もそう思っているようである。しかし、官僚も社会が必要とする職業群であること、都の清掃業務に携わるのといささかも変わらない」

こう喝破する佐橋とはどんな人物なのか？

「事務次官で印象深いのは、なんといっても佐橋さんですね。帰りがけに巡視の部屋にふらりと入ってこられるんですよ。いろいろ世間話をしました。時にはわれわれの焼いたメザシなどをつまむ、ほんとうに親しめる人でした」

これは通産省の巡視長だった石田角次郎の回想である。

「天皇」とまでいわれた佐橋の印象を逆転させるような、その庶民性についての〝証言〟は数多い。

これは佐橋自身が自伝ともいえる『異色官僚』に書いているのだが、当時、高等官と一般職員とは人種が違うみたいにあまり親しくすることはなかったのに、佐橋だけは例外で、給仕と相撲をとったり、タイピストと将棋をさしたりしていたという。

上司の課長はそれをヒヤかして、

「佐橋は俺の前の席で寝ておるか、タイピストのところで将棋をさしている」

と言ったとか。

のちに秘書課長になってから、佐橋は将棋相手だった女性に、

「佐橋さんはえらくなっても見習いの時とちっとも変わらないわね」

と言われ、

「ちっともえらくなんかなっていないじゃないか」

と答えている。

そして前記の『異色官僚』に、

「〝天は人の上に人をつくらず〟の福沢先生のことばは封建的身分制に対する警告であるが、僕はみんなと同じ人間なんだ。だれとでも同じようにつき合えるし、このことが生きていく喜びでもある。この気持ちはどこで生活しても、僕が生きているかぎり変わらないと思う」

と書いている。

「課長でクビになってもいい」と思っていた佐橋は、さまざまなところでケンカをした。出世を考えて引っ込むことなどなかったのである。

赤星潤の『小説通産省』によれば、佐橋たちが課長の頃、佐橋が将来、次官になると思った者は一人もな

かったというが、一九五四年、この荒れ馬を時の次官の石原武夫が秘書課長に抜擢する。

当時もいまも、通産省では、政策の総務、人事の秘書、予算の会計の官房三課長が、課長の最右翼のポストである。

石原は佐橋を炭政課長から秘書課長に引き上げた理由について、

「ボクはああいう性格の男を使うのが好きでね。じゃじゃ馬を使いこなすにはコツがあるんだよ」と説明した。

「ぼくは役人のときにいばりくさっていたように思われますけど、そういうふうにとられるのはちょっと心外で、エライ人に頭を下げなかっただけです。

あとはとにかく自分の部下であろうと何であろうと、これはまったく気分的に対等であって、民間の言うことでも役人の言うことでも対等で聞いた」

佐橋滋は、哲学者の久野収との対談で、こう〝弁明〟している。

佐橋は、生まれ故郷の岐阜県土岐郡泉町（現在の土岐市）で、九十歳を過ぎてからもなお現役の写真師として働いた父親を庶民の原像としてもっていた。

佐橋は人事をやる秘書課長になってから、「大学の成績あるいは高等文官試験というようなものと、官吏として有能であるかどうかということは関係がないという簡単な事実を発見した」というが、学校の成績はいいけれども判断力や責任感に欠けるエリート官僚を、佐橋は自分の父親に比して少しも優秀だとは思わなかった。

ここから、役所においては革命的な、「ノンキャリア」の登用も出てきたのである。また、年次順にこだわらず、適材をそのポストにつけた。これは「急変はむずかしいので穏やかにやったつもりだが、それでも途方もないリアクションが起きた」（佐橋）と言う。

こうした、いわば「アラシを呼ぶ男」佐橋の面目躍如としているのが、佐橋をモデルとした城山三郎の小説『官僚たちの夏』に描かれて有名になった次のシーンである。

〈風越は須藤の前につめより、大声で浴びせかけた。

「大臣、それでもあなたは実力者なんですか」

次官室の空気は動きを止めた〉

風越が企業局長になったばかりの佐橋で、須藤のモデルが実力通産大臣の佐藤栄作。産業公害を防ぐために工場立地の計画化を図る新政策に、予算の大臣折衝で、佐藤があっさりと降りてしまったので、佐橋がフンマンをぶちまけたのだが、このあとを佐橋は『異色官僚』で次のように書いている。

「さすがの大臣も、色をなして黙ったまま大臣室へ引きとられた。次官をはじめ各局長も一語を発する者なく、打ち上げ式がお通夜のようになってしまった。

翌朝、通産省のエレベーターの所で、大臣にひょっこりお目にかかった。

大臣は『佐橋まだ怒っとるのか、ほかのところで三億ばかりとってやったから機嫌を直せ』と言った。

『冗談じゃないですよ。思いきりなぐられて、あめ玉一つくらいで機嫌が直りますか』」

「党高政低」の現在、実力大臣にここまで迫る官僚はいるだろうか？

こうした佐橋の強気は、大臣は行きずりの雇われだが、自分たちにとっては、通産省は「生き死にの場所」なんだという強烈な自負心に支えられていた。

辞表を懐に、いつもその気構えで佐橋は全力投球したのである。

佐橋滋は、総理時代の田中角栄に、

「あんたは忙しい忙しいと、忙しいのを売りものにしているけれども、何が忙しいんだ。忙しいという字は立心偏に亡びると書くことからもわかるように、心をなくした状態だぞ」

と言ったことがある。

そして、「新潟県の総理大臣じゃないんだから、地元の人間には会うな」と忠告したが、心をなくした田中角栄は、ロッキード事件で大きくつまずいた。

佐橋たちの会に出て来ても、ベラベラしゃべって、他人の話を聞かないので、アウトプットばかりでは利口にならないぞと言うと、「わかった、わかった」と言いながら、すぐまた話し始めたとか。

佐橋は、日本の政治家たちに哲学がないことを嘆く。ゆとりを持たず、勉強していないのである。

佐橋は役人時代、そうした政治家のエゴに抵抗した。

「どうしてもこの筋を通さなければならないと思えば、新聞にでも公表して国民に判断してもらう」という、民意を背景にした抵抗の原理を、佐橋は、官僚になった時から持っていた。

それを現在の官僚たちに望むのはムリなのか。たしかに、時代は変わったが、変わりえないもの、あるいは変わってはならない原理もあるのではないか。

佐橋は、この時の次官、上野幸七らに対して、こう批判している。

「先輩たちはきれいごとでものを解決しようと思っている。きれいごとでものを考える時には、おのずからなる限界がある。しかもこの限界はきわめて狭いものである。判断、行動の幅はきわめて窮屈になり、たいていい何もできない。しかし、目的を貫徹するためにはどういう手段があるかを考えるならば、手だてはいくらでもある。その手だての中で最もいいものを選べばいいわけである。手段のきれいごとに重点をおく結果、目的と手段の比較になって目的を見失ってしまうのである」

そんな佐橋に私はいつか、学生時代は赤線に通ったんでしょうねと尋ねたことがある。佐橋は一瞬、顔を赤らめて、

「いや、母親の言いつけを守って一度も行かなかった」と答えてくれた。

ハプニング人事

一九六三年夏の、後継通産次官をめぐる事件がある。時の通産大臣、福田一が、松尾金蔵次官の推す佐橋滋を嫌って、佐橋と同期の特許庁長官、今井善衛を次の次官にすると発表したのである。

佐橋が企業局長になり、今井が外局の特許庁に出た時点で、佐橋次官は既定路線だったのだが、福田はそれを突っぱねた。すでに佐橋に〝内示〟していた松尾は青くなり、「仏の金ちゃん」の愛称を返上して大臣とかけあった。しかし、福田は聞かない。困った松尾は今井を呼んで、身を引いてくれるよう頼む。

これに対して今井はこう言った。佐橋が好きな私としても、公正を期するためにこの答えを紹介しておこう。

「佐橋は個人としてはとても魅力があり、人を引っ張っていく能力のある男だと思います。しかし、どうも、自分を慕ってくる人間だけをかわいがる傾向があり、一つの派閥をつくっている。それでその派閥に入っていなければ登用されないというのは通産省を毒するものです。私は次官になりたいため、こう言っているのではありません。省内を明朗化しようと多くの人が思い、その人たちからかつがれているので、こう言っているのです」

結局、今井が次官になり、その後、佐橋が次官となった。今井が次官になると決まった時、秘書課長だった川原英之は佐橋に「敗れました。なにも言いたくありません」と言ったという。それを佐橋は自著の『異色官僚』に書いたが、これが当時もいまも、評判がよくない。しかし、「政治に敗れた」ということではないのか。福田一の背後には、東海道新幹線を岐阜羽島に停めた大野伴睦がいた。

当時のようなアクがなくなって、佐橋はいま「政治と行政は磨き合うことが必要」と言う。

また、参議院議員会館の一室で、元通産次官の矢野俊比古は、こう語る。現役時代、型破りの役人といわれたというが、たしかにガラッパチな感じだ。

「山下英明さんが次官だった時に、通産出身の国会議員を二十人にしたい、と言われたんだよ。当時は岸信介さんや椎名悦三郎さんまで入れて五、六人だったけど、いまは八人かな。目標の約半分だね」

山下英明は現在、三井物産の副会長である。『官僚たちの夏』には「片山泰介」として登場する。キャリアは休みなくモーレツに働くのが当たり前だった頃の通産省で、片山は土曜日の正午前、悠々とテニスに興ずる。こうした「余力を温存しておくような生き方」は、風越信吾こと佐橋滋には腹立たしいのだが、秘書課の女性たちは、

「すてきね。勇気があるわ」

「余裕があるのよ。そうでなくちゃ、これからはだめねぇ」

「いつかはきっと、ああいう人たちの時代になるわよ」

と讃嘆の声をあげる。

片山のこの姿勢は課長待遇の身分で大臣秘書官になっても変わらず、前任者に、

「秘書官というのは、無定量・無際限に働くものだ」と言われても、

「ご冗談でしょう」

と一笑に付す。そして、

「ただでさえ、この安月給ですからねえ」

と続けて、まわりの事務員たちの笑いを誘うのである。

「ここは、みなさん、働きすぎですね。そろって顔色がよくない。もっと休みをとって、遊ばなくちゃ」

という片山の言葉は、小説とはいえ、山下らの特徴をよく表していると思うが、政治への屈服を潔しとしないアクの強さをもった佐橋が去った後、通産省には「ああいう人たちの時代」がやってきた。政治エゴに抵抗するどころか、逆に自らが議員となって政治の中にとびこんでいくのである。

矢野は役人時代、国会議員を選良といい、新聞記者から「矢野さん、本当にそう思ってるの」といわれたというが、少なくとも三万人、多ければ十万、二十万もの人に自分の名前を書かせるのは、やはりそれだけの魅力と能力をもった人だと思う、と語る。

役人時代をふりかえっても、与野党を問わず、誠意を尽くして話をすればわかってくれない先生はいな

かったというのである。

そして、当時の中選挙区制では、代議士が地域エゴに走るのは、ある程度仕方がないのではないか、とも語った。

これは、佐橋滋の政治への姿勢とは百八十度違うといっていい。

佐橋は局長時代、国会に呼ばれても、現在のように課長や事務官も連れず、資料もほとんど持たずに一人で行って、野党の議員に「わしが裸で答えられないようなことを聞くと、あんたらの恥になるんだぞ」と言った。

あれから時代も変わり、官僚も変わった……。

親子の関係

佐橋滋は、高度成長は民間企業の努力の結果だという意見に、「親の苦労も知らずに」といった感じで真っ向から反論した。

「戦争直後はまさに何もない時代だった。当時誰が今日の日本を予想しえたであろうか。その日本経済をここまでもってきたのは、MITI（通産省）の産業政策にあずかるところきわめて大であったといっても、たいしていい過ぎではないだろう。……いまさら、産業担当官庁を弁護するのも大人気ないと思うし、弁解やうぬぼれはあまり性に合わないけれども、一言だけは言っておきたい。子供が成長すれば親の苦労を忘れてしまい、自分ひとりで成長したように感ずるのが昨今の親子の関係のようである。賢明な親ともなれば、子供がすこやかに成長すれば、それでよいのであって、いつまでも、親の恩の押し売りはしない。産業と産業担当官庁の間も、まったくこれと同じで、われわれは最善と考えたことを一生懸命実行したまでのことで、それが職責であり、あえて偉とするには当たらないことであろう」(『週刊東洋経済』一九六八年十二月十一日臨時増刊号)

産業保護的色彩の強さに、外国から「悪名高き通産省《ノートリアス・ミティ》」といわれても、通産官僚はこれを甘受してきた。産業政策に少しの過ちもなかったなどと自惚れてはいないが、方向はまちがっていなかった、と佐橋は胸を張る。

「われわれのやったことは結果が出ている。その結果は現状である。別のやり方をすれば、もっと現状よりよくなっていたであろうかという批判は、比較検討する手だてがないのだから、なんとも反駁のしようがない」と言うのである。

一九六四年十月に退官した佐橋はどこへも天下らず、経済研究所をつくり、十社ほどの企業の「会費」で暮らしてきた。

恩に着せる気はないけれども、それぐらいのことは「親」に対してしてもいいのではないかと思ったからだ。

これについて佐橋は「会費は、たとえば大鵬の後援会費と心得ろ」と言っていた。後援しても大鵬は見返りに会社に何かしてくれるわけではない。それと同じように、佐橋は会員企業に便宜を図ったりはしなかった。「おれに勉強させておけば、いつかはお国のためになる」という自負心からである。それで、余暇開発センターの理事長になった時も、センターからは月給をもらわなかったが、会員企業のトップが代替わりして「親」への会費払いを渋るようにもなり、同センターから月給を得ている。

さて、産業界と通産省である。

七七年に、当時、新日鉄の会長だった稲山嘉寛は、政府、通産省の責任をこう追及した。七五年には一億六千万トンもの鉄が必要になると政府は言って、稲山は断固反対した。ところが誰も言うことを聞いてくれず、いま、オーバー・キャパシティーになっている。この責任は誰が、どうとるのか、と。

これは佐橋が退官後のことだが、「親子の関係」はなかなかに複雑なようである。

女性キャリア

通産省の大臣官房企画室長を経て札幌通産局長になった坂本春生《はるみ》が退官したときのことである。スラリとした長身の坂本は通産省の女性キャリア第一号だった。

旧姓片山の坂本は一九六二年の入省だが、前年の秋、東大経済学部の卒業を前にした彼女は通産省を訪れる。

当時の官房長が渡辺弥栄司。企業局長が佐橋滋で、渡辺は「佐橋連隊の突撃隊長」などといわれていた。それはともかく、通産の体質改善に真剣に取り組み、最高幹部要員として立派な女性を採用したいと考えていた渡辺にとって、片山は待ち望んでいたそのひとだった。

「片山春生さんが私の前に若々しい足取りで、落ちついた態度で、しかし幾らか上気した頬の色で現れた時に、私は私の長い間待っていた女性がついに現れたことを感じました」

女性官僚の会である「あけぼの会」の会報第四号に、渡辺はそれこそ幾分上気した感じで、こう書いている。

実質的な採用者と言える佐橋は、糖尿病で往年の元気がないが、彼女のことになると多弁になり、「挙措、態度、知識、意欲、どれをとっても申し分なかった」と語る。

「行政のミスは取りかえしがつくが、採用ミスはどうにもならない」と、企業局長になっても採用の試験委員をやっていた佐橋と、彼女の問答は次のように進行した。正確を期すため、六七年に出た佐橋の『異色官僚』からピックアップする。

「君はまたばかに成績がいいが、男性をどう思っているか」

「男の人は遊ぶことが多いので、成績が悪いんじゃありませんか」

「俺のところで採用したらどうする、必ずくるのか」

「まだなんともいえません」

「ここへ受験にきて、採用した場合にくるかこないか、なんともいえんというのはどういうことだ」

「大学の先生は役所は無理だというので、私は倉レを受験しました」

「それで倉レにきまっている、というんだね。じゃあなぜここへ受けにきた」

「私はとにかく通産省にはいりたい。それには倉レを円満に断らなければなりません」

片山の部分の発言は、のちに同期の坂本吉弘（当時、資源エネルギー庁石油部長）と結婚した彼女によれば、少しニュアンスが違う。公務員試験を受けたのも、友人とのつきあいからだったし、通産省に訪ねたのも、友人がおもしろいところだとすすめたからだった。

倉レの社長、大原総一郎は職制を改革してまで採用すると言ってくれたのだが、片山はゼミの教授の安藤良雄とも相談し、佐橋が大原に電話をかけたりして、結局通産省に入ることにした。入省が決まって家の前めていた。


坂本春生は、入省から二十五年余り経っても、その時のことを思い出して口惜しいと語る。

通産省の女性キャリア第一号の彼女は、採用の面接試験で、

「結婚式の前の日に仕事があったらどうしますか」

と質問され、

「一生懸命、仕事をやります」

と答えたのだが、そんな愚問にシャカリキになって答えてしまったことが口惜しいというのである。その問いを浴びせた人間は誰か、残念ながら覚えていないとか。

彼女の二年後に入省した蒲よし子（結婚後にお産で死亡）は、同じようなことを訊かれて、

「そういうことを訊かないのが通産省と聞いて受けに来たのですが……」

と笑顔のままに答えた。

これには試験官も口をアングリだったそうだが、その話を聞いて、坂本は胸がスーッとしたという。

経済を知らない大蔵官僚

匿名の中に没している官僚たちを描いた江波戸哲夫の『小説大蔵省』と、登場人物も実名にした結城泰介の『小説大蔵省』が霞ヶ関で読まれたが、いずれにせよ、「大蔵官僚には創造性がない」と酷評するのは、

元通産次官の佐橋滋である。

「大蔵官僚は、大体、生きた経済を知らない。だから、他人が苦労して考えたものにやたらとケチをつけ、予算を削る。それに生き甲斐を感じているわけで、始末におえん。日本をいかによくするか経済をダイナミックに発展させるにはどうしたらいいかの創造的ビジョンがないんだよ」

佐橋の怪気炎は、かつてと変わらない。

東大法学部出の他省のある女性官僚は、緊縮財政で、大蔵官僚に対して、

「もともとは優秀な人たちなのに、ますます他人の考えたものにケチをつけるといったネガティブなことばかりやらざるをえなくなっている」

と同情していたが、佐橋の大蔵批判は「もとからおかしいのだ」というきびしいものである。

自著『日本への直言』（毎日新聞社）で、佐橋は「主計官は下手な料理人」と言い捨てる。

「国民の多くは、予算というものがどうして出来上がるのかを知らない。大蔵省の主計局が原案をつくると思っている。これはその通りだが、主計局は企画し、発想するところではない。私が『下手な料理人』といったのは、材料（事業計画）はすべて各省庁が用意するのであって、主計局はその材料の山を前にして、どうして一つの皿に盛るかを考える役所である。チャンコ鍋なら、そこには目的があり、材料の吟味があり、味つけがあり、ゴッタ煮の妙味がある。しかし、予算は皿にのるように盛るだけである。もちろん盛り合わせだけでも職人としての技術を要する。捨てるものを捨て、切るものを切って、一つの皿にのせなければならない。料理人としての主計局の心情に立ちいってものをいえば、予算編成という盛り合わせを完了した時に、いい出来映えだ、会心の作だと自己満足できるようなものがかつてあったろうか」

こう言い切って、佐橋は「予算は圧力と惰性とコネとわずかばかりの主計官の知性との妥協の産物」だと追い討ちをかけ、さらにこう指摘する。

「主計局は大詰めになると、連日徹夜をする。大変ご苦労なことだ、と感心する向きもあろうかと思うが、残酷ないい方をすれば、なぜ昼間の勤務時間中に、やれないのかという疑問を一般の人は抱かないのか。あれも長年の惰性と一生懸命やっていますという、世の中をごまかすためのジェスチャーに過ぎない。昼間寝てて、夜仕事をするだけのことである。昼夜兼行だと強弁をするならば、私は『国のもっとも大事な仕事を、意識もうろうとした状態で処理していいわけはない』といいたい」

かなりの極論だが、当たっていないとは言えないだろう。

貫いた非武装論

一九三六年二月二十六日、青年将校の凶弾に斃《たお》れた高橋是清は、大蔵大臣の時、「陸軍は予算をやると、すぐ戦争をしたがる」と喝破した。

遂には国家予算の半分近くを占めることになった軍事費の増大こそが日本を疲弊させ、戦争への道を歩ませることになった、ということである。この教訓に学べば、行革において「防衛費」を〝聖域〟にしてはならない。

その点、「GNP比一%」どころか、非武装を唱える元通産次官佐橋滋は、歴史に最もよく学ぶ者と言えるだろう。

一九六六年に退官した佐橋は毎日新聞の懸賞論文に応募して、「平和の戦略――実験国家への道」を発表した。その中で佐橋はこう言っている。

「軍備は経済的にいえば全くの不生産財であり、人間の生活向上になんら益するところがないどころか、大変なマイナスである。日本の経済発展は、軍備に金をさかなかったせいであるといわれ、アメリカのちょうらくは、軍事費の支出に起因するといわれる。その当否を論ずるわけではないが、真相の一部を伝えるものであることは間違いない。

軍事を国家有事の時、つまり戦争のための保険であるかのような説を唱えるものがいるが、とんでもない詭弁である。軍備が戦争を生むことを忘れてはならない。経済が充実してきたから軍備にも力をいれる、アメリカの防衛負担を肩代わりするなどという考えは、軍備についての深刻な反省のない無責任な所説である」

困難であっても、理想を明文化した日本国憲法に従って、平和な国づくりに邁進しよう。佐橋はこう提唱する。

非武装など非現実的だ、攻められたらどうするという俗論に対しては、武器をもって戦った場合と相手の蹂躙《じゅうりん》にまかせた場合のどちらがヨリ被害が大きいか、と佐橋は問い、「人命についても、物的施設にしても、議論の余地なく武器をもって戦う場合の方が大きい。丸腰の人間が一億人も殺傷されるだろうか」と訴えている。

つまり、「世間の人類の平和を希求して、自ら実験台になる、これほどの名誉がほかにあろうか」というのである。

「戦って死ぬだけが英雄であったり勇敢であるのではない。理想に挺身する姿が尊いのであり、武器をもって戦うよりはるかに勇気を必要とする。世界は決して見殺しにはしないだろう。これは他力本願の非武装とは本質的に異なる史上はじめての実験であるという自負を持つべきものと考える」

こう呼びかける佐橋の主張は、「非武装国家になれば、軍備に要した膨大な財源が全く不要になり国内的には文化国家建設に必要とされる施設に充てられ、対外的には近隣諸国に対する援助が可能になる。脅威に代えて喜びを撒《ま》くことになる」という現実洞察に裏打ちされているのである。佐橋のこの思いは現在もまったく変わらない。

佐橋は「平和の戦略――実験国家への道」で自衛隊をはっきり違憲と指摘した。

「およそ、このくらい明瞭な、しかも堂々たる憲法違反は存在しない。言葉、文字は曖昧《あいまい》さをそれ自体の中に内在させるものだが、この憲法の条項違反ぐらい弁明の余地のないものはあり得ないと思われる。憲法第九条は、理由の如何を問わず攻撃的であろうと防御的であろうと、戦争という手段自体を放棄しているのであって、例外はあり得ないはずだ。それにもかかわらず、自衛のための戦争は憲法上も当然許されていると解釈するのは憲法の戦争放棄の意味を全然理解していない証拠である」

佐橋のこの主張は、彼の非武装論に基づいていた。

「戦争は、とめどもなく使ってとめどもなく消えていく底なし沼のようなもの」だからだ。途方もなく意味のない消費で、まったく人間を豊かにしない。

「もともと軍備は相対的なもので、相手国の軍備に比例して増大しなければならない性質のものである。理論的には拡大と縮小が考えられるが、現実的には拡大の一途を辿ることは周知の事実だ。戦争の抑止効果を期待するなら、はるかに大きいものを持たざるを得ないだろう。現在の日本が、もし完全防御を意図するならソ連、中国あるいはアメリカ（アメリカとて安心はならない）を意識して軍備の整備をはからなければならないだろう。それは不可能であるといっても過言ではない」

だから、世界に先駆けて、平和のモデル国家になれという佐橋の主張は、経済界の人間を仰天させた。非武装論に驚いたのではない。「経済がわかり、産業がわかり、軍需産業の何たるかがわかる」佐橋がそれを唱えたということに衝撃を受けたのである。

佐橋によれば「予想以上に強い抵抗」があった。

親しかった新日鉄の藤井丙午や日本電気の小林宏治が「非武装論だけはいただけん」と言ったという。

佐橋はいまでも、「どうしてこんなわかりやすいことがわからんのか」という気持ちだが、一代で実現できる理想でもないし、親しい人間と、敢えて争おうとは思わない。たとえば通産官僚の先輩、岸信介とは、お互い、その話に触れないようにしているのである。

しかし、防衛庁の人間や軍事評論家とは何度かやり合った。

「非武装は危険というけれども、それでは武装をしていれば安全かと反問すると、安全と言う人は誰もいないよ」

佐橋の信念はまったく揺らいでいない。こうした佐橋が「異色官僚」といわれるのは寂しい限りだが、佐橋より十歳下の元経済企画庁次官、宮崎勇（元大和証券経済研究所理事長）が、『軍縮の経済学』（岩波新書）を発表している。

歴史に学んでこうした主張をする官僚は、いまはいないのか？

残される課題

内務省という役所があった。戦中のファシズムの官側の元締めだったとして、戦後はＧＨＱの手によって解体されるわけだが、解体されるまでの内務省にも、労働組合が生まれた。ＯＢの柴田護（元自治総合センター会長）によれば「妙な政治勢力に支配されない独特なもの」である。その初代委員長に推されたのが、元官房長官の後藤田正晴。当時、地方局職員課にいて「オッサン」と呼ばれていた後藤田は、出張で出席できなかった設立総会で、委員長にされる。後でこれを知った後藤田はカンカンになって怒ったという（草柳大蔵『日本解体』）。

ほぼ同じ頃に、当時は商工省といった通産省の職員組合委員長をしたのが、佐橋滋である。後藤田より一つ年上の佐橋は、後藤田と違い、委員長に推されても、カンカンになって怒ったりはしなかった。むしろ、進んでそれをやったのである。

佐橋に、戦前、戦中の新官僚や革新官僚との違いをきくと、

「彼らは、エリートがエリート意識を際立たせるためにやった。軍部と一緒になって威張っていたわけだが、ぼくは軍人には見込み悪かったよ」

と、自己分析してくれた。

老子のことを害いた魯迅の「出関」に、老子が孔子のことを尋ねられて、「同じ一足の靴であろうとも、わしのは流沙を踏むもの、彼のは朝廷へ登るものだ」と答える場面がある。後藤田を孔子にたとえる気は毛頭ないが、後藤田と佐橋のその後たどった道を考えれば、やはり、後藤田の靴は「朝廷へ登る」ためのもの

だった、と言うべきだろう。

朝廷へ登らず、退官後は流沙を踏んでいる佐橋は、若き日の労働組合運動について、こう語る。

「組織というものは放っておけば必ず非民主化するわけで、とくに官僚の組織については、組合がいつもそれに揺さぶりをかける、別なアイデアが出るんだという仕組みでなければいけない。そう思って官庁民主化の運動をやったんです。

たとえば、いろいろな問題についての研究会を組合が持っていた。鉄鋼なら鉄鋼委員会というのがあって、問題がおきると、官庁の組織で勉強したのと、組合で勉強したのをすり合わせる。しかしこれをあまりやりすぎると大変だなと思ったのは、役所の方が弱くなってしまうんです。組合には課長を除いて係長以下全部入っていますからね。データはみんな組合の方にある。それで、官側の意気が上がらない。だから、やり方が問題だと思うが、官庁民主化というか、官僚化防止を組合がやることは絶対に必要です」

その場合、「いまのように組合が官僚化したのでは何もならないので、委員長なりスタッフはしょっちゅう変わらなければならない」と言うが、組合の現状を考えると、残念ながらユメのような話である。いま、キャリアは組合などにはタッチしない。


技術評論家の星野芳郎から聞いた話が忘れられない。平均値主義の愚劣さと怖さについて、星野はこう語ったのである。

ある密室に人間を入れ、外から平均量を確保して毎日酸素を送っていたとする。ところがある日、十分間だけ酸素を送るのを忘れ、後で平均量が同じになるように酸素を送ったが、人間が死んでしまった場合、平均値主義では、平均量を確保していたのだから死ぬわけがないということになる。

しかし、生物というのは瞬間的に異常な事態にぶつかれば、それで死んでしまうのであり、だから公害については異常値が最大の問題になる、というのである。

平均とか多数ということを常に考えざるをえない官僚たちに忘れてほしくない話だが、こうしたことにすぐ頭が及ぶ官僚をどうピックアップしていくか。

私が前に編集していた雑誌でやった久野収と佐橋滋の対談で、久野は官僚や教師についての相互審査の必要性を説いた。とくに官僚は、役所に入る時は、大変な国家試験をやるのに、その後はまったく審査されない。

それに対して佐橋は、

「いまは、スタートラインに並んだのが何年経ってもみんな同じ距離を行っているという仮定に基づいている。だから、入省年次が下の人間が上の人間を使うということは絶対にない。しかし、大学が四年で専門課程は大体二年でしょう。その二年間の成績で入った人間が十年経っても十五年経っても同じ進み方をしていることはありえない」

と答えている。

それで、「本当に人間を見れる人、もう偉くならんでいいという目利き」に官僚を審査させることが必要だと強調する。

佐橋はかつて、人事を扱う秘書課長を選挙制にしようとした。

上から任命するのではなく、下の人間が選挙で選ぶのである。佐橋によれば、これは「ぼくらのような、トコロテン式に順々に上に上がっていく特権官僚からは、とんでもないことだ、となった」。

とにかく自信がないのである。

「上から見ようと下から見ようと、また誰が見ようと、おれは誰にも負けないんだ、選ぶんなら選んでみろという人間は、非常に少ない」（佐橋）

久野は、審査の結果、落第となった官僚はクビにするのではなく、再教育をほどこすことを提案している。そして審査は、たとえば佐橋のような人間を二年間、高給で招聘《しょうへい》し、農林省なら農林省の業績審査委員にして、さまざまな場面で仕事ぶりを審査させる。

いわば企業の監査役（多くは企業から独立していないが）みたいなものだが、佐橋は、「立派な人物を選び、高給で処遇すれば、それはできる」と応じている。

大正生まれの結婚

梶原一明著『ビジネスマンの社長学』（天山文庫）に、住友海上火災保険社長だった徳増須磨夫《とくますすまお》が梶原と私に「大正生れの歌」を教えた、とある。私は記憶がないのだが、作詞者不詳のこの歌の一番から四番までをまず紹介しよう。

一、大正生れの俺達は
明治の親父に育てられ
忠君愛国そのままに

お国のために働いて
皆のために死んでゆきゃ
日本男児の本懐と
覚悟をきめていた
なあお前

二、大正生れの青春は
すべて戦のただ中で
戦い毎の尖兵は
すべて大正の俺達だ
終戦迎えたその時は
西に東にかけ回り
苦しかったぞ
なあお前

三、大正生れの俺達は
再建日本の大仕事
政治、経済、教育と

ただまっしぐらに三十年
笑いも涙もかれ果てて
やっと振りむき乱れ足
やすんじゃならぬぞ
なあお前

四、大正生れの俺達は
今や五十六十のよい男
子供も今では親になり
可愛い孫も育ってる
それでもまだまだ若造だ
やらねばならぬ事もある
しっかりやろうぜ
なあお前

十五年しかない大正生まれは、それでも、初年の佐橋滋から、末年の人物評論家伊藤肇まで多岐にわたる。大正世代の結婚の一つのタイプとして、元通産次官の佐橋のそれをトレースしてみよう。『官僚たちの夏』の主人公、風越信吾のそれとして受け取ってもらってもいい。

さて、佐橋が書いた「わが家の男女同権」という一文に、女房（まり乃夫人）の取柄は「健康でしりが軽いところ」だとある。

「娘どもが家にいるころ、姉妹と見間違われたといってにこにこしているくらいだから、母親の威厳などは薬にもしたくともない友達付き合いである」

とも書いてある。

一緒にゴルフに行くと「娘と間違えてチョコレートをくれたりする」、そそっかしい人間もいるというが、たしかに、これが書かれたと同じ頃、ソ連船シャリアピン号で南太平洋をまわった時には、私もそう思った。

そんなところから、佐橋の〝掠奪結婚〟説が出てくる。

終戦を名古屋の軍需監理局で迎えた佐橋は、敗戦ともなればすることもないだろうし、結婚でもしようかと思った。しかし、もちろんそれには相手がいる。

いまから探すのは大変だなと周囲を見わたして〝赤ちゃん〟を思い出した。佐橋が軍需省鉄鋼局にいた時に、女子挺身隊員として派遣されてきていた現まり乃夫人である。

彼女は、いつもにこにこしているので、〝赤ちゃん〟と呼ばれていた。

前記の「男女同権」論で佐橋は、

「私がほれるわけはないのだが、女房はお父ちゃんのラブレターを持っているのよと子供に自慢をする。だれにも見せないので本物のラブレターかどうかさだかでないが、変なことが書いてあると前言取り消しという羽目になる」

と書いている。

さて〝赤ちゃん〟に勝手に目標を定めた佐橋はすし詰めの汽車に乗って名古屋から上京し、プロポーズして、いい感触を得る。

そして名古屋に帰ったら、同僚が東京に置いておいては危ないという。

「東京は進駐軍が来て、おそらく処女はいなくなるだろう」

などというのである。

「どうせもらうのなら、新品のほうがいいよ」とヘンな知恵をつけて、その同僚は入手困難だった名古屋、東京間の往復切符を二枚都合してくれた。

それで佐橋が再び上京し、彼女を呼び出して、東京は物騒だからと疎開をアドバイスしたら、彼女はすぐにその気になったが、母親は、

「見ず知らずの人のところへ娘一人を疎開させるわけにはいきません。結婚されるのなら話は別ですが」

という。

もっともな話で、それなら、往復切符の有効期間内にすべてをすませよう、ということになった。

佐橋は直ちにその足で、当時室町の三越に間借りしていた鉄鋼統制会へ行き、総務部長の藤井丙午（後に新日鉄副社長、参議院議員）に相談をすると、

「よし、わかった。統制会で君の結婚を請負おう」

と二つ返事でＯＫしてくれた。

店子の力で、三越に式場を用意させるし赤飯と尾頭つきの準備をするというのである。

そして、媒酌人を理事長の渡辺義介（後の日本製鉄社長）に頼んだ。渡辺は、仲人などはあまり好まないと

後から聞いたが、話が突飛でおもしろいのと、かわいがっていた佐橋のためならということで快諾したらしい。

それにしても乱暴な話で、まり乃夫人の親戚は、一人娘の結婚式が今日の明日などとは言語道断だとして、誰も出席しなかった。

佐橋のほうも、東京にいる叔母が仮親である。これも信用しないのを、ともかく明日三越へ来てくれと言って出てもらった。

トランク一つの新婦を連れて、佐橋は式場から真っすぐに岐阜の実家へ。

迎えた母親はさすがにびっくりして、

「この子は無茶をする子で、まり様は大変でしたろう」

と言った。

この〝掠奪結婚〟の見届け人となった渡辺のえらさについて、佐橋は『渡辺義介回想録』に「通産省官房秘書課長」の肩書で、こう書いている。

「我々のようにそれなりのプライドがあって口のうるさいのは決して無条件に人を褒めない習性を持っている。あれはいい人だ、切れる人だ、出来る人だ、学がある等と其の特性を認めることには必ずしも吝ではないが、但し、こう云う面があるという註釈が必ずと云っていい位つく。場合によっては其の欠点が特性を上廻るような表現すらする。小生がえらいと云う言葉を使うのは子供のように単純に、欠点のあるなしとは無関係にそれを遥かにカバーする偉大さに対する信仰みたいなものである。

社長の時も浪人の時も渡辺さんに対するえらさの信仰は微動だにしなかった。(中略)

渡辺さんのような人物はもう此の世に現われることはなかろう。官営八幡製鉄という地盤と背景が生んだ歴史的人物ではなかろうか。恐らく生涯会うことの出来ない人に逢えたという喜びは胸中を去るまい」

最大級の讃辞である。

佐橋が綿業課長時代、権勢をふるっていた上司に反抗して仙台へ左遷される時、渡辺は柳橋に席を設け、

「また、お前は江戸払いか、長いわらじを履くんだな。東京は淋しくなるけれども、いい勉強だ」

と励ましてくれた。

渡辺が「また」と言ったのは、佐橋が名古屋へやられたのも、陸軍の逆鱗に触れて一銭五厘の召集で脅かされていたからだという。この時、渡辺は軍需省の首脳部に抗議をしたとか。

佐橋が仙台から帰って炭政課長をしていた頃、長男が生まれた。この長男に佐橋は、渡辺義介の介をとって、陽介と名づけている。

明治二十一年、新潟県生まれ、旧制四高、東京帝大法科を経て、大正二年、農商務省に入省。三年後、八幡製鉄所に派遣され、昭和三十一年に亡くなるまで、文字通り、鉄と共に生きた渡辺は四角い顔をしていた。どちらかと言えば、いかつい顔である。

その自分の顔について、渡辺が書いた興味深い一文が『回想録』に収録されている。裏方としてこの『回想録』の編集を担当した飯村嘉治（元九州石油会長）は渡辺をなつかしみながら、ところどころに傍線を付している。

「琵琶歌毒饅頭の清正じゃないが笑えば子女をも懐かしめ怒れば虎をも懼《おそ》れしむといったような風貌が男らしくてよい。大体顔にしまりのないのが一番いけないと若い時から思っていたが、俺の顔は余程とっつき

にくい顔だと見える」と始まったその一文は、「頗る緊張を専らとした時代」を生きてきて、自分としては「結構士魂商才を体得せねばと心掛けた積りなんだが思い内にあれば色自ら貌に現わるで、その現われ方が未熟者の棒しばりだから、謹直な積りが硬直になる頗る寄りつき難き面貌と相成ったものと見える」と続く。

「こうなると亦口の悪いことにかけてはいつも尖端を行こうというのが揃っている業界のことだから決して黙ってはいない。曰く『北向きの鬼瓦』だと来た」

あるいは佐橋も同類かもしれない。

Ⅱ　佐橋滋の交友録

雀友・岩堀喜之助

佐橋の雀友として欠かせないのは、平凡出版（現マガジンハウス）を興した岩堀喜之助である。

佐橋が『岩堀喜之助を偲ぶ』という本に「大人の風格と題して書いてる通り、佐橋と岩堀は「全く違った分野で生きて来た人間」で、普通ならつながりができそうもない。「縁なき衆生で終っても、ちっともおかしくない」間柄だった。

それが、佐橋が特許庁長官になった頃、突然、司馬遼太郎の『竜馬がゆく』（文春文庫）を持って岩堀が訪ねて来て、

「竜馬の生き方はあなたに似ていると思うから、これを読んでみなされ」

と言って帰って行った。

佐橋はこの本を一気に読み、爾来、司馬遼ものに取りつかれるようになった。

そして同時に、岩堀喜之助という「大浪人」とのつきあいも深くなっていく。深まりの手段がマージャンだった。

最初は岩堀、佐橋、元警視総監の原文兵衛、陶陶酒社長の毬山利久がメンバーだったが、いつのまにか、

ダイヤモンド社の坪内嘉雄、大和証券の千野宜時と、岩堀、佐橋というようにメンバーが変わった。

岩堀とのマージャンは、いつも時間厳守の定刻開始。遅れる人間がいると、女将を加えたりして、待たずにスタートした。

そして、遅れて来た者は、文句なしにそれを引き継ぐという〝決まり〟だった。

真剣そのもののこのマージャンで、一番強いのが「大浪人」で、一番弱いのが千野。「小浪人」を自称する佐橋は中位だった。

勝っても負けても「後味のよい麻雀」で、いつも、終わると、次回は何日と決めた。

「一見やくざふうだが、根はおそろしく優しい人柄」の岩堀は、チョコレートやあめを袋に入れて持って来て、満貫をつもると「満貫賞」といってそれを渡したりするなど、心配りしていた。糖尿病でしょげていた佐橋を、しきりに元気づけてくれてもいたという。

前記の追悼録には、中曽根康弘から美空ひばりまで、実にさまざまな人が「偲ぶ」文を寄せているが、日本エアシステム会長の田中勇はこう語っている。

「学生時代、好きが昂じてアルバイトに麻雀屋をやったというくらいだから、岩堀の麻雀好きは、かなりのものだったよ」

そして、病院のベッドの中でも「自分のことより他人のことをあれこれ心配している」男だったと、つけくわえている。

ところで、佐橋のマージャンは学生時代からで、勝ち負けよりも、その日の運勢判断のためにやるといった趣が強い。

今日は運が向いているかどうか、トライしてみるのである。だから、レートの高いマージャンはやらないし、恩恵を受けるようなマージャンはしない。

当日決済で、負けると「ちょっと応える」程度のマージャンをやるのである。

碁敵・升田幸三

佐橋はアマチュア将棋連盟の会長である。升田幸三に頼まれて、このポストに就いた。

「何もしないでいい」という条件で、ただ一年に一回、アマチュア名人戦にだけは顔を出して、あいさつすることになっている。

「会員と将棋を指すことはあるんですか」

と尋ねると、

「会長がこんなもんかと言われたら困るから、金輪際やらない」

という返事。

佐橋の将棋歴は古い。子どもの頃まで遡るからだ。

小学校尋常科五、六年の頃、岐阜の山奥で、大人にまじって将棋を楽しんでいた。

夕涼みの縁台将棋である。

それらを見ながら、知らないうちに覚えていったのだ。

将棋の駒を盤上に盛り上げて、音を立てないように一本指で一つずつはずしていく盗み将棋や、サイコロをころがして双六のようにいくつかずつ進む出世将棋などの遊びも楽しんだ。

格別、誰に教わったわけでもなく、こうして覚えた将棋が、通産省石炭局の炭政課長になって、爆発的に復活する。

佐橋によれば、当時の石炭局は「将棋が大変盛んで」昼休みになると、一斉に部屋いっぱいに盤を並べて、将棋が始まる。

中でも断然強かったのが庶務室長の吉沢清であった。

彼には、みんな大駒を落としてもらって指していた。無論、佐橋も大駒落ちだというので、仕方なく、角落ちで指したところ、ものの見事に負けてしまった。

子どもの頃に意外に強かったという記憶のある佐橋は、どうにも納得できず、

「角落ちは勝手が違うから負けたが、今度は平手でやろう」

と、再度の対戦を申し込んだ。

「とんでもない。角落ちで勝てないのに、平手で勝てるわけがない」

と嘲笑う吉沢を説き伏せて、平手でやったらなんと佐橋が勝ってしまった。

「こんなバカな話はない」という吉沢と、その後、炭政課長の二年間、何百回か指したが、勝ったり負けたり、ほぼ互角の指し分けだった。

坂田三吉の再来のような升田とは、どこで知り合ったのか――。

佐橋は妙にウマが合い、ある時、升田に、

「ちょっと指してくれ」

と言った。すると升田は、

「イヤだ」

と言う。

「ダンナ衆のおれが頼んでいるのに」

と佐橋が言う、

「おれは将棋が本業なんだ。遊び半分のダンナ芸とは格も品も違う」

と升田は答えた。

升田の自伝『名人に香車を引いた男』（中公文庫）に、こんな記述がある。

升田が四段になった頃、師匠の木見金次郎の代理で、大阪の財界人の集まる社交クラブに、何度か稽古に行った。

もともと升田は、「しろうと相手のお稽古ってのは、苦手——というより大っ嫌い」だったが、「先生のいいつけなのと、小遣い銭が欲しいのとで」、やむを得ず出かけたのである。

いやいややっているのだから、適当にあしらったり、時にはわざと負けたりすることは面倒くさくてできない。

若僧なのに、平気で、

「なんや、この手。ちっとも効き目があらへん。二階から目ぐすりっちゅう手ですな」

「えらい見当違いにきますな。こんな手え指して、よく社長さんがつとまるわ」

などとからかって、相手がカーッとなって突っかかってくるのを、軽くひねった。

それで、升田の稽古は評判が悪く、他の棋士の稽古日に比べると、集まる財界人も少なかったと言う。

こんな升田だから、佐橋がいくら頼んでも将棋には応じない。

ならば、碁をということになった。

すると、升田が佐橋に、まず、何目か置けと言う。

佐橋は憤慨した。

「将棋は天才かもしれないが、碁では互角ではないか。オレだって、棋院から五段をもらってる」

と言うと、升田は、

「同じ素人でも、まるっきり違うんだ。オレはやはり、盤に向かってメシを食っている。そのオレに三目か四目置いたって、あんたの恥にはならん」

と佐橋をなだめて、勝負開始。佐橋は軽く一蹴された。

碁と将棋の違いがあるとはいえ、盤に向かう態度をはじめ、何から何まですべて違う感じでまるで歯が立たない。

それからも何番か打ったが、もちろん佐橋は勝ったことがない。

升田の話は興味深い。将棋にことよせて話す経営論などがおもしろくて、経済人にもファンが多いのである。

たとえば――、

「ヘタな経営者と同じで、将棋指しも、駒をたくさん集めてニコニコしてるようじゃ話にならん。一つ一つの駒が生き生きと働くようにしなければ」

佐橋の碁敵で見逃せないのは、亡くなった新日鉄名誉会長の永野重雄である。

とくに佐橋は、インドへ鉄鉱石の開発ミッションで出かけた時のことが忘れられない。

語学には自信がないし、外国へ出張しろとか勤務しろと言われたら、オレは役所をやめる、便所掃除でも何でもやるから外国行きだけはカンニンしてくれと言っていた佐橋が、なぜインドまで行くことになったのか。

それは、団長の永野にブレーキをかける役として、是非とも佐橋が必要と他の団員から頼まれたからである。

佐橋は当時、重工業局の次長。新日鉄の誕生前で、永野は富士製鉄の社長だった。

この永野が「こうだ」と言い出したら、他の連中の言うことなど聞かない。

ところが、佐橋の言うことだけは不思議に聞くのである。

だから、永野がダダをこね出したら、佐橋が出て行って、

「永野さん、いいかげんにしなされ」

とか、

「マアマア、そう、いきりたちなさんな」

とか言って、制止する。

もう一つ、佐橋の出番は碁だった。

永野の碁の相手をするのである。

ところが、これが大変だった。永野は自分が勝つまでやめないのだ。たとえば、先に佐橋が何回か勝ったら、少なくとも、勝ち負け同数になるまで解放してくれない。

インドへは三年ほど続けて行ったが、滞在期間はだいたい一ヵ月くらいであった。

その間、永野と佐橋が対戦した数は何百回にも及ぶ。

永野は、俗に言う〝鳩の豆まき〟の早碁で、ひどい時は十分で終わる。長くても三十分ぐらいしか、かからない。

インドへの飛行機の中で、七、八時間、打ちづめに打っていたこともあった。

飛行機が着陸態勢に入って、バンドを締めてくれと言われてもやめず、渋々、バンドを締めてからも、隣席同士、横向きになってやった。たいていは、通路にすわりこんでやっていたというのだから、あまり品のいい碁とはいえないだろう。

大平会のゴルフ仲間

通産省に大平会という名称の会がある。亡くなった大平正芳を偲ぶ会ではなく、昭和二十八年から綿々と続いている通産マンのゴルフ大会である。

箱根の大平台に泊まり、仙石原のコースで始めたのでこの名がついた。年二回開かれ一九八五年の九月二十九日に開かれた大会が第六十八回。

最初、現役二十名足らずで始めたのだが、今はOBも加え、参加者は二百名を超える。

この会に、通産省の前身の商工省の大先輩である小島新一氏（筆者注・当時、佐橋さんのたっての希望で、小島さんについてのみ、敬称を付しました）が優勝カップを寄贈している。だから、大平会は小島杯争奪のゴルフコンペである。

商工省の次官から八幡製鉄の社長となり、新日鉄の相談役だった小島さんは、一九三七年に佐橋が商工省に入り、工務局に配属された時の局長だった。

「見習いで入って来たヤンチャ坊主」の佐橋に小島さんは目をかけ、以来、半世紀の歳月が流れている。

「ぼくは、いつクビになってもおかしくない役人人生を送ってきたが、クビにならずに何とか職責を全うできたのは、小島さんが陰になり日向になり、かばってくれたからだと思う」

と自他共に認める〝暴れん坊〟の佐橋が、しんみりと小島先輩の恩を語る。

「八十を過ぎて、小島さんは何度か、エイジシューターになっておられる。自分の年齢以下のスコアでコースをまわるこの快記録は、通産OBでは、小島さんだけである」

「九十近くなって、さすがにゴルフに出かける足が遠のいていた」

ところで、大平会は、独特の通産ルールで行われる。ボールがグリーンオンし、カップからパターのアイアン部分の近さまで寄ったら、パットをしなくともOKとするのである。ボールがグリーンオンすると、それからはどうしても真重になってプレーが遅くなる。それでは他のプレーヤーに迷惑をかけるのでこの〝ルール〟が生まれた。

これに関連しておもしろい逸話がある。

三井金属鉱業の会長だった高島節男が、ある時、大変いいスコアを出した。運動神経がそれほどでない高島にしては出来過ぎだと言うのでよく訊いてみると、何と、「OKボール」をホールインしたものと勘違いしたのだった。

佐橋がゴルフを始めたのは、大平会発足と同じ頃で、当時、佐橋は石炭局の炭政課長で、局長が佐久洋であった。

佐久は「佐橋君、ゴルフをやれ」としきりにすすめる。

しかし、カネのかかる遊びを、役人ごとき薄給の者がやるのは抵抗があった。「自力でできないようなことに打ち込むテはない」と佐橋は思ったのである。

ところが、尊敬していた佐久に、

「佐橋君、こんなに楽しいものはないぞ、一緒にやろう」

と何度もさそわれて、遂に重い腰を上げた。

佐橋が佐久に、敬服したのは、佐橋の後の労働課長の椅子に、四年先輩の佐久が淡々として坐った時である。

全商工労働組合中央執行委員長から、佐橋が総務局の初代労働課長になってまもなく、繊維局紙業課長がＧＨＱ命令で処分されるという事件がおこった。通産省始まって以来の大事件で、佐橋が労働課長のまま、紙業課長兼任を命ぜられた。

二つの局をまたがっての兼任なんて、とんでもない話だ。どちらの局長の指揮に従ったらいいのかと反問したら、時の秘書課長の始関伊平に、

「労働課長の後任はすぐにさがすから」

と言われた。

そして、数ヵ月して、先輩の佐久が発令されたのである。しかし、こういう異例な人事も佐久は一向意に介しなかった。

そういう佐久の人柄は、彼が亡くなった日の日付で出された「死亡御挨拶」によく出ている。

「永い間大変お世話になりましたが、これ以上生きて居ても世間様に御迷惑をお掛けするだけで、何の御役に立つことも出来ないことを知りましたので、この辺であの世へ転居することにいたしました。一足先にあの世へ参り、皆様との再会をお待ち申したいと思いますが、こればかりは呉々も御急ぎなさいませぬよう御願い申し上げます。

皆様の御蔭で些かも悔いのない人生を送らせていただいたことを心から感謝申し上げます」

この佐久洋に誘われて始めた佐橋のゴルフで独特なのが片手パットである。

「ゼニになるのはパター」といわれるように、これをはずせば、それまでの苦労、苦心が水の泡になる。だから、慎重になると、緊張して、よけい入らない。佐橋はある時、片手でパターをやってみた。左手を腰に当て、右手一本でスーツとホール方向に流すのである。

これが案外うまくいく。以来、佐橋は片手パットである。

雨が降っていれば左手にカサをさし、右手一本でパットをする。片手パターの秘訣は遊んでいる左手が気にならないことである。

大平正芳と一緒にゴルフをやった時、面白いようにコロリコロリと入る片手パットを見て大平に、

「ゴルフの神様のバチが当たるぞ」

と言われたことがある。

他の人が一生懸命やっているのに如何にも無造作に見える片手パットスタイルは相手を刺激することは間違いいない。しかし、大平に注意されてから片手パットも以前ほどうまく入ってくれなくなった。

かつて田中角栄に、

「あなたは何でも日本一のようなことを言うが、十種競技でも二十種競技でもよい、ぼくに勝てる自信があるならやってみよう」

と言って、先ずゴルフから始めることになった。

「イザ、勝負」となったが、お互いに何糞と思うものだから必要以上に力が入って二人とも惨憺たる結果になり、途中で「日を改めて勝負しよう」ということになったこともある。

因みに、佐橋のハンディは、かの名門、程ケ谷カントリー倶楽部から十三をもらっている。しかし、近頃ではなかなかこのハンディにふさわしい数ではまわれず、仲間うちでは罰金をとられっぱなし。最近のスコアを提出してハンディを少し修正してもらったらと言う人もあるが、まだまだその気にはならない。

韻《いん》友・小林勇

林達夫と久野収の興趣尽きない対話『思想のドラマトゥルギー』（平凡社）に、「だいぶ歳はいったがそれでも悪童」の小林勇のことが出てくる。

この「悪童」が、小田原に引っ込んだ晩年の長谷川如是閑を〝泣かせる〟のである。

林によれば、小田原へ行く時、小林は車中で「今日は先生を泣かせてやろうじゃないか」と穏やかならぬ相談をやり、如是閑宅へ行って話をしながら、絶妙のタイミングで、世の中の悪さへ話をもってゆく。

すると如是閑は、たちまち涙を流して、悲憤慷慨する。

そして、帰り途、「ちょっと今日は先生を泣かしすぎたかな」と言うのだから、小林はやはり相当の〝悪童〟だった。

しかし、岩波書店を支えたこの小林も、晩年は、かなり涙もろくなったという。亡くなる前の年の一九八〇年七月、病をおして、日本点字図書館の創立四十周年記念会に出席した小林は、あいさつに立ち、創設の頃の苦労を語ろうとして、慟哭してしまったとか。

この小林と、佐橋は妙にウマが合った。

佐橋の言葉を借りれば「おそろしく見込みがよかった」のである。

小林と佐橋が出会ったのは、戦後まもない一九四七年。佐橋が商工省の紙業課長となり、「ちり紙と仙花紙を除く」すべての紙の統制をしていた時だった。

当時、小林は用紙割当委員会出版部会の議長をしていた。戦争中に官憲からひどい拷問を受けたこともあってか、小林は徹底した官僚嫌い。ある時は、陳情に来たのに局長が会ってくれず、待たせた挙句に、そのままどこかへ出かけようとしたので、

「待たせておいてどこへ行くんだ。人をなめるな」

と、その局長をぶんなぐったともいわれていた。

そんな話を佐橋は三宅幸夫から聞かされながら会ったのだが、お互い、ひと眼で好きになった。

それからは、しばしば岩波書店へ出かけ、広い書庫の中にゴザを敷いて酒盛りをやった。

談論風発、さまざまのことを語り合った後は、いつも短歌の朗詠合戦になる。

啄木、茂吉、牧水等、記憶力抜群で、実際に茂吉などには親しく接した小林は、尽きることなく、歌を繰り出してきた。

佐橋も三宅と二人で応戦したが、直きにタネ切れになって、思いついたままを五七五七七と並べる即席短歌で応戦したという。

佐橋は茂吉の歌が好きである。

とりわけ、歌集『あらたま』の中の「一本道」の歌に惹かれる。

あかあかと一本の道とほりたり
たまきはる我が命なりけり

という歌と、

かがやけるひとすぢの道遥けくて
かうかうと風は吹きゆきにけり

という歌だ。

「私は役人の時も常に自分の是なりと信ずる一本の道を一つ覚えのように歩いてきた。いまさらこの生涯を汚したくはない。私は私の思うように生き、そして死んでいくだけだ」

と語る佐橋だが、小林もこの歌が大好きだった。

小林は、七十一歳の時に「信濃毎日新聞」に連載した自伝の題名を『一本の道』（岩波書店）としているし、気むずかしい茂吉が寝ているその寝床に入り込んで、いろいろ話したりもしたという。茂吉と小林勇、茂吉と佐橋滋、そして小林と佐橋には貫いて流れるものがあるのだ。

「てらったり、力んだり、ぶったりすることのない人」だった小林について、佐橋は、「遠山無限碧層々」と題して書いている(『回想 小林勇』筑摩書房)。

「彼はほんとうに思った通りを言い、思った通りを書き、思った通りに生きた数少ない人ではなかったか」

右の一節を読んで、私は微苦笑した。

これはそのまま、佐橋自身のことではないのか。佐橋は自分と共通するものを小林の中に見、小林もまた佐橋の中に、自らと似た反骨のこころを感じていたのだろう。

佐橋が小林を頭に浮かべて書いたという次の随想には、実に真率なものが溢れている。

「教養があるということは教育を受けたとか、頭がいいとか、物知りとは無関係である。その人に教養があるかないかはむずかしい説明を要しない。会ってみればすぐ分かる。話してみればなおよく分かる。教養人とは会って別れて、会えてよかったと感ずる人である。邂逅の喜びを感じさせる人である。(中略)知恵や知識をひけらかしたり、自分の体験を押し売りするような人に教養は感じられない。恐らく教養は生死の問題をじっくり考え、人生の意味を、社会にとって個人とは何かを謙虚に知った人格からにじみ出るものであろう。教養人の言葉は美しい。美しさは形あるものだけにあるものではない。人間のあり方にも友情にも美しさを感じない人は多分教養のない人だと思う」

真の教養人、小林は、佐橋によれば「すうっと死んでしまった」。

小林は岩波書店に毎朝八時に出勤し、社員が出てくる九時まで、秘書の女性が買ってくる花を描いていた。

佐橋には「本業が絵かきになりそうだぞ」といばっていたという。

たしかに、なかなかの絵で、あるとき佐橋が「額をつけてよこせ」と言ったら、

「人の絵はポイして、額だけを売るつもりか」と憎まれ口を叩いたとか。

雅号、冬青のこの小林画伯について、同い年の「天声人語子」荒垣秀雄が、こんな話を披露している。

長崎花街での宴会で酔った芸妓が「小林先生、絵を描いて」と帯をほどいて白妙の絹の長襦袢をひろげたら、小林は「よしきたっ」と見事な牡丹の絵を描き、「私にも」という次の妓には、得意の鯰の絵を描いたというのである。

ところで、当時、物資調整官として日本出版協会から出向していた山下秀一（後に、江戸川で碁会所を開いている）に、佐橋は、歌舞伎に連れていってもらった。佐橋と歌舞伎——ちょっと意外な組み合わせだが、通い始めて病みつきとなり、同じ芝居を初日、中日、楽と三回も見るほどになったという。

尾上松緑のファンで、「松音羽」と半畳をかけたというのだから相当のものだ。

もちろん、小林はそれ以上の本格派で、小林と一緒に歌舞伎に行ったことはない。

小林が亡くなった時、葬儀委員長として弔辞を読んだのは武見太郎だった。この武見にも佐橋は「見込みがよかった」が、あるいは小林がいろいろ武見につないでくれていたのかもしれないと、いまにして佐橋は思う。

ちなみに、「韻友」とは詩心《うたごころ》、つまり、ロマンをもった友のことである。

怪物・山下太郎

「山師」とも「風雲児」ともいわれた山下太郎は、一九六七年六月九日、七十八歳で亡くなった。山下は、その前年、五十三歳で退官した佐橋に、

「あんたは会社へ行くべき人ではない。あんたには必ず出番があると思うから、それまでは就職しないで、悠々としていて欲しい。わしが小遣いを出します」

と言ったという。

佐橋はどこへも天下る気はなかったし、それを口にも出して言っていたが、「いずれにせよ自分を遊ばせてくれる人が現れたのはありがたい」と思って、その好意を受ける。

しかし、山下太郎が急死したので、その後、佐橋は、経済研究所を創設して、好きな勉強を好きなようにやれる呑気な境遇に身を置くことになった。

山下について、石坂泰三は、

「あんな山師のような男に、どうして肩入れするのかね」

と、まともに訊かれ、

「あの男が山師だからこそ、僕は片棒かつぐんだよ」

と答えている。

この石坂をはじめ、小林中、石橋正二郎、桜田武などが応援して、山下はクウェートで奇跡的に石油の採掘に成功し、いわば、〝日の丸油〟を噴出させる。

かつて、満州で活躍して「満州太郎」の名をほしいままにした山下の「アラビア太郎」への華麗な転身だった。

これについては、おもしろい後日談がある。〝ホラ吹き太郎〟ともいわれた山下の強運によって掘削第一号井から油が出たと聞いた石坂泰三は、感想を求められて、

「いや、油が出てくれて助かったよ。財界の連中を説得して、むりやり金を出させたのに、一滴も油が出ないなんてことになったら、山下君もおれも、首をくくらねばならないところだった。小林中君にしても、桜田武君にしても、同じ思いだろう」

と言ったのである。

ワンマン宰相、吉田茂は山下に面と向かっては、

「君は奇跡をおこなったわけだ。日本もこれではじめて国際的発言権が得られたよ」

と賞讃したが、また、一方で、

「山下だとか、石坂だとか、小林なんて悪い奴らが、そろって首をくくるところが見られなくて、惜しいことをしたよ」

と、憎まれ口を叩いていたとか。

この、山下のアラビア石油が採掘してきた石油は、但し、硫黄分が多かった。それで、精製会社は引き取らないという。

それを、佐橋は「日本がはじめて海外で採掘した石油を引き取らないとは何事か」と言って各社アタマ割りで引き取らせた。このため、アブラ屋からは評判が悪くなったが、アラ石からは〝救世主《メシア》〟の如く思われるようになった。しかし、佐橋は別にアラ石に頼まれて、そうしたのではない。国の将来のために、いいことは毅然としてやるといういつもの精神でやったのである。それが、山下太郎からはありがたく思われ、「お

もしろい役人だ」とも思われるようになった。

共に型破りであるため惹かれ合ったのだろう。

「まさに怪物みたいな人だったけど、もうちょっとつきあっときたかったな」

と、佐橋はいま山下を追想する。

「軌道を踏みはずす人が好きなんですね」

と言うと、

「いや、はずす前にハズレている。そもそも軌道がないんだよ」

と笑うのである。

夫子自身によく似た感じがするが、何の条件もなく、頼んだわけでもないのに金を出してくれた山下について、佐橋は、「山下さんのことが知りたければ」と言って、杉森久英著『アラビア太郎』（文藝春秋）を貸してくれた。

この本を開くと、ところどころに赤線が引いてある。それがまた、「佐橋らしさ」をよく表していて興味深いのである。いくつかを書き写してみよう。

「おれは勇気のない人間を軽蔑する。おれは自分自身にむかって、自分を軽蔑することを許すわけにゆかない」

「太郎は人に惚れこむ性質である」

「若い人は誇りを持たねばならぬが、一面、人のために泣き、人のために自分を投げ出す気持ちを忘れてはならない」

「血ある者は泣き、涙なき者は笑ふ」

「はじめから予定した行動は愚劣だ」

「おれは日本人が、なにかといえば同郷だとか、同窓だとかいって、小さな団結を作りたがるのは、ケチな根性だと思っている」

「人間はわりと気の小さいもんだよ。千円持たせると、逃げるかも知れんが、百万円あずけられたら、こわくて逃げられまい」

「あぶないから、おもしろいのじゃないですか。それが人生というものでしょう」

「商機をつかむのは度胸だ」

「(山下は)どこまでも客を楽しませるように気を配る」

「心に誓ったことを破ると、自分がみじめになるから」

「彼の決心は、一刀両断に下されるのではなくて、うしろから押されるようにして、しぶしぶ行われる。その時の彼は、臆病そのものである。しかし、一旦きまったら、実行は早い」

「あらゆる冷嘲や悪罵にさらされながら、ただ一つの信念を抱き続けて、じっと堪えて来た自分が、あわれに、いじらしく、そしてけなげに思われるのであった」

言葉だけでは状況がつかみにくいところもあるかもしれないが、佐橋は自分の役人生活を振り返りながら強く共鳴し、これらの言葉に赤くサイドラインを引いたのだろう。

「賢弟・川原英之」を偲ぶ会の肝煎りをした水野惣平は、この山下太郎の実子だった。

佐橋によれば、水野には三人の父親がいた。

生みの親の山下と、実際に面倒をみた小林中、そして養子親の水野成夫である。

いずれも超一流の財界人だが、佐橋はそれぞれにかわいがられた。

山下太郎は「とにかく人を食った男」で、途方もなくスケールの大きな怪物だった。

小林中（コバチュウ）については、佐橋は面識がなかったが、秘書をしていた水野惣平の紹介で会い、財界の反対に遭って難航していた特振法を通すための協力を頼んだ。

小林は「それは面白い。大いにやりなさい。できるだけ応援しよう」と言って、陰に陽にバックアップしてくれた。

水野成夫は水野成夫で「途方もないやり手」だったし、惣平は、大変な親を三人も持っていたのである。

それにしても、山下太郎は「佐橋の出番」を、どう考えていたのだろうか。

伊藤肇との浪人談義

佐橋語録の中で私が至言と思うのは、『問う』（ダイヤモンド社）に収められた次の言葉である。

「わたくしはエリートの教養と自由主義の度合を社会主義に対する寛容さによって測ることにしている。ということは、社会主義のほうが資本主義より進んでいるというのではない。またその逆を正しいというのでもない。お互いに相手を分かろうとする意志があるかどうかである。論理を展開するときに好き嫌いの感情が露骨に先行する人は、教養人でもなければ自由人でもなかろうと思う。日本で現体制維持者は自らを自由主義者だと思っているが、他人の見解に理解を示そうとしない人が自由主義者であるはずはなかろう」

同じような人間が社会生活をしているのだ。そんなに大きな違いがあるわけがない。

だから、「抽象論ではなく、具体的にどういう自由がどの程度認められているかを検討すべきだ」とする佐橋の提言は、熱血一辺倒のように思われている佐橋の中にある冷静さを示している。

横文字を使えば、ウォーム・ハートとクール・ヘッドと言うことになるかもしれない。

冒頭にこの「至言」を引いたのは、碩学でありながら、こうした冷静さをもたず、共産主義にはヒステリックに反発した安岡正篤とその弟子、伊藤肇の師弟二人と佐橋の違いをはっきりさせておきたかったからである。

安岡正篤の『運命を創る』とか、伊藤肇の『現代の帝王学』とか、この師弟の本はその死後もよく読まれている。

佐橋は生前の安岡に会って、佐橋の言によれば「話がほどほどに合った」。

安岡は佐橋をロマンチストだと言い、「噂に聞くとは大分違う」と言ったとか。

安岡の高弟をもって任ずる伊藤は、その後佐橋に会って、

「先生は佐橋さんを好きらしい」

と洩らしたが、佐橋は、

「あんな気持ちの悪い人に好かれてはたまらん」

と返事した。

ともかく、佐橋はたとえば共産党に対して「是々非々」だが、安岡は「非々非々」である。

しかし「安岡さんは美少年というより美老年だったな」という佐橋の評は的確だろう。

いずれにせよ、安岡と会ったのは二、三度だが、名古屋の東海中学の後輩でもある伊藤とは佐橋は何度も

会った。

「伊藤とは気が合ったし、かわいかった」

佐橋はこう語る。

ちなみに、『自民党戦国史』で一躍、有名になった伊藤昌哉とも佐橋は親しい。

伊藤昌哉は長く池田勇人《はやと》の秘書をしていたわけだが、池田が通産大臣だった時、同じく秘書をしていた三宅幸夫を通じて知り合い、以来ズーッと親交を結んだのである。

ところで、伊藤昌哉ではなく、伊藤肇である。

一九七一年に出たこの人の本に『幹部の責任』というのがある。

その中に「ローニン・佐橋滋の唄」という一章があるが、「文章で最も書きにくいのは自分で自分のことを書く時だ。さすがに怪物サバ旦も、柄にもなく乙女のはじらいをうかべながら、ひかえ目な表現で書き綴っているが、克明に読んでいくと、本人の意識しない心境のニュアンスが浮き彫りにされていて興味深い」という伊藤の注釈をつけて載っているこの「かけ出し浪人顛末記」に、佐橋自身はあまり記憶がないのである。

「佐橋浪人の筆になる」というのだから、確かに書いたのだろうが……。

「オレはものを書くのに、かけ出しとか、いらぬ謙遜はしないはずだ」

佐橋はちょっと自信なげに、首をかしげながら、こうも語る。

しかし、読みあげてみると、思い当たることが書いてあるというのだから、あるいは、佐橋が伊藤に話をして、伊藤がそれをリライトしたのかもしれない。

ちょっと違うと思う第一は、冒頭に出てくる頭山満である。この右翼の巨頭は伊藤好みの人物ではあっても、佐橋好みの人物ではない。

そもそも、佐橋の一文は、伊藤の「佐橋は浪人に終止符を打て」を承《う》けて、その反論として書かれている。一九七〇年に書かれたこの伊藤の文に、こんな一節がある。

「官僚時代は、ともすると上からばかり人物をみるから、とり入り方のうまい奴に乗せられて、〈こんな男が！〉というような胡散臭《うさんくさ》い連中がまわりをうろうろしたことも事実だ。暴虎馮河的な強引さで押しまくって、味方にまで火の粉をかぶせたこともたびたびだった。理想と現実との接点がわからず、翼を失える官僚ロマンチストの悲喜劇を演じたこともある。酒の飲み方も、一方的にまくしたてて佐橋独演会となり、酒品からは縁遠く、心ある人士から敬遠されていたことも否定できない。しかし、これら諸々のスノビズムは五年間の浪人生活によって濾過《ろか》され、ふっきられて、深沈重厚の趣がでてきた」

そして、あまり人をほめない興銀相談役の中山素平《そへい》なども、次のように言って手放しの礼讃だと書いている。

「第一は〝佐橋の弊国主義〟とよばれるほどの愛国者であること。第二は、簡単なことを、ことさらにもってまわったいいかたをしたり、人の裏をかくことの好きな連中のなかにあって、正しいにしろ間違っているにしろ、絶対に嘘をいわぬ珍しい人間だ。それを財界が使わぬ手はない」

伊藤の本にある佐橋の前記の文によれば、当時、「そろそろ、穴倉からでてこい」と真剣に注意してくれる先輩もいた。

にもかかわらず、その先輩に、

「社長になったところで私に何のプラスがあるでしょうか。せいぜい、葬式が社葬で盛大になるくらいのものじゃないですか」

と、まさしく「一言余分」なことを言ったという。

また、ある先輩からは、

「そんな勉強したりするのはお前向きではない。それは、もっと、気のきいた頭のいい男のやることだ。それより仕事をやれ。頭は並だが、仕事の遂行力は、頭よりはましな点がつけられるからな」

と「もっともな意見」を頂戴したことになっている。

これらの先輩については、人物を特定できるけれども、この一文を自分が書いたかどうかについては、確信がもてないのである。

それはともかく、伊藤は五十四歳で急逝したが、佐橋によれば、伊藤はまさしく「愛すべき人物」だった。

ヤンチャな弟・平松守彦

「逆縁」とは哀しいものである。親兄弟ではないが、弟以上の存在だった川原英之を喪った佐橋の悲しみは死ぬまで消えなかった。

しかし、それも通産省の後輩で元大分県知事の平松守彦がいたことによって、幾分かは薄められたのではないだろうか。

佐橋を長男とすれば、川原が次男、平松はヤンチャな三男という感じだった。

当時はまだ商工省といった通産省への入省年次は佐橋が昭和十二年、川原が十六年、そして平松が二十四年である。

ここに、川原を偲ぶ「白鷗会」の写真がある。

笑顔の川原夫人を囲んで、佐橋や平松が写っているが、佐橋までがいつになく澄まし顔なのに、平松だけは歯を見せて笑っている。

もちろん、不謹慎に笑っているわけではない。天性のネアカ人間なのだ。

平松は、あるインタビューで、大蔵省ではなく、なぜ通産省を選んだのか、と問われて、

「実は、先輩たちに大蔵省もすすめられたのですが、大蔵省というと、なんとはなしに銭勘定みたいな感じがありまして……。銭勘定よりは貿易立国とか経済復興とか、そのほうが明るいんじゃないかと思ったんです」

と答えている。

佐橋は平松のことを、通産省の同僚の網野から聞いた。

網野が平松と海軍時代いっしょで、通産省に入りたがっている非常にいい男がいる、と言ってきたのである。

佐橋は当時、まだ繊維局の綿業課長だったが、「人事に強い」ことでは定評があった。

人事の予想をして、当たらないこともしばしばあったが、当たらないのは、現職の秘書課長に人を見る目がないからだ、などとうそぶいていたのである。

そして、平松が入って来て、配属されたのが、何と、佐橋が課長の綿業課。ふつう、新人は各局の筆頭課へ集中して入れる。繊維局なら織政課である。

それが、綿業課へまわって来たのは、課員の乙竹虔三（元帝人副社長）や金井多喜男（元伊藤忠商事副会長）が、一番よさそうなのをぶんどってきたからだろう、と佐橋は推理する。

平松は当時から「誰にも好かれる男」だった。

そして、何をやらせてもよくできたが、乙竹、金井ら、そうそうたる事務官に鍛えられて、ますますそれに磨きがかかる。

佐橋は、平松のことを話していると自分までほがらかになるといった感じで、こんなエピソードも披露した。

どこまで本気だったのかわからないが、平松が綿業課に配属された翌日だったかに、乙竹らが平松を係長に任命した。

それで、平松は喜んだ。ところが、任務は出勤簿の管理で、これを聞いた平松はとても怒ったとか。

その後、平松は企業局産業施設課長補佐、重工業局電子工業課長補佐、企業局産業公害課長、鉱山局石油計画課長、貿易振興局輸出保険課長、重工業局電子政策課長、化学工業局化政課長、基礎産業局総務課長といったポストを歴任する。

そして、一九七五年七月に大分県副知事になるわけだが、とりわけ佐橋が印象深いのは、一九六〇年前後のＩＢＭとの交渉である。

佐橋が重工業局長で、平松が同局の電子工業課長補佐。

佐橋はＩＢＭと日本の合併会社をつくろうと思って、いろいろ交渉させたのだが、向こうは、世界中どこでも単独で進出している、日本の株を入れるなんて考えてもおらん、という返事だった。

よし、それならば、ＩＢＭが日本の市場に入ってくるのは絶対に阻止する、と佐橋は応じ、平行線のまま、長いケンカになった。

厄介なその交渉を、平松はＩＢＭ極東担当副社長のバーゲンシュトックとやったのだが、後に仲よくなったバーゲンシュトックから佐橋は「あなたはいい部下をもっとる」と言われたという。もちろん、平松のことを指してである。

ちなみに、佐橋の女婿は、ＩＢＭ日本にいたが、ケンカ相手だったバーゲンシュトックはそのことを知らない。

佐橋によれば、平松は「おそろしく人に好かれるタイプ」で、とにかくにぎやかである。よほど意地の悪い見方をしない限り、彼を悪く言う人はいないだろう。

「発想といい馬力といい、大知事になることはわかりきっていた」

と、佐橋はかっての部下のヒラ公こと平松を絶讃する。

佐橋は、平松が入って来たために、それまで繊維局の野球チームでは佐橋の定位置だったキャッチャーを追われた。平松がキャッチャーとなり、佐橋は一塁を守ることになったのである。

「あいつが打ったのはあまり記憶にないけど、とにかく騒いで、がなりたてていたな」

と、佐橋はいま述懐する。

そして、よく流行歌を歌うんだ、と続ける。

「うまいんですか」

と聞くと、

「ヘタだと言うと怒るから」

と笑いながら、

「とにかく、どんな歌でも、歌詞はよく知っている。フシまでは天下一とは言いがたいけどね」

ところで、平松は、「日本経済新聞」の「あすへの話題」に随想を書いていたが、一九八六年四月十八日付のそれは「音感派の魚」という題だった。「世はカラオケ時代。音感のいい人はカラオケで歌をエンジョイするが、音感の鈍い人だと、ついていくだけで一苦労だ」という書き出しで、音による魚の餌付けについて書いている。

平松が「音感派の魚」ならぬ「音感派の人間」かどうかは、人によって評価が分かれるようだが、平松について、佐橋は結論づけるように「あったかいよな、人間が」と言った。「とにかく、あの顔を見てごらんなさい。凛々《りり》しいとか、美男子とかいうのはダメなんだよ」

そして、急に、亡くなった平松前夫人の父親が、あの高崎山のサルで有名な元大分市長の上田保であるという話になったが、平松の顔を思い出すと同時に、佐橋の連想はごく自然にそちらに行ったのだろうか。

平松は、先頃のアンケート調査で、一部上場企業の社長から「会いたい知事」のトップに推された。それも断トツの一位である。

「平松とつきあいを始めた人は途中で脱落することはないだろうね。長くなるよ」

優秀な人間はいっぱいいるけれども、そうした魅力をもった人は多くはない、と佐橋は続ける。

そんな平松も、四十を過ぎて前夫人を亡くした時は、「本当にかわいそうなくらい、落ちこんだ」（佐橋）という。佐橋の見た唯一の、平松のウツ状態だった。

本田宗一郎とのケンカ対面

現在はお互いにきわめていい感じを持っているのだが、初対面の席で、佐橋は本田宗一郎にこれ以上ないくらいの不愉決な気持ちを抱いた。

「失敬な奴だ。オレは帰る！」

と、その席を立とうとしたほどである。

佐橋が通産次官だった当時、重工業局の次長をしていた赤沢璋一が、

「本田さんが佐橋さんに会いたがっている」

と言ってきた。

役人は、会いたいと言われれば、原則として、どんな人間にも会わなければならない。本田宗一郎の創業した本田技研は「二輪屋としては名を成していた」し、佐橋は赤沢に「いいよ」と答えた。

そして、赤坂の小さな料亭での御対面となったのだが……。

会うなり、本田は、

「オレに四輪車をやらせたら、すぐに世界一流の会社にしてみせる。トヨタや日産を抜くぐらいのことはワケはない」とタンカを切った。

鼻っ柱の強さでは負けない佐橋はムッとして、

「何をナマイキなことを言うか。そんなに言うなら、トヨタでも日産でも、すぐに社長にしてやるから、

やってみろ」

と切り返した。すると本田は、

「途中からじゃイヤだ。はじめから自分がやらなければダメだ」

などと言う。

「たわけたことを言うな。鍛冶屋から自動車屋になるのに何年かかると思うんだ」

佐橋は激昂して、前記のように、

「不愉快だ。オレは帰る」

と立ち上がった。

それを、同席していた赤沢や、ホンダの重役たちに「マアマア」と取りなされて、佐橋は渋々、再び腰を落ちつけた。

「歌でも歌って」

と言われたが、とても歌うどころの気分ではない。

さすがに言い過ぎたと思ったのか、すぐに本田が歌い出した。

流行歌か民謡だったが、「渋くて、なかなかにうまかった」記憶がある。

いつも、そうした席では佐橋は歌う。

「うまいなあ」とか、「聞かせるね」とか言われれば、さらに歌いつづける。

よほどのことがない限り、佐橋は無邪気に歌いまくるのである。

しかし、その時は、とてもとても、そんな気分にはなれなかった。

ちなみに、佐橋の最も得意な歌は「男なら」（西岡水朗作詞）だ。

岩堀喜之助がつくった平凡出版（現マガジンハウス）の「創立30周年記念」と銘打たれた『平凡の歌本』という本がある。日本のヒット歌謡曲を四十曲集めた本だが、そこに収録されている「男なら」には、佐橋の手で、一番と五番と六番に赤線が引いてある。

一、男なら　男なら
未練のこすな昔の夢に
もとをただせば　裸じゃないか
度胸ひとつで　押して行け
男なら　やってみな

五、男なら　男なら
生れた時は　裸じゃないか
死んで行くのも　一人じゃないか
生きているうち　ひと仕事
男なら やってみな

六、男なら 男なら

未練のこすな　浮世のことは
花は散りぎわ　男は度胸
どうせ一度は　散るものを
男なら　やってみな

その他、この本で、佐橋が強くサイドラインを引いている歌の題名と出だしを三つだけ挙げると――。

男の純情（男いのちの　純情は）

誰か故郷を想わざる（花摘む野辺に）

蘇州夜曲（君がみ胸に抱かれてきくは）

初対面でケンカをした本田と佐橋は、しかし、その後、打ちとけた関係になる。

パーティなどで会った時も、本田は、

「ヤアヤア、佐橋さん」

と寄って来て、

「思ったよりアンタはいい人だ」

などと言った。

私から見ると、本田と佐橋には、きわめて似通ったところがある。

あまり辺幅を飾らないし、ともに猪突猛進型である。

しかし、佐橋はそう言われることには、いささか不満のようで、

「本田は品がないし、第一、オレの方が男前じゃないか」

と〝抵抗〟する。

あるいは、本田と佐橋の共通項を〝証明〟するのは城山三郎かもしれない。

城山は『燃えるだけ燃えよ――本田宗一郎との一〇〇時間』（講談社文庫）という本を出して、本田への傾倒ぶりを語っているし、佐橋については、いうまでもなく、『官僚たちの夏』がある。

やはり、城山は二人に同じような性質というか、体質をかぎとったのではないか。

佐橋は、

「風越信吾より、ホンモノの方がはるかに人間がきれいだ。と自分では思っている」

と言う。

興銀相談役の中山素平が評したように「味方まで沈めてしまう」佐橋の直情径行ぶりは小説にしやすいのか〝異色官僚〟の名をほしいままにした通産次官の頃の佐橋については、私の知るかぎりでも、三冊の小説が書かれている。

赤星潤の『小説通産省』（ダイヤモンド社）と、秋元秀雄の同じく『小説通産省』（二見書房）、そして『官僚たちの夏』である。

赤星潤こと朝日新聞経済部記者、名和太郎の「小説」と、元読売新聞経済部記者、秋元のそれが実名で、城山作品だけが実名ではない。

佐橋は、赤星と秋元の「実名小説」、とりわけ、赤星の「小説」には非常に不満があり、

「これは違う、ここも違う」

と、いちいち注釈をつけたいような感じだという。

佐橋滋という実名を使いながら、「小説」と銘打って逃げられるようになっている。

そこにも大いに不満があるが、それはともかく、「少なくとも、オレのことを書くんだったら、同じくらいの心の美しさを持ってほしい」と注文をつけるのだ。

書かれた佐橋の側から見れば、一番不満なのが赤星作品で、次が秋元作品、この二作に比べれば断然マシな城山作品にも佐橋は不満があるという。

総じて、「よう見とるもんだ」と思うのは少ない、というのである。

大人《たいじん》・椎名悦三郎

役所の大先輩である小島新一氏を取り上げた時、佐橋のたっての希望で、例外的に敬称をつけた。

話を聞いていると、今度も〝例外〟で「椎名さん」としなければならないようである。

何しろ、直言居士の佐橋が、

「人間のスケールが秤《はかり》にかからないくらい大きかった」

と讃嘆し、

「ああいうのをエライと言うんだろうなあ」

と手放しなのだ。

「椎名さんはゴルフはやったんですか」

と私が無遠慮に聞けば、

「おやりになったそうだ」

と答える。

椎名の魅力に触れたことのない私は、いささかもてあますほどの傾倒ぶりである。

それで、とりあえず佐橋が「日刊工業新聞」の連載コラム「寸言」に書いた「椎名悦三郎氏のこと」（一九七五年十月十日付）を引用することから始めよう。

「先日椎名さんの喜寿と金婚祝賀パーティーが行われた。その一週間ほど前に昼食会でお目にかかったら、いともめいわくそうにおれはああいうのが好きじゃないといわれた。しかし当日の会はほんとうに椎名さんを祝う気持ちのいい会合であった。

三木総理が椎名さんの評判のいいのは、ひとくちにいってどういうことかねと尋ねられた。人柄でしょうねと答えたが、この人柄の説明はとても簡単にできそうもない。三木さんは東洋にしか出てこない政治家だねといわれた。恐らく日本では当分あらわれない型の政治家であり、少なくとも現在の政治家の中に、その類型を見出すことすら困難である。

われわれ通産の後輩からもっとも敬愛されている人物であるが、椎名さんを説明のできる人は少なかろう。群盲象を評すのたぐいかもしれないが、私見によれば世上椎名さんのおとぼけといわれるが、椎名さんのおとぼけはたくらんだものでなく根っからのおとぼけである。些事はどうでもよくて、そういうことには興味も頭も働かないのである。そして些事か大事かは理論や学殖で判断するのではなく、動物的直感ともいうべきものが働くらしい。それがおおむね当を得ているのは私心がなく、利害打算がないからである。椎名さんは信を人の腹中における人だと評した人があるが、生来の不精と真実味が生み出した知恵であろう。椎名さんの健在を祈ること切である」

佐橋のこの結びの切なる祈りにもかかわらず、椎名悦三郎は亡くなった。

佐橋が重工業局長当時、この「何をやってもおもしろい、一番先輩らしき先輩」は通産大臣だった。

ところが、この大臣は国会審議の時、気持ちよさそうに寝るのである。

それで、質問に対して、政府委員として佐橋が答えると、代議士センセイは怒って、

「政府委員なんかに聞いとらん。大臣に答弁を求めているんだ」

と言う。

「大臣、大臣」

と大声をあげられて椎名大臣はやおら目を開け、つと立って、

「政府委員に答弁させます」

と答え、佐橋の方を向いてアゴをしゃくる。

余人にそうされたのなら猛反発するであろう佐橋も、「椎名さん」のこの頤使《いし》には何の抵抗感もなく従った。

答弁において、時に大臣と政府委員の食い違いを追及されることがある。

すると、椎名大臣は平気でこう言った。

「同じことを言っておるつもりだが、あなたの方に違うように聞こえたのなら、政府委員の方が正しいのだから、わしの言った方は忘れてくれ」

これで通ったということは、野党議員にもこの「大人」の魅力が伝わっていたということだろう。

椎名答弁の最高傑作は、一九六五年春、外務大臣として苦心の末に日韓条約をまとめ、帰国後、社会党の戸叶里子議員から、

「訪韓声明に関して『深く反省している』というのはどういう意味か」

と質問された時のそれである。

おもむろに立った椎名は、

「しみじみと反省している、という意味でございます」

と大真面目に答え、議場は爆笑の渦に包まれた。

また、ある時は、日米安保条約に関連した社会党議員の質問に、

「アメリカは日本の〝番犬〟である」

と平然と言ってのけ、むしろ、質問した議員があわてて、

「大臣、そんなことといっていいのか」

とたしなめると、再答弁に立った椎名は、

「あ、間違いました――」

と一呼吸おき、

「番犬さまでございます」

と言ったという。

これにも、満場爆笑だった。

一九八二年秋に出版された『記録　椎名悦三郎』という上下巻の大著には、こうしたエピソードがちりばめられている。

佐橋は椎名通産大臣の秘書官をやった濃野滋（元川崎製鉄副社長）に、その逸話集をまとめておくよう、何度もすすめたというが、濃野はある日の「バラ買い事件」を披露している。

一九六一年の早春、前日に国鉄運賃値上げを強行採決したばかりで、慣例によれば翌日は審議がない。それで椎名通産大臣は、

「濃野君、いい天気だから等々力のバラ園にバラを買いに行こう」

と誘いをかけた。

そして二人でバラを買いに出かけたのだが、途中で情勢が変わって、商工委員会が開かれることになったのである。自民党だけの単独審議だった。終わる頃になって駆けつけた大臣は、「答弁、答弁」の声に登場して、こう答えた。

「今日は天気がまことによろしい。昨日の国会情勢をかんがみました上で、バラを買いに行ってまいりました」

郷里の人間から、強く政界への進出を勧められた時、

「エテ公みたいなのと一緒に風呂に入るのはどうも気が進まないネ」

と言ったというこの大人は、心の底で、ものを深く考える政治家の少ないことを憂えていたのかもしれない。

「省事」をモットーとした大人は、清元の達人でもあったが、興がのると、ごく稀に〝野糞踊り〟の至芸

を見せた。
手拭で頬かぶりをし、浴衣姿の尻をからげ、中腰になって、その〝所作〟をするのである。
こんな歌を歌いながらだった。

〽なにをゴソゴソ垣根をのぞき
　ここらでウンコしょ
袂さがせど紙はなし
手でふいて地でこすり
かいでみりゃ、くさいね

大人はまた、「私の好きな型の人物」として、次のような人間を挙げている。

詩を書かぬ詩人
絵をえがかぬ画家
説教をせぬ僧侶
演説をせぬ政治家
聡明な馬鹿者
媚びぬ美人

嘘の多い正直者

この大人は、政治上のめぐり合わせで、佐橋の好きな「雀友」大平正芳とは遂に相容れなかったようである。

大原総一郎との関わり

倉敷レーヨン（現クラレ）の社長だった大原総一郎について、佐橋滋は、

「大らかな坊ちゃんだった。早く亡くしちゃったな」

と残念がる。

佐橋は、工場見学というのはあまり好きではないのだが、倉レの工場にはそれほどイヤがらずに行った。大原美術館をはじめ、他にいろいろ見るものもあるし、何よりも、行けば大原総一郎が喜ぶからだ。

自分より四つ年上の、この先見性ある経営者に佐橋は、その時、

「インテリの大将が工場の大将であるのは非常にいいことだ」

と言ったらしい。

このように好感を持っていた大原と佐橋は通産省の前札幌通産局長、坂本春生の採用をめぐって関わりを持つことになった。

一九六一年秋、旧姓片山の彼女は、翌年春の東大経済学部卒業を前に、通産省を訪れる。

当時、佐橋は企業局長で、官房長が渡辺弥栄司、人事を担当する秘書課長が川原英之だった。

その川原が、成績もいいし、人物も申し分ない「片山春生」という人間を採用したい、と佐橋に言ってきた。

名前を見て、てっきり男だと思い、

「君たちがそれほどいいというなら採用したらいいだろう」

と答えると、

「ただ、女なんです」

と言う。

そうか、春生はシュンセイでもハルオでもなく、ハルミなのか。

しかし、通産省は男だけの職場ではないのだから、いつかは女性のキャリアも採らなければならない。男性に力負けするような女性でなければ、初採用に踏み切るいい機会ではないか。

そう考えて、佐橋はとにかく会ってみることにした。

彼女が公務員試験を受けたのは、友人とのつきあいからだったし、通産省を訪ねたのも、友人がおもしろい役所だからとすすめたからだった。

いずれにせよ、佐橋は彼女の「通産官僚になろうとする情熱と、倉レあるいは先生への義理、こういうものを円満に解決して去就をきめるという心がまえ」に非常に感心した。

それで、職制を改革してまで彼女を採用すると言っている大原総一郎に彼女が話に行った後を見はからって、事情を伝え、気持ちよく譲ってもらったのである。

「そりゃ、役所という舞台でがんばった方が彼女のためにはいいでしょう」

ふつうの経営者とは一味違う文化人の大原は、経緯を聞いて、こう言った。

「挙措、態度、知識、意欲、どれをとっても申し分なかった」と佐橋が絶讃する彼女は、いま期待通りの活躍をしている。

ある時、佐橋は、彼女たち昭和三十七年入省組の集まりに出て、

「折角、女性が一人入ったんだから、何もよそにやることはない。誰か立候補しろ」

とハッパをかけ、そのキキメがあったのか片山春生は同期の坂本吉弘と結婚して、坂本春生となった。ちなみに、この結婚の仲人は佐橋である。

佐橋はおよそ三十組ぐらいの仲人をしているが、第一号は元中東経済研究所理事長の三宅幸夫。旧制八高の後輩でもある三宅の仲人をした時、佐橋はまだ三十代だった。

ところで、大原総一郎は、見かけよりもずっと芯の強い人間だったらしい。

ちょうど、片山春生を採用しようと思っていた頃、大原は中国向けビニロン・プラントの輸出問題で、多くの反対や右翼のいやがらせを受けていた。

しかし、大原は自分の考えをまげず、一年半にわたる粘り強い説得工作によって、時の首相池田勇人や、ワンマン吉田茂、それに通産大臣の佐藤栄作などを説き伏せ、このプラント輸出の延べ払いを認可させた。

この時、「それはいいことだ」として、大いに励まし、さまざまにバックアップしたのが佐橋である。

もちろん、国交正常化前で、アメリカや台湾の反対もすごかった。

この時の思いを、大原はこう書いている。

「私は会社に対する責任と立場を重くすべきだと思うが、同時に私の理想にも忠実でありたい。私は幾何《いくばく》

かの利益のために私の思想を売る意思は持っていない」

これは、対中プラント輸出を思いとどまれば、アメリカや台湾から商談がくる。その方がずっといいではないかと、彼を翻意させようとする財界人たちに対する答えでもあった。

大原の考え方の根底には、中国に対する戦争責任があったのである。

この大原について、娘のテレビ演出家、大原麗子が、こんな思い出を書いている。

「父はいつも、夕食後は自分の部屋でシューマンやシューベルトなどの音楽を聞いていた」

その時、父は何を考えていたのか。

娘は、父親が書いてくれた、

「怒りの嶺に行くことなかれ、友情に老いあらしむるなかれ、そしるべからざるをそしるなかれ（中略）山の、人を押しつぶすがごとく、怒りは愚かなる者を押しつぶす」

という言葉を読み返しながら、「愚かなる者を押しつぶす」ばかりの怒りのエネルギーを解き放つ場所が父にとっての音楽ではなかったのか、と回顧する。

「あの、妥協を好まず、へこたれない理想主義者は、現実のもつ不器用さや凡庸の中に埋没しかける時、どんな憤怒をかみしめていたことか。（中略）父の音楽のきき方には確かに一種のさし迫った切実感があった」

これは、娘でなくてはなし得ない賢察だろう。

その、表面への現れ方は違っても、「妥協を好まない理想主義者」という点で、佐橋と大原総一郎は一致する。

佐橋はいま、「何とはなしに親しかった」と大原を回想するが、その親近感は「へこたれない非妥協」から生まれているように思われる。

平松守彦の佐橋滋観

私は何十回となく会って、佐橋滋という人を自分なりに捉えていたつもりだった。

しかし、平松守彦の底深い佐橋観を聞いて、私の自信は微塵《みじん》に砕かれ、思わず「ウーム」と唸ってしまった。

やはり、自分の人生がかかっていた人の見る眼は違う。

平松は、佐橋を、誤解を招きかねない表現だが、決して男性的な人ではなく、むしろ女性的な人だという。

それは字を見ればわかるといい、その神経の細やかさを指摘する。

「男なら」という歌が好きな佐橋だが、人を集めて喜ぶ、いわゆる親分肌の人間ではなく、本質は独りで本を読んでいることを好むような人間なのである。

そうでなければ、退官後、天下らずに、事務所にこもって読書三昧の生活を送ることなどできなかっただろう。

「佐橋さんは孤独に強い人です」

平松は断定的にこう言った。

その佐橋のまわりに、俗に「佐橋派」といわれるほどに、なぜ、人が集まったか？

平松は「おのずからにして集まった」と言う。たしかに、平松にしても、故川原英之にしても、あるいは三宅幸夫にしても、そんなに簡単に人に心服するような人間たちではない。それどころか、徒党を組むといったことを軽蔑するような人たちである。

それが、佐橋とともに生き、佐橋とともに死ぬかの如き行動をとったのは、どうしてなのか？

平松はズバリ、

「佐橋さんは部下に殉ずる人でした」

と語る。

〝街道一の親分〟といわれた清水の次郎長は、勝海舟に、

「お前のために命を捨てる人間は何人いるか」

と聞かれて、

「一人もおりません。しかし、わっちは子分のためにいつでも命を投げ出せます」

と答えたという。

佐橋はこの次郎長型の親分なのである。

日本には、子分に命を捨てさせるが、自分は命を投げ出さない〝親分〟があまりに多い。そうした意味では、非日本的親分だ。

また、日本のボスとか親分というと、取り巻きを連れて清濁併せ呑むタイプがすぐ想像されるが、佐橋は清濁併せ呑むタイプではなく、つねに権力への清潔感を持っていた。

つまり、日本的な「不潔な男《ボス》」ではなく、女性的なまでに潔癖だったのである。

こうした平松の佐橋観は、一つ一つ、私の胸に落ちた。聞きながら、私はなるほど、なるほどと深く頷い

ていた。

「これはと思った若い人には命を預ける感じでしたね」（平松）

自分が責任を取って部下に存分に力を発揮させる。そのためには、大臣とも華々しくケンカをした佐橋の「異色官僚」ぶりについては、ここでまた触れる必要はあるまい。

平松は、そんな佐橋を見ていて、自分たちを大事にするその十分の一でも上に気を遣ってくれれば、と思ったという。

そういえば、佐橋に「これは書かないでよ」と言われて書かなかった平松のエピソードがある。

捨てるに忍びないエピソードで、「ヤンチャな弟・平松守彦」を書く時には涙をのんで見送ったが、平松は、

「そんなの構いませんよ」

と笑っているし、一九八六年八月に出た徳丸壮也の『コロンブスの卵を生む男――平松守彦の発想と行動』（日本経済新聞社）にも、はっきりと記されている。

そんなことで、平松の価値が下がるわけでもないでしょうと、そのとき佐橋に食い下がらなかった自分が、いささか悔やまれた。

これも、佐橋の「下の者への気遣い」を示すものなのだろう。

ところで、「そんなこと」とは、こんなことである。

一九四九年、当時の商工省に平松は直線的に入ったのではなく、〝迂回〟して入ったということだ。

これは決して平松の不名誉ではなく、現在、平松が大分県知事として赫々たる行政実績をあげていること

からみても、公務員試験の方の不名誉だと私は考える。

平松の「迂回採用」には、当時、綿業課長だった佐橋がからんでいる。というより、この方式を案出したのは佐橋なのだ。

平松が海軍時代の先輩に連れられて、佐橋のところに入省を希望してきた時、佐橋は一目で気に入って、秘書課長に強力に推薦した。秘書課長も、君がそれほど言うなら、と応諾。これで、大体、内定したのである。

東大の成績もなかなかのものだったし、形式的には公務員試験があるが、佐橋はまったく心配していなかった。

ところが、その試験の成績順に人事院から推薦してきた名簿に平松の名前が載っていない。もう一ランク下の名簿を請求したけれども、それにもない。何回か、請求しては返すことを繰り返して、佐橋はとうとう「正面突破」をあきらめ、何かいいチエはないか、と頭をひねった。

そして「迂回採用」を考えついたのである。

商工省の附属機関というか、外局に特許庁があるが、この特許庁の採用なら、商工省の自由裁量でできる。それで、平松をとりあえず特許庁で採用し、同日付で商工省に持って来た。

平松の前はもちろん、以後にも、こうした方式で採用された例はない。

さて、忙しい中を、時間を割いて会ってくれた平松から、帰りぎわ、『地方経営の時代』(ぎょうせい)と題した対談集を贈られた。

野上弥生子や黒澤明などとのそれを興味深く読んでいくと、平松は、『男子の本懐』を書いた城山三郎と、大分県出身の井上準之助について語っている。

日銀時代、ニューヨークに左遷された井上が、夫人にめんめんとした手紙を書く。

「奥さんの呼び方一つとっても、最初はちょっとよそよそしく千代殿とか御身《おんみ》といういい方をしていますが、それが千代さんになり、お千代になったりして（笑）、とても人間的になっていく」

という城山の発言を承けて、平松は、

「『只千代サンニ慰メテ貰エバ世間ノ辛苦ハ堪エラレマス』というように、あれほど明けっぴろげにはなかなか恥ずかしくて書けませんがね。井上さんという人は、強いのも強いが、弱いのも弱いというような、振幅が非常に大きな人だったのでしょうね。強い人は泣くときも思いきり泣く、そんな気がして私もあの手紙には非常に興味がありました」

と言っている。

九州石油会長の飯村嘉治は、歌人として、ますらおぶりのアララギ派より、たおやめの新古今派の方が、逆に戦争への抵抗力になったと思う、と話していた。

冒頭の平松の「男性的」「女性的」という表現に還れば、どちらが本当に強いのか、ということである。

佐橋独特の勁《つよ》さを言い当てて、平松の指摘は深く、鋭い。

焼鳥屋の六ちゃん

佐橋滋の書くものに、しばしば「焼鳥屋の六ちゃん」が登場する。

たとえば『寸言』（ダイヤモンド社）には、六ちゃんがやって来て、こんなことを言ったとある。

「おやじさん、あっしらのようなしもじもにはわからないが、上は総理大臣からわれわれのような者に至るまで、自分のやっている商売をまじめに考えていないと思う。あっしはやき鳥を焼くしか能がないが、それでも客にうまいものを食わせて喜んでもらおうと一生懸命だ。店を少し広げて客は増えたが、一〇〇本焼くのも二〇〇本焼くのも炭代は変わらないし電気も同じだ。値段を上げなくともけっこうもうかるので、スープをサービスし、みかんやたばこもロハでサービスすることにした。えらい人はいったいなにをしているんですかね。どれもこれも自分の商売に対する自覚がないじゃないですか」

これは一九七四年一月十八日付の「日刊工業新聞」に載った「寸言」だが、七六年六月十一日付のそれには、やはり六ちゃんがやってきて、「道楽っていいことですね」と言ったとある。

「急に改まってどうしたのだと尋ねると、客が来て佐橋先生は道楽があるのかと問われて、あの人は碁・将棋はもとよりマージャン、花札もやる。端唄や詩吟もうなれば酒も飲む。武道もやればとあげかけたらきりがなくなり、たいへんな道楽もんということになった。尊敬する先生だから道楽が悪くては困ったことだと思ったらしい。いわれてみればなるほど相当な道楽者であることに間違いない」

佐橋はこう書いて、「道楽は読んで字のごとく道を楽しむと書くぐらいだから、元来はいい言葉なんだ。それを本業を忘れて遊びほうける放蕩と同じ意味に用いるようになってから、おかしくなったのだ」と六ちゃんに説明したら納得してくれた、と続けている。

さて、六ちゃんと佐橋はどんな出会い方をしたのか?

たしか、一九六四年の秋である。佐橋は当時、特許庁長官で、二十七歳だった六ちゃんは浜町で焼鳥屋をやっていた。

そこに、六ちゃんを「おにいちゃん」と呼ぶ芸者の菊龍が、朋輩五、六人に佐橋を連れて入って来た。みんな相当に酔っている。

もう店を閉めて遊びに行きたかった六ちゃんは菊龍に、

「出かけるぞ」

と言ったが、彼女は、

「ダメ、絶対につきあいなさい」

と応じない。

それでいて、焼鳥を食べるのでもなければ酒を飲むのでもない一団に、六ちゃんはイライラして、佐橋に、

「一体、どうするんですか」

と突っかかるような言い方をした。

すると、佐橋は逆に、

「お前、気に入ったからかわいがってやる」

と言う。

佐橋は何者かと知らない六ちゃんは少なからずムカッときて、

「オレをかわいかるのはカネかかかるから簡単に言わない方がいいよ」

と返した。

しかし、役人にしては大層変わっている。

そのうちに打ちとけて、とにかく、また、料亭に行って飲み直そうということになり、六ちゃんは芸者衆

と共に、柳橋の「稲垣」に連れて行かれた。

そして、隣の部屋かどこかで飲んでいた当時の総理、佐藤栄作に引き合わされる。

「佐藤さんを紹介してやる」

と気楽に言ってそれを実現する佐橋に、六ちゃんは「おもしろいオヤジだな」と思い始めていた。

その後、このことを覚えていた佐藤が「稲垣」に来た時、六ちゃんのところの焼鳥が食べたいと言い、電話をかけてきた女将が、

「神経使って焼いて下さいよ」

と言ったので、六ちゃんはカチンときた。

「女将さん、一言多いんじゃないか。大体、焼鳥は店で焼きたてを食った方がおいしいんだよ」

こう返したら、結局、佐藤総理は六ちゃんの店にやって来たという。ただ、先にＳＰが来たりして大変な騒ぎになった。

この佐藤が菊龍にぞっこんだったというが、どちらかと言えば菊龍は、むしろ佐橋に惹かれていたらしい。役人には珍しく、佐橋は芸者にもてたが、その秘密を六ちゃんは、佐橋が芸者と楽しく遊んだことにみる。

たとえば芸者が踊りを踊ると、

「その踊り、おもしろいから、ちょっと教えろ」

とやる。

そして一緒になって楽しく踊るのである。

ただ、三味線を習いたがるのには芸者衆は閉口したようで、佐橋の旦那、つまりサバダンの座敷には、い

い三味線を持って行くな、が彼女たちの合言葉だったという。いじられて壊されてはかなわないからである。

ところで、六ちゃんはマッサージもうまい。それを佐橋から聞いた総理時代の大平正芳が電話をかけて来て、六ちゃんは月に一回、瀬田の大平宅にマッサージに出かけた。七、八回は行ったろう。

一時間ほどマッサージをする間に六ちゃんは、

「日本人には文化人というのがいるんですか。みんな、緑の名前を知らなすぎるし、私は緑を愛さないような人は本当の文化人じゃないと思うんですがね」

と大平に尋ねたりもした。

やはり総理時代の田中角栄を、ある都会議員と共に目白の邸宅に訪ねた時も、

「佐橋さんにお世話になってます」

と言ったら、田中は、

「ああ、お前か。佐橋君から聞いてるよ」

と言い、その後、何度か、総理官邸で開かれるパーティーに焼鳥の屋台を出店するようになった。

六ちゃんは、この田中のマッサージもしている。ともかく、「佐橋の一の弟子」を自任している六ちゃんなのである。

賀状の詞《ことば》

佐橋滋は毎年一千枚ほどの賀状を出し、それ以上の賀状をもらう。

最近は型通りのものが多いが、かつては、さまざまな言葉を引いて、自分の心境を吐露した。それを年代順に再録してみよう。まず、一九七二年である。

「〝君の行く道は　果てしなく遠い　だのになぜ　歯を食いしばり　君は行くのか　そんなにしてまで〟

〝若者たち〟（藤田敏雄作詞）というこの唄がかつての若者であるわれわれの間でもう一度流行してもらいたいような気がする。

かがやける　ひとすぢの道遥けくて

こうこうと風は　吹きゆきにけり

（茂吉）」

事務所の住所は六本木のゲッツビル。

次に七三年。

「昨年は平和の戦略—実験国家への道—が毎日新聞の懸賞論文に当選したり余暇センターの理事長を引受けたりしましたが依然として悠々たる生活です

最近は吟詠の会に入って深呼吸の練習をやっています。

さしのぼる　朝日の如く　さわやかに

もたまほしきは　心なりけり」

この年、新日鉄で会長の永野重雄と副社長の藤井丙午による激しい人事抗争があり、佐橋は「一応のけりがついた」ところで「日刊工業新聞」のコラムに次のような「素浪人の感想」を書いている。

「ところで新聞の報ずる取締役名誉会長とはいったいなんであるか。私は会長制が各社に採用されたのに

のか。対して疑問をもつ。従来社長が最高責任者であったのにその上に会長をおくというのはどういう意味がある

端的にいえば社長を半人前扱いにすることであり、しからずんば職に対する未練以外のなにものでもない。後進に道を譲るとは後輩の能力に期待してまかせるということである。

みずからが信用されたように人を信用することができないのか。会長、名誉会長が制度の常道にならないことを願う」

ここに出てくる「取締役名誉会長」になったのは永野重雄である。佐橋は永野と親しい。しかし、それでもズバリと言うべきことは言うところに佐橋の独特の交友哲学がうかがえる。

それにしても、以後、当の新日鉄をはじめ「会長、名誉会長が制度の常道」になってしまったのは嘆かわしい。

いささか、まわり道したが、続いて七四年の賀状。

「本当に好きなことを心ゆくまでやって見るこれが余暇開発です
むずかしい時代になって来たと云われるが
むずかしいと感ずるのは変化に対して自分の考え方を変えないからに過ぎない
さみだれの　限りありとは　知りながら
照る日を祈る　心せわしき
（橋本左内）」

次いで七五年。

「昨年は二人の娘が結婚して早いのは初孫までつくってくれました　自由あるを知って自在に生きることを知らない世の中で楽しく生きる喜びが少しずつ分りかけたような気がします。

桃花流水杳《よう》然として去る（李白）　山中問答の一節」

ロッキード事件発覚の七五年の賀状にはＴＲＩＭマークがついている。

「廿世紀最後の四半世紀の幕開けに自らの余生より　人類の命運が気にかかる。

　馬上に少年過ぐ　時平らかにして白髪多し

　残躯天のゆるすところ　楽しまずんば

　また如何せん

とうたいえた政宗の心境が羨ましい」

七七年は、

「時の無限の流れの中で人間は偶然生まれて必然的に死ぬ。それが人間それぞれの持時間である。たった一回きりのとり返しのきかない自分の時間をどう過ごしたらよいのかを考えるのが人間ではないか。

歳月人を待たず（陶淵明）」

七八年は、次のように「肩に力を入れぬ」文章だ。

「四十年来の煙草とのおつき合いを一寸休んで見て、一週間つづいたのだから今少しという決心の繰り返しで一年が過ぎた。大事なことほど気を楽に肩に力を入れぬことが肝要だと思う」

続いて七九年。

「金もいらなきゃ名もいらぬたった一度の人生を本当に楽しく生きて見ようと考えて十三年になる。此の楽しみをお裾分けしようと思っても、なかなか分ってもらえそうもない。しかしわたしは楽しい」

少し飛んで八二年の賀状は、

「雨ニモマケズ　風ニモマケズで始まり

ミンナニデクノボートヨバレ、ホメラレモセズクニモサレズ　サウイウモノニ　ワタシハ　ナリタイ　で

終る宮沢賢治の詩を老衰の進み具合をはかる物差しにして毎日　数回唱えている」

だったが、残念ながら、佐橋は翌八三年の賀状に、こう書かなければならなかった。

「宮沢賢治の雨にもまけずの詩を昨年の賀状で披露してから、思いもよらず糖尿を宣告され、此の厄介な病気と生涯つき合わねばならぬことになり、健康だけがとりえの僕にはかなりショックでしたが、何とかコントロールしてみようと目下懸命の努力中です。乞御笑覧」

こうした佐橋のところに、では、どんな賀状が届いているのか。八七年のそれから、いくつかを紹介してみよう。

NHKディレクターの浦達也は、

「理事長の十数年前の予見がいまことごとく適中しているのに、ただただ驚嘆しています」

「湘南国際村」計画で親しくなった神奈川県知事の長洲一二の賀状には、秋桜子の「福寿草十花燦々たる鉢一つ」が添えられている。

通産OBの賀状も多いが、一時期、佐橋家に居住したという乙竹虔三のそれは、

「私ども閑居して三年　松山苗の　すだちに初めて沢山実がなりました　畑の無農薬野菜は虫たちの好餌になり　投げ竿の飛距離は伸びて来ましたが　釣糸をふぐに切られます

晩秋南会津を廻り沼山峠から長蔵小屋まで往復二里　木道も枯田代も時雨に濡れて静かな尾瀬でした」

その他、福田赳夫や三木武夫からの賀状、それに三菱商事の寺尾一郎や小野田セメントの安藤豊禄など、佐橋によれば「ウマが合ってかわいがられた」経営者たちからの賀状がある。

城山三郎は、寒中見舞で、

「難しい時節となりましたが、程ケ谷《ほどがや》で屈託のないお姿に触れられるのをたのしみにしています」

と書いている。

保土ケ谷のゴルフ場で、佐橋と城山はロッカーが隣り合わせなのである。

最後に、伊藤肇が『幹部の責任』に引いている七〇年の佐橋の賀状を紹介しよう。

「浪人生活も四年になんなんとし、ますます板についてきた感じです。毎日、本を読んだり、武道に精進したりで、『見よ、ソロモンの栄耀《えいよう》も野の白百合にしかざるを』という寮歌の一節が口ずさまれる心境です。日々是好日」

これについて伊藤は、「たとえ、ヤセ我慢にしろ、これだけの言葉がほざけるのは、さすがに立派なものだ、とうなった」と書いている。

ワハハのオジさん、奥村綱雄

今日の野村証券の基礎を築いた奥村綱雄は「ワハハのオジさん」と呼ばれた。佐橋によれば「豪快な人」だが、小柄な体を揺すって呵々大笑したという。

この奥村に、伊藤肇が、

「顔や体は陽気で派手に笑いまくっているけど、眼はいっこうに笑っていないのは、どうしたわけですか」

と、イヤミな質問をぶつけたことがある。

すると奥村は、あわてるふうもなく、

「それは気いつけんとあかんなあ」

といって、また大笑いしたとか。

そして、伊藤に向き直って、「蝸牛角上の争いを詠んだ詩を知っているか」と尋ね、知らないという伊藤の目の前で、ニヤニヤしながら、次の詩を紙に書いた。

蝸牛角上《かぎゅうかくじょう》何事ヲカ争ウ
石火光中此ノ身ヲ寄ス
富ニ随イ貧ニ随イ且《しば》ラク歓楽セン
口ヲ開イテ笑ワザルハコレ痴《チ》人

すなわち、どうでもいい、ちっぽけなことをゴシャゴシャ争うのを蝸牛角上の争いというが、現実の人間世界はそれが実相である。しかし、人生は石と石とがぶつかり合って火花を発することの瞬間のように儚《はかな》いものだから、あまりこせこせしないで、貧富の分に応じて歓び楽しんだほうがよい。大口をあけて腹の底から笑えない奴は、かわいそうな馬鹿者だよ。

白楽天の「対酒」（酒に対す）というこの詩の意味を奥村に解かれ、

「特に『結』がいいだろう」

と、かまされて、伊藤はギャフンとなったという。

なかなかに愉快な「オジさん」だが、この奥村が、佐橋の『異色官僚』（ダイヤモンド社）が出た一九六七年に佐橋によこした礼状がある。

「佐橋雅兄」と表書きされた封筒は赤坂の料亭「つる中」のものである。

「奥村綱雄拝」と記されたそれを次に紹介しよう。

「貴著『異色官僚』有難ふ。『偉色官僚』と銘うてば、もっと大方の苦笑を受けたことと思ふ。

これからゆっくり時をかして愛読さしていただきます。「おばあん」（「つる中」の女将のことか?）が終らぬ間に先づパラパラと「型破りの人事」を取り上げて拝読しました。

気の合ふところ僕の言ひ度いところ、通産省と言ふところを借りてゐるだけで、僕と全く軌を一にした採用方針。この頃僕は野村は型通り秀才を先づ優先する様になった。そんなことではいざと言ふ場合、ブレークスルー（突破）できる勇気ある士は出ない。十人のうち三、四人、君と同じ方式に（して）一見常識外れの変った異人を組み合はす様にと毎歳繰り返してゐる。

全く同感。君も俺も一緒だと共感する。ただ一つやっぱり役所だなと思った個所が一つある。

それはどの場所に働かしても二年半か三年と書いてある。その人自身の成長にはそれでいい。次から次へと色々の局面を教えて行くことはいいやり方だ。だが僕達の企業となると、そう二、三年のうちに人をかえられたらたまったものぢゃない。前者と後者とが全くニュアンスの違ふことが現実的に多くある。又、づるい奴達になると、それを逆用して自分だけうまく泳ぐと言ふ実業人も間々見受ける。だから、人から人へのバトンタッチが大切な上に大切になる。単に事務のバトンタッチでない。一貫した国家行政のルートに添ふたバトンタッチだ。

そんなことを言ふ僕自身も人事の採用と同時に異動の問題で一番頭をなやましてゐる。けれど公平に見てこの点になると、役所と企業と比較すると、いい会社ほど役所より平均してこの点はベターだと愚考する。

呵々。

あともっと大切なことが数多くお話しして終られよう。一夕数人をまじえて歓談をお願いし度い。乞ふ。そのプログラムを。勿論、僕は官房長役を承けたまはる。」

「た」を「多」の変体仮名で書くなど、戦後派の私には判読に苦しむところもあったが、奥村綱雄の人となりが躍如としている手紙である。

この頃、奥村は野村証券会長で、翌六八年に相談役に退き、それから四年後に六十九年の生涯を終えた。戦後まもない四八年春、四十五歳で社長になった奥村には、官僚時代の佐橋と二重写しになる若き日のエピソードがある。奥村がまだ三十歳の若僧だった時。

病気療養をしていた片岡社長の全快祝いの席で、末座から立ちあがった奥村が、幹部連中に対して、

「キサマら、茶坊主ばかりそろっているから、会社が今のような危機におちいるのだ。社長が株式業務について慎重だからといって、誰一人進言したものはおらんじゃないか。そんなことでどうする。茶坊主は引きさがれ!」

と大音声を張り上げたというのである。

こんな奥村だから、もちろん左遷されてもいる。しかし、やはり、この奥村を見ていた人がいた。佐橋も同じく、左遷の憂き目にあっている。また、実力通産大臣の佐藤栄作に食ってかかったりもした。奥村は十歳年下の佐橋に同じ血の気の多さを感じたのだろう。仕事上での接触はほとんどないのだが、何度か「一夕」を共にすることとなった。

多分、奥村の紹介で会ったのが、将棋の升田幸三である。

升田は夫人に代筆させて、升田らしい『異色官僚』の礼状をよこしている。日付は一九六七年九月十一日。

「拝啓

虫の声と共に大変涼しくなりましたが、何時も御壮健で何よりと御よろこび申上げます。主人が日頃何かと御世話様になり、厚く御礼申上げます。

先日、主人が帰りまして、御本を御送り下さったそうだが、お前はどこへやったのかとおこりましたが、私も覚えもなく困っておりました所、本日ポストに入りました。

主人に、何でも落着いてからこごとを言って下さいねと申しました。本日たしかに頂戴いたしました。ありかとう御座居ました。

今後共何卒よろしくおねがい申上げます。時節柄くれぐれも御身御大切に御過し下さいませ。

かしこ

九月十一日

升田内

佐橋様」

こうした、どこか〝破調〟のある人物と、佐橋はウマが合った。ソツのない人間は苦手で、およそ役人らしくないのである。

奥村綱雄は生前、前記の伊藤肇にこんなことも言ったとか。

「大きな声じゃ言えんけど、四十を過ぎてなお、女房以外の女に惚れられないような男は、われわれ同性からみても魅力がないぜ。

〽外へ出たなら惚れられしゃんせ
　そして惚れずに帰りゃんせ

こんな都々逸があるけど、こうした思いを女性から託される男でなくちゃな」

純生《なま》日本人への礼状

佐橋滋の『異色官僚』に、週刊誌の記者がやって来て、

「佐橋さんは裸体主義だそうで、話を承りにまいりました」

と言う場面がある。それに対し佐橋は、

「冗談じゃないよ。こうして着物を着ているじゃないか。フロへはいる時はハダカになるし、フロを出てからハダカでいる時間が人より多少長いというだけだ」

と抗弁するのだが、なぜ、佐橋が裸体主義者、横文字でいえばヌーディストの〝嫌疑〟をかけられたのか。

それは佐橋が「フロ大好き人間」だからである。そして、夏など真っ裸で縁側に涼んでいるからである。正真正銘の素っ裸。オールヌードというか、パーフェクトヌードだ。

佐橋家では、男はこんな〝特典〟をもっていた。お手伝いの娘さんが閉口することもあって家人が、

「人が見るわよ」

と言うと、佐橋は、

「おれんとこの家の中じゃないか、のぞくヤツが悪い」

と応じて平然たるもの。

フロ好きが嵩《こう》じて、夫婦二人の時に空巣に入られたというが、もしその時、佐橋がオールヌードで出て行ったら、泥棒のほうが驚いたかもしれない。

『異色官僚』には、家庭での佐橋を、自らこう書いている箇所もある。

「亭主である僕は家庭のことはなにもわからない。月給袋は一銭も手をつけずに女房に渡す。金銭その他いっさいのきりもりは女房の仕事であって、僕は全然知らないし、知ろうともしない」

「役所から帰宅する時間はまったく不規則で、日のあるうちに帰る時は別だが、日が落ちてから家に着く時は、玄関で洋服をぬぎすて、ハダカで居間のちゃぶ台の前にすわったらもう絶対に動かない。同じ位置ですわったり寝そべったりしているだけである。自分が動かなければ用の足りない時だけ、つまり便所へ行く時とフロへはいる時以外は動かない。タバコ・爪切り・菓子・お茶・お夜食、全部口先だけでこと足りる。〝水虫の手入れ〟これは女房の専門職で、僕は足を伸ばしているだけである」

一九六七年に『異色官僚』が出た時、とりわけこの箇所に共鳴して、次のような手紙をよこした人間がい

た。当時の東宝社長、馬淵威雄である。

「拝啓

二、三日前、久しぶりに欧州を廻って帰って来たら、学兄のものした本が机上にあった。一ヵ月ほど日本人らしいのに会わなかったので、当《まさ》に純生《なま》日本人に会ったような爽快さを覚えた。尤も、まだ全部読んだわけではない。君の家庭における横着振りのくだりを読んだだけである。あそこは気に入った。小生と全く同じ趣向で家庭が営まれているのが目に見える様で愉決だ。お宅へまだ無精者で伺ったこともないが、恐らく奥さんが君より大分偉いのではないか。朝から風呂へはいったり出たり、丸裸でホーコー（動物がほえていること）している亭主を、飽きもせず笑っておられるご令閨に脱帽する。

前述の通り、まだ『聞かせどころ』は読んでいないので判らないが、一見するに実に文章がうまいナァ。嘘でなく本当のことを書くと文章が生きると云うが、立派である。余り賞めると、また裸で家中歩き出しそうだからやめる。

先づ一部読後感申し上げ御礼状に代えます。くれぐれも健勝を御祈る

敬具」

さすがに、小林一三の薫陶を受けた東宝マンらしい観察眼の礼状である。文章もそうだが、「馬淵用」箋に書かれた字も、なかなかに奔放な感じがある。

次に、芯強く、きっちりとした字で鳩居堂製の便箋に書かれた村瀬直養の礼状を紹介しよう。

佐橋によれば、村瀬は「岸（信介）さんより上の役所の大先輩」で、商工次官の後、法制局長官を務めた。

礼状は便箋十二枚にも及ぶ長文のものである。

「拝啓

時下益々御清栄の段、慶賀の至りに存じます。扨《さて》この度は御著御恵贈下され、有り難く厚く御礼申し上げます。毎日愉快に且有益に拝読いたしました。読後の感想をしたため御礼の言葉といたし度いと存じます。

第一に感じましたことは、全巻を通じて真実に徹していることでした。（中略）御著を見て、真実にあふれているという点が、殊に感銘深く拝見したところであります。

第二に学生時代、殊に大学時代の努力奮闘の状況でした。それは私の学生時代の同級生、南原繁さんを思い出させました。南原繁さんは、大学時代に私の家の割合近くの、私と同じく粗末な家におられましたが、その生活は極めて規則正しく、毎日私の家の前を通って、弥生町の門を過ぎ、学校の講義を聞き、それから図書館（関東大震災に焼失した赤煉瓦の図書館）に行って閉館（午後の八時四十五分）まで勉強して、帰りは、大学の表門から本郷通りを帰って居られまして、友だちは、南原は三角形の生活をしている、といって居りましたが、恐らく大学四年間、通路も時刻も寸分変ることがなかったように記憶しています。その間いつも途中で田中耕太郎さんにつかまって、いろいろ質問を受けていたが、それに丁寧に答えていた様子が今でも目の前に浮かんで来ます。

第三は、官吏として出処進退のむつかしさと、それをよく乗り越えて来られたことでした。私が商工省を辞めようと決心したのは、当時一般の人の考えていたのとは違って、石油配給の割当の問題がその主要なる原因でした。当時の商工大臣は伍堂卓雄さんで、農林大臣を兼ねておられましたが、その時、農林省側（漁業者）と商工省側（一般小売商）との間に、当時の石油供給量が少い状況において、石油をいかに配分すべきかについて、激しい議論が生じました。当時の農林次官は荷見安さんでしたが、争いの裁定の結果、伍堂さんは全面的に商工省側の主張を認められました。私は昔から荷見さんとは極く懇意にしていましたので、荷見さんの立場が非常に困難になったのを何とか救済し度いと思って、商工省の燃料局の同意を得て（少くとも私は左様に思って）妥協案を提示しました。そうすると、小売業者から極めて猛烈な反対が起りまして、前には同意を得て居た（或は得ていたと私が考えてた）燃料局までが、その反対に同調して来たのでした。その時、私はこういう役所にいても仕方がないと思って、立去る決心をしたのでした。その時のことをいろいろ考えて、御本に述べられていることを読んで、感銘殊に深きを覚えたのでありました。

第四に感じたのは、友人に対する思いやりでありました。官房長川原英之さんに対する追憶に関する文は、西本願寺における追悼のお言葉を思い起させ、誠に感慨深きものがありました。友を選ぶことは難しいことであると同時に、極めて重要なことであります。省葬に関する国会の答弁など全く現在の国会の状況を髣髴せしめるものであります。」

一九六七年十月十五日に書かれた村瀬の手紙はいま少し続くが、引用はここでおしまいにしよう。

私はこの手紙が旧仮名でなく、新かな遣いで書かれていることに驚いた。

年輩になっても若々しさを失わぬこうした人たちに支持されて、佐橋は「異色官僚」ぶりを発揮したのだろう。

［**初出について**］

本稿は二〇〇九年九月に七つ森書館から刊行された『『官僚たちの夏』の佐橋滋』のⅠ、Ⅱを収録した。

［解題］

「異色官僚」佐橋滋の非武装論

本書の「はじめに」に私はこう書いた。

主人公の風越信吾のモデルが佐橋滋だが、

〈城山三郎作の『官僚たちの夏』がテレビドラマ化されて評判になっている。佐藤浩市演ずるこの役は、前に中村敦夫でドラマ化されたこともあった。池田勇人がモデルの池内信人、佐藤栄作がモデルの須藤恵作などに風越のライバルの玉木や風越を慕う鮎川、そして庭野がからむ。玉木は今井善衛、鮎川が川原英之、庭野が三宅幸夫と、それぞれモデルは絵解きできるが、何よりも佐橋の魅力について私は改めて読者に伝えたい。

望外にも「ボクのことはサタカ君の方がよく知っている」と当人に言われるほど信頼されていた佐橋の官僚としての思想を私が深く尋ねなかったことについて、私はわが師の久野収から公開の場で非難された。一九九六年七月二十日放送のNHK教育テレビ「未来潮流」でインタビューした時である。次にその遣り取りを引いておきたい。

佐高　先生は官僚制の問題にも、いち早く目を向けておられますね。一九七七年、先生は元通産次官の佐橋滋と対談をされました。戦後の産業育成政策の基礎を築いて〝ミスター通産〟と呼ばれた人物です。佐橋滋は、一方で、通産省職員の労働組合の委員長をつとめ、官僚制の民主化を試みました。

先生はその時、佐橋滋のつぎのような発言に注目しています。〝組織というものはほうっておけば必ず非民主化する。そこでわたしは通産省の政策についても、組合が独自の研究会を持つようにして、官僚組織を民主化しようとした〟（「官庁民主化のための労働組合運動を」）。

しかし、この民主化の試みは、佐橋滋氏が委員長を退いた後、受け継がれることはありませんでした。

久野　きみのまずかったのは、佐橋滋の内面の歴史みたいなものを記録にとっておかなかった点ですね。彼は同年の丸山真男の思想と人物を尊重すると言っていましたね。ぼくは、佐橋氏は岸信介と対抗できるだけの存在だったと思いますよ。対抗というのは岸的官僚主義と対抗するという意味です。それで、官庁や官僚における民主化とは何であるかという問題を職業倫理の立場から先頭に立ってやったわけでしょう。

佐高　珍しくキャリア組の出身で組合の委員長をやっていたのですね。

久野　委員長をやって、官僚の民主化をやろうと思ったんだと、彼はぼくに言いましたよね。

佐高　そういう人たちの、佐橋さんなら佐橋さんの哲学がまだ受け継がれていない、わたしもそういうのを書かなかったということかもしれませんけれども……。

久野　佐橋氏にそういう官僚制の病弊みたいなものを、内在的に佐高君はなんで訊いておかなかったかと。彼は佐高君の生き方を大変評価しておったからね。あのとき佐高君はまだ若造だったからね。その若造を評価していました。

佐高　佐橋さんの苦衷がまだわからなかったのかもしれない。

久野　彼は、通産次官から、民間のいかなる役職にも天下らなかった。

佐橋は通産次官退官後、『異色官僚』という本を書いた。ダイヤモンド社から出され、その後、徳間文庫に入ったが、現在は絶版である。

それについて、佐橋は非売品の『余暇を考える』（キリン・ライフライブラリー）でこう語っている。

「『異色官僚』という書名は、すぐれた官僚という意味ではありません。官僚社会は自ら優秀だと思い、エリート意識をもっている人の集まりであり、わたくしはそういう官僚が立身出世を目標にあくせくしているのを、人間として、官僚として軽蔑します。というよりかわいそうに思う。官僚社会に限らず、どの社会でも、えらくなりたい人は多い。一人えらくなるためには、えらくなれない人がたくさんいます。えらくなるのは結構ですが、他人を犠牲にしてはならないと思います。えらくなる人は多分に要領のいい人が多いようです。

一将功成って万骨枯るとはその間の事情を謳ったことばですが、そういう人は毀誉褒貶を気にし、敵をつくらないために仕事をほどほどにし、徹底させない。それが要領であります。わたくしは官僚社会に育ち、こういう生き方をあまりに多く見聞しました。わたくしの性分かもしれませんが、どうしても許せない。少なくとも官僚だけはこういう生き方をしてもらいたくないと思ってきました。収入を得るためにやっている仕事でも、おそらくなんらかの社会需要に対応するものなのでしょう。しかし官僚のやる仕事は社会の要請に直接的にこたえるものです。そのあたりが一般の職業と多少のニュアンスのちがいがあると思います。社会の要請を痛いほど身に感じて駑馬に鞭うつ心掛けが官僚には必要で、この職業を利用してえらくなろうという心のもち方が気に入らないのです。官僚としてはしごくあたり前の心のもち方だと思うのですが、官僚社会の一般風潮は必ずしもそうではありません。わたくしの考え方が異色と見えるほど、おかしくなっていると思います」

佐橋がこう嘆じてからおよそ半世紀。いよいよ佐橋が「異色」と見える風潮が強まっている。官僚も政治家も「社会の要請を痛いほど身に感じて」仕事などしていないのである。

佐橋の「異色」は非武装中立を主張したことにもあった。

「わたくしの非武装中立の特色は、理論や思想ではなくて、日本が現実に非武装を実践してみよ、そして平和の実験国家になれというところにあるのですが、したがってまた、わたくしに対する反論は、日本民族をモルモットにする気かとか、日本国を滅亡させるものであるとか、佐橋のようなキャリアを経たものにしては単純すぎるという批評にもなります」

佐橋の非武装中立論の背景には、自らの兵士体験があった。佐橋と東大同期の丸山真男元東大教授らがこれを信念をもって主張し、わずかにその下の中曽根康弘ら、兵士体験を経ずして指揮する側に回った人間が、これらを空論として退けるのは興味深いコントラストだろう。

私は非武装中立論が有効性を失ったとは思っていない。今こそ、その輝きを増している、と思っている。

一九九六年六月二十一日の夕刻、都内のある小料理屋で「佐橋滋を偲ぶ会」が開かれた。発起人は元大分県知事の平松守彦で、佐橋夫人や佐橋滋をモデルに『官僚たちの夏』を書いた作家の城山三郎など、二十人ほどの内輪の会合に私も参加した。

それをいま懐かしく思い出しているが、あれからでも三十年近く経ってしまった。

斎藤たまい（さいとう・たまい）

一九一四年茨城県水戸市生まれ。
三二年仙台の青葉女学院卒業、福島、秋田の幼稚園勤務を経て、
四〇年茨城県古河の講義所勤務の斎藤章二と結婚、
その後群馬県桐生の聖トマス教会を経て高崎の聖オーガスチン教会へ。
朝日歌壇に投稿し、特に近藤芳美の選で何度も掲載される。
牧師の妻でありながら「神はいるのか」と迷う姿を詠んで、多くの読者を得る。

ある牧師の妻の昭和史

斎藤たまい

1

伝道者の寂しき極み夫《つま》に見ぬ
人賢くて神を求めず

（高崎）斎藤たまい

「朝日歌壇」にこの歌を見たのは、一九七四年八月十一日だった。もう、二十年ほど前のことになる。それを見て私は、当時、勤めていた経済雑誌『VISION』の同年十一月号の編集後記に、こう書いた。

「生きて甲斐《かい》ある証《あかし》は、絶えざる抵抗の精神の中にあるのであり、それは宗教的求道の姿勢にも似て、すぐれて孤独な営みであろう。小利口になった現代人への痛烈な諷刺でもあるかのように、先日の朝日歌壇には次のような歌が載っていた」

そして私は冒頭の歌を引いているのだが、「諷刺」と言われたら、斎藤はとまどい、「そんな意識はなかった」と否定するだろう。斎藤を知ったいまとなっては、そう思う。

読み手は勝手に、それぞれの歌に思いを乗せるとはいえ、無信仰で、神を求めたことのない私が、「小利口になった現代人への痛烈な諷刺」云々というのは、あまりに自分に引き寄せすぎる。強引さは、まだ二十代だった私の若さゆえかもしれない。

いずれにせよ、前川佐美雄《さみお》と近藤芳美《よしみ》が共に選んだこの歌の印象は強烈だった。

あとで知ったのだが、大正三年（一九一四）一月三十日生まれの斎藤はこの歌を詠んだ時、ちょうど六十歳。それを「見た」私は二十九歳だった。

たからである。

「見た」というのは、とりわけ、「人賢くて神を求めず」の下の句が、目にとびこんでくるような感じだったからである。

その後、多くの人が、さまざまなところでこの歌を引くことになるが、斎藤のスクラップには、日本キリスト教団小樽教会の牧師からの「八月十一日の朝日歌壇の短歌、拝読いたしました。同労の感銘を覚えましたので、失礼をかえりみず、おたよりをさしあげます」という葉書が貼ってある。

「同労」――『広辞苑』を引いても、こうした言葉は出てこない。しかし、すぐに頷ける言葉である。

それからまもなく、同じ年の十二月二十二日付の「朝日歌壇」に、今度は五島美代子の選で、次の歌が載った。

神よりも吾に赤裸となりし夫
司祭の嘆吼《ほ》ゆる如《ごと》述ぶ

これには、五島の「一位の作者の夫君は、神よりも分身である妻に向って、赤裸となり、その天職ゆえに、人にはいえぬ嘆きをも吐露《とろ》するという」という評が付いている。

そして、翌七五年一月十九日の歌壇に、宮柊二《しゅうじ》と前川佐美雄の共選で、

夫の帰還うながしくれしソ連女医
わが生涯の逢いたき一人

が載って、（高崎）斎藤たまいは「わが生涯の逢いたき一人」となった。

多分、私はその一途なる相聞《そうもん》と、悟りすましていない率直さに惹かれたのだろう。私などからは〝徒労〟とも思える伝道に従事する人と、それを支える夫人。二人は、いったい、どういう人なのか……。

それから九年余り経って、私は『小説現代』のコラム「只今ご贔屓《ひいき》」の執筆を依頼され、編集部の林雄造に「無名の人でもいいか」と尋ねた。たいていの人がプロ野球の選手とか、俳優などを挙げていたからである。

概要を聞いて、林は「いい」と言い、私は同誌の八四年二月号に次のコラムを書いた。

少年のように胸ときめかせる年ではないのだが、私にはいま、日曜の朝のひそかなたのしみがある。朝日新聞の「朝日歌壇」の中に、ひとりの女性の名前をさがすのだ。その名は斎藤たまい。もちろん、会ったこともなければ、手紙のやりとりもない。

この名を意識して追うようになったのは、いつごろからだったろうか。多分、もう七、八年にはなるだろう。それでは、「只今ご贔屓」ではないではないかと、お叱りを受けるかもしれないが、一度も会ったことのないひとだけに、一向に鮮度が落ちない。

たとえば、昨年の七月十日付の新聞には、

夫《つま》病みて独りし守れる教会の

鉄扉《てっぴ》開けば露草の咲く

という歌が載っていた。

そして、（前橋）斎藤たまい、とある。

前川佐美雄、宮柊二、近藤芳美、馬場あき子の四人の選者のうち、近藤芳美の選で載っていることが多い。

近藤の名著『無名者の歌』（岩波書店）に、このひとを知るわずかな手がかりがある。

「女らの生の歌」の章に、

早ミサの鐘打ち帰る凍《い》て土に
夫《つま》よ白妙の雪降るが見ゆ

が引かれ、「作者はキリスト教の教会の牧師の妻である。朝日歌壇の初期からの投稿者であり、人生の苦渋を包んださまざまなすぐれた作品を見せて来た。この歌も心深い、心清い一首と言えよう」とあるからだ。

前橋に教会は数少ないだろうと思い、私は何度か、調べて手紙を出そうとした。しかしいつも、それを思いとどまった。一度にたくさん読んで熱がさめるより、ひと月に一度くらいのいまの〝逢瀬《おうせ》〟でいいではないか。それが「大人のコイ」というものではないか。勝手にこう決めているのである。

こう書いたままで、これを「朝日歌壇」気付で送ることもしなかった。あるいは目にとまれば、といった気持しか持たなかったからである。

ところが、奇しくも、その年（八四年）の十一月十一日の「朝日歌壇」に、写真入りで、斎藤たまいさん（七十）の「素顔」が紹介された。常連的な掲載者の何人かが登場するシリーズに、「神奈川県城山町」の斎藤が出たのである。眼鏡をかけた上品な感じのその写真を見ながら、私は次の記事を食い入るように読んだ。

あけび這うテラスのベンチに老夫《おいづま》が語るモーリヤック聞くわれも老ゆ

今年三月、斎藤さんのご主人は、前橋市にある聖公教会の司祭を定年退職、相模川沿いの故郷の町に戻った。戦中・戦後の苦難をのりこえ、半世紀にわたって多忙な布教活動を続けてきた老夫婦に、ようやく静かなやすらぎのときが訪れたのである。

戦時下の結婚、そして召集――二児を抱えた斎藤さんは、夫が牧師をしていた高崎市の教会と付属幼稚園を守っていたが、戦争の激化で、信者も園児も来なくなってしまった。特高警察に監視されながら、洋裁の内職などで細々と生きのびる日々。

鐘楼《しょうろう》の綱ゆすぶればこうもりはわれをめぐりて狂う如舞う

は、絶望と焦燥にいらだつ当時の心象風景でもある。

戦後しばらくして、シベリアに抑留されていた夫が帰国。教会活動も幼稚園の運営も軌道にのったが、こんどは幼児教育や伝道集会など、朝から晩まで追われる毎日が続く。日曜日もミサ、日曜学校、婦人会と休むことができなかった。

そのころ、朝日歌壇の選者五島美代子さんが放送で歌づくりを勧め、「自分の思いを率直に表現してごらんなさい」と話すのを聞いた。

「私はいつも疑問を持ち、迷いながら生きていたんですね。神に対するうらみ、つらみもありましたし……」。そんな心境が淡々とうたわれるようになる。

百人の児に見つめられ吾の嘘の鏡に写りし如き心地す
会果てて配りし聖書戻さるる徒労や否や知るべくもなく

初めて投稿した三十三年以来、入選歌は約百八十首。聖職者である夫の、人間味豊かな哀歓をやさしく受けとめた作品も多い。

伝道者の寂しき極み夫に見ぬ人賢くて神を求めず
老いきざす寡黙の夫が酔い酔いて軍歌うたえり生き生きとして

「教会と家庭にしばられて、出歩く機会があまりなかったので、つい主人や身辺の観察が細かくなるのかもしれませんね」と笑う斎藤さん。余暇に麻袋と布切れで刺し子風の絵を制作している。

「教会生活と夫婦愛」と題されたこの「素顔」をくりかえし読んで、私は、やはり、斎藤に手紙を出そうと思った。そして、前記の「只今ご贔屓」というコラムのコピーを同封し、朝日新聞気付で手紙を出したのである。すぐには返事は来なかった。明けて八五年一月六日に届いた返事を読むと、私は自己紹介がわりに、『夕刊フジ』に連載した「師弟」（のちに潮出版社より刊行）の最終回「わが師、久野収」のコピーも同封したようである。

そこに私は、大学時代、久野をはじめ、他大学の教授の講義を〝盗聴〟したことを書いており、結びに、久野が私の処女作『ビジネス・エリートの意識革命』に寄せてくれた推薦文を引いている。斎藤の返事の伏線として引用しておこう。

「佐高信君は、慶応大学法学部学生のくせに、ぼくの学習院大学での哲学講義をずっと聴きつづけた個性的人物です。卒業後、郷里の山形の農業高校と工業高校で新しい教育の実験を試みましたが、現在の組合教師を支配するマンネリズムに絶望し、思いきって、企業の諸問題を扱う民間ジャーナリズム『ビジョン』編集の仕事に転職しました。

彼が自分自身の経験を反省によって消化し直しながら、職業とは、企業とは、そこで送られる生活とは何かを問い直した最初の収穫がこの書物です。既成のコースのなかを惰性《だせい》的に生きていく自分の姿に、なかばの不満となかばのあきらめのまじりあった複雑な気持ちを感じている人々、まだ若さを失っていない人々が一人でも多く読んで下されば、たいへんうれしいと思います」

そして私は、できれば、斎藤の一生を本にしたい、と書いた。

それに対して来た返事が以下のものだが、私はその直線的な字の力強さに、なるほどとも思い、半面、驚きもした。

年が改ってしまいましたが、十二月二十二日付けで朝日より回送のお手紙は、たしかに拝受いたしました。多忙ではありませんでしたが、返事を差上げるのに躊躇《ちゅうちょ》いたしておりました。

「素顔」に紹介されました通り、ごく平凡な、何の思想も理論も持たず、使命と思いこんでおったものも終り、今は自然だけを相手に、その日その日を暮しておる者ですので。

主人は病身ですが、八高線《はちこう》毛呂山《もろやま》の聖公会に嘱託として、退職司祭としての奉仕活動をいたしております。お目にかゝれば、

プリントで拝見いたしましたような情熱も覚め、展望を予期されたものも破れ去ります。私の方こそ恐れねばならない仕儀となってしまいます。〝まだ若さを失っていない人々〟それを大切にしてください。

はるかな分野で、情報の世界に御活躍の方から、かく懇請こめられたお手紙を頂戴できました事は、私の人生に花が咲いたような幸を感じております。

これも新聞歌壇に身を入れておりましたためと喜んでおりますが、結極《ママ》、歌あって作者が無い、無名者なのです。

それなのに皆様から、作者である私自身を高く評価されたお励ましのお言葉をいただき、感謝もし、又重荷となっておりますことも事実です。

　菊園に這いきて異質さ目立つなりナスターチムの葉がくれの花

　ミサのパン諸手に受けて空しきを空しきままに戴かむとす

かく、司祭の妻としても半端な人生に終始し、末端につらなって来た嘆きのためいきが歌に現われたかと思われます。

新年早々苦渋の返事を差上げますことを御許しください。

個性的人物には危険も多いことと案じられますので、くれぐれも御健康をお祈りいたします。

かしこ

一月四日

佐高信様　　斎藤たまい

表に出たがる人をとりあげたくはない。このように、自分はとりあげるに価する人物ではないと、一歩も二歩も退く人をこそとりあげたい。「苦渋」を与え、静謐《せいひつ》を乱したかもしれないことを申しわけなく思いながら、歌と神を軸にした斎藤の一生を書きたいという思いは、逆に強くなった。

決して急ぎはしませんがと、多分、断り書きをつけながら、私は八五年の四月十日に単行本となって出た『師弟』を〝見本〟的に斎藤に送っている。

それに対して、四月十三日の消印で、次のような返事が届いた。

雨に惜しいさくらです。

ま新しい御著書『師弟』を私ごときに御恵贈いただき、有難うございました。

十人の少数司祭夫人会を開催中でした。

「今落ちこんでるのよ」と歌の話も出た折でしたので、佐高様の御芳名の封書が怖い気がいたしました。これほどの御手腕と、はなやかな情報舞台に御活躍中のフリーライターが、本を送ってくださいましたのは、感激でもあり不思議でもあります。このままいただいてよろしいのか心配です。これから、ていねいに拝読させていただくつもりです。

パラッと、大平首相の項で（大平夫人は聖公会の信徒ですので）、総理の相談相手など見つからない。現実に存在しない神の話をして精神安定剤として……とありましたが、総理ならずとも、この世にしんから相談できる相手などザラにあるとは思えません。

貴著にあげられた方々は、師弟ともみな傑出した人物で、どちらも人間として自信に満ちた言動をされており、本当にまぶしい出会いだと思います。私など、この世からはみ出された人たちにのみ接し、勿論自分自身も異端者でしたので……

今、庭に白すみれの群落がまさかりで、声をあげたくなるように胸がおどります。

御活躍と御健康を祈り、心から御礼を申し上げます。

斎藤たまい

佐高様

ここに出て来る大平首相云々は、大平と加藤紘一（大平内閣の官房副長官）を「師弟」として取り上げ、大平が神やキリストの話をしたことを回顧しつつ、こう書いたことを指す。

「加藤は、政治家、それも一国の総理が相談する相手のむずかしさを語った。たとえば政治家に相談すると、その答えが政治的な利害をともなって返ってくるので、政治家には相談できない。それでは経済人に相談するかというと、答え自体がやはり、経済的な利益追求の思惑をともなって返ってくる。無私、白紙ではありえないので、経済人にも相談できない。

外国に相談相手を求めたとしても、国家的な利害をともなって答えが返ってくる。

結局、この空蟬《うつせみ》の世にいる人の答えは、すべてなんらかの色がついたものなので、現実にいない神と話をするしかない。それを参考にするわけではないが、精神安定剤《トランキライザー》にするのである。

総理の重責をになうと、そういうものだろうな、と思いつつも、加藤は、自分にはわからない部分だなあ、と見ていた」

そして、なかなか斎藤宅を訪ねられないままに八五年は過ぎ、八六年「クリスマス・元旦」に頂戴した賀状に、

「お目にかからない中が花と思います」

と添書きされていて、私は逆に「今年こそは」と思った。

その決心がにぶらぬうちにと、自分を急《せ》きたてるようにして電話し、はじめて斎藤宅を訪ねたのは、八六年の六月十二日である。八王子で横浜線に乗り換えて橋本駅下車。車で十五分足らずのところだった。花に囲まれた庭を入ってゆく途中で斎藤が出て来てくれた。もちろん初対面なのだが、電話で話していることもあり、手紙や歌を読んでいることもあって、まったく初対面のような気がしない。

「わざわざ、おいでいただいて……」

多分、斎藤はそう言ったと思う。

白いスカート姿の彼女は、新聞の写真の上品な感じに、ある種のヤンチャさを加えた印象で、そこに立っていた。

それから、ほぼ四時間、私は話を聞くことになる。

「疲れませんか?」

と途中で尋ねると、

「私は全然」

と言いながら、斎藤はとくに戦中のことを熱っぽく語ってくれた。その言葉の端々に七十歳を過ぎたとはとても思えない若々しさがあふれていた。

「戦時中の防空訓練では、いつも教会に爆弾が投下されて、どこか炎上したことにされて、それが悔しくって」

斎藤は、笑みを浮かべながらも、いまでもゆるせないというように口をとがらせる。

「奥さんの教会は、鬼畜米英よね」

「敵国アメリカから、何かもらっているんでしょう」

などと、口さがなく言うくせに、伝令の訓練となると、命令の口述ができない隣組の婦人たちにかわって、斎藤は一歩前へ進み出て、教会の塔に五百キロの爆弾が投下されたといったことを口述し、訓練が終わってから、悔し涙にくれたという。

そのころ、牧師の夫は、召集され、赤ん坊の長女を背負って、斎藤は、露骨になってきた村八分的な扱いに耐えていたのだった。

強くならなければ、一日も生きていけない日々だった。

石坂洋次郎のロングセラー『若い人』に、あるミッション・スクールで、生徒が、

「神《ゴッド》と天皇《エンペラー》とはどちらがお豪《えら》い方なのですか。はっきり教えてください」

と尋ねる場面がある。

日本のキリスト教徒にも、「天皇の方が豪い」として、合同しようとする動きが現われ、非合同派だった

斎藤たちに対する圧迫や弾圧は、その意味でも強まっていた。

〝鬼畜米英〟を母教会に持つ聖公会の主教や聖職が次々に拘留され、同じ高崎市のホーリネス教会の牧師夫人は留置されたといった話も聞こえてきた。

「この次は奥さん、あんたよ」

などと、近所の人に心ないことも言われ、非国民という脅迫めいた葉書や、早く合同せよといったパンフレットは数えきれないくらい送りつけられた。

月に一度は必ず、高崎署から私服の刑事がやってきて、特高の名刺を差し出し、生活費はどうなっているか、信徒名簿を出せと〝尋問〟していった。

こうした日々のことは追い追いに書いていくが、とりあえず、ここで、聖公会というものをスケッチしておこう。

十六世紀初め、ローマ教皇庁免罪符発行への疑問に端を発した宗教改革の嵐は、トップランナーのマルティン・ルターの激越さもあって、瞬《また》く間《た》にドイツ、スイス、フランス等のヨーロッパ大陸を包みこんでいったが、幸か不幸か、イギリスはその圏外におかれていた。

海峡を隔てていたこともあり、事実上、英国の教会はローマ教皇庁からの自決権を得ていたのである。

そうした状況の中で、一五〇九年、ヘンリー八世が即位する。ヘンリーは王妃キャサリンとの間に王位継承者の男の子が生まれず、アン・ブリンに恋したこともあって、キャサリンを離婚しようとする。しかし、カトリックでは離婚は禁じられている。

それでヘンリーは、英国の教会をローマの支配から切り離し、独自の国民教会をつくって、その認可の下にアン・ブリンと再婚しようと決意する。

一五三四年にヘンリーが発した「首長令」の背景にはそうしたことがあった。その結果、自ら、英国国教会の最高首長となり、教義の決定権をも含む教会統治権を持つ。

これに対し、カンタベリー大主教に任じられたトーマス・クランマーは進んで支持したが、『ユートピア』の著者トーマス・モアは反対し、王によって処刑された。

これが、ローマン・カトリックとも違う、かと言ってプロテスタントでもない聖公会の起源である。

その後、宗教改革の波が押し寄せ、教義的にはカルヴァン主義がとりいれられるが、礼拝形式はカトリックとほぼ同じで、イギリスらしい穏健な融合の道が選択される。しかし、ラディカルなピューリタンは、まさにその〝中途半端さ〟に反発して生まれたのだった。

名称として聖公会は、イギリスおよびイギリス系では使徒教会あるいは使徒公会と呼ばれ、アメリカへ渡っては監督派《エピスコパリアン》の監督協会と呼ばれた。

『日本聖公会百年史』によれば、のちに、日本における英米両主教の二重管轄問題などが出てくる。

日本にこの聖公会が最初の足跡を印したのは、江戸時代の一八四六年五月。ハンガリー生まれのユダヤ人宣教師、ベッテルハイムが那覇《なは》に着いた時だった。『百年史』には、到着はしたものの「浮浪者の暴行によって瀕死の危難にあったことも一再ならず」とある。もちろん、徳川幕府の切支丹禁制の影響もあった。

そして、一八五三年七月、ペリー来航。三年後の一八五六年に、北米合衆国総領事としてタウンゼンド・ハリスがやってきたが、ハリスは熱心な聖公会信徒だったという。

翌年十二月六日の日誌にハリスはこう書いている。

「神の恩寵によって私がこのたび日本と協約を結ぶ事に成功するならば、私はこの際、米国人が日本においても自由にその宗教礼拝を行い、教会を建てる事が出来る権利を要求しよう。またオランダ人が過去の二百三十年間これを実現しながら、一言の抗議もあえてしなかった踏絵の習慣を廃止することを要求しよう……」

この要求は、一八五九年、日本の年号で言えば安政六年七月四日から実施の日米通商条約で実現された。

これより少し前の同年六月二十九日、三十一歳のウィリアム師が長崎に来たが、これをもって、聖公会は日本伝道史の始まり、としている。

しかし、まだまだ攘夷《じょうい》が盛んで、翌年三月には大老の井伊直弼《なおすけ》が暗殺されており、伝道は容易なことではなかった。

幕府が放った密偵は求道者をよそおってウィリアム師のそばを離れず、いわば「禁足《きんそく》と沈黙を強いられる日々」だった。たまにやって来る者といえば、西洋の新知識に渇《かつ》える若者か、新しい宗教に対する知識欲を満足させせんとする儒者や僧侶だったという。

盗賊が夜ひそかに師のところにやって来て、切支丹バテレンの魔法を伝授せよと頼んだなどという話もあった。

記録には、一八六七年二月、肥後《ひご》の武士、荘村助右衛門が初受洗したとあるが、この年の夏には、長崎奉行が浦上村の信徒六十八人を捕縛して投獄し、これが外交問題となっている。

揺らぐ封建の扉を閉ざそうとする者と、新しい光を射して、それを開こうとする者とのせめぎあいは、クライマックスを迎えていたのである。

学校で言えば立教学院、病院で言えば聖路加病院が聖公会だが、斎藤の歩みをたどるうえで、日本における聖公会の歴史にも触れることになるだろう。

2

「血肉も捨て従え」とある聖書
　あらがいし父亡き今読めば空し

一九六〇年十一月二十五日の「朝日歌壇」に五島美代子の選で載った斎藤たまいの歌である。

「信仰と肉親愛の間に深まってゆく複雑な境地が、肉親愛に傾いてうたわれている」と五島は注を付している。

この父、石田孝は斎藤を信仰の世界に導くきっかけをつくり、そして、それが深まってゆくにつれて、今度は引き戻そうとしたのだった。

「複雑な境地」は並みの複雑さではない。

斎藤の父親が誇りに思い、斎藤がそこで生まれ育った水戸は独特の土地柄をもつところである。血気盛んで、思い込んだら命懸けという人間が多く、幕末の井伊大老暗殺事件をはじめ、昭和七年の血盟団《けつめい》事件と五・一五事件など、凄惨な事件を惹き起こしている。それも自己犠牲、もしくは自己抹殺の、捨身の気配が強く、水戸藩の内戦によって、遠く越前敦賀まで艱難辛苦《かんなんしんく》の長旅をし、そこで斬殺された水戸天狗《てんぐ》党の悲劇など、『魔群の通過』（角川文庫）というそのレクイエムを書いた山田風太郎をして、「これほど徹底して見当ちがいのエネルギーの浪費、これほど虚しい人間群の血と涙の浪費の例が」、これまでの歴史にあっただろうか、と嘆じせしめている。

俗に水戸学といわれるこの気風は、徳川光圀《みつくに》の『大日本史』編纂《へんさん》に端を発する尊皇《そんのう》攘夷思想として後世に影響を与え、忠君愛国の精神がもてはやされる中で、西欧的な個人主義の考えは排斥《はいせき》され、男女の自由な交際など思いもよらなかった。

斎藤の長姉が、東京上野の音楽学校（現在の東京芸大）に入って声楽の勉強をしたいと言い出した時、父親が、

「おまえの好きな三浦環《たまき》（世界的にも有名だったソプラノの歌手）という女性歌手の声は、亡国の声というものだ。日本の女はあのような魔性の声を大口開けて出すものではない」

と叱りつけ、長姉は泣く泣く、それをとりやめたのを斎藤は覚えている。大正末年のことだった。

「父に言わせると、三浦環も、自由恋愛小説で世に出た菊池寛も、亡国の徒であり、その思想は西欧の借物」だったのである。

もちろん、斎藤もこの父親の血を色濃く受けついでいる。だから、大正十年、水戸中学の校長、菊池謙二郎が「国民道徳と個人道徳」という講演をして、文部省に指弾され、辞職した時、同校の生徒たちは、その復職を要求して、小指を切り、それを白布でまいて市内を行進したのだが、七歳の誕生を目前にした幼い斎藤も、水戸中健児たちに共感して、文部省ケシカランと憤慨したのだった。大正デモクラシーの波は水戸では寄せつけられなかったのかもしれない。

斎藤によれば、天皇機関説を唱えた美濃部《みのべ》達吉博士は刺客に襲われるのを覚悟していただろうと言いすて

るほどの「単純な国家国粋主義であった」父親が、なぜ、斎藤を聖公会の教会付属幼稚園に入れ、さらには、仙台の青葉女学院（聖ヒルダ女子神学校）に進ませたのか、理解しがたいところがあるが、娘の斎藤は「古いようで、変に新奇なものに取り付かれ、剛気を賞讃しながら、頽廃《たいはい》風潮の中で育った小町娘の母を娶《めと》るという、父自身の気付かない矛盾が、何かを求めていたにちがいない」と、「あらがいし父」の気持を推測している。

斎藤の父、石田孝は、東茨城郡生井沢《なまいさわ》の名家に生まれたが、跡取《あとと》りをした兄がコレラで亡くなり、遺された義姉と結婚して家を継げ、と言われた。それをどうしても受け入れることができなかった石田青年は出奔《しゅっぽん》して水戸へ出て来る。そして、水戸藩お抱えの学者だった栗田寛のところに内書生として入ったのである。

そこで、水戸学を教え込まれた。

しかし、おとなしく書生をしているには、あまりにヤマっ気があり、一攫千金《いっかくせんきん》を夢見たのか、功名心にかられたのか、小豆《あずき》や大豆を扱う雑穀屋を始めた。それも、手がたく商うというよりは、相場師的な感覚でやっていたようである。そして、株にも手を染め、〈石〉という屋号の株屋になった。

水戸学と株——共通するものは、男の血を湧かすということだろうか。

それで、近所の眼科医とか、株に興味をもつ「お大尽」たちのたまり場となり、斎藤たち子どもが学校から帰って来ても、足の踏み場もないような賑《にぎ》わいだった。

当時は電話一本で東京の兜町《かぶと》とヤリトリをしており、朝早くから寝るまで電話の音が絶えなかった。

斎藤の兄弟姉妹は十二人いるが、第一次世界大戦の始まった斎藤の生まれたころは景気がよく、株でもうけた父親に連れられて、斎藤は大洗《おおあらい》海岸まで、三里の道のりを人力車をつらねて避暑に行ったのを覚えている。斎藤は七番目の子どもで、子どもたちも二人ずつ一台の人力車に乗って、豪勢な避暑地行きをしたのだった。

「株屋というのは、おカネに対してきれいなんです。パッと使ってしまうんですね。だから、あとで貧乏するんですけど、そういう暮らしも味わったことがあります」

と、いま、斎藤は笑う。

株で当てた「当たり屋さん」がみんなに大盤振舞いをすることもあった。斎藤たち子どもも、そのお相伴《しょうばん》にあずかる。

当てなかったお客でも、当時としてはハイカラな食パンにジャムをつけて食べていた。そうしたものを斎藤たちは買いにやらされる。

そんな、周囲と段の違うゼイタク、あるいは株のもつギャンブル的な臭気が、斎藤はつくづく厭《いや》になった。子ども心に、おかしいと思ったことが、後年、つつましやかな信仰の生活に入る遠因となった、とも言える。

それはともかくとして、いましばらく、斎藤の少女時代と水戸の描写をつづけよう。

ひとつことに徹底できず、矛盾した人間だったという斎藤の父親は、有名な水戸の納豆にも関わっている。

水戸の納豆は名産で、現在はいろいろなところでつくっているが、当時は「天狗納豆」一軒しかなかった。その「天狗納豆」や豆腐屋が、戦時中、大豆が手に入らなくて困っていた時、斎藤の父親が北海道に渡り、大豆を手配して水戸へ送った。それで、水戸では戦時中も納豆や豆腐をつくることができ、そのため、戦後まもなく、父親が亡くなった際、葬式に集まった人たちに、稀少価値の豆腐の吸い物を出した。豆腐屋が恩義を感じていて持って来てくれたのだが、父親の石田孝は、町の人にはずいぶんと人望があり、

「石田さん、頼む」

と、いろいろ頼りにされていた。

また、水戸精神に心酔して、剣道を子どもたちに教えていた呉服屋が、毎朝六時に、大きな太鼓を叩き、剣道着をつけた子どもたちを従えて、町の人たちを起こして歩くといったことがあったが、石田孝はその人に共鳴し、毎朝起きて出迎えたりしてもいた。

「水戸様の影響」で、そういう、いわば「小さな親切、大きなお世話」的なことをやる人もいたのである。もちろん、「大きなお世話」などと、表立って言う人はいない。

水戸では、恋愛は御法度《ごはっと》だったというのも、ユニークだろう。遺伝を非常に重んじ、氏素姓《うじすじょう》を事前にたしかめられない恋愛は、「血が汚れるから」と禁じられていたというのである。

そう言えば、いまから三十年ほど前に皇太子（現上皇）が結婚する時、衆議院内閣委員会で自民党の平井義一代議士が宇佐美宮内庁長官に次のように問いただしている。

「もしも伝え聞くように皇太子殿下が軽井沢のテニスコートで（正田美智子さんを）見初め自分がいいというようなことで言うたならば、ここにおられる代議士さんの子どもと変わりない……。これが果たして民族の象徴と言いうるかどうか、私は知りませんが、あなたから進言されたものか、皇太子殿下がご自分で見初められたものか、この点をお尋ねしたい」

これに対して、宇佐美は恋愛結婚ではないと否定している。

平井は水戸の人間ではないが、皇室を尊《とうと》ぶ水戸には、こうした皇室的気風があるのだろう。

さて、石田孝が結婚した斎藤の母親は、堅い家の出で、算盤《そろばん》が上手な小町娘だったが、夫には絶対的に従順だった。右を向いていろと言われれば右を、左を向いていろと言われれば左を向きつづけているような女性だったという。この母親の生涯に「抵抗」という二文字はなかった。後年、斎藤が牧師の妻となり、父親と対立しても、ただ、泣いているだけだった。

それで、逆に、父親は娘たちを、母親のようにおとなしいだけではない女にしたいと思ったのでしょう、と斎藤は推測する。

嫁に行って、ただ、ごはんたきだけしているような女ではなく、男の片腕になるくらいの女に教育したい、と父親は考えた。

斎藤の場合、それは水戸の聖ステパノ教会付属愛恩幼稚園に入ることからスタートする。

もちろん、そのころ、水戸にも他に公立の幼稚園があったが、それらは〝子守学校〟みたいなもので、それでは困ると父親が思っていた時に、愛恩幼稚園がつくられた。外国人宣教師エバンスと話して、この幼稚園が気に入り、公立の幼稚園に比べ、月謝は高かったけれども、園児七名ほどで始まったここに娘を入れたのだった。

大正七年に斎藤が入園する時、いささかユーモラスなエピソードがある。面接試験で、あなたは何番目の子どもかと院長に尋ねられて、とっさに答えられず、エート、上に兄が三人いて、姉が三人いてとやっているうちに、

「オー、ノー、この子だめです」

と落とされそうになったのである。

それから七十年余経って、私が斎藤さんは何番目なんですかと聞いた時も、一瞬ドギマギして、私は何か

悪いことを質問したのかな、と思ったほどだった。

十二人の子沢山、中の一人が養女へ行ったりして、いつも迷ってしまうのだという。

横道に逸《そ》れたが、現状に不満を抱き、常に新しいものを求めていた斎藤の父親は〝夷狄《いてき》〟がつくったものであるにもかかわらず、娘をこの幼稚園に入れる。

そこには知事の息子も入っており、その子と娘が手をつないで遊んだり、あるいは、時に娘がその息子を引きまわしているのを見るのは、「父にとって驚愕《きょうがく》であり、ひそかな喜びであったに違いない」と、斎藤は回想している。

聖ステパノ教会付属愛恩幼稚園は、斎藤にとって別天地だった。教会には、一般の家にはなかったピアノがあり、オルガンがある。また、きれいな絵本がある。宣教師のいるところは赤レンガのすてきな建物で、おとぎの国に入っていくような気がした。

「神秘的で、夢みたいでした。日本の家は襖《ふすま》で仕切られていて、奥から人が出てくるなんてことはないけれども、そこでは牧師さんが奥のほうからドアを開けて出て来て、お祈りしたりするでしょう。童話なんてわかりませんでしたが、何か、メルヘンティックで、何もかもがすてきでした」

その、教会が醸《かも》しだす「文化」にあこがれ、斎藤は信仰の世界へ入っていく。当時は、母教会からおカネが来ていて、教会も豊かだった。

その幼稚園に斎藤は二年学ぶのだが、先生は宣教師エバンスの夫人の他に、のちに斎藤が入る仙台の青葉女学院を出て来た日本人女性。それに日曜学校などを担当していた伝道婦がいた。

そして、珍しいキリスト教主義の教育法によって、子ども心に神の存在を悟り、水戸尋常高等小学校に進んでからも、教会の日曜学校へは欠かさず通いつづけることになる。

この小学校へは、全校生徒が和服を着て登校する中で、ただ一人、はじめて洋服を着て登校した。それも、新しもの好きな父親が、知人の奥さんが未亡人となり、生計のために洋裁を始めたので、子どもたち全員の洋服を頼んだのだった。

当時としてはハイカラなその洋服が珍しかったのか、放課後、斎藤は残されて、女の先生たちにそれを脱がされ、彼女らが紙にそのデザインなどを書いたのを覚えている。コール天でつくった洋服だった。

相場師は情報に敏感でなければつとまらないが、父親はとにかく、狩猟など、時代の先端を行くものにチャレンジしていた。斎藤によれば、「人をアッと言わせるようなことが好きな人」だったのである。

教会が自宅のすぐ近くにあったこともあって、斎藤は高等小学校の六年間、一度も休まず日曜学校に通い、特待生として、きれいなアメリカ人形と聖歌集をもらった。いまでも斎藤はそれを持っている。

当時は、他に行くところがなかったためか、日曜学校には、水戸高校の生徒、いわゆる水高生をはじめ、多くの人が来て、超満員という感じだった。斎藤は、黒いマントを着て筋の入った帽子を被って来る水高生へのあこがれもあって、教会へ通ったという。

そのころは、日本も貧しく、教会へ行ったほうがおもしろい時代だった。教会にはいろいろな本もあるし、オルガンを弾いたりもできる。いまは、他に楽しいことがたくさんあるので、教会へ来る人も少ないが、当時は盛況だった。水戸の公園で教会へ来ていた人と一緒に撮った写真があるけれども、封建的な土地柄の水戸で、それほど教会へ通う人が多かったというのも不思議な気がする。

ともあれ、名流の人が水戸の教会には関係していた。その教会の宣教師を助ける土田執事が、詩人、山村暮鳥《ぼちょう》の養父である。群馬県前橋の出身で、十六歳の時に代用教員となり、イギリス人の女性宣教師に夜学で英語を学んだのが縁でキリスト教に惹かれた暮鳥は、その後、東京築地の聖三一神学校に入り、聖公会の牧師となった。そして、土田執事の養子となって、美人の「おふじさん」と結婚し、玲子、千草という二人の娘をもうけたのだが、姉の玲子が斎藤と同い年だった。非常に貧しかったけれども、おふじさんは暮鳥夫人としてのプライドを失わず、娘たちにボロは着せていなかったという。

大正十三年に亡くなった暮鳥は、大正七年に出した詩集『風は草木にささやいた』の中に、次の「キリストに与へる詩」を収めている。

キリストよ
こんなことはあへてめづらしくもないのだが
けふも年若な婦人がわたしのところに来た
そしてどうしたら
聖書の中にかいてあるあの罪深い女のやうに
泥まみれなおん足をなみだで洗つて
黒い房々したこの髪の毛で
それを拭いてあげるやうなことができるかたづねるのだ
わたしはちよつとこまつたが
斯《か》う言つた

一人がくるしめばそれでいいのだ
それでみんな救はれるんだと
婦人はわたしの此の言葉によろこばされていそいそと帰つた
婦人は大きなお腹《なか》をしてゐた
それで独り身だといつてゐた
キリストよ
それでよかつたか
何だかおそろしいやうな気がしてならない

土田八九十こと山村暮鳥の詩を、もうひとつ挙げておこう。「雲」という私の好きな詩である。

おうい雲よ
ゆうゆうと
馬鹿にのんきさうぢやないか
どこまでゆくんだ
ずっと磐城平《いはきだいら》の方までゆくんか

さて、当時は石田たまいといった斎藤は、水戸尋常高等小学校を経て、茨城県立水戸高等女学校に進んだ。

このころの斎藤は東京に憧れ、水戸高女を出たら東京の学校へ入ろうと思って、夏休みなどには、兄が住んでいた大森へ居候《いそうろう》に行っていた。

ほとんど休みの間、行ったきりという感じだったが、そのころの輪郭鮮やかな思い出として、次のシーンがある。

制服姿で短いおかっぱの斎藤が、国電大森駅のホームに立っていると、見知らぬ男子学生が近づいてきて、セーラー服の上着に締めた海老茶色のベルトを、しげしげと眺め、

「君、学習院の生徒なの」

と話しかけてきたのである。

色白で、上品なその少年は学習院の制服を着ている。

びっくりした斎藤は、何も答えず、折りよく停まった電車に夢中で飛び乗った。汗がツーと背中を走るような気持だった。

〝宮様〟のような少年がまちがえたのも無理はない。斎藤の締めていた制服のベルトは学習院のそれをそっくり模倣したもので、バックルの金具の紋だけが、徳川家の三葉葵《みつばあおい》になっていたのである。

劣等感を刺激するそんなことはあったけれども、斎藤の、東京へのあこがれは募《つの》った。

そして、その一方で、斎藤は水戸高女二年の時に洗礼を受ける。翌年、按手《あんしゅ》を受け、受洗名をルツと名のった。

このことは父親には告げていない。父親だけでなく、「言ってもしょうがないから」と思い、誰にも言わなかったという。洗礼を受けた時、斎藤は十五歳。

ちなみに、受洗は、洗礼盤というところで、水で十字を切る。信者になった印にである。その次に行うのが按手で、これは司祭（牧師）の上の司教でないと、式をとりおこなえない。だから、何人か、それを希望する者がその教会にそろった時、水戸の場合は東京あたりから司教が来て、按手式（現在は聖誕式という）をやるのだった。

これは、司教がその人の頭の上に手を置いて、「この人は……」とお祈りをしてくれるものである。按手を受けると、初めてミサを受けられる。

ミサとは聖餐《せいさん》式といって、キリストの体を表わすパンと、キリストの血を意味するワインを戴く。すなわち、信仰の表現である。

斎藤が洗礼を受けた昭和初年は、昭和二年に「ぼんやりした不安」を感じて芥川龍之介が自殺したことでわかるように、日本の前途に暗雲が漂い始めた時期だった。

金融恐慌が起こり、軍部は張作霖《ちょうさくりん》爆死事件を起こして、大陸への野望をムキ出しにしていく。

ここで、斎藤が育った時代は、女性にとってどんな時代だったかをふりかえってみよう。

「職業婦人の進出」ということがようやく問題になってきたこの頃、大正十二年に山野千枝子が竣工《しゅんこう》まもない丸ビルに「丸ビル美容院」を開いている。これは、それより五、六年前には考えられないことで、その後、日本女子大出の牛山喜久子、大阪夕陽丘高女出の梅本文子、文化学院出のマヤ・片岡、横浜フェリス女学院出の芝山みよかなどの、いわゆるインテリ女性が続々と美容師になった。

筑摩書房の『日本の百年』第五巻によれば、『婦人公論』の大正十一年三月号の「自由論壇」に、みどりという女性の次のような投書が載っている。

「電話交換手のなかに、ちらりほらり靴を見受けるようになったことをたいへん喜ばしく思います。私はすべての職業婦人に洋服への過程として、まず左の服装をお相談したく思います。

一、袴《はかま》。電車の昇降、歩くときの体裁、帯ばかりでなく着物も経済。帯、帯上げなどを用いないから衛生上もいいこと。下を気にしないで歩けるから姿勢もよくなること。

二、靴。厚い足袋《たび》カバーをはいて下駄を用いるよりも、木綿でも靴下のほうが臑《すね》および腰が冷えません。踵《かかと》まで着物を長く着て下駄でいるよりも、膝ぐらいに着物を短く着て靴をはくほうが暖かです。靴および靴下と、足袋と下駄とでは満一年実験のうえ、前者のほうが経済なことを知りました。歩行に要する時間が下駄と靴とではどのくらいちがうかは、実験者のみが知りうる驚きです。

三、元禄袖《げんろく》にすること。(略)

右三点をあらゆる種類の職業婦人がいっせいに実行されたらば、いろいろの点において非常な利益があろうと思われます。(略)

職業婦人がなるべく無為の貴婦人らしくつくろうとするのは、同性の恥辱です。むしろ、女教師やタイピストは率先して、職業婦人たることを標榜《ひょうぼう》し、改善すべき点は団結してどしどし改善して、社会的地位がもっと低く年も若いほかのあらゆる職業婦人が気兼ねなく、おのおの職業婦人の自覚と矜持《きょうじ》とを十分にもって向上していかれるように、住みやすい、進歩した、親しい、団結した環境を造らなければならないと存じます。女教師がタイピストを軽蔑したり、タイピストが女運転手を冷笑したりすることは、とりもなおさず職業婦人の、すなわち自己の蔑視と冷笑とのほかではありません。木偶《でく》に等しい貴婦人令嬢のまねをするに汲々《きゅうきゅう》としている職業婦人の一部にくらべて、郵便局女事務員や女運転手ははっきりした事務服にも、独立の尊《とう》とさを現わしています。あれが規則によってしいられるのではなしに、自己の意志から出たものであったら、それらはどんなに尊といでしょう。なんといっても第一に必要なのは職業婦人の勇気です」

この投書には、とまどいつつも、「職業婦人」というものをさまざまな面から確立していこうとする意気込みがうかがえる。

これが『婦人公論』に掲載されてから、ちょうど十年後に「職業婦人」となった斎藤は、水戸高女においては、体操が大嫌いで、しばしば体操の時間はトイレに入っていて、それをサボタージュするような生徒だった。

小学校無欠席の優等生だった斎藤にも、こんな一面があったのである。

「女性への視線」にからんで、もう一つ、おもしろい「禁令」を紹介しておこう。これも、当時の「女性の位置」を知る手がかりにはなるかもしれない。

昭和四年、浅草カジノ・フォリーが始まってまもなく、踊り子が舞台でズロースを落としたという噂がひろがった。これは、踊り子がブラジャー代わりに使ったサラシ布が胸から落ちたのが誤って伝えられたのだが、こんなことにも神経をとがらせた警視庁保安課では、早速、次のような八ヵ条の禁令を各レビュー団に通達したという。

一、股下三寸未満、あるいは肉色のズロースを使用するべからず。
二、背部は上体の二分の一以上を露出すべからず。
三、胸部は乳房以下を露出すべからず。
四、片方の脚といえども、股下近くまで肉体を露出せざること。

五、照明にて腰部の着衣を挑発的に照射すべからず。
六、腰部を前後左右に振る所作《しょさ》は厳禁す。
七、客席に向かい脚を上げ、ふとももが継続的に観客に見ゆる所作をなすべからず。
八、『静物』と称し、全身に肉じゅばんを着し、肉体の曲線を連想させる演出は厳禁す。

それから、ほぼ六十年経って——

いまでは、子どもたちまで見るテレビでさえ、この「禁令」を大きくハミ出している。踊り子どころか、素人の女性が股の切れこんだハイレグの水着を着る時代である。

それが「進歩」なのか、「退歩」なのか、私は知らない。しかし、「職業婦人の進出」と「女性の解放」にとって、あるいは不可避の付随現象だったかもしれない。

ともあれ、斎藤はまだまだ女性に対する社会の壁の厚かった時代の空気を吸っていた。

そんな斎藤に、「古くて新しく、新しくて古い」父親は仙台の青葉女学院への進学をすすめる。水戸の教会の宣教師が強くそれをすすめたからである。

3

昭和五年の春のある日、十六歳の石田たまいは父親の孝と共に仙台駅頭に降り立った。水戸から八時間の列車の旅で、かなり疲れてはいたが、まず、これから入る青葉女学院にたどりつかねばと、通りがかった人にその場所を尋ねたら、

「そうだどこ、ちいたこともねえっす」

と言われた。青葉女学院など聞いたこともないというのである。にわかに心細さがつのる。しかし、いまさら引き返すわけにもいかない。とりあえず市電に乗って元柳町という学校のある停留所に降りた。すると、目の前のごく普通の白木の門の家から、か細いながらも澄んだ女性の声で、次の歌が聞こえてきたのである。

色なく香もなき　花にしあれども
この世の嵐に　散るにはいと惜し
蕾《つぼみ》のままにて　キリストに捧ぐ

あとでわかったのだが、青葉女学院の校歌だった。

ナスターチムの花闌《た》けし
寮忘れざり父と別れて涙出しを

のちに石田たまいこと斎藤たまいはこう歌っている。

ナスターチムのオレンジの花が二階のベランダまで這いのぼって、何か異国的なムードがただよう寮、蔦《つた》の生い茂った白木造りのチャペル、そして、オーソドックスな感じのする大きな二階建ての西洋館の入口から薔薇《ばら》のアーチを潜って芝生に出ると、大理石の日時計があった。鎧戸《よろいど》を左右に開放した二階の高窓には麻のカーテンが揺れ、入口のドアのガラス扉には紗《しゃ》の花柄の布が襞《ひだ》よせられていた。

すべてがロマンチックで清潔で、斎藤がそれまで過ごしてきた「日本の共同体的な殺風景さや、不潔さはなく、窓枠のすみずみまで磨かれていた」のである。

外人教師の教養ある挙措《きょそ》、品のよい身だしなみも含めて、何もかもに感心した父親は、「立派、立派」とつぶやいて水戸に帰って行った。

しかし、満で十六、数えで十七の少女にとって、いくらヴェルレーヌ風に感じていたとはいえ、心細い涙を流さざるをえなかっただろう。

寂しさは、この学校の、学校とはいえないくらいの少ない人数からももたらされた。なにしろ、一学年がわずか六人。その前の水戸高女が一クラス六十人ほどだったから、〝落差〟が大きすぎた。そこで二年間、聖公会指導者として、および保育者として厳しい教育を受けるのだが、斎藤と同学年生が六人、上の学年が九人ぐらい。そして、通学生三人を合わせても、二十人に足りなかった。

通学生はキリスト教の他の宗派の人で仙台市内もしくは近郊の家から通って来る。

こうした少人数教育は、一人の先生が教育できるのは三人ぐらいだとする方針に基づいていた。

それではここで、いまは〝幻の〟という冠がつくことになった青葉女学院の歴史をふりかえってみよう。

明治二十三年（一八九〇）十月、東京市麴町区三番町に日本聖公会の婦人伝道師養成を目的とした「伝道女学院」が創設された。青葉女学院の前身である。ミス・サザンが主任で、翌年、築地に移転。二十八年から三十一年まで一時閉鎖されたが、三十一年「女子神学校」として再スタートした。三十五年まで東京市内を転々とし、三十六年三月、宮城県仙台市元鍛冶町に移り、「伝道女学館」と名乗ったのである。四十年には元柳町に校舎を移転し、翌年、ミス・ランソン女執事が校長として赴任した。以後、また何度か移転したが、大正十年に再び広瀬川に近い元柳町におちついた。

「伝道女学院」から「伝道女学館」へ変えていた校名を「青葉女学院」と改称するのは大正二年。この時、伝道科の他に保母養成科を併設し、幼稚園教師の育成を始めるのである。

中断を含みながらの、昭和三十六年までの七十年の歩みをたどった同校の沿革史には、こんな記述も見える。

「明治四十一年四月、東一番町十一番地に米国婦人補助会より二万円余の寄付で千余坪の敷地を購入、校舎、洋館、幼稚園建築、九月落成。同四十二年九月、ランソン学館長帰米のためミス・ニューボルト学館長代理となる（佐高注、このころは、「伝道女学館」という校名だった）。同年学館校内に第一青葉幼稚園、市内元鍛冶町八番地に第二青葉幼稚園を開園した。四十四年二月、ミス・ランソン帰任」

そして大正二年に「青葉女学院」と改称したことは前記したが、昭和八年三月、米国聖公会の経済状態が悪くなり、一年間閉鎖せざるをえなくなったのである。つまり、斎藤が卒業した翌年、学院は一時閉鎖され、九年に保母科だけで再開された。

昭和六年の満州事変を契機に、日本は中国大陸へ侵略の手をのばし、米国との関係も、日に日に険悪になっていくという時代状況の中で、青葉女学院もそれと無縁でいられなかったのだろう。

昭和十六年の太平洋戦争勃発直前、米国より宣教師たちへの帰国命令が出され、同学院も三月に閉校となった。

その後の青葉女学院について、同校沿革史は、こう述べている。

「戦後十数年を経て昭和三十三年五月十日、婦人の働き人養成の目的により、ミス・スペンサー（当時青森在住）は私財を投じて土地を購入、卒業生有志の尽力もあり、仙台市小田原長命坂二十四（現・小松島三丁目一番七十七号）に新校舎建設『聖公会青葉女学院』の名称にて再開となった。シスター・アースラ院長、後にシスター・マリア院長。昭和三十六年三月閉校となる。閉鎖後の昭和四十四年一月、青葉女学院理事会に於いて『青葉静修館』と改称。以来、東北教区を主としてその名称の如く研修、静想の実を挙げる働きがなされてきた」

ちなみに明治四十一年の二万円というものが、現在のどのくらいの金額になるのか。『値段の明治大正昭和風俗史』（朝日文庫）の「動物園入園料」を手がかりに、その〝倍率〟を測ってみよう。

これによると、明治四十年の上野動物園の入園料が大人五銭。それがいまは三百円以上する。とすれば、およそ六千倍である。二万円に掛けると一億二千万円という計算になる。

ゆたかな国・アメリカから貧しき日本へ、聖公会というパイプを通じて、こうした少なからぬ浄財がもたらされていた。

さて、その青葉女学院だが、校歌の作詞者は土井晩翠《ばんすい》である。作曲がアンナエル・ランソン。

斎藤が初めて学院を訪ねた日、父親と共に聞いた歌であり、「献身仕主」と題されたそれの二番以下は次のように続く。

かられてやかるゝあら野のゆりにも
ゆたかにしらつゆそゝがせたまふ主は

しほれぬ花としひらかしめたまはん

ゲセマネのそのにしたゝりしちしほ
べサニのまがきにふれりしなみだを
この根にこの葉に主よそゝぎたまへ

なやめるともへもたをりてつかはし
まづしきこらにもつみとらせたまへ
さゝげしこの花みこゝろのままに

いまの読者には、

広瀬川流れる岸辺
想い出はかえらず

の「青葉城恋唄」のほうが親しいかもしれないが、いうまでもなく作詞者の土井晩翠は旧制二高で教鞭をとった詩人である。

大正四年発行の『青葉女学院要覧』によれば、修業年限は本科三年、選科二年、補習科一年と分かれており、保母科は二年だった。

また、給費生と私費生があり、聖公会で一年以上の受聖餐者と定められている給費生は、卒業後三年以上、ミッションの命によって働く義務があった。私費生の場合、

入学金　二円
月謝及び楽器使用料　二円五十銭
寄宿舎食費及び入場料　六円

を払うのだが、次第に月謝などが高くなったとしても、学院経営は米国聖公会の援助なしではやっていけるものではなかった。

前記の『値段の明治大正昭和風俗史』によれば、大正八年の新橋、神戸間の寝台車料金が五円（下段、上段は三円五十銭）である。

ところで、青葉女学院で斎藤は何を教わったのか。保母科の授業科目を列挙すると――

児童心理学、幼稚園原理、聖書、日曜学校教授法、英語、国文学、説話、音楽、手工、教材研究、衛生、図画、体操、博物、教育史

ある日のプログラムは――

八・〇〇～九・四五　自由製作
九・四五～一〇・〇〇　整頓

一〇・〇〇～一〇・二〇　聖話
一〇・二〇～一〇・三〇　礼拝
一〇・三〇～一一・〇〇　律動
　　　　　　　　　　　庭園散歩
一一・〇〇～一一・三〇　弁当用意
　　　　　　　　　　　弁当
一一・三〇～一二・〇〇　休息
　　　　　　　　　　　お話
　　　　　　　　　　　音楽
一二・〇〇　　　　　　降園

月曜日が学校が休みで、その日は外へ自由に出られる。それで映画を見に行ったり、洗濯したりして過ごした。教会は日曜日はいろいろ行事があって忙しいのである。

月謝免除ということもあって、やはり、牧師の娘が多かった。彼女らには、スカラーシップといって、推薦した教区がお小遣いまでくれる。

「牧師の子供はとてもすれっからしだと思いましたね。だって、そういうものをもらうの当たり前なんですもの。私の上級生には、結婚の時、牧師の親が出せないからと、お嫁入り道具一式、教区から出してもらったという人もいるんですよ」

斎藤はいま、こういうふうにも述懐する。

その他、信者の娘が多く、斎藤のように、親が株屋で派手にやっていたという娘は稀《まれ》だった。何年か上の上級生に似たような境遇の人が一人いたが、その人は八十余歳のいまも華やかにしており、斎藤は、

「その人は、あの学校へ入ってびっくりしたのよと言っていましたが、いまでも頭を紫色に染めて、おしゃれしていますよ」

と笑う。

戒律《かいりつ》もなかなかにきびしいところだったが、おてんばな斎藤は、映画を見に行って門限（午後七時！）を過ぎ、塀を乗り越えて中に入ったり、ひととおり、「悪いこと」はやった。

勉強のほうで大変だったのは音楽で、オルガンのプラクティス（練習）は一日四時間では足りず、六時間ぐらいはどうしても習うようにシステムづけられていた。

各教室のオルガンやピアノのところに、何時から何時までは誰、その次は誰と紙に書いて貼ってある。だから、逃げると、オルガンは空くことになり、誰がさぼったのか、すぐにわかってしまうのだった。

それで、オルガンのところへ本を持って行き、先生が来たら、読んでいた本を隠す、といった悪知恵を働かせていた。

そのころ、斎藤が二度も見た映画に『制服の処女』がある。昭和六年にドイツでつくられたこの名画は、記録的なヒット作となり、いまも、オールド映画ファンの胸に鮮明な映像を結んでいると思うが、とりわけ斎藤には自分たちのこと、いや、自分のことを描いているように感じられた。

日本には「ポツダム宣言」で知られるドイツのポツダムに、ある女子寄宿学校があった。プロイセン的絶

対主義の中心地であり、フリードリッヒ大王の有名なサンスーシ宮があるポツダム。そこにあるこの学校は、近くの兵営から聞こえてくるラッパの音によって、女子の兵営であることが暗示される。髪を引っつめに結い、勲章をぶらさげて、いつも右手に恐ろしげな杖をついて歩く中年女の院長は、発育盛りの寄宿生たちが食事の量が足りないと言うと、

「規律と空腹、空腹と規律、それによってわれわれは再起するのです！」

と、一言の下にそれを却下《きゃっか》した。

学院のそうした冷たい雰囲気に新しく入ってきた少女マヌエラはどうしても馴染《なじ》むことができず、小さな胸を痛める。そんな彼女をあたたかく見守っていたのが若い教師、ベルンブルクだった。

彼女は、少女たちをもっと自由に伸ばしてやるべきだと主張して院長と対立し、怒らせる。

そうした中で、記念祭の演劇が行われ、『ドン・カルロス』の男役を演じたマヌエラは全校の娘たちを感動させ、その興奮に酔って彼女はベルンブルク先生への思慕を口走ってしまった。理事会長の伯爵夫人も来ていたので騒ぎは大きくなり、院長はマヌエラを監禁する。おそらく、同性愛とでもされたのだろう。マヌエラはすべてに絶望して飛び降り自殺しようとするが、その時、遂に立ち上がった全校生徒が院長に向かって怒りを爆発させ、学院に自由がもたらされた。

この作品について、岩崎昶《あきら》は『ヒトラーと映画』（朝日新聞社）の中で、こう書いている。

『制服の処女』はクリスタ・ウィンスローの『昨日と今日』という舞台劇によっている。優秀老練の監督カール・フレーリヒの指導のせいであろう、レオンティーネ・ザーガンというまったくの新人の処女演出がかえって効果をあげた。女性の手になる原作、そして女性監督による演出でなければ、この女性映画を、し

かもいちばんむつかしい時期の思春期の少女たちのこまやかな心理をこのようにみずみずしく描き出すことは不可能だったかもしれない。マヌエラに扮したヘルタ・ティーレ、ベルンブルクのドロテア・ウィーク、それぞれ稚《おさ》ない純潔さと冷たいほどの美と理性とを演技して、女性ファンのアイドルとなったこと、まだまったく過去のページに忘れ去られてはいない。

『制服の処女』は、ゴワゴワした木綿の制服に包まれた、健康な青春に息づく少女たちの自由と生命へのあこがれを写し出すことによって、この制服——ユニフォーミティー——をしゃにむに強制するプロイセン的教育の画一性と封建性を断罪するのが明らかな目的であった。その目的は、映画そのもののあまりの大衆的ヒットによって若干うすめられたようでもあるが、目ざとい目にはけっして見失われてはいない」

断るまでもなく、青葉女学院の教師たちが『制服の処女』の院長のようだったわけではない。ただ、マヌエラと同じ年頃の斎藤にとっては、小さな束縛をもヒロインの受けている束縛に極大化して感じてみたい思いがあった。そのためには、この映画は恰好の映画だったのである。

昼、斎藤たちを厳しく教えていた青葉女学院の教師たちは、夜、飲んで騒ぐパーティをやっていた。それは毎週開かれ、仙台市内に住む外人たちが集まって来る。男女入りみだれて踊ったりする姿を見て、斎藤は最初、泥棒ごっこをやっているのかと思った。

日本人の感覚では、そういう宗教の学校は謹厳実直を絵に描いたような所と見るかもしれないが、結構たのしくやっているのである。外人の先生が胸もあらわなドレスを着、ネックレスをつけて、大胆なステップを踏む。日本は大分遅れている、と斎藤は思った。向こうは「聖」と「俗」をはっきり分けている、と思ったのだ。

しかし、先生たちは楽しくそうしたことをやっていても、生徒の斎藤たちは男子禁制。

「お風呂番の爺やや、庭番のおじいさんぐらいしかいなくて、いやになっちゃうわね」

斎藤たちは、いつもこうこぼしていた。

ただ、当時の仙台には、教会は一つだけれども幼稚園が三つあり、日曜日にそこで実習するために出かけるのは楽しみだった。あるいは、礼拝の時に先生の眼を盗んで、祈っている東北大学の学生たちを見て、胸をときめかせたりしていた。

前記のパーティに手伝いに駆り出されることもあった。そのころ流行《はや》った矢羽の長たもとの着物を着て行く。そして、お盆にお酒などをのせて持って行くのだが、外人に「サンキュー」と言われて、いい気分になったりもした。

ともかく規則ずくめの学院生活に不満はあったけれども、外人に接して、日本の学校ではとても知りえない新しいことを知ることができたのである。

また、毎日、夕方になると、教師が生徒を散歩に連れ出す。男の宣教師も女の宣教師も絵になる黒い服を着て歩き、ついて行く斎藤たちも、得意の気分を抱いた。食事も五目寿司とか茶碗蒸しとか、なかなかにすてきなものが出たのである。

このころ、外人宣教師たちがどんな苦労をしたか、また、彼または彼女らがどんなものを食べていたかについて、副島《そえじま》ハマの本の中から、「草鞋《わらじ》ばきであかぎれ切らして、当時道のない阿蘇を伝道して歩き、次々と幼稚園をつくられたフリース先生」のことを語った家入正子の話を引こう。

英国貴族の、とりわけ信仰厚い両親に育てられたミス・フリースはケンブリッジ大学を卒業し、体調をくずして静養した後、強く伝道を望んで日本にやって来た。最初は「一番文化の低い神様を知らないアフリカ」へ行きたいと言ったのだが、「せめて、日本くらいにするように」と言われ、明治三十二年、五十日もの長い船旅を経て、長崎へ着いたのだった。

「当時の牧師中野次八郎先生の許で日本語を勉強されましたが、英語のわからない日本人、日本語のわからない英国人のお二人（中野とフリース）大変なご苦心だった様です。中野先生は、『鼻』をお教えになるのに新聞紙を破って穴を開けて、自分の鼻を突き出して教えられたとの笑い話をお聞きしました。ようやく日本語も少し出来るようになって熊本市の任地へ来られ、市を中心に各郡部の開拓伝道に従事されました。その頃から阿蘇方面にも度々いらしたようでございます。

二十四歳のうら若い身で、民族も違い、風習も言葉もまるでわからない東洋の地に来られ、さぞかしお心細かった事かと思いますが、ただただ神様への信頼と伝道への情熱、恵みとお導きを信じて、未開の地へ迫害も覚悟で伝道に心魂を傾けられた事は、私共幼い頃からお側に居ります者には驚嘆するばかりでございました」

キリスト教の清流ともいうべきものを、ミス・フリースは汲《く》んでいたのであろう。

四、五歳の頃、初めて「フリース先生」を見て、「ボンネットの帽子の下に金髪で、真白いお顔、今迄見たこともない青い目」に驚いて気絶してしまったという家入は、また、フリースのユーモラスな面についても語る。

「先生は誠に容姿端麗《たんれい》、お写真にも見られますようにいかにも英国貴婦人そのままのお顔つきでした。お育ちの良さは見るからに気品があり、お行儀よく折目正しくきびしい方でした。私どもはいい加減なことをしてよく叱られました。

それでも時々くすくす思い出し笑いをしますことは、部屋でお座布団や一寸足元に邪魔になるもの等あれば、足の先でポンとはね除けられる仕草でございます。私どもがその様なことをすればはしたないと直ぐたしなめられるところでございますが、先生はすましたもの、習慣の違いはかえってほほえましく可愛らしくも感じました。

日常のご生活は簡素と申しますより、お粗末でございました。麦のご飯にお味噌汁、ホーレン草のおひたし、季節の野菜が多く、トーキビをお餅に入れてついたトーキビ餅がお好きで、休暇でロンドンにお帰りになる時は必ず母が梅干しと一緒にご用意したものです。

その頃、先生のお宅にはやはりバタ臭い珍しい物も沢山ございました。乾燥した果物などよく頂きましたが、仲々食べられませんでした。トマトなども一口頂いてペッペッと吐きだしたことも覚えております。出来るだけ、御自分の生活は切りつめて、貧しい人、病人、気の毒な人へのお心遣いに、お使いになっておられたようでした」

日曜の礼拝を中心とした日曜学校、婦人会、英会話を習いたいという人たちの勉強会、家庭集会、病者訪問と、倒れないのが不思議なくらいの努力をミス・フリースはした。

「それでも、いつもニコニコといやなお顔や不平をいわれたことなど見たこともお聞きしたこともございません」

こう、家入が述懐するごとく、忍耐に次ぐ忍耐の伝道だった。農村の婦人たちへの働きかけにも熱心で、クッキーのつくり方やカステラの焼き方を教えたりもしていた。彼女たちの栄養ということも考えての指導助言だったのだろう。

青葉女学院院長のミス・ランソンも同じような信仰のひとだったと思われるが、昭和十五年、日本の「戦争信奉者達」は、軽井沢の会議に出席していたミス・フリースの留守宅と教会を襲撃し、フリースはそのまま帰国せざるをえなくなった。家入が痛恨の思いをこめて書いているように「先生は遂に愛する阿蘇の土も踏まず、親類同様に語り合った人々とも会えず、先生を心からお慕いしていた人々ともお別れの言葉さえ聞かれずに去らなければ」ならなかったのである。

その時、フリースは日本の着物がほしいと言って来て、家入は数人の友人と一緒にすぐにそれを仕立て、ひそかに会って、それを着せた。

「お着せしながらこれでお別れかと思いますとこみ上げてくる涙をどうすることもできず、いつも黙って励まして祈って下さった事、家庭的な先生とのつながり、さまざまな思いが頭の中を去来して、もう再びお会いすることもないであろう長いお別れの時を思い、いい知れない気持ちでございました」

その時、フリースは六十七歳。かつての金髪は白髪に変わっていた。

4

アナトール・フランスに「聖母の軽業師《かるわざし》」という短篇がある。それはこんな話である。

修道院に入った人たちは、聖書をひもといたり、薬草園の世話をしたり、あるいは、椅子やテーブルをつくったりと、いろいろなことをする。

しかし、軽業師出身のその男は、何をして聖母マリアに仕えたらいいのかわからず、散々、思案したすえに、それしかない軽業の芸を披露することを決意する。

そして、毎晩、夜更けてから、こっそりと小礼拝室の聖母像の前へ行き、得意のとんぼ返りをしたり、身体を横にして両足で球遊びの曲芸をやったりした。

ところが、修道院長が毎夜のこの男の行動に不審を抱き、彼の後をつけて小礼拝室をのぞく。

すると、一生懸命、軽業を演じている。気でも狂ったのかと思い、扉を開けて中に入ろうとして、ハッと身をすくめ、その場にひれ伏した。

なんと、聖母が台座から降りてきて、軽業師の額の汗をぬぐいたもうたのである。

いわゆる中世の奇跡物語の一つだが、これを読んだとき、私はそれまで遠くにあったキリスト教や神が非常に身近に感じられた。

「なかなかいいじゃないか」と思ったのである。

それでは、父、石田孝がその日記に、「四女たまい、青葉女学院に於て、アメリカ人宣教師の薫陶を受け、キリスト教精神浸透し成長顕著なるも、個人主義的傾向強し」

と書いた青葉女学院の生活をいま少し追想してみよう。

同女学院は入学希望者の資格として、まず聖公会の信徒であることを条件とした。それに、当人が所属する教区主教によって推薦されることなどが必要で、信仰身分の確認のきびしいことは現在の聖公会の神学校とかわらない。

また、全寮制であることが、現在のキリスト教主義の保育学校とは違っている。

前記したように、保育科も伝道科も十名に生徒は満たないのに、教師たちは多かった。院長、チャプレン

（宗教指導者）、そのほか宣教師を兼ねた外人教師たち、それに日本人教師、外人教師に付いている秘書から、学課外の生花、お茶の先生、幼稚園実習指導者の助手まで、名前を覚えるのに苦労するほどだったのである。朝、昼、夕と一日三回、生徒たちによってキリストの人生を告げる三十三の鐘が鳴らされる。それを合図にチャペルに集まり、静粛《せいしゅく》な礼拝が捧げられた。

粗末な白木の家なのに、床は顔が映るほどに磨きぬかれ、十字架やその他の銀の器は荘厳に光って彼女たちを敬虔《けいけん》な祈りに導いた。

時に院長のミス・ランソンがデアコネスの服の上に黒縮緬《くろちりめん》の紋付羽織を着て、えも言われぬムードをつくりだす。

礼拝が終ると外人教師はズラリと廊下に並んで、出てくる生徒一人一人に、

「グットモーニング」

「グットイーブニング」

とにこやかに挨拶し、握手をしてくれた。

日曜日はみんなで仙台市の聖公会の教会までいき、食前の早朝聖餐にあずかる。その日は、そのまま市内三ヵ所の実習幼稚園に分かれ、それぞれの地域の児童を集めて日曜学校を開く。

たまいが行った第三分園は仙台の下町地域にあり、やんちゃな子どもたちに伝道しながら、たまいは白地の布にクレヨンで絵を描いていくような創作活動にも似た宣教の喜びと、また、一方では畏《おそ》れも感じた。

寮はもちろん男子禁制で、そのため、淡いものだが、同性愛らしきものもあった。

それよりも、たまいたちがとまどったのは、外人教師がスキンシップで触れてくることである。そうした

ことに馴れていない彼女たちは、瞬間的に血がのぼり、真っ赤になるのが常だった。外人教師の方は平気なのだが、年少者で細身だったたまいは、体臭の強い外人の腕で強く抱きしめられることに罪の意識さえ感じたものである。

こうしたカルチャー・ショックは現在でもある。アメリカ人男性と結婚した日本女性が、初めてその姑《しゅうとめ》を迎えたとき、すてきなおみやげをもらったので、ていねいにお礼を言ったら、

「ま、私の日本のお嫁さんは、どうしてキスをしてくれないの」

といったとか。

喜びを身体で現わして抱きついてキスをしてくれると思っていたその姑は、あまり嬉しくないのかと、ガッカリしたらしいのである。

オーストラリアでもパーティなどで親しい人と会ったらキスの挨拶をかわすというが、これには日本女性はなかなか馴れることができず、二十年以上住んでいても、絶対にキスはしないで握手だけにしているひともいる。

親がそうだから、子どももちろんそうで、日本人の商社マン夫婦のところにベビーシッターに来ていたあるおばあさんは、彼女がおやすみのキスをしようとすると、その家の娘が逃げまわるので、

「私はなにか嫌われることをお嬢ちゃんにしたのでしょうか？」

と心配そうに商社マン夫人に尋ねたという。

「私は日本人なんだ！　キスなんかいやだよ」

といって、その子は逃げまわっていたのだが、笑いをかみころしながら、夫人はこう説明した。

「日本ではキスをする習慣がないから、びっくりしたのでしょう」

すると、そのおばあさんは、

「それではどうやって愛情を表現するのですか？　私の孫たちが私にキスをしてくれなかったら、どんなに悲しいことか」

と、さらに悲しそうな顔をした。

「日本人はね、キスなんかしなくても、無言のしぐさで愛情を感じとることができるのですよ」という夫人の言葉は、やはり、そのおばあさんを納得させることはできなかっただろう。

文化は簡単にはのりこえられるものではない。しかし、また、異文化とぶつかってショックを受けることに、ある種のおもしろさもあるのである。

青葉女学院の話にもどれば、とまどっていたのはたまいたち生徒ばかりではなかった。日本語の下手な外人教師など、生徒とうまく意思を通じ合うことができず、ために、遠ざけられた生徒もいる。反対に、牧師の親子によく見受けられたが、親子で外人に取り入って、物心両面でその恩恵に浴している人たちもいた。

当時、一般の人は外人に接触することなどあまりなかったので、ある種のエリート意識を発現させていたのかもしれない。

ところで、院長のミス・ランソンはデアコネスの肩書を持つ熱烈な信仰者で、その祈禱《きとう》の姿は、あたかも「受胎告知」の聖画の中のマリアをほうふつとさせた。オルガンの演奏中はキイを自在に出し入れして両手を動かす。そして澄んだ蒼い瞳は遥かなる一点を凝視し、まさに仰慕天国の図そのものだった。

生徒の中には、このランソン先生の写真を机の上に飾って敬慕している者もいたが、たまいは敬遠組に入っていた。静脈の浮き出た神経質そうな顔立ちが何か恐ろしく、近寄り難かったのである。

ただ、夕暮れの散歩に引率されて行くときは別だった。黒の編み上げ靴に黒のロングケープを引き廻し、これも黒のシルクのベールをさっそうとなびかせるランソン先生は誇らしかった。青磁《せいじ》のような顔が戸外の空気に引き締まり、青く澄んだ両の眼は、絶対に目線より下がることはなかった。

仲良く肩を並べて歩く神父は、黒の厚手の上に白いラウンドカラー。同じく黒のチョッキの胸ポケットに軽く両手の親指を差し込んでいる。真っ白いあごひげを斜めに構えたその風貌はまさに絵になるもので、体格の貧しい日本人ではさまにならないなと思ったものである。

その二人の後ろから、紺の袴をつけ、フェルト草履《ぞうり》をはき、白い絹糸の先に純金の十字架をつるしたネックレスを和服の衿もとにしのばせた伝道科の生徒達がしゃなりしゃなりとついていく。一方保育科のたまいたちは紫や海老茶の袴《えり》に靴をはいて思い思いに歩いていた。和服の袖は外人の好みから長めで、大体一尺八寸ほどだった。

寮の一日は朝五時半の起床から夜十時の消灯まで、ほとんど自由時間というものはない。

夕拝、夕食後も楽器のレッスンが割り当てられており、少なくとも一日四時間はオルガンかピアノに向かっていなければならなかったのである。

消灯前の一時間は静想の時間だったが、まともに自主的静想などやれるはずもなかった。たまいも眠り込んで消灯を忘れ、舎監《しゃかん》に叱られたこともある。

二人部屋の友人と〝共謀〟して、こっそりオートミールを煮て食べたり、仙台名物のくるみせんべいをかじったり、とんだ〝静想〟がほとんどだった。

そうした時、突然、ランソン院長に帰国命令が下り、ミス・ニューボルトが院長代理となる。このミスはアメリカ人特有の解放的な考えから、寮に舎監を置くことをやめ、生徒たちの自主的な管理に任せることにした。

そして、消灯前の静想時間に廊下を通りかかったこの院長代理は、自分から生徒の部屋へ入り、一緒に焼いた餅を食べながら、自分達も、かつて、ホットドッグをこっそり食べたなどと打ち明けたのである。

こうした自由の空気はたちまちのうちに寮のカラーを変え、神秘的なベールは脱ぎ捨てられた。

そんな時に、真夜中の泥棒事件が起こる。階下に泥棒が入っているらしいという情報が部屋から部屋へ伝えられ、ある生徒は泣きだしてしまった。

たまいは、かつては憎たらしいと思った大女の舎監がこんな時にはいてくれたら、と考えたりしたものである。

また、年ごろの娘たちの集団心理は複雑で、盗むもののもない男子禁制の寮へ入り込んだ泥公を恐る恐るでも見てみたいと思った。

それまでのフラストレーションが一度に爆発したのかも知れないが、なんと、そのとき、廊下の一角に寝巻姿で固まった生徒たちは、赤い聖歌集を開き、暗い光の下で、声を合わせて歌い始めたのである。

いつくしみふかき　ともなるエスは
つみとがうれひを　とりさりたまふ
こころのなげきを　つつまずのべて

などかはおろさぬ　おへるおもにを

あたかもその泥公に聞かせるように、美しいコーラスが深夜に響く。

あるいは、トイレに行こうとした者の、錯覚だったのかもしれない。それとも、聖歌に驚いて逃げてしまったのか、泥棒はその影を消した。

たまいにとっては、忘れられない〝事件〟である。

多感な思春期に女子だけの寮生活を送っているたまいたちにとって、大いなる関心事はやはり男性である。

そのころ、仙台市の聖公会教会に東北教区の主教がいた。ハンサムな容貌と張りのあるバリトンの声、それに立派な体格で主教は信徒たちを魅了したが、たまいたちにとっては偉すぎる外人主教より、秘書としてついてくる青年が注目の的だった。

しかし、自分たちとは育ちも住む世界も違う人と思い、ただ、その洗練された姿を眺めるだけだったのに、後日、その青年と友人の姉さんが結婚したことを知って驚いた。その姉さんの、えらの張った丸い顔を思い出して、不思議な気がしたのである。

泥棒事件とともに、あるいは、それ以上に忘れられないのは、次の「大事件」。

たまいが一年生の時、ある上級生がカゼをひいて寝込んでしまった。授業に実習にと、寮生はみんな出払って、彼女一人が部屋に寝ている。そこに院長代理がやって来て、病人に湿布《しっぷ》をした方がいいと思い、胸もとをひろげて手当てをしていたらしい。それを、偶然忘れものを取りに来た生徒が見て、「大変、大変」となってしまった。

「院長代理が胸にキッスをしていたのよ」という噂はたちまち、寮中に広まり、そうされて、その上級生は喜び、鼻にかかった声を出して甘えていたということになった。

〝女の園〟のしょうのないエスカレーションである。

その上級生は年齢的にも二十三歳の成熟した女性で、雪国育ちの色白な胸は豊かに盛り上がっていた。

一方、院長代理は、ユダヤ系の理知的な容貌で、近視特有のギョロリとした眼をし、小気味よいほどまわる頭脳は、しばしば論争で男性をも負かした。土地っ子でなければしゃべれない津軽弁を自在に操り、ユーモアもあって生徒の人気も高かったのである。

しかし、あまり男性から好かれるタイプではなく、遠い異国の、辺ぴな女学院での宣教の生活が女性として満たされた日々であったとは思えない。

そうした院長代理のやるせなさなどにはお構いなく、噂はさまざまな妄想を呼んでいく中、その上級生のカゼはなかなか治らず、人格者と折り紙のついた老校医と、院長代理は何度もその部屋を訪れた。

そしてある日、誰かが教室の黒板に、次のでたらめな漢詩を書くことになる。

キッス求メテ独リ病ノ床ニ伏ス
秋雨蕭々《しょうしょう》ナレド豈淋シキ事有也

これを前にみんなが騒然としていると、アメリカから赴任してきたばかりの体の大きなヤンキー娘が姿を現した。

笑顔で愛敬を振りまく彼女は、自分は今日の試験の立会人であるといい、質問にはノーコメントと、英語と日本語のチャンポンにジェスチャーをまじえて説明し、ためらいもなく、黒板の〝漢詩〟を消してしまった。

小さな学校なのだから、噂を知らなかったはずがない。しかし、ノータッチに如かずと思ったのだろう。

そのころ、寮生の間で、さらし木綿を胸に巻き、胸の形をととのえることが流行り始めた。

当時の娘たちがあこがれた竹久夢二がえがく女も、蕗谷虹児《ふきやこうじ》の描く女学生も、みんな形よく見えたのである。

はたちを過ぎて、固いつぼみのようだった胸もふくらみ、乳房がわけもなく揺れだしてくる。それらはしかし、同じ女性の眼からみると、いささかならず醜悪に、知性とは反比例するもののように思われた。もちろん、ブラジャーやランジェリーもまだ市販されてはいない。

それで、鏡の前に立ち、さらし布を巻いて、ふたたび、それを解く。するりとそれを解く時には、薄紅をさした乳首が恥ずかしそうにこぼれた。いまと違って、当時の娘の色気とはそんなものだった。

しかし、やはり、次第にたまいたちも大胆になっていく。

暑い夏の日には、汗ばんだ袴や衣類を吊して風を通しながら雑談に花を咲かせるのだが、休日のゆったりした気分のためか、冷たい畳に寝そべっているうち、邪魔になる肌じゅばんも脱ぎ捨てて上半身裸になり、素肌を冷やっとした畳に触れさせて、ある種の快感をおぼえていた。それは、無意識の性の芽生えだったのかもしれない。

たまいたち保育科の生徒は子供っぽいものが多かったが、伝道科の生徒たちには、一度社会人となって結婚したものや、妊娠の経験を持つものもいた。

彼女たちはなんらかの理由で離婚し、それがきっかけで伝道に志したはずなのに、未経験のたまいたちをからかうのが楽しいのか、得意になってセックスの話を披瀝《ひれき》していたのである。

それは、アンタッチャブルのひめごととされていた時代だっただけに、なおさら興味深く、初夜の話などはそれぞれ違っていて、固唾《かたず》をのむ思いだった。何か、犯罪的な感じさえしたのである。

ある日、例によって半裸の姿で放談していると不意に女性教師が現れた。

たまいたちが大あわてで、両手で胸を隠したり、部屋の隅へ行ったりすると、その教師は少しも騒がず、

「ノウ、ノウ、ワタシオンナ、アナタオンナ、オンナトオンナ、カマイマセン」

と舌たらずの日本語で言って、静かにそこから離れて行った。

こんな「聖」と「俗」の両面の生活を送っていたのだが、学校は厳しかった。

まず、入学しても、一学期は仮入学で、その期間中のあらゆる資格審査に合格しなければ正式に入学は許可されない。成績だけでなく、信仰等も問われるのである。

一年下で同室だったまじめな生徒がこれに合格せず、さびしく去って行ったのは忘れられない。その日、野暮ったい海老茶色の袴をはいた妹を迎えにきた実直そうな兄は紺がすりの着物を着ていた。

わずか数ヵ月だが、同じ部屋で昨日まで起居をともにした「妹」が今日ここを出て行く。取り残された思いがして、たまいはたまらなかった。私の故郷、水戸ははるか遠い。ここは僻遠《へきえん》の東北である。

やはり東北出身者が多く、なまりの強い言葉がゆきかった。休暇明けに持って来るおみやげも、みりん干し、かりん、胡麻《ごま》せんべい、凍餅《しみもち》など、この地の初めて口にするものばかり。あの白い餅がどうして凍って

凍餅となるのか、たまいにはとても不思議だった。

そんな中に、ただ一人、同じ水戸市出身のTがいた。県立水戸高女で先輩だったTの家は裕福な医者だったが、両親の死後、全てが失われ、ただ、残された少なからぬもので青葉女学院に入っていた。

当時では珍しい金の小型の腕時計をはめ、品の良い服装で、育ちの良さが感じられた。おとなしい美人のこの人と、たまいは同郷のよしみで同室になったこともある。

しかし、このTが静かなフィーリングからは想像できない「大胆なこと」を、たまいに教えた。

まず、ある時、貸してくれた本。それはクリーム色の表紙で、外国の艶笑本だった。好奇心で一気に読み終えた後、たまいはまじまじとTの顔を眺めずにはいられなかった。

人は見かけによらぬもの。このTが、電柱によじ登って電球を抜き取り、それを売った事があるという。

その他、実習の際に、園児用のビスケットをごまかして失敬して来ることも教えられた。

それくらいなら自分にもできると、ある日、たまいは両袂《たもと》にビスケットを忍ばせたが、それを忘れてピアノのレッスンに行き、子犬に吠えられるというドジなこともした。

Tは私費生だったので、給費生のたまいと違って、卒業後、義務的に勤めることもなく、東京にでて、気ままな生活をしたという。

そこで何があったのかはわからないが、東京を離れ、北陸の方でバー勤めをしていたところを、知り合いの神父に救われた。

「その時は新しい肌じゅばんもなかったのよ」

と、後にたまいは聞かされる。

いわば、無菌状態で信仰の生活を送るために、世間の汚濁《おだく》にまみれやすいのか、〝転落の詩集〟を歌う人も少なくない。

Tはその後、立ち直り、当時は誰もかえりみなかったハンセン氏病患者たちの産んだ子供を隔離し教育する未感染児童寮の寮母となり、そして結婚したという。

心やさしきがゆえに、そうした遍歴をたどったのだろうと、たまいは親愛の念を禁じえないのである。

「あの人がねえ」と首をかしげさせる例としては、堅い一方だったKの話もある。Kは赴任地の狭い町の銭湯で、妊娠していることが分かってしまい、いわゆる〝未婚の母〟の父親は誰かをめぐって、牧師同士がにらみあう事態を招いたのだった。

こうした振り子のような極限から極限への揺れについて、たまいは、「青葉女学院回想記」に、こう書いている。

「私たち平凡な少女達がにわかに西欧風なキリスト教育を受けても、封建的な日本風土の中で培われた中身まで変えることは容易な業ではない。

その信仰がキリスト教ゆえに、私自身も家庭の環境から異端視され、相当の苦しみであった。戦後の社会では、問題化されないような事である」

たまいの父、石田孝が日記に書いたように、「個人主義的傾向強し」のキリスト教教育を受けるがゆえに、より尖鋭に日本の封建的な精神風土とぶつかり、その落差、断絶に耐えられなくなった者が、転落の坂を駈け下りるということだろうか。

ともあれ、「牧師夫人になるべからず」という寮生のタブーを破って、なぜ、たまいが牧師夫人となったか、それを語るまでには、いま少しの時間が必要である。

5

石田たまいが仙台の青葉女学院に入っていた昭和五年から七年までは、満州事変をきっかけに日本が長い十五年戦争に入ってゆく、まさに暗い時代の始まりの時だった。

昭和七年春、青葉女学院を出たたまいは、こうした現実の中へ踏み出して行く。

とりあえず水戸に帰っていたたまいのところに、青葉女学院卒を聞きつけて、福島の牧師が訪ねて来た。Tというその牧師は新しい宗派のクリスチャン・チャーチの牧師で、昭和幼稚園をつくったのだが、先生として来てほしいとのことだった。

端正な風貌で静かにそう話すT牧師に、娘を手ばなし難くなっていた父も納得し、たまいは福島に行くことになった。幼稚園は教会附属のものだったが、外人宣教師が外国からの援助金で建てたその教会は、実に瀟洒《しょうしゃ》な建物で、幼稚園も各園児用のロッカーが並び、牧師館も含めて、聖公会とはだいぶ豊かさが違うな、と思わされた。

ただ、新教特有の、いささか押しつけがましい雰囲気にも悩まされた。

赴任すべく、福島駅に降りた早々、それを実感させられる。たまいが来るというので、牧師の長男の旧制中学生が迎えに出ていたのだが、彼は十字架のついた提灯《ちょうちん》を高く掲げて立っている。たまいはその提灯がいやで、彼を無視して先に教会に行ってしまった。

信仰のあり方の相違に、二十歳の娘の潔癖さが加わってのことであろうか。その時のことを、たまいはこう追想する。

「つまり、ローチャーチと言ってはおかしいけれども、新教の考えは、すぐ十字架のついた提灯を持って、信ずる者は式になってしまうんです。私は、そういうのが大嫌いなんですよ。聖公会はハイチャーチといって、カトリックほどではないけれども、やっぱり新教とは違うんです。新教のほうは自由祈禱でしょう。聖公会は祈禱所でお祈りするんです。

私は、どこでもやる自由祈禱は大嫌いで、その時、駅頭で、いきなりアーメンなんてやられたらいやだ、と思った。だから、知らん顔をして通り過ぎたんです。牧師夫人、つまり迎えに出た息子の母親は、提灯を持っていたのにそれが目に入らないなんて、と言っていたけれども、それがあるから、そばに行かなかったんですね」

着任早々、なじめないものを感じさせられたたまいは、牧師夫人にさらに違和感をおぼえる。

たまいがみやげに持って行った梅ようかんを居合わせた信徒たちに配りながら、T夫人はなんと、

「皆様、石田マタイ先生を御紹介します。マタイとはキリスト様のお弟子のお名前と同じですよ」

と言ったのである。

たまいの背を悪寒《おかん》が走った。以来、タマイはたまいと平仮名で自分の名前を書くようになったのだが、

「ああ、いやだ。とんだ所へ来てしまった」と思うまもなく、

「さあ、新しい先生をお迎えしてお祈りしましょう」

と、いきなり、お祈りが始まった。

信仰とは、あくまでも個人の内面の問題であり、他に誇示すべきものではあるまい。

つねづね、そう考えている私にとって、斎藤の追懐には強く頷けた。太宰治《だざいおさむ》風に言えば、「いいことは恥ずかしがってやらなければならない」ということになろうか。

斎藤はいま、かなり烈《はげ》しい口調で、自由祈禱を難ずる。

「中には自分が憎らしく思う人のことをお祈りの中に織り込んだりする人もいるんですよ。誰々さんの曲がった心をお直しくださいなんて。もちろん、全部がそうではないですけれども、そんなバカなことってないでしょう。まず、自分の心を直せばいいと思うんです。

キリスト教はなぜ一緒にならないんだと言われますが、やはり、人間には好みというか、嗜好《しこう》があるんですね」

この率直さと熱さが、斎藤の魅力であり、それが吸引力のある歌となって放射される。その激しさは当然、神にも向かったはずだが、信仰をもたない私には、ただ迷いを吐露《とろ》した歌に惹かれるとしか言えない。求めつつ迷い、迷いつつ求めたがゆえに、何の屈託もなく、その信仰を他に伝えようとする新教の自由祈禱に斎藤は「違う」と大きく声をあげずにはいられないのかもしれない。

くどき程神在《いま》す事を教えつつ
花あるカード児らに配りぬ
信ずるは苦しみなりと説く君に
従うもわが運命《さだめ》と思う

後年の斎藤の歌である。

ともあれ、まだ斎藤姓となっていなかったたまいは、福島の幼稚園で勤務し始める。

前記の牧師夫人は、事毎に「信仰々々」「感謝々々」と口に出して、たまいをやりきれなくさせた。彼女を連れて園児の家庭を訪問する時も、座敷に通されると、すぐに、持って行った救世軍の山室軍平夫人の伝記を読み始め、たまいだけでなく、その家の人をも辟易《へきえき》させるのが常だった。重い相馬《そうま》なまりで語るのだが、山室夫人が納豆を売って歩いた場面になると、一段と熱が入り、おとものたまいは居たたまれない気持ちにさせられた。

T夫人はよほど、山室軍平や救世軍に心酔していたらしく、ある日、たまいは鐘紡（当時、現カネボウ）の製糸工場で行われた山室民子女史の講演会に連れて行かれた。

そのクラシックなフード姿の服装はある種の魅力があり、静かな中にも熱のこもった話ぶりには、さすがだなあと感じ入ったおぼえがある。

しかし、何事も信仰に結びつける新教のゆとりのなさにはついていけないという思いがふくらんでいった。また、たまいの助手として、たまいより年上のいわゆる出戻りの女性がいたのだが、この二十三歳の女性が何と、牧師と関係ができていたのである。

たまいのめったに昇ったことのない教会の塔の部屋で、肉体関係を続けていたと、たまいは告白された。週報などを印刷する謄写版《とうしゃばん》がおいてあるその薄暗い部屋で、牧師と彼女は関係していたのだった。

T牧師はいい人だったけれども、ある時、たまいは、家事見習いの女性と共に寝ていて、Tから、「二人の寝相が悪いから、夜中に僕が布団を掛け直してあげましたよ」

と言われ、ゾーッとしたことがある。

聖職の仮面をかぶって許せないという感じで、たまいはもう、どこか別の所へ行きたいと思っていた。ちょうどそこへ、青葉女学院のランソン先生から手紙が来て、あなたは聖公会の信者なのだから、秋田の聖公会の幼稚園に行って下さい、と言われ、渡りに船と、昭和幼稚園をやめることにしたのである。

T牧師夫妻はたまいを大切にしてくれたけれども、アメリカの大学を出て教養もあるTについては「人間ってやっぱり弱いんだなあ」ということを教えられた。どれだけ修養しても、そうした過ちをおかすのであり、逆に、だから信仰というものが必要なのかもしれない。

のちの斎藤たまいが仙台、福島、そして秋田と、東北の地を歩きまわっていた頃、聖公会では聖路加国際病院の建設という大プロジェクトが進行していた。

それに大車輪の活躍をしたのがポール・ラッシュである。ここに山梨日日新聞社編の『清里の父　ポール・ラッシュ伝』（ユニバース出版社）という労作がある。

ラッシュの振幅の大きい人生については後述するが、日本における聖公会の位置づけを考えるためにも、聖路加病院建設の経緯を追ってみよう。

明治三十二年、米国聖公会の医療ミッションとして日本へ派遣されてきたドクター・トイスラーは、東京築地のバラック小屋のような木造施設で、貧しい人たちを対象に医療をやってきた。そのトイスラーにとって、新病院の建設は悲願だった。それで、立教大学を設置したジョン・マキム主教と相談して、建設計画案をまとめる。

世界最高水準の医療サービスを目標とする設備の整備に必要な資金を含めて、現在のおカネで百数十億円かかるということになった。それをほとんど米国民間人からの寄付で賄おうというのである。大胆というより、「無謀な計画」と考えられた。もちろん、トイスラーも簡単に事が成るとは思わなかったが、その無茶ともいえる米国での募金活動の秘書として、トイスラーが目をつけたのがポールだった。

ポールは昭和二十八年に清里で書いた手記に「私は立教大からトイスラー博士に〝貸し出された〟」と書いている。

それではここでポールの数奇な足どりをたどってみよう。

一八九七年十一月二十五日、アメリカに生まれたポールが、日本に来ることになったのは、大正十二年の関東大震災と関係がある。のちにポールの人生の師となるトイスラーは、ニューヨークのホテルで東京の異変を知った。「何か大変な災害が起こったらしい」という報道は震災当日の九月一日から三日経っても詳細がわからず、五日になってようやく、再開した電信によって大震災であることがわかった。

院長として聖路加病院や職員の安否を心配していたトイスラーは、日本聖公会のマキム主教が米国聖公会伝道会に救援を求める次のような電報を打ったことを知る。

「宣教師たちは無事。東京のすべての教会、学校、住宅と聖路加病院は破壊された。宣教師はすべての家財と身の回り品を失った。宣教師と日本人聖職者、教会員のため緊急の救援を乞う」

そして、つけくわえられた最後の一行が米国民に深い感銘を与え、広範囲な救援活動を喚起したという。

"All gone but Faith in God"

「神への信仰を除き、すべてが失われた」というわけである。

ドクター・トイスラーは聖路加病院の壊滅を知るや、すぐにワシントンに行き、米国赤十字に日本の被災者救援を要請するとともに、国防省に対して野戦病院ユニットを東京に送るよう要請した。

たまたま国防省にいた元帥のジョン・パーシングが米国大使館付きの武官として東京に勤務したことがあり、トイスラーとは友人だったため、すぐにマニラから完全な野戦病院装備が東京に送られ、聖路加病院と共同で医療救援活動を展開することになった。野戦病院の装備には給食設備やX線装置まで含まれ、壊滅前の聖路加病院の設備を上まわるほどだったという。

私は寡聞《かぶん》にしてこうした事実を知らなかったが、これらは日本人によく知られていることなのだろうか。

それはともかく、トイスラーも九月二十三日、寝具、衣料、医薬品など、大量の救援物資を携えて、サンフランシスコから東京へ向かった。

そのころ、二十代半ばのポールは「偉大なホテル支配人」をめざして働いていた。そんなポールに友人が「国際YMCA（キリスト教青年会）のスタッフとしてエルサレムに行ってはどうか。YMCAはそこに国際学生ホステル・センターを建設する計画だから」とすすめた。

それでポールはその気になり、出航の日時まで決めたのだが、YMCAはポールを呼び、「日本へ行ってもらえないか」と切り出す。

震災で破壊された東京と横浜のYMCA会館を再建する委員として行ってくれというのである。

ひょんなことから、ポールの進路は変更された。前記の『ポール・ラッシュ伝』によれば、ポールはその時のことを手記にこう書いている。

「私は猛烈に旅がしたかった。日本については全く知らなかったが、冒険には格好の場に思えた。要するにエルサレムでも東京でもどっちでもよかったのだ」

当時、サンフランシスコと横浜は二〜三週間の船旅だった。ポールは船中で、農村の娘たちが貧しさゆえに歓楽街に売られ、男性にとってはある種の〝天国〟であることを聞く。

それで、その日本で働かなければならないYMCAの人たちが気の毒になったりしていたのだが、皮肉にも、ポールは東京でその彼らから道徳的な批判を浴びる。

「それは初めからわかっていたことだが、私はYMCAの人たちが望むような模範的な若者ではなかった。ケンタッキー生まれの男ならたいがいそうであるように、たばこは吸うし、酒も飲んだ。歓迎されるわけはなかった」

ポールは戦後、こう回想しているが、それは禁酒を進めたピューリタンと違って、米国聖公会が酒やたばこに寛容だったことにもよるだろう。

いずれにせよ、日本に来て一年経ち、東京と横浜のYMCA会館の建設にもメドがついたので、ポールは帰国しようと思った。

そのポールを東京聖三一教会のビンステッド司祭が次のように口説く。大正十五年正月早々のことである。

「われわれ聖公会の伝道はいま多くの課題を抱えている。教会の会計の仕事を助けてくれる人がいないし、立教大では経済学を教える教師が不足している。協力者を探していたんだ。幸い、君はビジネスマンとして十分な経験を積んでいる。そして、経営の才能も優れている。YMCAの仕事が終わったのであればどうか立教大に教育宣教師として残ってもらえないか。身分についても教授として十分な保証を与えるつもりだ」

これにはポールも当惑した。日曜の礼拝も熱心にしてこなかった人間に、どうしてそんなことを言うのか。

「私に宣教師になれって……。いやだね。そんな資格もない。答えはもちろん〝ノー〟。何度言われようとも、米国へ断固帰る。私には自分の人生設計があるんだ。どうして祝福して送り出してくれないのか」

ポールはこう言って拒否したが、司祭は簡単には引き下がらない。立教学院理事長のジョン・マキムと学院総理のチャールズ・ライフスナイダーにポールを説得してもらおうとする。

「ポール、マキム主教とライフスナイダー主教が会いたがっている。日本へ残るかどうか、これを最後の話し合いとするので、来てくれ」

「それはまことに光栄だが、私の決心が全く変わらないことは承知しておいてほしい」

話し合いは赤坂乃木坂のマキム主教宅で行われた。みすぼらしい家だった。

滞日五十年近い白髪のマキム主教は、帰郷の決意は固いのだと繰り返すポールに、切々と訴えた。

「君がアメリカに帰ってホテルの仕事を始めたい気持ちはよくわかる。たぶん、君は成功するだろう。しかし、君はまだ若い。

私は絶望的になるくらい助けを必要としている。アメリカから若い人が来てくれないのだ。もう一年、それは君の人生でそんなに長いことではない。私たちと一緒にやってみないか。一年だけでいい。もし一年たってわれわれの関係がうまくいかなかったら、帰郷すればいい」

静かな中にも熱のこもった語り口にポールは心動かされ、「では、一年だけやってみます」と言ってしまう。

三十歳を目前にしたポールの大きな人生の分かれ道だった。

後年、ポールは「たぶん、あのときに米国のホテル業界は偉大な経営者を失ったのだ」と書いている。

こんな経緯があってポールは、明治七年、ウィリアムズ主教が築地に開いた英語塾を起源とする立教大学に赴任する。そして大学構内の公舎に住んだが、ポールは同じ五番館のカール・E・ブランスタッドと気が合い、生涯の友となった。学生たちと一緒に手ぬぐいを下げて近くの銭湯へ通うブランスタッドのニックネームは「ブランちゃん」。

この師についてジャズ歌手のディック・ミネがこんな思い出を語っている。

「ブランスタッド先生には人に言えない思い出がたくさんあってね。あれ、ものがでかいんだ。こんな具合に出してブラン、ブラン。それでブランスタッドだ。背が高くてね、オレと全く同じなの。だから背広から何からピッタリ合っちゃうんだ。それで背広貸してくれって来るんだよ。で、横浜のチャブ屋へ遊びに行ったんだ。授業中は先生、それが終わったらお互いに友だちなんだ。こんなのがないんだよ。ほかの学校には……」

たしかに「人には言えない思い出」だろう。蔦のからまるレンガの建物と鈴懸《すずかけ》（プラタナス）の美しい並木で有名な立教には「ブランちゃん」のようなくだけた教師もいた。

ポールも負けず劣らずだが、ともに独身を通している。「大学では私以上に経済実務に詳しい人はいなかったこともあって」ポールは『東洋経済新報』を教材に経済学を教えた。そして、これが縁で、のちの総理大臣、当時の東洋経済新報主幹、石橋湛山《たんざん》とも知り合うこととなる。前記の『ポール・ラッシュ伝』によれば、「ポールをはじめ外国人教師の給料は、立教大を建設した米国聖公会から送金されてきた。教会で集められた信者の献金がその原資だった。関東大震災で本部を破壊された日本聖公会は、戦前宣教師の事務所を立教大の四番館に間借りしていた。米国から派遣された宣教師は牧師、医師、教師に分かれ、四番館事務所を通じて給料が支払われた。宣教師が牧師だけでないのは、宣教がキリスト教布教だけでなく、進んだ米国の文明をも伝えるためだった」という。

とはいえ、立教には学生たちにキリスト教の信仰を強制するような雰囲気はなかった。

それについて、やはりディック・ミネがこんなエピソードを語っている。

「ポールさんもそうだったが、立教の先生は無理に拝めとか言わなかった。ただ、〝荒い気持ちになったら、いつでもチャペルに来なさい〟と言って、門が常時開けられていた。それで俺、表でけんかすると、いつもチャペルに逃げ込んだ。あそこのいすに腰かけて拝んでいると、たいがいの警察官はしょっぴけない。治外法権のようなものだから」

聖路加国際病院の経緯を書くつもりが、ポールの生涯に入りこんでしまったが、前段として、どうしてもこれが必要なのである。聖公会と日本の関わりを知るためにも、もう少しの辛抱を願いたい。

6

「夏らしい夏もなく秋になってしまいました。お元気でお暮しのことと存じます。当方は二人の子供どども元気です。さて、昭和五十九年にスタート致しましたポール・ラッシュ博士のキャンペーンがついに『ポール・ラッシュ祭―八ヶ岳カンティフェア』として十月二十二・二十三の両日、清里で開催されることになりましたので、ここにお知らせするとともに、清里の祭典にぜひ遊びにきていただきたく、お誘い致します。

清里から再び希望の灯を伝えようというキャンペーンは、ほんのわずかな人々の話し合いのなかから始まりましたが、ポール・ラッシュ祭は、山梨県、八ヶ岳の高根町、大泉村、長坂町、小淵沢《こぶちざわ》町、キープ（清里教育実験計画）教会、ポール・ラッシュの会などが主催する壮大なスケールのイベントに発展しました。人間、夢は見てみるものだなと、つくづく思っております。

イベントの中身はリーフレットをご覧下さい。実に多彩な内容に驚かれると思います。これらの行事は、すべて県内、外のボランティアによって運営されております。まさにポール精神、偉大なりの感があります。

なかでも草原の五十台のピアノフェスティバルは世界で初めての構想です。しかも、ベートーベンの『第九』は、人類の自由、平等、博愛の理想を歌うメッセージソングですが、まさに人類愛に奉仕したポール博士の祭典に捧げるにこれ以上ふさわしい曲はなく、富士山をはじめ、霊峰が夕焼けに燃える高原に響き渡る壮大なスケールは、世界一の構想にふさわしいものです。

もちろん、高原にふさわしいバーベキュー、新鮮な乳製品、食べる楽しみもひとしおです。宿泊の手配は、小生に連絡するか、リーフレットの指示を見て下さい。小生は、二日間会場で運営を担当しております。お目にかかれることを、楽しみにしております」

一九八八年の九月中旬、『清里の父　ポール・ラッシュ伝』（ユニバース出版社）の著者である山梨日日新聞記者、井尻俊之から、何人かの人にこういう手紙が届いた。

いま、ギャルで賑わう清里は、もともとは「自然主義者ヘンリー・D・ソローの思想が息づく村を」というポール・ラッシュの開拓精神によってスタートしたのである。

ポールは一九三八年、今からちょうど五十年前に八ヶ岳山麓に清里寮を建てたが、斎藤たまいは彼について、こう音信してくれた。

「なつかしいポール・ラッシュ師は八ヶ岳山荘の初期時代から（三度ほど火災に遭っている）存じあげていま

す。飾りものはエリザベス・サンダース・ホームを創立した沢田美喜《みき》さんが持ってきたものばかりで、庶民の私たちには驚くものばかりでした。

アメリカの一夫人から私のためにと瑪瑙《めのう》の由緒ある十字架がプレゼントされ、ラッシュ師が手渡してくれたこともあります。

何年か前、藍綬褒章《らんじゅほうしょう》授章式があり、夫人は紋服着用とありましたが、私はその十字架を胸にささげ、洋服姿で参内《さんだい》しました。

あの清里も、まね上手の日本人がすっかり開発して、初期のすばらしさを失ってしまいました」

斎藤によれば、聖公会は「所帯が小さい」ので、関係者についても「ああ、あの人か」と、すぐわかるなつかしさがある。

それでは「日本聖公会略年表」に「日本聖徒アンデレ同胞会、ポール・ラッシュ師により設立さる」という昭和二年の時点に戻って、ラッシュの活躍の跡を追っていこう。

ちなみに、ポールの清里農村センターづくりを支持していたマッカーサーは、昭和二十三年に、ポールの有力な後援者だったリー将軍へ次のような要旨の手紙を送っているという。

「日本聖徒アンデレ同胞会のことについて報告できることを喜ばしく思う。同胞会は戦時中完全に壊滅されたが、今や力強く再生を見た。特に大事な点は、同胞会が戦前清里に建てた清里寮を核にして、キリスト教に基づく農村コミュニティーを建設しようとしていることだ。

計画によれば、教会、幼稚園、青年学校、職業学校、運動場や村の集会場、そればかりでなく、二十床の病院まで含まれている。

計画からもお分かりのように、聖徒アンデレ同胞会は日本再建の道しるべとなる生き生きとしたキリスト教の力を発揮している。私が常々言ってきたように、日本人が信頼するのはこのようなグループであり、キリスト教運動だ。われわれは清里の運動を通じて、民主主義の概念がしっかりと日本人社会の〝草の根〟に到達していくことを確信する」

『ポール・ラッシュ伝』によれば、現在でも米国のキープ後援会は、四百万ドルもの巨額の基金を運用し、毎年二十万ドル近くを清里に送金しているという。それらはすべて、米国市民の「小さな善意」の集積である。

それをリードしつづけたポールは昭和三十年に、清里農村センターへの献金を訴えて、米国各地の教会で「戦後日本の挑戦（The Challenge of Postwar Japan）」という小冊子を配った。

ポールは熱っぽく、こう訴えている。

「われわれ清里のスタッフは、日本に民主主義の骨格が置かれただけでは駄目だと知っている。日本人は、田舎の小さな村で、どのように民主主義が機能するのか、実践的なデモンストレーション（実演宣伝）を求めている。清里はそのような実演の地だ。山梨県の八ヶ岳南麓では、三十九の村に四万人の大人や子供たちが、八千万人の日本全国民に対して、民主主義がどう機能するか、またどう在るべきか、生きた証明を提供している。清里は必ずや成功する。それは今や民主日本の希望のシンボルなのだ」

デモクラシーを説くだけでなく、ポールはその根づけのためのプログラムとして、新しい食糧資源の開発（酪農）、保健衛生、精神のよりどころとなる信仰の確立、次の時代を担う青少年の明るい希望と教育という四つの課題を示した。

昭和二年から戦後にまで思わず話が進んでしまったが、ポールと「聖徒アンデレ同胞会」の出会いに話を戻そう。

ブラザーフッド・オブ・セント・アンドリュー（BSA）と呼ばれる同胞会とポールが出会ったのは、彼が三十歳になろうとしていた時である。

「君たちはせっかくキリスト教の大学に来たのだから、社会へ出て指導者になるなら、クリスチャン商人になれ、キリスト教に基づく人生観を持つように……。金もうけだってクリスチャンは堂々とやるのだ」

学生にはこう説きながらも、ポールは宣教師としては熱心ではなかった。しかし、学生たちが集団洗礼を受けると言い出し、ポールに、ゴッドファーザーになって洗礼に立ち会ってほしい、と言ってきたのである。

立教大学の諸聖徒礼拝堂で、ライフスナイダー総理の手によって洗礼が行われた後、ポールが一人ひとりに祝福の言葉をかけているところへ、ライフスナイダーがやってきて、静かに語りかけた。

「ポール、この若者たちはお前の教え子たちだ。彼らの信仰が堅固なものとなるよう今後も導いてやらなければいけない。それには彼らがキリスト教信徒として生きる道を発見できるよう何か心の支えとなるものを与えてやってくれないか」

日曜のミサもしばしば欠席するほどだったポールは、これで「目の前でバチンとはじかれた思い」がした。

しかし、信仰篤《あつ》い聖職者でもない自分がどうして彼らを導いていけばいいか。迷い求めてポールが手にしたのがBSA、つまり聖徒アンデレ同胞会のハンドブックだった。

BSAは、聖公会の青年信徒による自主的な福音伝道グループとして、一八八三年、アメリカはイリノイ州シカゴのセントジェームズ教会で、銀行家のジェームズ・ホーテリングら十二人の若者によって結成された。

いうまでもなく、イエスは古代ガリラヤの田舎町ナザレの大工の子であり、アンデレは有名な十二使徒の中で、最初の弟子となった漁師である。

このBSAと出会って、ポールは、キリスト教が悩める若者たちによる青年運動からスタートしたことを知る。

身分の低い下層階級の若者たちが光を求めて立ち上がった青年運動だったことを知って、ポールは本気でキリスト教へ傾倒していった。

ポールは一九四六年の十一月三十日（聖アンデレ日）立教大学の隣の聖公会神学院で行われたミサにGHQ中佐として出席し、当時を回想してこう語っている。

「聖アンデレはキリストの弟子になると直ちに活動を始めた。彼は教えの伝道に必要な十分な修行や経験を積む前に、まず身近な人をキリストのもとに連れてこようとした。最も身近な人——それは兄弟だった。自分が救い主と出会った喜びを真っ先に兄弟に伝えなければならないと思ったのだ。

しかし、アンデレは兄弟と論争しなかった。キリストが語った真実を証明するのに、演説し、議論を吹っかけるかわりに、自分が経験した事実だけを述べた。〝われらはみたり〟——彼は忠実な証人だった。彼は理論を振り回したのではなかった」

「信徒のだれもが伝道の訓練を受けているわけではない。しかし、訓練や経験がないからと言ってキリストへの奉仕をしり込みするわけにはいかない。すべてのキリスト教徒は福音伝道者であり、宣教師なのだ」

ポールが三十歳の誕生日を迎えた五日後の一九二七年十一月三十日、立教大のチャペルで米国BSAの日本支部が結成された。メンバーは二十人。ライフスナイダー総長と杉浦貞二郎学長を顧問に、チャペル司祭の山懸雄杜三教授のほか、菅円吉、根岸由太郎、武藤安雄、ポール・ラッシュらの教授が加わり、学生では昭和四年商学部卒業組の小川徳治、阿部喜太郎、波多野義広、今村武夫ら十八人が最初の会員である。専属書記が小川と、昭和七年卒業の宅間聖智。

①目分でできる毎日の祈禱の規則をつくる

②自分でできる奉仕のプログラムを考える

この二つを実行することが会の活動目標だった。しかし、祈るといっても、日本では一人になれるのは便所しかない。それでポールは学生たちに、

「一人になれる場がないなら、寝る前にキリストの教えが広まるよう祈ればいい。それに今日の反省とあしたの計画を必ずつけくわえるようにしなさい」

と言って指導した。

アメリカへ帰ることを忘れたポールは、故郷で待つ婚約者に、日本に来てくれるように頼む。ところが、それは拒否されるのである。

こうした大きな代償を払っての日本残留だった。このため、ポールが終生独身を通したのかどうか、私は知らない。

ポールはのちに「日本では彼女が望むようなフォードもシボレーも買ってあげられなかったし、伝道師では豊かな生活ができるわけがなかった。それはどうしようもないことだった。二人の関係は急速に冷えきった。しばらくして弟のフィリップから、彼女と結婚したいがいいか、と聞いてきた。好きなようにしても

らった」と回顧している。

ポールの悲しい恋の結末に話が逸れたが、このBSAにたまいの夫、斎藤章二が参加していく。

大正二年七月十日、現在、斎藤たまいが住まいする神奈川県津久井郡城山町の富裕な家に生まれた章二は、後述するような事情によって牧師になることを決意し、昭和八年春、立教大学予科文科に入学した。そして、十一年に文学部宗教学科に進むとともに、聖公会の神学院にも入学する。十四年に大学と神学院を同時に卒業。翌年、石田たまいと結婚することになるのだが、章二は学生時代、BSAにおいて親しくポールの指導を受けた。

「祈りと奉仕。BSAのルールは実に単純でわかりやすい。俺のような平凡なヒラ信徒でも容易に実践できそうなシンプルなルールだ」

ポールはこう言っていたという。

7

斎藤たまいの夫、章二が大正二年七月十日、神奈川県津久井郡城山町の大地主の家に生まれたことは前記した。

その斎藤章二が「芭蕉と麋塒《びじ》と」という文章を遺している。

麋塒とは高山伝右衛門という武士で芭蕉の弟子の俳号だが、この高山が斎藤の先祖、幡野孫兵衛を打首にした人物なのだという。芭蕉より二歳年下の高山伝右衛門繁文は甲州郡内（現在の山梨県都留《つる》市とその周辺）の領主、秋元喬朝の国家老だった。斎藤章二によれば、高山は「家老職という本務のかたわらの文学趣味としてはいささか打ち込みすぎている感がないでもない」ほど俳句に打ち込んだ。「しかし、そうでもしなければ何ともやりきれなかったのではなかろうか」と斎藤は推測する。

芭蕉の年譜は「天和二年（一六八二）十二月二十八日、駒込大円寺を火元とする大火のため芭蕉庵類焼、高山麋塒に伴われて甲州の谷村に赴く」と伝える。この火事は世にいう八百屋お七の火事だが、そのころ、郡内地方は非常な苦難に見舞われていた。不毛の荒地が多いので、年貢の上納もむずかしく、当時の記録によれば「困難ノタメ他国ニ越シ住居スル者多人数ナリ猶又於住居ニ餓死致ス人モ大勢出ル場合ニ立至ルニヨリ」住民代表二名が「難渋願ノ事」という文書をもって訴え出たのである。しかし、翌年この二人は死罪打首。以後、こじれにこじれ、十三年の間、断続的に犠牲者を出す争いとなった。

そして、延宝八年（一六八〇）、「難渋人惣代」の七人が選ばれ、秋元喬朝の江戸屋敷、江戸町奉行所などに窮状を訴える。年貢を減免してくれなくては生きてゆけないという必死の願いは、しかし、報われるところなくもみ消された。七人は直ちに捕らわれて伝馬町の牢につながれ、やがて秋元家に渡されて、郡内の今井川原で死罪打首となったからである。

その中の一人、幡野孫兵衛が斎藤の先祖になる。斎藤の父親は幡野家の次男で、斎藤家の跡取り娘へ入り婿したのだった。

現在でも都留市や富士吉田市などの辻に石の六地蔵が立っており、裏側に七人の戒名《かいみょう》と俗名が刻まれている。

「この先駆的農民運動は弾圧によって消滅したのであるが、問題が将軍のお膝元にまで持ち込まれるなら領主の責任が問われてもいいはずなのに、二年後（秋元）喬朝は寺社奉行に栄進、さらに十数年後には川越の城主にまでなっている。国許の流血の騒動は少しも領主の出世の瑕瑾《かきん》になっていない。私はここに国家老高山伝右衛門繁文の能吏としてのなみなみならぬ手腕があったと思うのである。

新井白石なども郡内の治世を高く評価していたという。しかしそのためには権力者としての冷酷さをもって苛斂誅求《かれんちゅうきゅう》も流血の処刑もやむなしとしたのではなかろうか。そのことはまた同時に内心の苦悶《くもん》を避けることができなかった。俳句三昧はこの苦悶からの救いであった。魂の浄化をそこに求めたのであったと私は考えている。

七名の処刑の翌年がお七の火事である。伝右衛門の心の傷はまだいやさるべくもなかった。そこへ師をむかえた。わずか半年の滞在であったとはいえ、伝右衛門にはどれほどか大きな救いであったはずである」

斎藤章二はこう書いている。斎藤という人間を知るうえで欠かせない一文だろう。高山の能吏としての冷酷さを指摘しながら、俳句に魂の浄化を求める内心の葛藤《かっとう》にも言及する。そこには、富裕なるがゆえの醜い財産争いに倦《う》んで信仰の道を求めた自分自身も、意識的にか無意識的にか投影されている。

いま、斎藤の写真を見ると、優しい面立ちに意志の強さを秘めながら、しかし、およそ人を憎むことなどはできないはずだという感じを抱かせる。その斎藤が抑えに抑えつつも昂《たか》ぶった気持ちで書いたと思われるこの文章は、信仰は感情を抹殺するものではないことを教えるのである。

直訴せし父祖も牧師のわが夫も
痛み負い生きしこの村の地主

たまいは、こう歌いながらいま、章二について、次のように述懐する。

「おれはお山の大将だと、よく言っていました。そして、おまえはガキ大将だって。そのとおりなんです。向こうはほんとうにお山の大将で、内弁慶なんですよ。うちで威張ってる。また、私はガキ大将で、外で威張ってる。威張るというとおかしいですけど、従えさせちゃうほうでしょう。だから、二人はちょうどよかったんですね」

ある時は、こんなこともあった。

そばを通りすぎたたまいを、章二が呼びとめる。

「おまえが今、またいだのは何だか知ってるかい」

言われて、たまいは、こう反問する。

「アラ、私、何かまたいだかしら?」

苦笑して、章二は言った。

「聖書だよ」

たまいは、こう思い出話をしながら、「忙しくて、ピョッピョッピョッと聖書をまたいじゃったんですね」と笑う。

秋田の聖公会の幼稚園に行くことになったというところから、一挙に結婚まで話がとんでしまったが、六年ほど時計の針をもどそう。

まだ二十歳にならないたまいが福島の違う宗派の幼稚園をやめて行ったのが、秋田市保戸野《ほどの》にある聖救主教会の幼稚園だった。なぜか、たまいはそれほど寂しさを感ぜず、お正月も水戸の自宅に帰らず、友人が勤務していた能代《のしろ》の小さな教会に行って泊まったりした。

それで父親が心配のあまり、

「おまえはもう嫁に行く年なのに何をやっているんだ。家に帰って来い」

と怒り、呼び戻されることになる。

その前に、たまいの勤めていた教会に泥棒が入り、たまいが生徒から集めて机の上に置いていた月謝を全部盗まれてしまう。それで、あわてて兄のところへ手紙を書き、その分を送金してもらったのだが、そんなこともあって、父親に逆らえない状況もあった。

おまけに、すぐ後に警察に捕まった泥棒が小学生だったのである。その子が盗んでクレヨンか何かを買った。たまいはそんなおカネを子どもの目の触れるところに置いて、出来心を抱かせてしまった自分のダメさ加減にうなだれ、ずいぶんと心弱くなっていたので、素直に水戸に帰った。秋田は寒くて、おしゃれなどしていられなかったからでもある。

水戸に帰ったたまいに、父親はあれこれと見合いの話を持って来る。しかし、たまいは結婚に乗り気になれなかった。

それで、また勤めたいと言い、近くなら許すという父親との間に妥協が成立して、水戸市内の公立の幼稚園に勤めることになった。

そこは近くも近く、家の前で、始業のサイレンが鳴ってから出かけても間に合った。おもしろいのは、そのころ、知っている呉服屋の番頭が、おたくの娘さんは変わっているから学校の先生とかではダメだろう、と言って、頭山満《とうやまみつる》の弟子の人を花婿候補に挙げてきたことである。

右翼だから気が合うだろうなんて、父ならともかく、冗談じゃない。たまいは憤然として、その話を一蹴《いっしゅう》した。

右翼といえば、幼稚園の家庭訪問で、橘《たちばな》孝三郎の「愛郷塾」へ行ったことがあった。それと知らずに、その園児は普通の農家の子どもだと思って、およそ一里の道を歩いて行ったら、「愛郷塾」という看板が掛けてある。

それで、たまいは「腰が抜けるほど驚いて」おっかなびっくり、雰囲気のあるたたずまいの家に入って行った。塵《ちり》ひとつなく、廊下もピカピカと磨きぬかれている。

声をかけると品のいいおじいさんが出てきて、親切に応対してくれた。たまいが教えていたのは、あるいは、橘孝三郎の甥だったか。立花隆もそのひとりだが、立花では、いささか年齢が合わない。

それはともかく、興奮さめやらぬままに家に帰ってそのことを父親に話すと、父親はとても喜んだ。娘が橘孝三郎の子どもか甥を教えているのを誇らしく思ったのだろう。

そんな嬉しいことはあったが、娘のたまいは一向に結婚する気配がない。縁談は、あれもダメ、これもダメと断ってしまう。それで父親は困り果て、水戸の聖公会の牧師のところへ相談に行った。娘は一体何を考えているのかを、その牧師を通して知りたいと思ったのである。

すると、牧師夫人は、独身の伝道師でこういう人がいるけれども、いらっしゃる気はありませんか、と直接、たまいに手紙をよこした。

たまいは「自分もその仕事を一緒に手伝えるような人がいい」と思っていた。やはり、もう、たまいの中にキリスト教がかなり深く入っていて、その世界から離れたくないと思っていたのではあるまいか。そうした気持ちを見抜き、牧師夫人はそんな話を持ち出したのではないか。

その牧師夫人が「斎藤章二と申される伝道師」を紹介してきた手紙を、たまいは今も大切に持っている。二人を結んだ貴重な手紙だからである。

父親は、娘はどうもクリスチャンのところへ行きたいらしいから、教会の信者の中にいい青年がいないか尋ねるつもりで、相談に行ったのだが、そうした父親の思惑を、牧師の話ははるかに越えていた。

たまいは、ためらわず「嫁《い》きます」と答える。顔も見たことがなくて、ただ、夫を助けて教会の仕事を手伝いたいからと、たまいはイエスという返事をしたのだった。

「顔なんかどうでもいいと思ったんですが、主人はすてきだったんですよ。本当に卵に目鼻みたいな人でした。大地主のぼんぼんで、乳母日傘《おんばひがさ》で育ちましたからね」

ホホホホと笑うたまいは、人生の転機にかなり思い切ったことを決断するひとである。

たまいから、「奥さん、いいわ、お願いします」と言われた牧師夫人は、たまいの家を尋ね、父親の石田孝に経緯を話す。

もちろん、いろいろ大変なことについては触れず、両親が安心できる程度に話したのだった。父親は、その牧師夫妻を信頼する形で話を聞き、斎藤章二が勤務し、住まいしていた茨城県古河の講義所を訪ねる。古河講義所は普通の仕舞屋《しもたや》を借りた一軒だけの伝道所だった。近くに鐘紡の工場があり、日曜日になると、たくさんの女工が礼拝にきて、八畳ほどの部屋は一杯になる。そこに章二は母親と二人で住んでいて、伝道をしていたのである。

たまいの父親は、ためいきのでるような立派な建物とハイカラな内部の教会ばかり見ている。それで、そうした想像を持って訪ねたのだが、無惨なまでにその期待は裏切られた。

ひどく落胆して帰って来た父親はたまいに、

「ダメだ。ピアノも何もない。あんなところに娘はやれない」

と言った。

しかし、たまいの心はもう決まっていた。会う前に決心していて、会ってみて、さらにそれは固くなっていた。

「神様は案外とすてきな人を私の相手にして下さったわ」

こう思っている娘の心をくつがえすことはできず、昭和十五年十月、斎藤章二とたまいは栃木県小山《おやま》の聖公会の教会で結婚式を挙げた。

北関東の監督聖職、外人宣教師、信徒役員等の出席者は、口をそろえて、

「いま、牧師と結婚するのはよほどの人です」

と言った。

昭和八年に日本は国際連盟を脱退し、十二年の日中事変を契機に、十三年には国家総動員法を公布し、一気に本格的な戦争への道を突っ走ろうとしていた。日独伊三国同盟が締結されたのが十五年の九月二十七日。十月十二日には大政翼賛会が結成されている。キリスト教にとっても日本にとっても暗い時代が始まろうとしていた。

そんな世情を背景に二人の結婚式には、たまいの側からはほとんど親類縁者は列席せず、父親と長兄だけが参加して、あまり喜びもなく、帰途についた。父親は「あの娘が男だったら」と落涙しながら、水戸に

帰って来たという。

「みんなが、月給がこのぐらいで、どうやって三人で暮らすんだろうと心配しても、私はそれを上の空で聞いていて、何とかなるんじゃないかと思っていました。いま、牧師の奥さんになるのは大馬鹿か大利口だと言われましたが、私はのほほんと育った大馬鹿で、おカネのことはあまり考えませんでしたね」

章二がそれに輪をかけた「のほほん」で、ひととおり勉強が終ると、柿の木に登って熟した実をたくさん取り、それを食べている。

新妻のたまいは、わあ、この人は何なんだろう、と驚いたこともあった。

章二の母親も含めて、あるいは貧乏を知らずに育ったことが、その後の貧苦に耐えさせたのかもしれない。

こんな、実生活的にはままごと遊びを続けているような三人にも、時代の非情な波は容赦《ようしゃ》なく襲いかかった。

『昭和特高弾圧史』第三巻によれば、昭和十四年四月、政府は「宗教団体法」を押しつけ、教派神道は十三教派、仏教を十三宗二十八教派に統合する。そして、キリスト教は新旧両派をそれぞれ二つの教団にまとめようとした。

これに対し、カトリック系はハリストス正教会を除き、大した抵抗もなく日本天主公教会一本にまとまったが、プロテスタント系では一年余りにもわたって大揺れに揺れた末、外国ミッションとの関係を完全に絶って、日本基督教団に大合同したのである。

「宗教人にたいする弾圧」を記した前掲書は、「ただ、日本聖公会と『セブンスデー・アドベンチスト』だけは最後まで枠外にとどまった」と書いている。

そして、ちょうど、章二とたまいが結婚したその月に、東京で紀元二千六百年奉祝基督教信徒大会が挙行されたのだった。まさに二人は多くの日本人が進もうとしている流れに逆行して、受難の生活のスタートを切ったことになる。

昭和十五年一月の特高月報は「時局下に於ける基督教会の動向」をこう記している。

「我が国基督教会の動向は縷報の如く強く時局の影響を受け、緩慢ながら其の一部に日本化的傾向を示しつつありと雖も、基督教本来の教義教理及其国際性並に外国依存乃至指導下的覊絆関係等より之が急激、根本的転換は極めて至難なる実情に在るものの如く、其の動向は内外の諸情勢に随伴して相当複雑微妙なる様相を呈しつつあるが、教会一般の状況は概ね釈然たらざる時局の順応、表面糊塗的伝道、並に汲々たる教勢維持策に終始し居るが如き様相を呈し居れり。従って時局に対する態度活動若は教学の日本化運動等も極めて無気力にして、現在只僅かに皇紀二千六百年奉祝記念事業の計画並に教会の自給独立の促進を為し居るの外格別見るべきもののなき低調さを示し、然かも叙上二千六百年記念事業の如きも、多分に教勢維持策と教会費造成に利用するが如き嫌なきにあらず、又救世軍等の如きは寧ろ軍内に於ける日本化運動を忌避し、陰に之を抑圧し居るが如き模様を見受けらるるの実情なり。而して之に反し一部基督者の容疑要注意行動は其の後も依然として跡を絶たず、殊に最近に於ては、事変の長期化に伴ひ銃後の民心ともすれば弛緩せんとするに乗じ、益々執拗巧妙に其の反戦的国家的思想信仰を流布せんとするもののあるを以て、基督教界一般の動向に対しては引続き注意警戒の要ありと思料せらる」

「国家」の看板を背負って、自らの立場を少しも疑うことのない者の居丈高《いたけだか》な記述だが、同月報は「因に本月中に於ける之等不穏基督者の主なる要注意行動を掲ぐれば別記の如し」として、前年十二月二十七日夜、秋田県本荘教会の出征軍人遺家族慰安クリスマス余興童話劇を挙げている。

結城国義という牧師の指導の下、劇中でこんな対話がかわされたというのである。

「私の王様は人を殺すことが好きで先達っても何も罪なき人を殺して仕舞ひました」

「私の王様は税金を取ることが好きで町の者は皆苦しんで居ります」

「私の王様は戦争が好きで一年中戦争ばかりして居るのです」

「王様といふ王様は何と人を殺したり税金を取ったり戦争ばかり好きなものでありませう。こんな時にキリスト様が生まれて下さると私共町の人はどんなに救はれることでありませう」

「そうですともそうですとも。キリスト様が生まれて下さると良いですが、アッ東の方に大きなキラキラ光る星が来て居ります。あれはキリスト様がお生まれになった象徴かも知れません」

いささかナマな感じもするドラマだが、これを「不穏」とする異常さは、むしろ「時局」の側にあった。

さらに、同年五月分の「基督者の要注意言動」をいくつか拾ってみよう。

栃木県の牧師、向井芳夫については「言動の概要」がこうまとめてある。

「事変処理の進行しないのは只支那人を威圧的に服従させてゐるからである。武力を背景とした政策であるため、表面的服従である。軍部でも此の点に気付いて宗教に依る人心宣撫を行ふ為、某陸軍大将から我々の幹部に対し『金は幾らでも興亜院の方から出させるから大陸の宣教に努めて貰ひ度い』と言ふて来たが、『基督教は凡ゆる人類愛の目的が存するので政府に利用さるるに於ては基督教が冒瀆されるから大陸宣教はするが興亜院から補助は受けられない』と断ったさうだ。真に基督教はさうあるべきで、我々も愛国心はあるが、政府に利用せらるる時は宗教其のものが不純となるから応じられない」

あるいは、福島県の牧師、小崎道雄の次の言動も問題とされた。

「聖戦遂行の要諦は支那人を基督教の精神の如く平等に扱ふにある、キリストを信ぜぬ人、即ち愛のない国民がドンドン渡支するのは建設どころか破壊である、基督教に対する献金は世界の魂を救ふのであるから国防献金よりも尊いものである」

もちろん、結婚した斎藤章二とたまいも、特高月報が指摘するような「表面糊塗的伝道」に甘んじられるはずはなかった。

しかし、結婚後のある日曜日、たまいがサーバーとして礼拝に出席し、オルガンで聖歌を弾くと、次の週から、鐘紡の女工たちは一人も姿を見せなくなったのである。黒の祭服の貴公子のような章二への憧れだけで彼女たちは礼拝に来ていたのだろう。たまいは、ただただ、ためいきをつく思いだった。

君説きてわれ弾き女工ら歌いたり
　この糸の町廃《すた》れしと聞く

これは後年、たまいが詠んだ歌である。

或時は親に国家に諍いて
　経にし布教の山河はるけし

これものちに詠んだ歌だが、越さなければならない山河は、この時はまだ前に大きく立ちはだかっていた。二人は、しかし、それをはっきりと意識してはいない。

8

君のマントに抱かれ仰ぎし夜の星を
　清きしるべのごとく生ききぬ
寄する波引きゆく時に抱かれて
　神に仕えむ心決りき

斎藤章二と石田たまいは、結婚前のある日、茨城の海岸を歩きながら、いろいろと語り合った。それはしかし、若い男女の語らいとは少しく違っていた。

牧師の斎藤が自らの信仰のことを語り、たまいは、「立派なことができなくてもいい、よき協力者にさせて下さい」と心に祈ったのだった。

たまいは、その海岸に山村暮鳥の「雲」の碑があったのを憶えている。

　わが行手展かるるかと格子ある
　　家出で君に付き従いき

たまいの歌はすべてが相聞歌《そうもんか》といっていいほどに章二への思慕、あるいは尊敬が歌われているが、昭和十五年の結婚から五十年近い時を隔てて、彼女はいま、こんな回想もする。

「歌にあるようないいことばかりじゃないですよ。辛い時は、困ったなあ、やっぱり合わないのかなあ、とずいぶん悩みましたよ。非常に厳しいので、それは何度も思いました。しかし、辛い時にいい歌ができるんですね。いい時は出ないです」

斎藤章二は信仰に厳しかったということだろう。他人にというより、むしろ、己に厳しいのだった。それはそばにいるたまいにとっては、辛くないことではない。

「主人は、ほんとうに自分を傷めるというか、三日ぐらい口をきかずにこもってしまって、何をやっているのかと思うぐらい悩んでいました。絹のハンカチみたいなもので、育ちも育ちだし、わがままだったから自虐するんですね。

主人は、泥にまみれた伝道というのができないんです。牧師さんでも、労働伝道、とか労働司祭とかいるでしょう。そうでなくても、いまの若い司祭は、オートバイを乗りまわしてやっている。主人はそういう行動が伴わないんです。そして、そのことをいちばん自分が苦にしていました。

やっぱり、それは育ちですね。信者さんの家を訪問して、あそこの家の玄関に飾ってある写真が曲がっていたとかいう。その次に行った時も、まだ曲がっていたとかいうぐらいデリケートな人なんです。それを、自分がいちばん気にしていました。整理整頓がきちんとしてすごいですからね。

だから、牧師と矛盾してしまう。牧師はどんなほこりだらけのところでも、一緒に膝をつきあわせてお茶も飲むし、話もするものでしょう。しかし、それは、努力に努力を重ねてしかできない。乳母日傘で、きれいに育った人でしたからね。それが主人の一生の悩みでした」

伝道の夫を助けて二十年の
　務のカバンふと重き朝
この黒衣脱がせたき日も耐え老いぬ
　君はキリストに召されたる人

戦後にたまいはこう歌っている。

さて、日本人が雪崩《なだれ》を打って一つの方向に行こうとしている中で、それに逆らうように進むかのような牧師との結婚に、たまいは恐怖とかは感じなかったのか。

「ぜーんぜん。私は、昔から怖いものがないので困るんです（笑）。小さい時からいろいろなことが怖くなくて、何でも行動に移してきた。とくに、人を助けるためには自分なんかどうなったっていいと思って、勇敢にやってきたんです。いまは年を取ってダメですけれどもね」

たまいの屈託のない笑顔を見ていると、それこそ、昭和十五年以降の、とりわけ烈しい人生は一場のユメだったのではないかとさえ、思えてくる。それだけ、このひとの「怖いもの知らず」のエネルギーは強かったのかもしれない。

昭和六十二年に、章二が亡くなる少し前、たまいが、「私のこういう無鉄砲なところはどういうのかしらね」と聞いたら、章二は、

「おまえ、それは信仰だろうね」

と言ったという。

「それなら、おまえは信仰があるよ、よくやるねとか、早く言ってくれればよかったのにと思いましたけれども、それまでは一言もそんなこと言ってくれなかったですね」

君とわれめぐり合わせしミサの灯の
炎は今に忘れ難かり

『ポール・ラッシュ伝』によれば、英語のエスタブリッシュメント（支配階級、体制）には「国教会化する」という意味もあるという。とりわけ、アメリカにおいては聖公会の信者は上層階級に多い。だから、現在のおカネに換算すれば数百億円にもなる巨額の献金が集まり日本の立教大学や聖路加病院の建設などにそれを注ぎ込むことができた。

とするなら、エスタブリッシュメントに生まれついた斎藤章二が聖公会の牧師となるのは必然のなりゆきだったとも言えるかもしれない。

ただ、ポールは、死後、自分の財産を公共の慈善のために寄付することなどない日本の金持ちには絶望的な気持ちを抱いて、こう言っている。

「財産を築いたのは社会で助けてくれた人があったからだろう。だからアメリカ国民は社会還元のために惜しみなく財産を注ぎ込む。ところが日本の資産家は死んでも身内だけで財産を奪い合っている」

そうした日本人の心の貧しさにやり切れない思いを抱きながらも日本のために募金するポールの気持ちを逆撫でするように、日本は中国への野望をムキ出しにし、アメリカは強くそれを非難して、日本の新聞や雑誌が「日米決戦の可能性」を論議の対象としていくようになる。

昭和十二年にカリフォルニアに行って、また資金活動を始めたポールは、

「ポール、お前の言うことは無理だ。国際連盟を脱退した日本がいま中国で何をしているか知ってるだろう。ジャップのためになぜアメリカがカネを出さなきゃいけないんだ」

と怒りの声をあげられた。

そして十四年、アメリカ聖公会は日本びいきのポールの言論を〝反米活動〟として、アメリカ国内での、募金活動を禁ずることになる。

日米両国の間が日に日に険悪化していくなかで、ポールは引き裂かれるような思いを味わっていた。

時代はポールの苦悩を晴らすほうには動かず、日米英との密接な関係を問題にしてくる日本政府の迫害をかわすため、日本聖公会は十五年八月に、自給断行を決定する。さらに、翌十六年七月二十五日、いよいよ開戦前夜の様相を呈してきたので、ライフスナイダー主教は日本引き揚げを決意した。すべての在日米国人宣教師が、特別休暇を取り、帰国することが告げられたのだった。この年斎藤章二とたまい夫妻に長女悠美子が生まれたのである。結婚後まもなく、古河講義所は閉鎖され、十五年の三月に転任した群馬県桐生《きりゅう》の聖トマス教会も閉鎖となって十六年八月に、斎藤は高崎の聖オーガスチン教会に転任となった。たまいが妊娠中の移転だった。

こうしたつかの間の幸せのような日々にも日本ファシズムの魔の手がしのびよっていたことを、たまいは

忘れられない「事件」で知らされる。

生まれたばかりの娘を抱いて、何か清潔な雰囲気をもつ夫とともに両毛線《りょうもう》の列車に乗った時のこと――

「牧師さん、どこへ行ってきました。さあここへお掛けなさい」

いかにも、という感じの髭《ひげ》を張った巡査が、言葉はていねいながら、有無《うむ》を言わさぬ調子で語りかけ、自分の前の席にたまいたちをすわらせた。

車中の人々が純白のドレスを着せた娘の悠美子の愛らしさをほめてくれるのに、笑顔で応対していたたまいは、自分たちが、「監視されている」ことを知って、心が凍る思いがした。

「あなた方がどこへいらしたかよくわかっています。日光で、どんな集会がありましたか」

ちょうどその前日、聖公会の主教たちが日光のある場所に集まったとは聞いていたが、まだ伝道師だった斎藤章二にはくわしいことはわからない。

それなのに、そんなことを聞いてくるのだった。多分、そのころ日光の御用邸に天皇が滞在していたので、その警護に神経を尖《とが》らせていたのかもしれない。政府の意向に同調せず非合同の立場をとる聖公会への監視は日に日に強まっていた。覚悟していたこととはいえ、多難の道を歩き始めたことをたまいは痛切に知らされる。

ただ、聖公会も一致して合同に反対していたわけではなかった。「教団の認可不可能な今日、単立教会の儘《まま》では教会としての活動は出来ないし、大東亜教化の使命も果たせない。日本聖公会は使徒達より伝承して来た生命的至宝を携《たずさ》え、他と協力一致して皇国基督教の樹立に邁進しなければならない」として、合同を主張する人間もあった。戦後に彼らは、それを懺悔《ざんげ》することになるが、こうした聖公会の動きを特高はどう見ていたか。昭和十七年九月の「特高月報」は次のように伝えている。

〈日本聖公会は英国系基督教会にして教会及伝道所数三百、教師及伝道者数四百五十八、信徒数二万八千五百八十七を擁する大教派なる処、日本基督教団への合同問題を繞《めぐ》る内部の紛擾暫《しばら》く深刻化し来り、殊に合同反対の真意が英国の謀略に依る我国戦時体制の確立を妨害せんとするに在りと為すものあるのみならず、又之を裏書するが如き行動に出づる教役者すらありて極めて注目すべき動向を示しつつあり、今其の概況を記述すれば次の如くなり。（略）

然るに予て合同反対を主張し来れる名古屋教区監督佐々木鎮次等は飽く迄教内を率ゐて独立を保持すべく意図せるものの如く、八月下旬以降各地有力教役者、信徒等を歴訪して教内輿論の喚起を策し、又名出の後任として佐々木を教務院総裁たらしめんことを企て、本月十六日教務院に於て教役者会議を開催して総裁代務者設置問題、宗教結社として届出の問題其の他教内収拾策を協議し、総裁代務者には佐々木鎮次就任することとなしたる外、教内外の輿論に鑑《かんが》み従前の機構解体を趣旨とする取決めを為したるが、其の独立を保持せんとする態度には何等の変化なく、殊に翌十七日同会の態度に慊《あきた》らざる日本基督教連盟幹部（都田恒太郎、小崎道雄、真鍋頼一）が聖公会代表者佐々木鎮次外一名と会見し「凡てのものが一体となり奉公の誠を効しつつある際聖公会が紛擾を繰返しつつあるは遺憾なり、速《すみや》かに態度を決定せられ度く荏苒《じんぜん》日を過ごすに於ては連盟より脱退を願ふに至るやも知れざる」旨伝へたるに対し、佐々木は「聖公会代表」の名を以て本月二十四日付「聖公会は教団に絶対合同し得ざる」旨記述せる印刷物を各方面に頒布するに至れり〉

「日本聖公会の要注意動向」と題されたこれはもちろん「監視する側」からの報告であり、「注目すべき動向」は違っているが、いかに詳細に「厳重注視警戒」していたかが、よくわかるだろう。

この中に出てくる佐々木鎮次主教は須貝止主教と共に、終戦近い昭和二十年の春に、聖公会はスパイ行為を働く秘密結社であるとの嫌疑を受け、獄につながれた。九十七日も受難することになった須貝主教は聖書と万葉集を携えてそれに耐え、

苦難なしに遂げ得られざる贖罪の
　深き心を身をもって味う

と歌っている。

さて、天はさらなる試練をたまいに与えるかのように、昭和十八年に章二を、出征させる。結婚四年目、皮肉にも出征日は次女の出産予定日だった。

「その夜、姑、夫、悠美子、そして臨月の私と、無言の悲しみに寄り添った一つ蚊帳の中を、白い月のみが明るく照らしていました。他に血縁のないたった一人の老母のこと、未知のわが子の出産のこと、夫は断腸の思いに、苦しんでいたことと思います」

たまいは手記にこう書いているが、もちろん章二の胸中には留学までし、そして母教会のあるアメリカやイギリスと戦わなければならない塗炭《とたん》の苦しみも渦巻いていたことと思われる。

そんな章二を逆に励ますように、たまいは家族を守って教会に留まることを誓う。いつ生まれてもおかしくない大きなお腹を抱えて、たまいは夫の戦闘帽を買いに走ったのだった。

章二を出征させて二日目、次女は生まれたのだが、たまいは破水が始まってから、自分で用意をしておい

た台所のかまどに火をつけ、産湯《うぶゆ》を沸かした。

姑は七十歳を越えていたし、十六歳で婿を迎え、世間へ出たことのない、たまいによれば「神さまみたいにただすわっている」珍しいような人だったので頼ることはできない。

この旧家育ちのおっとりとした姑を含めて、たまいは一挙に「三人の幼児」を抱えてしまったようなものだった。

幸い安産で、七日目には起き出し、教会堂の掃除をして礼拝の準備をした。日曜日には高崎教会を管理する神学博士がわざわざやって来るからである。博士は早朝三時に上野駅に行列して乗車券を求め、信徒のためにと来たのだが、すでに信徒は一人も礼拝に参加しなくなっていた。

それでも、礼拝を司式する博士とともにたまいは最後まで聖歌を弾き通した。悲愴感にかられてオルガンを弾きつづけることが、そのとき、たまいには〝救い〟だったのかもしれない。

幾人か去りまた来るらん教会の
　床磨き生く力尽くまで

博士に調える昼食の闇米も底をついたころ、博士は戦火に遭い、音信不通となった。その後、前橋の牧師が管理したこともあったが、遂に高崎聖オーガスチン教会は「無牧」となる。牧師のいない教会となったのである。

そして、教会附属幼稚園の保母も徴用され、たまいが産後まもない身体で、残された園児十七、八人を教育することになる。十九年には、礼拝堂を高崎鉄道管理部が徴用し、園児たちがそこにはいらないよう、鍵をかけた。

しかし、彼らは鍵穴から中をのぞいては「先生、おじさんたちみんな、白いごはんを食べているよ」と、羨ましそうにたまいに報告したという。

園児たちの中には、家で父親がねずみをつかまえ、それを焼いて食べていると言っていた児もいた。たまいは幼稚園に出勤する前に、乏しい粉やイモの茎を刻んだ弁当を姑と二人の子どものためにつくってくる。しかし、自分は昼食抜きだった。また、幼稚園では、盗み食いをしないよう園児たちの弁当を紐でくくって高い所へ上げておくのだった。

そんな悲しい日常で夫を想った。早朝五時、洗たくしたおむつを干すために外へ出ると、遠い連隊の方から風に乗って訓練のかけ声が聞こえてくる。

上州特有の寒気で、両手の指が凍ったおむつに張りついてしまうのを防ぎながら、「あの声の中に夫がいてくれたら」と、たまいは幾度想ったかしれない。しかし、一回の面会もなく、章二は満州へ出征していったのだった。

幼稚園では毎朝、礼拝の時に出征中の父親の無事を祈るのだが、すでに戦死の計報が届いている家もある。その家では、残された母親が生活のために別の男と一緒になっており、子どもはいつも寂しそうな顔を見せていて、たまいはどう慰めていいか、わからなかった。

しかし、負けるものかと、たまいは自分を励まして、キリストを礼拝し、賛美歌を歌い、聖書の話をした。そういう、いわば「小さなレジスタンス」で気は張っているのだが、空腹と疲労で、紙芝居や童話をする午後の時間は口もとがもつれてしまうこともたびたびだったのである。

それだけに、空襲の警戒警報のサイレンが鳴るとむしろホッとした。園児を一斉に家庭へ帰すことが許されるからである。近所の子はそれぞれ自分で帰らせ、遠くの家の子は背負って家まで送り届ける。しかし、ひとり帰って来る時にはたいてい空襲に見舞われ、道に突っ伏さなければならなかった。

そうしたたまいを支えたのは、やはり使命感である。

「たとい空襲下でも教育に中止はない。また、国家権力で押しつけることはできない。もし権力で押しつけたり、時流に乗るのであったら、それは教育ではない。神の前ではだれも自由なのだ」

こう信じつつ、凶暴なものに立ち向かっていこうとするたまいも、子どもたちに、

「ねえみんな、私たち、食べるものもない。着るものもない。毎日怖い目に遭っている。でもね。神様は私たちのこと、心配していてくださると思うよ、きっと。早く戦争やめないかなあって、神様にお願いしましょうね。私たち強いお心にしてもらいましょう」

と語りかけながら、あふれてくる涙をとどめることはできなかった。それは、頼るべきひとのない自分自身への語りかけでもあったからである。

そんな母親の涙を見て、長女の悠美子があどけなく、こう呼びかける。

「ママ、なぜ泣くの、かわいそうね。水戸のおじいちゃんのお家へ行こうよ」

こう言われて、たまいはさらに涙をあふれさせながら、悠美子を抱きしめ、

「ママはね、みんなの言うことを聞かないで牧師さんのお嫁さんになったから、水戸のお家には帰らないことにしているの」

と答えた。

亡き父の呟くを背に聞きしより
　われを異端と思い決めきぬ

姉たちは帰ってくればいいじゃないのと言ってくれたが、たまいは、どんなに苦しい事態になっても、未信徒である親や兄弟に頼ることは、自分の選んだ道に対する冒瀆《ぼうとく》だと思っていた。

そして、実家に泣きついたり、甘えたりして援助を受けることは、牧師である夫の自由を奪い、使命感を鈍らせることになるのではないかと考えていたのである。

その戦地にいる夫にたまいは毎日手紙を書いた。宛名を印刷しておいて、夜、日記がわりにさまざまなことを書く。どうして戦争などするのかと「反軍的」なことも書いたが、すべて章二のもとに届いていた。のちにたまいは、

戦いの中の六年書き合いし
　夫との手紙を嫁ぐ娘に見す

と歌っているが、残念ながら、いまこの手紙はない。

ほぼ毎日手紙が届く章二は、軍隊で「タマイさん」と冷やかされていたという。

9

昭和三十九年に書かれた斎藤たまいの一文がある。題して「夏の日に想う」。

「果しなく鳥やゆくらん、あお山の青の寂しさかぎりなければ」

竹久夢二がこよなく愛した榛名山《はるな》が、エメラルドに萌《も》えて、ここ上州にもまた夏の日がめぐって来ました。戦火を逃れ、幼い子どもたちを背に疎開した妙義山《みょうぎ》、その山麓の野菊のあわれさ。園児たちもともにハイキングできる赤城山の新緑、若い登山者の血を湧き立たせる谷川岳も、つい先だってまで雪に白く光って、二階の窓を開けると、アンテナの乱立した市街をはるか見おろしたこれ等山脈の色彩の移りは、私の瞳を魅了しつくします。

この見も知らない聖公会の幼稚園へ、どこか孤独な影を引いて赴任してきた若い私たちでしたが、はや二十年の星霜《せいそう》がたち、今では街をあるけば親しみをこめた挨拶をあちこちで受ける立場となりました。二十年の流れに、私は、いく度挫折しかかったことでしょう。

戦争、園長のシベリア抑留、近親者の死、帰還して間もなく園長のアメリカ留学、でもそのたびに支えてくれたのはやはり幼児たちの成長力と、ミサの鐘のやすらぎ、山々の美しさでした。そしてそれらはいつのまにか、私たちの幼稚園をシンボライズするように、一種のふんいきをかたちづくってきました。

「神に愛され」、「自然を愛し」、「自由に生きる」――そうしたすばらしさに少しでも近づくために努力してゆきたいと思っております。戦後間もなく、池田潔著『自由と規律』のなかにある、英国のパブリック・スクールの帽子からヒントを得て、グリーンのベレーを制帽にしました。

薔薇の垣根のピンクも散って濃緑の園庭に白い夏雲、だれもいない園舎にたち、轢死《れきし》したK子さんを想い出し「K子忌」ときざんだ鐘をならしてみる。これが鳴ればアベマリヤのレコードがきこえ、幼児たちはみなホールに集まってくる。

召されたる友住む空へひびけよと
　幼き群がうたう讃美歌
菊かおるさ中の写真逝きし子は
　ほのぼの愛しき笑をみせて

果てしない幻想にとらわれている耳もとに、青年たちのコーラスがひびいてきた。幼稚園であり、教会であるこの場所、園児たちはやがて、ああした青年期を持つようになるのだ。司祭でもある園長と私たち四人の教師らの責任は重い。

トロイカを歌えば黙し聞く夫に
　捕虜の日よりの消えぬ翳《かげ》あり
捕虜なりし夫を恐れし吾子なりき

「高崎・聖光幼稚園」からとあるこのたよりには、斎藤章二・たまい夫妻の写真が添えてある。

そのころ、「街の歌人　山の俳人」と題して、朝日新聞（昭和三十九年六月二十二日）が大きく、たまいをとりあげた。

それによると、司祭夫人のたまいは、朝八時から夕方四時まで幼稚園。終ってすぐ買物をし夕食の支度。夜は司祭館で各種の集会と、まったく忙しい。日曜もミサと日曜学校。九時にベッドに入って、それから一時間ほどが歌想を練る時間だった。

当時、島本久恵の『長流』を読んでおり、「これには京都のお寺のお坊さんの生活がとても洗練されて書かれてますねえ。同じ宗教でもキリスト教の方は、まだなめらかさが足りない。社会からは特殊な存在と見られて私たちは狭い教会のなかでもがいて暮らしているようで……」

と、たまいが言うと、そばから章二が、

「仏教的なものにあこがれているんですよ。これはハハハ」

と口をはさんだという。

こうしたある種のおだやかさが訪れるまでに、章二とたまいがそれぞれに味わった苦労は並み大抵のものではなかった。

シベリヤに抑留され、宗教を阿片《あへん》とするソ連で牧師であるがゆえになお辛酸《しんさん》を嘗《な》めたであろう章二が、シベリヤを通って英国の神学校に留学することが決まった前橋聖マッテア教会司祭の高野晃一に会うと、

「イルクーツクの町に行ったら、町の真中を流れる川の橋を渡ってくれよな。私が毎日歩かされた橋でな。一緒に並んで渡った友達の多くは帰れなかった」
と静かに話したという。高野が章二から聞いた「シベリヤ時代の唯一の話」だった。

破られて煙草巻かれしバイブルが
　支えし夫の収容所の日々
老いきざす寡黙の夫が酔い酔いて
　軍歌うたえり生き生きとして
捕虜の日の胸の断片寄するがに
　寂しく夫とバイカル湖見ぬ
セックス外出避けて営舎に残りたる
　若きグループ写真の夫も
復員の夫が凍傷の手に打ちし
　自由の鐘ぞ聖オーガスチンの
シベリヤに埋めし夫が忘却の
　地にも咲くかやロシヤひまわり
口もつれただ座すのみの夫なるに
　今宵行きたり反戦会に

「俘虜の日よりの消えぬ翳《かげ》」をもつ夫を気遣うたまいの歌である。
最後の歌は昭和六十年のもの。章二はもう病のために口もきけない身体になっていた。しかし、それでも反戦の集会に出る。そこに、消そうとして消せない戦争への怒り、それを強いた者への怒りが脈うっていると見ていいだろう。

この黒衣脱がせたき日も耐え老いぬ
君はキリストに召されたる人

こう〝悟ろう〟とするが、なかなか、そうは割り切れない。

睦みてもすねても心離るる夫
伝道かなしと思う時あり

それで、率直にこんな歌をつくってしまうたまいでもあった。あるいは、返事して立ちながら、アレと思って――

サルトルと肩並め来たりしボー女史を

見ん間も「おい」と呼ばるれば立つ

どちらが主という感じでもないサルトルとボーボワール。その来日をテレビで見ながらこう歌ったたまいは、立つ自分に納得していないのかもしれない。

思想にも貧にも耐えし司祭服
あせしをつるし夫の病むなり

六十一年秋のこの歌に、選者の近藤芳美は「思想の苦しみに耐え、貧しさに耐え、司祭としての生涯を生きた。その夫は今、老い、病んで臥《ふ》す。病む部屋の枕べに色あせた司祭服だけが生きて来た日を語るかのようにつられているのか。かつての戦争の日、日本の思想弾圧は宗教家たちの上にも及んだはずである」と注している。

この注はむしろ「宗教家たちの上にこそ」と書かれるべきだろう。とりわけ、〝鬼畜米英〟の教会である聖公会にそれはひどく及んだ。

そうした中で黙って救いの手をのべてくれた人の存在は忘れられない。

戦火が激しくなり、町中が疎開を始めたころ、たまいは特高に提出を強要された時、「存じません」と白を切って隠した信徒名簿を開いた。

そして、「妙義町大牛　佐藤しん　七十五歳」のところに目をとめる。家は妙義山の麓であり、お婆さんであることになぜか安心感を抱いて、たまいはこの家に姑と二人の子どもを疎開させてくれるようお願いしてみよう、と思った。

そして訪ねると、お婆さんは快く引き受けてくれ、「牧師のご家族が優先だ。前から頼まれていたが、知事のご両親のわが家への疎開はお断りしよう」と言って、その旨を、駐在の巡査に伝えたのだった。

佐藤家の白い土蔵にはくっきり丸にSの字が印してあったが、その時ほどそれを頼もしく見たことはない。明治生まれのクリスチャンの揺るぎなき信仰をたまいはまざまざと見せられた思いだった。

そして、このお婆さんの好意に甘え、たまいはもう一人、高崎の信者である老婦人を同居させてもらうことになる。

これによって空襲等の不安からは家族を免れさせることができたが、たまいの負担は減ったわけではなかった。

まず、警防の義務がある。一家庭一人はそれを厳守しなければならないので、たまいは夜、園舎の板の間に転がって寝て、いつでも待避できる態勢をとっていた。

昼はそっとぬけ出し、農村地帯を巡って、当てのない食糧探しをする。わずかなイモや粉を手に入れると、妙義山麓で待っている姑や子どものところに持って行くため、小さな松井田の駅で降り、長い山道を歩いた。

時には姑に懇願されて赤ん坊を背中に負い、山を降りたこともある。姑にとっても、二人の子どもを守りするのは大変だったのだろう。その場合は、通りかかった肥《こ》え車に、五円というヤミ代金を払って乗せてもらう。肥えの臭気と、田舎道をのろのろ行く牛車の揺れがたまいにはたまらなく辛かった。いまはただ耐えるのみと思うしかない。

さらに、空襲、訓練、買い出し、そして山道をてくてく歩くといった、楽しさとは縁遠い日々の中て、悪いことに一緒に疎開した老婦人が急に危篤《きとく》状態に陥ってしまった。

この婦人は、高崎の公立幼稚園の保母をしている人の母親だったが、苦しい息の中からしきりに娘を呼ぶ。たまいは何とかして助かってもらおうと、医者を探して山道を走り、やっと小学校で診療中の校医に診てもらったが、そのかいもなく亡くなってしまった。栄養失調のゆえである。

娘に連絡をとろうと思っても、それが果たせない。どうしたものかとやきもきしているうちに、不思議なこともあるもので、偶然、その娘が佐藤家を訪ねて来て、母親の死を看取《みと》ることができた。

かねがね、この婦人は疎開を願っていたという。しかし、母娘二人の力ではどうすることもできない。それがたまいによって願いがかなったので、いつも「奥様ありがとう。おかげで怖い目に遭わずにすみました」と言っていた。

ただ、たまいにしてみれば、むしろ、妙義山の麓まで連れてきたために死ぬようなことになったのではないか、という思いにとらわれ、動揺するばかりだった。

その夜、高崎市の隣の前橋市が大空襲に遭い、その爆撃の閃光は遠く離れた妙義にいるたまいたちを震えさせるほどだったのである。

こんな状況下では、人の死に対しても、それを悲しむ時間とゆとりさえも与えられない。すぐに遺体をどうするかということに、たまいたちは頭を悩まさなければならなかった。

といっても、村ではよそ者なので、どうしたらいいかわからない。おカネを出して、村一番のやくざ者に頼んでみたが、この空襲下、死人を遠路リヤカーで運ぶなんてとんでもない、と断わられてしまった。

見るに見かねて、ついに佐藤家の当主が「私が運びましょう」と言ってくれ、申しわけなさに居たたまれない思いをしながら、たまいたちはその好意にすがったのである。

そんなこともあって迎えた昭和二十年八月十四日、高崎は空襲に見舞われる。一人で園舎の板の間にごろ寝していたたまいは、警報と同時にとび起きて、警防団長の指示を聞くため所定の場所へ行ってみたが、誰もいない。それどころか、高崎の町全体が死んだかのようで、人っ子一人見当たらないのである。すでにみんな逃げてしまっていたのだった。

あるいは、警防団長は真っ先に逃げてしまっていたのかもしれない。

市の三方に焼夷弾《しょういだん》が投下される中、水びたしのドテラをかついだたまいの姿は、照明弾によって隠しようもなく映し出された。ここで死ぬわけにはいかないと、たまいは夢中で小学校の市民壕の水の中にとびこんだ。

こんな悪夢の一夜が過ぎて八月十五日。待ちに待った終戦は高崎駅で知った。うれしさに跳ねる思いで、たまいは姑と子どもを迎えに行き、妙義から高崎まで連れて来たが、幸いに戦火を逃れた牧師館に、たまいたちの入る部屋はなかった。

夫の章二は、なじみの浅い土地だから、困ったら、しかるべき信徒に頼れ、と言い残して行ったのだが、妙義の佐藤家以外、頼れる人はなかった。章二出征後は、信徒たちも自分たちの生活を守るのに精いっぱいだったこともあって、意外に冷たかったのである。

会計委員はたまいに銀行の預金通帳を渡して、

「奥さん、留守手当はこれで全部ですから、ご自由に使って下さい」

という。金額をみると六十円。それは産婆への支払いや何かですぐになくなった。幼稚園をやっているといっても、園児十五人ほどでは助手の保母一人の給料を払うのがやっとで、たまいは毎夜十二時ごろまで内職をしなければならなかった。モンペや芸者の下着などを縫うのだが、縫い賃は安く、生活は苦しかった。

そんなたまいに、教会委員のリーダー格だったAが、人には親切をするものだと言いながら、自分の仕事と関係のある中央官庁の役人のために牧師館の一室を提供してくれないか、と言ってきた。疎開ということで、断わることもできないまま、その家族を受けいれたのだが、それがまさに廂《ひさし》を貸して母屋を取られる結果になった。

そんなことになろうとは夢想だにせず、親切にすれば親切が返ってくると甘く考えていたたまいは、終戦の日、お互いの無事を喜び合えるものと思って「ただいま」と牧師館へはいると、直ちに入居を拒否され、愕然《がくぜん》とする。玄関から台所の棚に至るまで、すべてはその家族に〝占拠〟されていた。

Aは、終戦後も牧師が行方不明であること、そして、キリスト教の伝道を復活させることを理由に家庭集会を開き、自分の女婿《じょせい》の新教の牧師に司会やお祈りをさせていた。たまいにも信徒として出席するよう言ってくる人もあったが、たまいはそれを拒否する。非合同派として圧迫を受けた者にとって、信仰を枉《ま》げた牧師のそれに参加することはできない。日本人特有の〝水に流す〟ことができることと、できないことがあるのである。

そして、まもなく、連合軍司令官の指令により、たまいたちを苦しめた宗教団体法が廃止され、聖公会と新教の合同問題にも決着がついた。国家の圧力によって推進された〝合同〟は解かれることになったのだが、にもかかわらず、理不尽なことをつづけているAを、たまいは許せなかった。

Aは教会委員として、たまいたちをどこかに転任させようと、その機会をうかがっていたのである。Aにとって、信仰など、二の次、三の次のことだった。

当時、Aの娘が幼稚園でたまいの助手をしていたのだが、午前中で早退したり、わがまま勝手は目に余った。注意すると、逆に、父親の力で、たまいをどこかの小さい教会へ転任させる、と言う。

たまいは、疎開者とのトラブルとか、隣組の意地悪なやり方（配給物資の後回し分配や、赤ん坊がいても、荷車をひいて駅まで泥炭《でいたん》の配給を受け取りに行くことを除外してくれなかったことなど）、あるいは信徒の一部の人の讒訴《ざんそ》など、誰にももらしたことはなかったが、思案に余って、前橋のQ牧師に相談した。信者がQ神父と呼ぶその人は、信徒のひんしゅくを買うほど辛辣《しんらつ》な皮肉をとばす牧師だった。しかし、それだけに鋭く世の中の真実を見ていたのである。

Q牧師のアドバイスを受けて、たまいは即日、幼稚園を休園閉鎖とし、たまいと助手であるAの娘は退職の形をとった。そして二、三日後に再開園し、たまいと新しい助手が新たに就職したのである。

現在ではこんなことは考えられないが、当時はまだ私立の幼稚園が組織化される前で、高崎市の教育課でも、たった一つの私立幼稚園なので見落としているような時代だった。

しかし、この事件は、たまいたちの排斥の火をさらに燃え上がらせることになってしまう。戦争という巨大な苦労から解放されても、煉獄《れんごく》はまだつづくのだった。

すべてを宿命と受けいれて、老いた姑は寡黙になり、幼い娘は空腹のまま板の間の薄い布団にくるまって泣き寝入りしていた。

そんな日々、たまらなくなると、たまいは、

「悠美子、ママにおんぶして」

と声をかけ、

「ママ」

と飛びついてくる娘を背負って、肌寒い上州の夜の町へ出た。思うは、夫の章二のことばかりである。その夫は「凍《し》みとおる満州の荒野で歩哨《ほしょう》に立っている」という葉書をよこしたきりで、以後、音信がない。噂では、終戦とともにシベリヤの捕虜収容所へ送り込まれたらしい、とのことだった。

当時、たまいは三十一歳。町内のある役職などは夜遅くやって来て、自分に頼れば物資をまわしてやると、いやらしく手を取ったりした。そんな悔しいかぎりのことを思い、冷たいカラッ風に頬をなぶられながら、たまいはこみあげる嗚咽《おえつ》を必死にこらえるのだった。

そんな時に、さらにたまいを試練するかのように、五歳にもならない悠美子が赤痢《せきり》にかかる。あのころは軒並に出る赤痢患者を、トラックに積み込んで避病院へ送っていた。

近所の建具屋《たてぐ》の親子三人も積み込まれて行ったが、ダンナに死なれた細君は、あれは地獄だ、殺されるために行ったようなものだ、と避病院の酷《ひど》い扱いを泣いて訴える。それで、たまいは警戒して、娘の赤痢を公にせず、ひそかに自宅で治す決心をする。

しかし、本を見ても、伝染を防ぐためには排便は必ず焼くこと、そして、食べないことしかない。薬もないし、その他には為すすべもなく、まさに糸のようにやせさらばえた悠美子を抱いて、たまいはただ祈った。それが通じたのか、悠美子は奇跡的に恢復《かいふく》する。

新聞紙に排泄させた水のような血便を庭で焼き、穴を掘って埋めた日々を忘れることはできないが、そんな時に、前後して二枚の葉書が届いた。

一枚は群馬県へ進駐した米軍からのもので、「この戦前戦後にかけて、あなたを虐待した者があったら、その旨申し出なさい」といった意味のことが書かれていた。それまで受け取った役所や軍の文書は上から通達する式のものであって、官尊民卑ではないデモクラシーをその文書に感じたのを憶えている。

もう一枚は、見馴れない消印だったが、まぎれもなく章二からのものだった。

「母も子供もお前も元気であることを信じている。自分はかならず帰れると思う」

米軍からの葉書もたまいを解放的な気分にさせたが、こちらは一気に明るい気持ちにさせた。それまでの苦労が吹きとぶような感じだった。

信じて下さい。みんな守り通して元気でいます——。

誰に認められなくても、どんなそしりを受けても、章二に認めてもらえればいい。自分は、Aの件以外は誰をも憎まず、他人に訴えたり信者たちを騒がせたりせずに、自分自身でトラブルを受けとめた。そのかいがあったと、章二に早く伝えたい気持ちだった。

弓の弦《つる》を張りつめたようなたまいのがんばりが少しゆるむのは、昭和二十三年に章二が帰還してからである。抑留中、職業を偽ることなく牧師で通したことが病気になるまで帰還を遅らせたのだった。

前触れもなく、章二が帰って来た時、長女の悠美子は七歳、次女の恵は五歳になっていた。この年、新しい助手の保母とたまいで再出発した幼稚園は園児が百六十人にもなり、誰言うとなく、「アーメン幼稚園」と称されるようになる。

これでようやく、たまいにも平和な日が訪れるかと思われたのだが……。

終戦から二十年経った昭和四十年三月二十一日、二十三歳になっていた悠美子が「不可解な死」をとげる。主に「朝日歌壇」に選ばれた歌を切り抜いているたまいのスクラップには、地元の新聞に載ったものか、「日本文学を専攻している立教大学三年生」の時の斎藤悠美子の写真付の記事が貼ってある。それによれば「古典より現代小説が好き、という近代的な女性。音楽はモダンジャズを聞き、映画はフランス映画を見る」ほっそりとした美人だった。

その記事の下に「列車から落ち死ぬ」という見出しで、次のように報じられている。どんな思いで、たまいはこれを貼ったのだろうか。呆然たるなかで切り抜いておき、のちに「整理」したのか？

「二十一日午後一時半ごろ、高崎線新町—神保原《じんぼはら》間の埼玉県児玉郡上里村勅使河原《てしがわら》鉄橋下の神流川原に若い女の死体があるのを、国鉄新町線路班が見つけた。

高崎公安室の調べだと、所持品から高崎市山田町神父斎藤章二さん長女、会社事務員悠美子さん（二十三）で、上り列車から約十五メートル下の川原に落ち、全身を打って死んだらしい」

辛く苦しい日々、たまらなくなって、まだ幼かったこの娘を背負って夜の町にとびだし、さまざまな思いのまじりあった涙を流していると、

「ママ、なぜ泣くの、かわいそうね。水戸のおじいちゃんのお家へ行こうよ」

と語りかけた悠美子。

赤痢にかかり、終戦直後の混乱期で、避病院へ送ったらなお危険だからと、できるだけのことはしながら、ひしと抱きしめて、その快癒《かいゆ》を祈った悠美子。

五十一歳の時にこの悠美子を失うという衝撃を受けたたまいは、それから十年余り経って書いた手記「エ

ステル悠美子瞑目してください」をこう結んでいる。

「だれもが苦しんだ戦争でしたが、長女は、牧師の家庭ゆえの特殊な経験を、母親の最も身近で共に受けとめていました。そして成長するにつれ、人生というものに虚無的なものを感じていたのではないでしょうか。やがてR大学を卒業して、人も羨む結婚を前に、不可解な死をとげてしまったのです。娘の死以来、私はその負い目に、信仰者と称しながら救われぬ生きざまをしております。

受洗名夕日に映えて子の墓標
旅人の如われを見送る

すべては、伝道者として生きる者の宿命だったのでしょうか」

当然の如く、悠美子の死以降、たまいはそのことばかりを歌った。一ヵ月後の四月二十五日付の「朝日歌壇」から選歌が載っているが、歌にしか、くずおれる気持ちをまぎらすすべは求められなかったのだろう。歌があることがあるいはたまいにとって救いだったかもしれない。痛惜《つうせき》の思いなくしては書き写しえないそれを記してみる。

子の遺体引取り急ぐ西の空
入りつ陽赤く極まり落ちぬ

これを選んだ五島美代子は自らも娘に先立たれた経験をもっていることもあって、「本欄になじみ長い作者が不慮の事故による嘆きにあわれたこと、何と慰めようもなく悲しい」と注している。

逝きし娘のスクラップせし避妊法
　働かねばと云いし身に沁む
死にゆく日子の歩みたる北沢の
　街の灯われには皆蒼く見ゆ
逝きし娘の荷をまとめ帰る有楽町
　生きゆく人らのラッシュに押さる
食無くて隔離舎にやれず汝が血便
　ひそかに焼きしは敗戦の頃
茣蓙《ござ》に坐し亡き娘の着物ちらし解く
　兄逝きてより母もかくせし
妊《みご》りて赴任せし日も亡き今も
　母の寄りゆく司祭館の窓

この歌に選者の近藤芳美は「みごもりながら若い牧師の妻として、夫と共にこの町に赴任して来た遠いはるかな日。そうして、その生んだ子を先に死なせてしまった老年の今。同じように寄りもたれる司祭館の窓べ。第一首の作品に歌われているものは、ひとりの女の人生の息づき。乗りこえて来た悲しみが夕日の色のように作品の背後にひろがる」という評を付している。

水張りしダムに日暮れの波寄るまで
ふる里に来て子の骨と佇つ

これは昭和四十年の十二月十九日付の「朝日歌壇」に載った歌である。やはり近藤芳美が「第二首は死んだ子の骨を抱いてふるさとに帰ってきた母親の歌。上句の、山深いダムの情景の描写が作者の悲哀感を読むものに告げる。ことばの一つ一つによく心のくばられた歌といえよう」と評している。

さらには――

ほうほうと受験に吾子を追立てし
その子はあらぬ夜の鳩時計

これにも近藤が「第一首の作者はわが子を死なせた母親である。そうしたかなしみの歌はすでに幾度かこの歌壇にも発表されていた。夜のハト時計の音が受験勉強にいそしんでいたころの子供のことを思い出させるのだろう。上句の表現がなまなましいまでの母親の悲哀をつたえる」と書いている。

もちろん、この年、あるいは次の年だけで骨となった娘を憶う歌が絶えるわけがない。それから二十年余り経った五十七年三月二十一日付の歌壇にも、たまいの次のような歌が載った。

あの星はわれに瞬き返すなり
子にやあらんとすばるを仰ぐ

10

ユニークな作家、金井美恵子のエッセイ集『夜になっても遊びつづけろ』（講談社文庫）に「降誕祭《クリスマス》の匂い」と題した一文がある。

「降誕祭《クリスマス》が好きだったのは、クリスチャンの幼稚園に通っていた頃で、この幼稚園はミセス・カシムという妙な名前のアメリカの宣教師夫人が大正四年に創立したもので、わたしの母はそこの第一回の卒業生なのである。わたしも姉も同じ幼稚園に通い、復活祭には赤や青や黄色で染めてリボンを飾って小さなバスケットに入ったうさぎの卵をもらい、土曜日はお休みで、日曜日には少しもおもしろくない日曜学校に通った」

言うまでもなく、金井が通ったころのこの聖光幼稚園をやっていたのが斎藤章二とたまいだった。

たまいは、金井を「自由人で好きでしたね」と回想する。たまい自身が自由人だから、金井のとらわれないのびやかさに感応したのだろう。

「緑色のベレーが制帽である耶蘇教幼稚園」に入った金井の回顧はこう続く。

「この日（降誕祭）はミサの後で神父様が持って回る小さな金の鉢の中に、いくらかの寄付金を入れる習慣があったのだけれど、わたしは寄付するくらいなら、そのお金でアメ玉やぬり絵やきせかえ人形が買えると考えたので、寄付のためにもらった金を一度も鉢の中に入れたことはなかった。

時々、鉢を持ってまわるのが神父様ではなく、彼の娘の『それいゆ』風の美しい姉妹の時もあり、その時はお金を入れないのが恥ずかしいような気もするのだけれど、それでもわたしは白い胸あて付の木綿のエプロンのポケットの中で十円玉をしっかりと握りしめたままだった」

多分、人間の迷う姿にこそ惹かれるたまいは、こうした場面に出会っても、静かに頷いて通り過ぎたに違いない。

しかし、幼時から、人間の試練の場に絶えず遭遇しなければならなかった「『それいゆ』風の美しい姉妹」はどうだったか?

姉娘の悠美子が遺した立教大学の卒論を通してそれには触れるとして、若い娘にしてはシニカルな金井の眼に映った「降誕祭《クリスマス》の風景」をもう少し書き写してみよう。

「降誕祭近くともなると、休暇の前に、聖劇の一大ページェントが繰りひろげられ、舞台には、厚紙に水色とピンクと白の絵具と銀粉で描かれた幼子イエスを抱く聖母マリアの飾りが、ワイン色の襞《ひだ》の多いたれ幕に取りつけられる。もちろん、ひいらぎの木の輪飾りと、色とりどりの豆電球や金銀のモールや厚紙細工の飾りをいっぱいつけたクリスマス・ツリー、その下には子供たちに配られる緑と赤のリボンのかかったプレゼントの包の山、美しい絵の印刷された箱入りのクッキーとボンボンなどが置かれて、黒い厚地のカーテンを閉め切ってわざと夜の感じにした教会の広間はもうすっかり降誕祭《クリスマス》気分であふれているのである」

「わたしと姉は聖劇で、むろん年度は違うけど同じ降誕祭《クリスマス》の星の役をやった（セリフのある役は、星だけなのだ）。けれど、第一回卒業の母は、マリア様の役で、その美しさは町中の評判だったと今でも自慢する。そのセリフは今でも暗記している。

『東の国の賢い博士様、神の御子は今宵心正しき羊飼いよ、馬小屋でお生まれになります。わたしが御案内いたしましょう』それから博士と羊飼いの行進、馬小屋の前で博士たちの〽われらは来たりぬ、はるかな国より、星に導かれてはるばる来ぬ、という合唱があり、幼稚園一の美少女と幼稚園一の小さくて可愛い男の子が扮したマリアとイエスをかこんで、ヨゼフや厚紙の翼を背負った大天使小天使たち一同の、鐘の音と共に歌うかん高い大合唱、〽くろがねの扉打くだきて、久しく待ちにし主は来ませり、主は来ませり、主は、主は来ませり、によってページェントの幕は華々しくもまた荘厳におろされるのであった。マリアにこそ扮せぬが降誕祭ページェントのわたしはまぎれもない花形で、呼び物の聖劇の他に、主役ですずめの踊りもやったし、黄色の厚紙の蝶の羽をつけて一人でも踊ったし、器楽合奏にも登場したのである。ことに紅色の麻の葉の着物を着て、われと来て遊べや親のない雀、という一茶の句のモチーフで踊ったおどりは、その年の春にわたしたちの父親が死んでいたおかげもあって、満場のお母さま方の紅涙をしぼり、末永く語り伝えられたのであった」

金井は、その後、「小学校に入学し、アーメン幼稚園出身の少数のグループは全ての一年生の軽蔑と憎悪の的」となったことを書いている。

金井や他の子どもたちは「次第に慣れて」そのレッテルを消すことができたが、「美しい姉妹」の悠美子と恵はどうだったのか。

幼き日に洗礼を受けたエステル悠美子にとって、神は求める「対象」ではなく、生まれ落ちた時から、神父である父やそれを助ける母を通して、家の中に、いや、自分の中に入り込んでいる「存在」であった。彼女にとってキリスト教は「信仰」ではなく、「生活」だったのである。

胸に抱き受洗させしによく笑みし
　みどり児なりしが真処女となる
ぬかずきて出せし双手のふるえつつ
　ミサ受けてなを悔やみ残りぬ

たまいが悠美子についてこう詠んだ時、悠美子はまだ昇天してはいない。後の歌の「悔やみ」は迷うが故に人一倍感じてきた信仰の重さをそのまま娘に負わせていいのかというたまいのためらいだったかもしれない。

君がため教会のため二十年
　ミサ曲のみを弾きて生き来ぬ
どの椅子も冷き夕の教会は
　君とわれとの祈る影のみ
伝道者に添ふ汝おろかと言う夫の
　いたわり知れば涙出で来ぬ
児ら去ればわびしきまでの静けさよ

小雀《こがら》の細き歩み見て居つ
神の愛説きつつ配る花の種子
児の掌の小さき窪《くぼみ》に
新しき信徒訪ねて繭《まゆ》匂ふ
路地深く行く夫に従ひ

幼稚園で子どもたちを教えながら、信仰に生きる日々——

争いし夕べむなしく米とぎぬ
夫打つ鐘のひびく厨《くりや》

稀《まれ》には、その夫といさかう日もあった。しかし、また、稀には次のようなある種の〝共犯感情〟を抱く光景もあったのである。

司祭館の戸閉じウィスキー飲む夫と
かたみに体よせつつ黙す

この歌がつくられたのが昭和三十九年の冬。そして翌四十年の春、章二とたまいは娘の悠美子の死に遭遇しなければならなかった。

悠美子は立教大学日本文学科の卒論に、「自虐の文学」と題して嘉村礒多《かむらいそた》をとりあげている。明治三十年、山口県に生まれ、昭和八年に三十六歳で亡くなった嘉村の処女作は「業苦」で、その題名通りの生涯を送った。

嘉村の作品では「父となる日」が一番好きだという悠美子は、卒論をこう書き始めている。

「嘉村礒多のどこにひかれるかといえば、私はためらわずにその美しさという。美しい等という言葉は、多分に女性的なものであり、主観的な評価に過ぎない。嘉村礒多の作品についていうなら、むしろ醜悪なという印象を抱く人が多いかも知れない。

普段から仲の良くない母と子が、事々に対立、争う様や自分の妻とのいさかいの描写は不決なものにちがいない。しかし彼には、一言で片付けるなら、てらいがないのだ。彼の作品を読んでいると、いわゆるオーバーな表現に度々出くわす。しかし彼にあっては、それは表現がオーバーなのではないのだ。彼の感受性のくせなのだ」

これを書いて一年後に自死する悠美子の、悲鳴ともいうべきものがここからは聞こえないだろうか。彼女は多分、「神を求める」ことの重さと全身で闘っていたのだ。終わりのない、そしてまた、「勝利」ということのないその闘いを必死につづけている彼女の切なさに、私はほとんど書き写すことの苦しさを感ずる。

「私が嘉村礒多の作品を初めて知ったとき、その特異さに驚き、大層ひかれるものを感じた。しかし二度目に読んだ時には、実はその醜悪さに不快の眉をひそめたのだ。だが、さらに読み返した結果は、その真実に一層ひかれる自分を見出した。そして真実なるが故に美しいと感じるのだ。嘉村礒多の極端なまでの自虐や羞恥心、劣等感からくる痴態に、私は人間の性質を見たのだ。私は恐れながらも一方で共感を持たずにはいられなかった。それは私自身の姿でもあったからだ。醜態ではあっても、それが真実であるならば、目をつぶって見過ごすことは出来ない。大層暗い。何もかも書かずにはいられない嘉村礒多に、同情の念を強く持った」

「極端なまでの自虐」は「私自身の姿でもあった」と悠美子は書いている。

この男性的なリズム感のある文章からも、彼女は非常に強い意思を持った女性であると思われる。その女性が、牧師の娘に生まれて、いわば〝博愛〟を義務づけられる。表面はまことに優しい誰にでも好かれる娘と映ったがゆえに、なおさら、内面の葛藤《かっとう》は激しかったのではなかろうか。「てらい」をもってもいい年齢をも彼女はそれを捨てて生きなければならなかった……。

そんな悠美子の卒論「自虐の文学」は、ほとんど彼女の〝遺書〟のように見える。

子供が七歳の時、妻以外の女性と駈落ちして東京に住んだ嘉村は、酒好きの狂詩人、葛西《かさい》善蔵の口述筆記をしながら、ふと「凡胎の子」の意味を尋ねる。

すると葛西は、

「凡人の子袋から生まれたといふことさ。馬の骨とも、牛の骨とも分らん。おいら下司《げす》下郎だといふことさ！」

と涙を光らせながら答えた。

それを聞いて嘉村はどう思ったか？

「と咄嗟《とっさ》に、私にも蒼空の下には飛び出せない我身の永劫遁《のが》れられぬ手枷足枷《てかせあしかせ》が感じられ、堅い魂が込み上げて来て咽喉《のど》もとがつかへた」

なぜに悠美子はこの箇所に共感し、引用したのか。キリスト教でいう原罪を彼女はあるいは「永劫遁れられぬ手枷足枷」と感じたのではないかといった疑問が湧き起こるが、聖書もまともに読んだことのない私としては、それ以上の勝手な推測はつつしまねばならないだろう。引用の後、卒論はこう続けられる。

「この辺りの描写は、初期の作にみられる様な神経の高ぶりというか異常なものが姿を消して、疲れきってふとふり返った旅人の心にも似た、淋しさが漂う澄んだ文章である。美しいと思う」

二十歳をわずかに過ぎた女性にしては老成したものを感じさせる文章である。彼女はやはり「疲れ」ていたのではないか。中国の詩人のように「われ二十歳にして心朽ちたり」とは言わないまでも、「自虐」に近い原罪の認識に「疲れきって」いたのではないだろうか。

悠美子によれば、松の歌声を聞く嘉村礒多の孤独な様子に「自己の宿命を見るのではなく自己の宿命に居るものの寂しさと確かさ」を感じたのは福田恆存《つねあり》であるという。

「そこに見いだした自我の姿とは、罪を犯《おか》す誇らかな主体ではなくして、じつは罪に翻弄《ほんろう》される取るにたらぬ凡胎であった。

罪はつひに自己を離れたそとのものであり、自己はただの無にすぎぬ、それは善でもありえ悪でもありうるはかなき存在であると悟ったとき、嘉村礒多の文学からそれまでつきまとってゐたある種の甘さがとれた」

嘉村の「途上」についての、福田の「まことに適切な評」だった。

それにしても、「罪」とか「悪」という言葉は悠美子にとってどんな重い響きをもっていたことか。文学の中で、そうしたものにはじめて遭うような女子学生と違って、悠美子にはそれは日常の生活の中にあるものだった。それゆえに、容易には遁れえぬものだったのである。

悠美子は、嘉村の作品の中から、こんな箇所も引いている。

「何物かに媚び諂《こへつら》ふ習癖、自分自身にさへひたすらに媚び諂ふた浅間《あさま》しい虚偽の私にしか過ぎないのであった」

現実の悠美子はまったくこんな「習癖」をもたなかった。しかし、それだけに逆に「媚び諂ふ」ことを自らに厳格に禁じたのではないかという疑いが頭をもたげてくる。いわばそれを〝解放〟する時間や空間をもたないままに亡くなってしまったのではないか。

「自分の行為は何処に行かうと暗い陰影を曳いてゐたから」という嘉村の言葉を引く悠美子に私は粛然とならざるをえない。

「ともあれ嘉村礒多は、自身ドストエフスキイを意識していた訳ではなかったのである。彼は、文学史等と関係なく、己れの世界を、彼の唯一の方法でぬきさしならずに進んだまでなのだ」

こう書いた悠美子自身も、「己れの世界を、ぬきさしならずに進ん」でしまったのだった。

嘉村礒多について、浅見淵《ふかし》は、

「おのれのエゴイズム、阿諛《あゆ》心、虚栄心、動物的本能、それらが罪の意識を伴って激しい自己嫌悪となり、これがまた凄じい自虐性と変り、近代人の内面生活の極北的な地獄図絵を描き出しているところに、独自な特異性を生んでいる」

と書いた。

これを引きながら、悠美子はさらに〝告白〟する。

「彼の作品は、彼の極度な自己劣等感を明らかにする。劣等感からは羞恥の心が生れる。色の黒いのを大人になってからも極度に恥じ、生まれ出る自分の子供についてはもしも自分に似ていたらと、おろおろせずにはいられない彼の劣等感、恋人の前で火鉢を落した思い出にぶつかると、何年もたっていても気ちがいの真似をして隠さねばならない彼の羞恥心、これらはどの作品にも、いたるところにみられるのである。強い羞恥心は自我を押しつぶさずにはおかない。そこから、あの彼の気持の悪い程の謙譲が生まれるのだ」

悠美子は容貌に劣等感をもつ必要はなかった。ならばなぜ、彼女はこれほどまでに嘉村の「自虐」に惹かれるのか。やはり、それは「いいこと」をやること、やりつづけなければならないことに強烈な羞恥心をもつほどにナイーブな感受性をもっていたからだと思われる。章二の潔癖さと、たまいの一途さは、悠美子に自らも逃れえぬ感受性の鋭さとなって表れた。何人かのボーイフレンドに映画に誘われ、彼らからそれぞれアイスクリームをもらって、途方に暮れていたというエピソードが彼女にはある。

他人を傷つけまいとする彼女の繊細さは内に向い、自らを噛《か》むことになったのか。

「彼の羞恥は単なる羞恥だけではないのである。己れの醜悪を羞恥し、そうする心の愚劣さを、更に羞恥するという、とどまるところを知らない性質のものなのだ。そしてそれに極度の自虐が伴うのだ。自虐という事をぬいたら、嘉村の文学の世界は成り立たないのではないかと思う」

これはやはり、彼女の〝告白〟だろう。「彼の自我はどこにも安住の場を見出せないのだ」と彼女が書く時、それは彼女自身が「どこにも安住の場を見出せない」ことを告白していたと見ていいのではないか。彼女は信仰の重さと、その背後にある「日本的な重苦しさ」を一身に引き受けて、自らの世界をぬきさしならずに進まなければならなかった。

十二分にそれを理解しながら、その歩みを止めることができなかった母、たまいの悲痛はいかばかりのものだったか。

卒論の中に、嘉村と宗教（仏教）について書いたところがある。それをそのまま書き写してみたいが、たまいがこれをどう読んだのか、私はほとんど尋ねる勇気をもてない。

彼にとって宗教は、否定的にのみ働いた。己れを罪する為にそれは存在し、決してその罪業から彼を救いあげるものにはならなかった。彼の「自卑自虐の姿に異様な感を覚えた」のはひとり福田恆存のみではあるまい。彼の病的な羞恥感、狂的なそれを見て「その誇張に不快の眉をひそめ……」るのも、嘉村礒多を読んだ大方の感想であろう。

しかし、それでありながらやはり、嘉村の作品には美しさがあるのだ。これも誰もが認めるところである。「氏のさはりはいかにも美しい。だが、痛ましく不幸である」（小林秀雄）。これを解くカギは、「どうにも救ひやうのない宿命的な真実感にうたれずにはゐられないのである」という辺りにあると思う。

嘉村礒多は何もかも書いたのである。彼の作品はすべて真実であることを最大の強味とするのだ。その迫ってくる真実感に読者は打たれるのである。真実なるが故に、それは美しいと映るのだ。私小説作家としての楽屋まで、彼は書かずにはいられなかった。劣等感、羞恥感、そして自虐、気ちがいじみたそれらの心理の循環を彼は愚かにも留るところを知らずに書き続けたのだ。それは彼の作品を読む者に、不快の眉をひそめさせる原因であると同時に、その真実感は心を打ち、美しいと感じさせるのだ。

嘉村礒多の作品はどれも皆暗い。はなやかなところはみじんもない。やたらに暗いのである。いやでも、人間の持つ醜さ、愚かさ、否定したくなる様なそれ等の面を読む者の目の前につきつけてくる。暖い太陽の光のみが人生と思っている読者にとっては、彼の作品はおそらく耐え難いものにちがいない。

すさまじいまでの、あるいは、痛々しいまでの内面凝視である。たとえ、暗いものであっても真実を、と追究する悠美子の烈しさが行間からたちのぼってくる。

「彼の救いは一体どこにあるのか。逆説めいてきこえるかもしれないが、それは彼の罪の意識だった。彼は常に自分をおどかし、罪におとし入れる亡霊を考え、その姿から眼を離さない様にし、更には我が身を進んでその亡霊の餌食に捧げた。そうすることによって彼の魂は安堵を得たのだ」

罪を意識することによって嘉村礒多は救われた、と悠美子は書く。ならば、なぜ、悠美子もそれによって救われなかったのか……。彼女は「後記」をこう書いていて、卒論を結んでいる。

「その作品が好きで、何年も前から卒論にはこの人をと考えてきた嘉村礒多について書き終ってみて、後悔する事になりはしまいかと心配である。今はこれが私の考えの全てであるが、後であゝあれも書きたかったのにと思うことがありはしないかと。

ともかくこれが、ひとりよがりでなかったら私は最も幸せである」

四百字詰原稿用紙七十枚にも及ぶこの卒論を、たまいは何の注釈もつけずに貸してくれた。

これを読み終えて、改めてたまいの手記「エステル悠美子瞑目してください」を黙読する時、ただ頭を下げるしかないものを感ずる。

前にも引いたように、たまいはその末尾をこう結んでいるのである。

「だれもが苦しんだ戦争でしたが、長女は、牧師の家庭ゆえの特殊な経験を、母親の最も身近で共に受けとめていました。そして成長するにつれ、人生というものに虚無的なものを感じていたのではないでしょうか。やがてR大学を卒業して、人も羨む結婚を前に、不可解な死をとげてしまったのです。娘の死以来、私はその負い目に、信仰者と称しながら救われぬ生きざまをしております」

すべては伝道者として生きる者の宿命だったのか、と問いかけるたまいに答えられる者はいないだろう。そのたまいがつくった歌だから、次の歌はなおさらに深い響きをもつ。

伝道者の寂しき極み夫に見ぬ
　人賢くて神を求めず

「人賢くて神を求めず」は決して皮肉ではない。結果的にはそれを含むかもしれないが、自分は愚かにしてただ一途に神を求めてきたと思うたまいにとって、皮肉など思いもよらないだろう。ただ、それがうわべだけの「賢さ」でないのかどうか、それだけをたまいは問うているのだと思われる。

［初出について］

本稿は、一九九七年二月に刊行された講談社文庫『人生のうた』所収の「人賢くて神を求めず」を改題して収録したものである。

［解題］

人賢くて神を求めず

いのちある限り、迷いはついてまわるのだろう。その迷いに惹かれて書いた「牧師の妻の昭和史」だった。

果たしてそれが読者を得るのかと、それこそ迷いながら書き進めただけに、講談社文庫の解説で作家の中山あい子が次のように感想を記してくれたのは本当に嬉しかった。

中山は私が事務所を置いていた神田錦町の隣のビルの管理人でもあり、面倒見のいい姐御のような人だった。そして私は「娘のボーイフレンドたちと似た年頃」だった。

気風のいい中山がこう心境を吐露したのである。

「朝日歌壇を見て、心打たれたにしても、普通、これいいなぁ、と思うだけの私とちがって佐高さんはその感動を、実作者に直接伝える人なのだ。編集者の性《さが》といってしまえばそれまでだが、私などはそのことに感動する」

私が編集者だったことを中山は知っている。

「この本の大半を占める、人賢くて神を求めず――は確かにこの牧師の妻である歌人斎藤さんの実人生の報告だけれど、これを書いた佐高さん自身の心の状態が実によく分かり、私だけかも知れないが随所に涙がこみあげて来る。こんなふうに生きた人と、そのことに感動するこんな人がいる、と思うだけであたたかい気持ちになる。ほっとする」

涙と言えば、中山が亡くなった後のお別れ会でスピーチを求められ、立ったのはいいが、こみあげてくるものがあって途中で三度も絶句した。みっともないままに引き上げて来たら、隣りにすわっていた作家の北原亜以子が、

「鬼も眼にも涙ね」

と笑ったのが忘れられない。辛口評論家も形無しだった。

そんな思い出を加えながら、中山の解説を続ける。

「この、ほっとする気持ちが彼の物を読んだ時にあたたかく広がる。私のような雑ぱくな人間が感動の瞬間を持つなんて実に珍しいことだ。結構心身共に衰弱しているのかも知れないが、私はかなり満足している。この年になってまるで知らなかった色んな人に会えたのだ。本の中で人に出会うというだけで、私は相手をしなくて勝手にその人の生き方を見ることが出来るのだから実に気楽である」

中山は私が書いた石橋湛山の評伝などもおもしろがって読んでくれた。

「牧師の妻の昭和史」はこれだけで一冊にする約束を講談社の林雄造としていながら、現在のような形にしかできなかった。

早くに亡くなった林に会う度に私は、

「昭和も遠くなったよ」

と言われたのを思い出す。

それで、書家の父が中に登場する句や歌を書き、私がエッセイをまとめる連載を加えて『人生のうた』とした。だから、ところどころに父の書が入っている。

そのことを踏まえて中山の解説の続きを読んでもらいたい。続きであり結びである。

「佐高さんは辛口の評論家ということになっているが、ただ辛口というだけの調味料で終ってしまうのは困る。あんた、いい加減にしないと月夜の晩ばかりじゃないのよ、という私に向って、凄く気弱な表情で照れている。

彼がほっとするのは何時だろう。

ビルの周囲に群がる野良猫に向って、しゃがみ込んで手招きをする姿を見るのは私だけかも知れない。私は餌をやり、彼は愛しそうに汚い猫たちを見ている。少数派の悲哀みたいな、でも立ち向かう前の身ぶるいのようなものの充満している背中を見て、一瞬、私は成長した息子の背を押す激情を覚えるのである。

この『人生のうた』の心あたたまる本の内容もさることながら、随所に見かける書の見事さである。父上の書だというのがまた泣かせる。多分彼は照れくさいだろうが、せめてもの親孝行というところが素直でよろしい」

よけいな注釈を加えれば、『墨』という雑誌の編集者の真鍋かおるが、私が文を書き、父が書を入れる企画を持って来た。

親不孝の私の泣き所を突く依頼で、私は陥落した。『墨』という雑誌を私は知らなかったが、父は知っていて、親孝行のまねごとの連載はスタートした。

後で聞いたところによると、『墨』は日展の審査員クラスが登場する雑誌で、かなで五回入選したとはいえ、選ばれる方が顔を出せる雑誌ではなかったらしい。

それで父は「親の七光ならぬ子の七光だ」と陰口を叩かれたとか。

そんなことも含めての「せめてもの親孝行」と言ったら、中山はカンラカンラと笑うだろう。

それにしても「伝道者の寂しき極み夫に見ぬ　人賢くて神を求めず」は読者に忘れられない刻印を残す。

［著者紹介］　佐高 信（さたか・まこと）
一九四五年、山形県酒田市生まれ。慶應義塾大学法学部卒業。高校教師、経済誌編集長を経て、評論家となる。
主な著書に、『佐高信の徹底抗戦』『竹中平蔵への退場勧告』『佐藤優というタブー』『当世好き嫌い人物事典』（以上、旬報社）、『時代を撃つノンフィクション100』『企業と経済を読み解く小説50』（以上、岩波新書）、『なぜ日本のジャーナリズムは崩壊したのか（望月衣塑子との共著）』（講談社＋α新書）、『池田大作と宮本顕治』『官僚と国家（古賀茂明との共著）』『日本の闇と怪物たち　黒幕、政商、フィクサー（森 功との共著）』（以上、平凡社新書）、『統一教会と改憲・自民党』（作品社）、『総理大臣菅義偉の大罪』（河出書房新社）、『国権と民権（早野透との共著）』『いま、なぜ魯迅か』『西山太吉　最後の告白（西山太吉との共著）』『反戦川柳人　鶴彬の獄死』（以上、集英社新書）、『反-憲法改正論』（角川新書）など多数。

佐高信評伝選7　志操を貫いた医師と官僚と牧師夫人

二〇二三年一〇月二五日　初版第一刷発行

著者……佐高　信
装丁……佐藤篤司
発行者……木内洋育
発行所……株式会社 旬報社
〒一六二-〇〇四一 東京都新宿区早稲田鶴巻町五四四
TEL 03-5579-8973　FAX 03-5579-8975
ホームページ https://www.junposha.com/

印刷・製本……中央精版印刷 株式会社

ISBN978-4-8451-1785-7

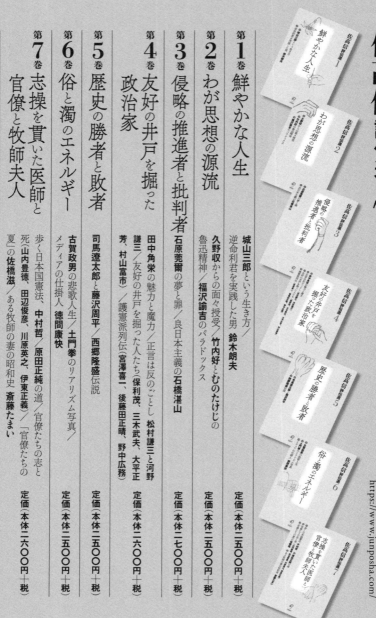